Englisch für Dummies – Schummelseite

W0067587

Begrüßungen

Förmliche Begrüßungen

- ✔ **How do you do?** (hau duh juh duh; Sehr erfreut!, Angenehm!)
- ✔ **Good morning!** (gud *mor*-ning; Guten Morgen!)
- ✔ **Good afternoon!** (gud ähf-ter-*nuhn*; Guten Tag!)
- ✔ **Good evening!** (gud *iew*-ning; Guten Abend!)

Formlose Begrüßungen

- ✔ **Hello!** (he-*lou*; Hallo!)
- ✔ **Hi!** (hai; Hi!)
- ✔ **How are you?** (hau ar juh; Wie geht es dir/Ihnen?)
- ✔ **How are you doing?** (hau ar juh *duh*-ing; Wie geht's denn so?)
- ✔ **Hey, what's up?** (häi uwotss ap; Hey, wie läuft's denn so?)
- ✔ **What's happening?** (uwotss *hä*-pen-ing; Was geht ab?)

Verabschiedungen

Förmliche Verabschiedungen

- ✔ **Good-bye!** (gud-*bai*; Auf Wiedersehen!)
- ✔ **Good night!** (gud nait; Gute Nacht!)
- ✔ **Farewell!** (fäir-*uwel*; Leben Sie wohl!)

Formlose Verabschiedungen

- ✔ **Bye!** (bai; Tschüß!)
- ✔ **Bye-bye!** (bai bai; Tschüß!)
- ✔ **So long!** (ssou long; Bis bald!)
- ✔ **See you!** (ssie juh; Wir sehen uns!)
- ✔ **Take it easy!** (täik it *ie*-sie; Mach's gut!)
- ✔ **Take care!** (täik käir; Pass auf dich auf!)
- ✔ **Be safe!** (bie ssäif; Pass auf dich auf!)
- ✔ **Get home safely!** (get houm *ssäif*-lie; Komm gut nach Hause!)

Englisch für Dummies – Schummelseite

Nützliche Redewendungen

- **Yes, please.** (jess plies; Ja, bitte.)
- **No, thank you.** (nou thhänk juh; Nein, danke.)
- **I don't understand.** (ai dount an-der-*sstähnd*; Ich verstehe nicht.)
- **Please repeat that.** (plies ri-*piet* thät; Bitte wiederholen Sie das.)
- **Excuse me.** (ikss-*kjuhs* mie; Entschuldigung. / Wie bitte?)
- **You're welcome!** (juhr *uwel*-kam; Gern geschehen!)
- **I'm sorry.** (aim *sso*-rie; Es tut mir leid.)
- **No way!** (nou uwäi; Auf keinen Fall!)
- **No problem!** (nou *pro*-blem; Kein Problem!)
- **Great!** (gräit; Großartig!)
- **All right!** (oohl rait; Bestens!)

Der Kalender im Englischen

Monate

- **January**, abgekürzt **Jan.** (*dschän*-ju-e-rie; Januar)
- **February**, abgekürzt **Feb.** (*feb*-ju-e-rie; Februar)
- **March**, abgekürzt **Mar.** (martssch; März)
- **April**, abgekürzt **Apr.** (*äi*-pril; April)
- **May** (mäi; Mai)
- **June** (dschuhn; Juni)
- **July** (dsche-*lai*; Juli)
- **August**, abgekürzt **Aug.** (*ooh*-gesst; August)
- **September**, abgekürzt **Sept.** (ssep-*tem*-ber; September)
- **October**, abgekürzt **Oct.** (ok-*tou*-ber; Oktober)
- **November**, abgekürzt **Nov.** (nou-*wem*-ber; November)
- **December**, abgekürzt **Dec.** (di-*ssem*-ber; Dezember)

Wochentage

- **Sunday**, abgekürzt **Sun.** (*ssan*-däi; Sonntag)
- **Monday**, abgekürzt **Mon.** (*man*-däi; Montag)
- **Tuesday**, abgekürzt **Tues.** (*tuhs*-däi; Dienstag)
- **Wednesday**, abgekürzt **Wed.** (*uwens*-däi; Mittwoch)
- **Thursday**, abgekürzt **Thurs.** (*thhörs*-däi; Donnerstag)
- **Friday**, abgekürzt **Fri.** (*frai*-däi; Freitag)
- **Saturday**, abgekürzt **Sat.** (*ssä*-ter-däi; Samstag)

Trinksprüche

- **Cheers!** (tsschiers; Prost!)
- **To your health!** (tu juhr helthh; Zum Wohl!)
- **Chin-chin!** (tsschin-*tsschin*; Zum Wohl!)
- **Down the hatch!** (daun thä hätssch; Runter damit!)

Englisch für Dummies

Lars M. Blöhdorn und Denise Hodgson-Möckel

Englisch für Dummies

WILEY-VCH

WILEY-VCH Verlag GmbH & Co. KGaA

Bibliografische Information der Deutschen Nationalbibliothek
Die Deutsche Nationalbibliothek verzeichnet diese Publikation in der Deutschen Nationalbibliografie; detaillierte bibliografische Daten sind im Internet über http://dnb.d-nb.de abrufbar.

1. Auflage 2010
3. Nachdruck 2014

Printed in Germany

Gedruckt auf säurefreiem Papier

Korrektur Petra Heubach-Erdmann und Jürgen Erdmann, Düsseldorf
Satz Kühn & Weyh, Freiburg
Druck und Bindung CPI – Ebner & Spiegel, Ulm
Coverfoto easy street with green light © Aaron Kohr
CD-Produktion META4s Creative Studio, Bochum

ISBN 978-3-527-70547-4

Über die Autoren

Dr. Lars M. Blöhdorn ist Sprachwissenschaftler und lebt mit seiner Familie am Rande der Hauptstadt des schönsten Bundeslands der Welt (Kiel, Schleswig-Holstein). Nach seinem Schulabschluss an der Hershey High School in Hershey, PA hat er in Kiel Englisch und Geschichte studiert und in englischer Sprachwissenschaft promoviert. Heute unterrichtet er an der Christian-Albrechts-Universität zu Kiel englische Sprachwissenschaft und Sprachpraxis.

Denise Hodgson-Möckel kam als Studentin von New York City nach Kiel. Dort ist sie hängen geblieben und hat mit ihrem Mann drei Kinder großgezogen. Heute unterrichtet sie am Englischen Seminar der Christian-Albrechts-Universität zu Kiel und ist im Vorstand der Amerika-Gesellschaft Schleswig-Holstein e. V. tätig.

Danksagung

Lars M. Blöhdorn:

Dieses Buch ist für Finley Ian und Mika Elijah. Ich danke meiner Frau Katja und meinem Sohn Finley Ian. Ohne ihre Unterstützung in allen Lebenslagen hätten wir dieses Buch nicht so schnell fertigstellen können.

An zweiter, aber für dieses Buch wichtigster Stelle danke ich meiner Co-Autorin Denise. Ohne sie wäre dieses Buch nicht, was es ist.

Denise Hodgson-Möckel:

Dieses Buch ist für meine Mom, Elisabeth Hodgson, who taught me my mother tongue. Herzlichen Dank an meinen Mann Frank und meine Kinder Eric, Levke und Kerstin für ihre Geduld.

Mein besonderer Dank gilt Lars, denn:

- ✔ **No Lars, no book.** (nou lahrs nou buk; Ohne Lars kein Buch.)

Die Autoren möchten folgenden Personen danken:

Ganz besonderer Dank geht an unsere Lektorin Anne Jonas von Wiley-VCH, die uns während des Schreibens dieses Buchs immer wieder mit Tipps und Denkanstößen versorgt hat.

Eva Schmidt, Julia Henningsen und Jens Bahns haben zahllose Stunden damit verbracht, dieses Buch so »sauber« wie möglich zu machen. Wir danken ihnen für ihre Reinlichkeit und ihr Engagement. Julia hat darüber hinaus wesentlich zum Erstellen des Stichwortverzeichnisses beigetragen. Danke!

Last, but not least: Wir danken Wiley-VCH für die Möglichkeit, dieses Buch zu schreiben.

Alle in diesem Buch vorkommenden Personen und Firmen sind frei erfunden. Mögliche Übereinstimmungen mit Ihnen sind rein zufällig und nicht beabsichtigt.

Cartoons im Überblick

von Rich Tennant

Seite 25

"That's 3 'Genius Level Puzzle Books' at $8.95 each. Okay, I'll give you a $20, two $5's and 19¢. No wait, I'll give you two $20's and a dime and you give me a nickel back... no I'll keep the nickel and give you 11¢ plus the two $10's and a $20... no, wait..." *

Seite 109

"This looks like a good spot to camp. The ground is flat, we're protected by trees, and this is as far as the extension cord on the DVD player streches from the RV." *

Seite 255

Seite 367

"I know it's a popular American expression, but you just don't say 'Hasta la vista, baby'- to a nun." *

Seite 395

www.the5thwave.com

E-Mail: rich@the5thwave.com

Inhaltsverzeichnis

Kapitel 2
Grundlagen der englischen Grammatik 53

Kapitel 3
Good Morning! Good Afternoon! Hello World! Grüßen und Vorstellen 95

Teil II: Und Action – Jetzt geht's richtig los mit Ihrem Englisch 109

Kapitel 4 Knowing Me, Knowing You: Small Talk 111

Kapitel 5 Denken Sie schon wieder nur ans Essen? 131

Kapitel 6 Shoppen bis zum Umfallen: Einkaufen 157

Teil IV: Der Top-Ten-Teil 367

Kapitel 17 Zehn Tipps, um schnell Englisch zu lernen 369

Kapitel 18 Zehn Dinge, die Sie niemals sagen oder tun sollten 375

Kapitel 19 Zehn Sätze, die Sie zum Amerikaner oder Engländer machen 383

Einleitung

Englisch kann doch jeder. Sicherlich haben Sie diesen Satz so oder so ähnlich schon einmal gehört. Tatsächlich ist es so, dass ungefähr 400 Millionen Menschen mit Englisch als Muttersprache aufwachsen. Zählen Sie die ungefähr 1,8 Milliarden Erdenbewohner dazu, die Englisch als Fremdsprache beherrschen, ist die Zahl der Englisch sprechenden Menschen höher als die jeder anderen Sprache der Welt. Viel wichtiger jedoch ist, dass Sie diese Zahl nach dem Lesen von *Englisch für Dummies* um genau 1, nämlich sich selbst, erhöht haben! Dieses Buch lässt Sie vom ersten Kapitel an in die englische Sprache eintauchen und vermittelt Ihnen das Gefühl, Teil der englischsprachigen Welt zu sein. Dabei ist es egal, wo Sie sich gerade befinden. Ob auf dem Sofa, in der Badewanne oder im Bus: Lernen Sie die englische Sprache in lebensnahen Situationen kennen und vertiefen Sie Ihre Kenntnisse in den verschiedensten für Sie relevanten Bereichen. Nach dem Lesen dieses Buches werden Sie nicht nur englische Unterhaltungen mit Leichtigkeit meistern, sondern auch Experte für die Kultur einiger englischsprachiger Länder sein.

Ihre Motivation, Englisch zu lernen, ist zusammen mit *Englisch für Dummies* die beste Garantie für Ihren Erfolg. Die Wörter, Redewendungen und Informationen, die Sie in diesem Buch finden, können Sie ohne Umwege in Gesprächen verwenden. So finden Sie sich im Urlaub, auf Ihrer Geschäftsreise oder auch beim Telefonat mit der Erbtante aus Amerika zurecht. *Englisch für Dummies* räumt sozusagen die Stolpersteine, die die bisher mehr oder weniger fremde Sprache und fremde Kultur platziert haben, aus dem Weg. Es bietet sich darüber hinaus auch immer wieder als Nachschlagewerk an, denn die einzelnen Kapitel sind gefüllt mit nützlichen Tipps und Tricks, die Ihnen sowohl den Zugang zur englischen Sprache als auch zu den englischsprachigen Kulturkreisen erleichtern. Wie war das doch gleich? Englisch kann doch jeder. **You, too!** (juh tuh; Sie auch!)

Über dieses Buch

Englisch für Dummies ist in vielerlei Hinsicht ein außergewöhnliches Buch. Das Wort »Lehrwerk« wird hier bewusst nicht verwendet, denn Sie lernen mit *Englisch für Dummies* ganz unbewusst die englische Sprache und die Kultur der englischsprachigen Länder kennen. Ganz anders als in herkömmlichen Sprachkursen können Sie den Zeitraum, in dem Sie Ihr Ziel erreichen wollen, selbst festlegen. Dabei müssen Sie *Englisch für Dummies* auch nicht unbedingt von vorn bis hinten in der angegebenen Reihenfolge der Kapitel lesen. Nicht, dass das schaden würde. Aber Sie können auch gezielt jene Kapitel lesen, die für Sie von besonderem Interesse sind. Dabei werden Sie in jedem Kapitel Querverweise zu verwandten Themenbereichen in anderen Teilen des Buchs finden.

Erinnern Sie sich an Ihr Schulbuch für den Englischunterricht? Dort ging es in erster Linie um das Pauken von Vokabeln und Grammatikregeln. Keine Angst, denn zum Glück ist *Englisch für Dummies* anders. Da es sich bei Englisch für Sie vielleicht um eine neue Sprache handelt, werden Sie natürlich einige neue Wörter kennen lernen. Darüber hinaus finden Sie in diesem Buch auch Grammatikregeln, um die Sie nicht herumkommen. Alle Regeln und

Wörter sind allerdings direkt in Alltagssituationen verpackt, so dass Sie sie ganz nebenbei aufnehmen und sofort verwenden können. Keine langen Vokabellisten und keine Angst einflößende Grammatik. **That's a promise!** (thätss ä *pro*-miss; Versprochen!)

Konventionen, die in diesem Buch verwendet werden

Sie werden sich in *Englisch für Dummies* schon schnell wie zu Hause fühlen, denn es gibt immer wiederkehrende Elemente, die Sie leicht durch die Teile dieses Buchs navigieren lassen. Dazu gehören unter anderem:

- ✔ Englische Wörter und Sätze sind immer **fett** gedruckt, damit sie sich deutlich vom Text abheben.
- ✔ Auf neu eingeführte englische Wörter und Sätze folgt immer direkt ihre Aussprache. Betonte Silben werden dabei *kursiv* gedruckt, um Ihnen die korrekte Betonung zu erleichtern.

Angewandt in einem Beispiel sieht das dann so aus:

- ✔ ***English for Dummies*** **is a very interesting and useful book.** (*ing*-lissch for *da*-mies is ä *we*-rie *in*-tresst-ing änd *juhss*-ful buk; *Englisch für Dummies* ist ein sehr interessantes und nützliches Buch.)

Wenn Sie sich bei der Aussprache unsicher sind, schlagen Sie doch einfach in Kapitel 1 nach. Dort erfahren Sie mehr darüber.

Für das Erlernen einer Sprache sind einige Dinge von besonderer Bedeutung. In erster Linie geht es für Sie darum, Englisch zu sprechen. Was Sie dazu brauchen, sind authentische Gesprächssituationen, Wörter, die Ihren bereits vorhandenen Wortschatz bereichern, und Strategien, wie Sie diese Wörter auch dauerhaft behalten können. *Englisch für Dummies* hilft Ihnen folgendermaßen dabei:

- ✔ **Im Gespräch:** Diese Dialoge, die Sie zum großen Teil auch auf der dem Buch beiliegenden CD wiederfinden können, stehen am Ende der einzelnen Abschnitte. Sie spiegeln ungezwungene Gespräche wider, die für die vorgestellten Alltagssituationen typisch sind und Ihnen einen Anhaltspunkt dafür geben, wie sich Muttersprachler unterhalten. Die auf der CD enthaltenen Dialoge werden ausschließlich von Muttersprachlern gesprochen. Diese und alle anderen Dialoge können Sie natürlich auch selbst nachsprechen. Treffen Sie sich mit Ihren Freunden doch einfach einmal zu einer *Englisch für Dummies*-Party.
- ✔ **Kleiner Wortschatz:** Zum Sprachenlernen gehören nun einmal auch Vokabeln – daran führt kein Weg vorbei. Auf die »Im Gespräch«-Dialoge, die auch auf der beiliegenden CD enthalten sind, folgt daher eine nützliche Zusammenfassung der für Sie wichtigsten Wörter des jeweiligen Abschnitts mit Übersetzung und Aussprache.
- ✔ **Spiel und Spaß:** Wenn Sie nach dem Lesen eines Kapitels das gerade neu Erlernte vertiefen wollen, bieten Ihnen die kurzweiligen Aufgaben in diesem Teil die perfekte Gelegen-

heit dazu. Überprüfen Sie sich einfach selbst, denn zu allen Übungen werden die richtigen Lösungen gleich mitgeliefert.

Beim aufmerksamen Lesen der deutschen Übersetzungen für die englischen Sätze, die Sie in jedem Kapitel finden, werden Sie schnell merken, dass sich Sprachen nun mal wie Sprachen verhalten. Was heißt das? Manchmal ist es nicht möglich oder sogar nicht richtig, von einer Sprache in die andere Wort für Wort zu übersetzen, da die Bedeutung dann nicht korrekt wiedergegeben würde. Die deutschen Übersetzungen in *Englisch für Dummies* sind daher darauf ausgerichtet, den Sinn einer Äußerung so gut wie möglich wiederzugeben. Dabei spielt die eigentliche Wortbedeutung eher eine untergeordnete Rolle. Hier ein Beispiel:

✔ **That's Greek to me!** (thätss griek tu mie; Das kommt mir spanisch vor! *Wörtlich:* Das ist mir griechisch.)

Sehen Sie jetzt, was gemeint ist?

Törichte Annahmen über den Leser

Englisch für Dummies ist so konzipiert, dass es genau für Sie als Leser geschrieben ist. Dabei geht *Englisch für Dummies* natürlich von einigen Annahmen aus. Sie lesen dieses Buch, weil

✔ Sie in der Vergangenheit schon einmal Kontakt mit der englischen Sprache hatten und jetzt Ihre Kenntnisse auffrischen oder vertiefen wollen.

✔ Sie in naher Zukunft beruflich mit der englischen Sprache umgehen möchten und sich dafür in einigen Themenbereichen die notwendige Sicherheit aneignen wollen.

✔ Sie planen, in ein englischsprachiges Land zu reisen, und sich dort sprachlich wie auch kulturell zurechtfinden möchten.

✔ Sie es nicht mögen, lange Vokabellisten und schwierige Grammatikregeln auswendig zu lernen, aber dennoch Zugang zur englischen Sprache finden wollen.

✔ Sie gern das Angenehme mit dem Nützlichen verbinden und Spaß mit der englischen Sprache haben wollen.

Wie dieses Buch aufgebaut ist

Englisch für Dummies ist in fünf Teile gegliedert, die wiederum mehrere thematisch zusammenhängende Kapitel enthalten. Dabei können Sie sowohl die Teile als auch die Kapitel einzeln lesen. Ein wesentlicher Bestandteil dieses Buches ist die mitgelieferte Audio-CD, auf der die in den Kapiteln abgedruckten Dialoge von Muttersprachlern präsentiert werden.

Teil I: Lassen Sie uns endlich loslegen

Wenn Sie schon einmal mit der englischen Sprache in Berührung gekommen sind, werden Sie in diesem Teil vieles wiedererkennen. Gleich in Kapitel 1 treffen Sie alte Bekannte – nämlich englische Wörter, die auch in der deutschen Sprache verwendet werden. Dazu gesellen sich einige Alltagsbegriffe, die Sie immer wieder brauchen werden. Damit Sie diese richtig aussprechen, führt Sie Kapitel 1 darüber hinaus in die englische Aussprache ein. Dabei geht es ebenfalls um Unterschiede zwischen britischem und amerikanischem Englisch, sowohl bei der Aussprache als auch der Schreibweise. Wie eingangs erwähnt, kann es ganz ohne Grammatik nicht funktionieren. Kapitel 2 erklärt Ihnen daher die Grundzüge der englischen Grammatik, ohne dabei auf beängstigende Regeln zurückzugreifen. In Kapitel 3 können Sie die in den vorangegangenen beiden Kapiteln erworbenen Grundlagen gleich praktisch anwenden. Hier erfahren Sie, wie Sie jemanden begrüßen und sich verabschieden können. Genug Material für ein kurzes Gespräch zwischendurch wird ebenfalls mitgeliefert.

Teil II: Und Action – Jetzt geht's richtig los mit Ihrem Englisch

Teil II ist sozusagen Ihr persönliches Fitnessprogramm für die wichtigsten Alltagssituationen. Schon während Sie dieses Programm absolvieren, werden Sie sich mit Leichtigkeit in der englischsprachigen Welt bewegen. Kapitel 4 versetzt Sie in die Lage, Unterhaltungen auf Englisch führen zu können. In Kapitel 5 werden Ihnen sprachliche Strategien zum Überleben präsentiert. Dort können Sie nämlich mehr über verschiedenste Möglichkeiten, wie Sie an Nahrung gelangen, erfahren. Wenn Sie Ihrem Drang, Geld auszugeben, nachkommen wollen, lesen Sie doch einfach Kapitel 6. Hier geht es ums Einkaufen. Wenn Sie dann schon einmal dabei sind, können Sie auch gleich Kapitel 7 und 8 aufschlagen, die Sie bei Ihrer Freizeitgestaltung unterstützen. Zu guter Letzt helfen Ihnen Kapitel 9 und 10 bei der Kommunikation in Sachen Telefon, Wohnungsmarkt und in der Arbeitswelt.

Teil III: Englisch »on the go«

Gehen Sie mit Teil III auf Reisen in die englischsprachige Welt. Kapitel 11 bringt Sie zumindest auf dem Papier mit Geld in Kontakt. In Kapitel 12 lernen Sie, mit Leichtigkeit durch die Landschaft zu navigieren. Mit welchen Fortbewegungsmitteln Sie das tun können, erfahren Sie in Kapitel 13. Wenn Sie dann schließlich zur Ruhe kommen möchten, bietet sich Kapitel 14 an, denn dort geht es um Übernachtungsmöglichkeiten. Sind Sie kein Freund von spontanen Reisen? Dann schlagen Sie einmal Kapitel 15 auf, das Ihnen als Planungshilfe mit den wichtigsten Informationen zur Verfügung steht. Kapitel 16 schließlich behandelt ein ungeliebtes, aber dennoch wichtiges Thema: wie Sie in Notfällen die Ruhe bewahren.

Teil IV: Der Top-Ten-Teil

Aller guten Dinge sind zehn. In diesem Fall sind es sogar gleich viermal zehn, denn Teil IV gibt Ihnen vier Kapitel mit wertvollen Informationen, die in übersichtliche Pakete geschnürt sind: Wie lernen Sie besonders schnell Englisch; was dürfen Sie niemals sagen; Ausdrücke, die Sie zum Engländer oder Amerikaner machen; Feiertage, über die Sie Bescheid wissen sollten.

Teil V: Anhänge

Was von *Englisch für Dummies* dann noch bleibt, sind zwei nützliche Anhänge. Zum einen finden Sie hier eine Tabelle mit den Zeitformen der unregelmäßigen Verben, zum anderen gibt es das Mini-Wörterbuch, in dem die wichtigsten in diesem Buch verwendeten Wörter aufgeführt sind.

Symbole, die in diesem Buch verwendet werden

Englisch für Dummies ist übersichtlich. Dazu tragen auch einige Symbole bei, die Sie auf den Seiten dieses Buchs immer wieder finden werden. So können Sie auf einen Blick erkennen, was auf Sie zukommt:

Wenn Sie dieses Symbol sehen, können Sie sich auf nützliche Tipps zu den verschiedensten Bereichen der englischen Sprache freuen. Lassen Sie diese Textabschnitte nicht ungelesen, denn sie machen Ihnen das Leben auf jeden Fall leichter.

Dieses Symbol signalisiert, dass die folgenden Informationen zum Bereich der Grammatik gehören. Das bedeutet nicht, dass Sie sie sofort überspringen sollten. Vielmehr sind diese einfachen, verständlichen Grammatik-Tipps wegen ihrer Kürze lesenswert.

Dieses Symbol steht für Kultur. Hier erhalten Sie Hinweise, die es Ihnen einfacher machen, die Kultur der englischsprachigen Länder zu verstehen. Nach dem Lesen dieser Abschnitte wird die Wahrscheinlichkeit, dass Sie in Fettnäpfchen treten, etwas geringer.

Die Abschnitte neben diesem Symbol dürfen Sie lesen, wenn Sie wirklich mutig sind. Die Informationen, die Sie hier erhalten, sind bestens auf Fortgeschrittene, aber auch auf die, die es werden wollen, zugeschnitten. Lassen Sie also die Bombe platzen und gehören Sie dazu!

Dieses Symbol kennzeichnet die Sprachbeispiele und »Im Gespräch«-Dialoge, die auf der beiliegenden Audio-CD enthalten sind. Damit bekommen Sie die Gelegenheit, diese Dialoge nicht nur zu lesen, sondern auch von Muttersprachlern gesprochen zu hören.

Wie es weitergeht

Nach dem Lesen dieser Einleitung sind Sie mit dem Aufbau von *Englisch für Dummies* bestens vertraut. Die Kapitel in den einzelnen Teilen sollen für Sie jedoch nur Anhaltspunkte dafür sein, wo Sie Ihre persönliche Sprachreise beginnen können. Damit ist es jetzt Ihnen überlassen, auf welchem Weg Sie durch dieses Buch gehen.

Ein möglicher Weg ist es, *Englisch für Dummies* Seite für Seite von vorn bis hinten zu lesen. So verpassen Sie garantiert nichts. Wenn Sie allerdings nach dem Lesen des Inhaltsverzeichnisses feststellen, dass nur bestimmte Teile für Sie von besonderem Interesse sind, stellt das auch kein Problem dar, denn die einzelnen Teile sind unabhängig voneinander geschrieben. Darüber hinaus ist es natürlich auch möglich, nur die Kapitel zu lesen, die Sie für Ihr jeweiliges Vorhaben benötigen. So bleibt *Englisch für Dummies* immer ein wertvoller Begleiter.

Fangen Sie also an, *Englisch für Dummies* zu lesen und: **Let's get the show on the road!** (letss get thä sschou on thä roud; Packen wir es an!)

Teil I:

Lassen Sie uns endlich loslegen

The 5th Wave By Rich Tennant

*

In diesem Teil ...

Tauchen Sie ein in die englischsprachige Welt. Teil I macht es Ihnen einfach, denn Sie werden merken, dass Sie schon mehr Englisch können, als Sie denken. Mit den Informationen und Hinweisen, die Sie hier erhalten, sind Sie gut für die Lesereise durch dieses Buch ausgestattet. In Kapitel 1 erfahren Sie Grundsätzliches zum englischen Wortschatz und zur Aussprache des Englischen. Schon hier werden Sie sehen, dass Englisch eigentlich ziemlich einfach ist. Kapitel 2 versorgt Sie mit einem Grundwissen über die englische Grammatik, mit dem Sie dann bestens für alle folgenden Kapitel ausgerüstet sind. Schließlich dürfen Sie Ihre bereits erworbenen Fähigkeiten in Kapitel 3 praktisch anwenden. Dort finden Sie nämlich die notwendigen Redewendungen für Begrüßungen, Verabschiedungen und auch für ein kurzes Gespräch zwischendurch. Jetzt aber genug der einführenden Worte: **Let's speak English!** (letss sspiek *ing*-lissch; Lassen Sie uns Englisch sprechen!)

* »Rusty rausgehen?
Rusty Fangen spielen?
Rusty Frisbee fangen?«
»Benutze ein Hilfsverb und dann vielleicht ...«

Sie können schon mehr Englisch, als Sie glauben

1

In diesem Kapitel

- Englische Wörter, mit denen Sie bereits vertraut sind
- Grundlagen der englischen Aussprache
- Unterschiede zwischen amerikanischem und britischem Englisch
- Alltägliche Ausdrücke und Redewendungen

Auf dem Weg von einem deutschsprachigen in ein englischsprachiges Land wie die USA oder Großbritannien müssen Sie irgendwie das Wasser überqueren. Beim Lesen dieses Kapitels können Sie das Wasser mit der Sprachgrenze in Ihrem Kopf gleichsetzen. Warum tauchen Sie also nicht einfach gleich ein? Die folgenden Abschnitte machen Ihnen das Schwimmen im See der **English language** (*ing*-lissch *läng*-uwidsch; englische Sprache) nicht nur einfacher, sondern auch vergnüglich. Sie werden schnell merken, dass Sie schon mehr **English words** (*ing*-lissch uwörds; englische Wörter) kennen, als Sie dachten. Englisch finden Sie nämlich überall – am Bahnhof, beim Einkaufen, im **fitness center** (*fit*-ness *ssen*-ter; Fitnesscenter) und auch bei Ihnen zu Hause. Wenn Sie darüber hinaus noch mehr über die **pronunciation** (pro-nan-ssie-*äi*-sschen; Aussprache) des Englischen erfahren möchten, sind Sie hier genau richtig. Ob amerikanisches oder britisches Englisch, dieses Kapitel führt Sie in die Grundlagen der beiden Sprachvarianten ein. Am Ende werden Sie dann noch mit einigen alltäglichen Ausdrücken und einfachen Redewendungen vertraut sein, so dass Sie aus dem inzwischen warm gewordenen Wasser wahrscheinlich gar nicht mehr herauswollen. Und das ist auch gut so!

So viel Englisch sprechen Sie jeden Tag

In der deutschsprachigen Welt ist die **English language** allgegenwärtig. Da lässt es sich nicht vermeiden, dass Sie jeden Tag ganz unbewusst einige **English words** benutzen. Wenn Sie lernen wollen, die englische Sprache zu sprechen, ist das für Sie sogar vorteilhaft. Sehen Sie in diesem Abschnitt selbst, wie viel Englisch Sie schon sprechen können.

Deutsch? Englisch? Ist doch egal!

Bei den folgenden Wörtern lässt es sich nicht ausmachen, ob sie zur englischen oder deutschen Sprache gehören, denn sie werden gleich geschrieben und haben auch die gleiche Bedeutung.

Sie wissen ja, dass deutsche **nouns** (nauns; Substantive) mit einem großen Anfangsbuchstaben geschrieben werden. Diese Mühe müssen Sie sich im Englischen nicht machen. Die meisten englischen **nouns** werden mit kleinen Anfangsbuchstaben geschrieben. Mehr darüber und über **nouns** im Allgemeinen können Sie in Kapitel 2 erfahren.

Achten Sie beim Lesen dieser Liste darauf, dass sich die **pronunciation** des Englischen meistens von der des Deutschen unterscheidet:

- **absurd** (äb-*ssörd*; absurd)
- **arm** (arm; Arm)
- **arrogant** (*ä*-re-gent; arrogant)
- **blind** (blaind; blind)
- **brutal** (*bruh*-tel; brutal)
- **elegant** (*e*-le-gent; elegant)
- **finger** (*fin*-ger; Finger)
- **fundamental** (fan-de-*men*-tel; fundamental)
- **global** (*glou*-bel; global)
- **hand** (hähnd; Hand)
- **hotel** (hou-*tel*; Hotel)
- **international** (in-ter-*nä*-sschen-el; international)
- **kindergarten** (*kin*-der-gar-ten; Kindergarten)
- **loyal** (*leu*-el; loyal)
- **modern** (*mo*-dern; modern)
- **name** (näim; Name)
- **neutral** (*nuh*-trel; neutral)
- **orange** (*ooh*-rindsch; Orange)
- **parallel** (*pä*-re-lel; parallel)
- **problem** (*pro*-blem; Problem)
- **religion** (ri-*li*-dschen; Religion)
- **restaurant** (*ress*-te-rahnt; Restaurant)
- **rose** (rous; Rose)
- **service** (*ssör*-wiss; Service)
- **super** (*ssuh*-per; super)
- **taxi** (*täk*-ssie; Taxi)
- **transparent** (träns-*pä*-rent; transparent)
- **trivial** (*tri*-wie-el; trivial)
- **warm** (uworm; warm)
- **wild** (uwaild; wild)
- **wind** (uwind; Wind)
- **zoo** (suh; Zoo)

Ganz offensichtliche Beispiele aus der Gastronomie, dem Sport und der Datenverarbeitung gibt es natürlich auch. Hiervon seien einige wenige genannt:

- **hamburger** (*häm*-bör-ger; Hamburger)
- **cheeseburger** (*tsschies*-bör-ger; Cheeseburger)
- **basketball** (*bähss*-ket-boohl; Basketball)
- **snowboarding** (*ssnou*-bohrd-ing; Snowboardfahren)
- **computer** (kom-*pjuht*-er; Computer)
- **internet** (*in*-ter-net; Internet)

Fun Facts: »Denglisch«

Denglisch? Was ist Denglisch? Ein Gemisch aus Deutsch und Englisch, genau wie das Wort selbst. Immer häufiger werden englische Sprachelemente mit deutschen vermischt, wie in den folgenden Fällen:

✔ Ich habe das Programm **down**ge**load**et. =

Ich habe das Programm heruntergeladen.

✔ Der Flug wurde ge**cancel**t. =

Der Flug wurde gestrichen.

✔ Ich habe dieses **stylish**e Hemd im Internet ge**order**t. =

Ich habe dieses modische Hemd im Internet bestellt.

Das lässt sich natürlich vermeiden, zeigt Ihnen aber gleichzeitig auch, wie viel Englisch Sie schon können. Und darum geht es hier ja in erster Linie.

Nahe Verwandte beim Familientreffen: Wörter, die sich ähneln

Beim Durchstöbern der Liste in diesem Abschnitt wird sehr schnell deutlich, dass Deutsch und Englisch **close relatives** (klouss *re*-le-tiws; nahe Verwandte) sind. Historisch gesehen haben sich ihre Wege auf dem Stammbaum der indo-europäischen Sprachen erst sehr spät getrennt, denn sie zweigen beide vom Ast der westgermanischen Sprachen ab. Vergleichen Sie die folgenden englischen Wörter mit ihren deutschen **translations** (träns-*läi*-sschens; Übersetzungen) und sehen Sie selbst:

✔ **alcohol** (*äl*-ke-hol; Alkohol)

✔ **angel** (*äin*-dschel; Engel)

✔ **bath** (bähthh; Bad)

✔ **beer** (bier; Bier)

✔ **to begin** (tu bi-*gin*; beginnen)

✔ **blue** (bluh; blau)

✔ **brother** (*bra*-ther; Bruder)

✔ **carrot** (*kä*-ret; Karotte)

✔ **to come** (tu kam; kommen)

✔ **to cost** (tu kosst; Geld kosten)

✔ **dam** (dähm; Damm)

✔ **daughter** (*dooh*-ter; Tochter)

✔ **to drink** (tu drink; trinken)

✔ **flame** (fläim; Flamme)

✔ **foot** (fut; Fuß)

✔ **garden** (*gar*-den; Garten)

✔ **ghost** (gousst; Geist)

✔ **grave** (gräiw; Grab)

✔ **to help** (tu help; helfen)

✔ **to make** (tu mäik; machen)

- **man** (män; Mann)
- **milk** (milk; Milch)
- **nose** (nous; Nase)
- **shock** (sschok; Schock)
- **son** (ssan; Sohn)
- **storm** (sstorm; Sturm)
- **to swim** (tu ssuwim; schwimmen)
- **thick** (thhik; dick)
- **to thank** (tu thhänk; danken)
- **water** (*uwooh*-ter; Wasser)
- **white** (uwait; weiß)
- **worm** (uwörm; Wurm)

Manche Unterschiede zwischen verwandten englischen und deutschen Wörtern lassen sich gut anhand von **rules** (ruhls; Regeln) darstellen. Sie werden immer wieder bemerken, dass bestimmte Buchstaben oder Buchstabengruppen ersetzt werden:

- **d** wird zu **t**: **drink** (drink) wird zu »trinken«

  salad (*ssä*-led) wird zu »Salat«

  word (uwörd) wird zu »Wort«
- **th** wird zu **d**: **bath** (bähthh) wird zu »Bad«

  north (northh) wird zu »Norden«

  thorn (thhorn) wird zu »Dorn«
- **t** wird zu **z/tz**: **malt** (moohlt) wird zu »Malz«

  salt (ssoohlt) wird zu »Salz«

  sit (ssit) wird zu »sitzen«

Falsche Freunde: Vermeiden Sie Sprachfallen

Seien Sie auf der Hut! Englisch und Deutsch sind manchmal nur vermeintlich nah beieinander. Einige Wörter gleichen sich zwar in der **spelling** (*sspel*-ing; Schreibweise) – die **meanings** (*mien*-ings; Bedeutungen) können aber sehr stark voneinander abweichen. Es gibt sogar Fälle, in denen gleich geschriebene englische und deutsche Wörter im völligen Gegensatz zueinander stehen. Die folgende Liste enthält einige **false friends** (foohlss frends; falsche Freunde):

- **actual** (*äk*-tschu-el; tatsächlich) bedeutet nicht »aktuell«;

  »aktuell« bedeutet **current** (*kö*-rent)
- **brave** (bräiw; tapfer) bedeutet nicht »brav«;

  »brav« bedeutet **well-behaved** (uwel-bi-*häiwd*)
- **critic** (*kri*-tik; Kritiker) bedeutet nicht »Kritik«;

  »Kritik« bedeutet **criticism** (*kri*-ti-ssi-sem)

- ✔ **eventual** (i-*wen*-tsschu-el; schließlich) bedeutet nicht »eventuell«;
  »eventuell« bedeutet **perhaps** (pör-*häpss*)
- ✔ **genial** (*dschie*-nie-el; freundlich) bedeutet nicht »genial«;
  »genial« bedeutet **brilliant** (*bril*-jent)
- ✔ **gymnasium** (dschim-*näi*-sie-em; Turnhalle) bedeutet nicht »Gymnasium«;
  »Gymnasium« bedeutet **high school** (hai sskuhl)
- ✔ **mist** (misst; feiner Nebel) bedeutet nicht »Mist«;
  »Mist« bedeutet **manure** (me-*nuhr*)
- ✔ **to overhear** (tu ou-wer-*hier*; mithören) bedeutet nicht »überhören«;
  »überhören« bedeutet **to not hear** (tu not hier)
- ✔ **pathetic** (pe-*thhe*-tik; erbärmlich) bedeutet nicht »pathetisch«;
  »pathetisch« bedeutet **sentimental** (ssen-ti-*men*-tel)
- ✔ **rent** (rent; Miete) bedeutet nicht »Rente«;
  »Rente« bedeutet **old-age pension** (*ould*-äidsch *pen*-sschen)
- ✔ **sensible** (*ssen*-ssi-bel; vernünftig) bedeutet nicht »sensibel«;
  »sensibel« bedeutet **sensitive** (*ssen*-ssi-tiw)
- ✔ **untertaker** (*an*-der-täik-er; Bestatter) bedeutet nicht »Unternehmer«;
  »Unternehmer« bedeutet **businessperson** (*bis*-ness-pör-ssen)

In vielen Situationen sind also **misunderstandings** (miss-an-der-*sständ*-ings; Missverständnisse) möglich. Aber jetzt wissen Sie ja Bescheid und mit Bezug auf Ihre Englischkenntnisse können Sie selbstbewusst die nächsten Abschnitte in Angriff nehmen. Ein letzter Tipp: Verwechseln Sie **self-confident** (sself-*kon*-fi-dent; selbstbewusst) bitte nicht mit **self-conscious** (sself-*kon*-sschess; unsicher) – aber dieses Adjektiv trifft nach dem Lesen dieses Buches sowieso nicht mehr auf Sie zu.

First Things First: Das Alphabet

Die englische und die deutsche Sprache haben viele Dinge gemeinsam, wie Sie im vorangegangenen Abschnitt vielleicht schon gemerkt haben. Die wichtigste gemeinsame Grundlage jedoch ist bisher unerwähnt geblieben: das **alphabet** (*äl*-fe-bet; Alphabet).

Lesen Sie hier, wie Sie die einzelnen **letters** (*le*-ters; Buchstaben) aussprechen. Hören Sie dazu auch **Track 1** auf der beiliegenden Audio-CD. **As in** (äs in) bedeutet »wie in«.

- ✔ **A / a** (äi) as in **ape** (äip; Menschenaffe)

- ✔ **B / b** (bie) as in **bee** (bie; Biene)
- ✔ **C / c** (ssie) as in **cereal** (*ssi*-rie-el; Frühstücksflocken)
- ✔ **D / d** (die) as in **darling** (*dar*-ling; Liebling)
- ✔ **E / e** (ie) as in **eagle** (*ie*-gel; Adler)
- ✔ **F / f** (ef) as in **fish** (fissch; Fisch)
- ✔ **G / g** (dschie) as in **gymnasium** (dschim-*näi*-sie-em; Sporthalle)
- ✔ **H / h** (äitssch) as in **honey** (*ha*-nie; Honig)
- ✔ **I / i** (ai) as in **ice cream** (aiss kriem; Speiseeis)
- ✔ **J / j** (dschäi) as in **jam** (dschähm; Konfitüre)
- ✔ **K / k** (käi) as in **kite** (kait; Drachen)
- ✔ **L / l** (el) as in **love** (law; Liebe)
- ✔ **M / m** (em) as in **mother** (*ma*-ther; Mutter)
- ✔ **N / n** (en) as in **nest** (nesst; Nest)
- ✔ **O / o** (ou) as in **open** (*ou*-pen; offen)
- ✔ **P / p** (pie) as in **piano** (pie-*ä*-nou; Klavier)
- ✔ **Q / q** (kjuh) as in **question** (*kuwess*-tsschen; Frage)
- ✔ **R / r** (ar) as in **river** (*ri*-wer; Fluss)
- ✔ **S / s** (ess) as in **snow** (ssnou; Schnee)
- ✔ **T / t** (tie) as in **teamwork** (*tiem*-uwörk; Gruppenarbeit)
- ✔ **U / u** (juh) as in **united** (juh-*nait*-ed; vereint)
- ✔ **V / v** (wie) as in **vehicle** (*wie*-i-kel; Fahrzeug)
- ✔ **W / w** (*da*-bel-juh) as in **worm** (uwörm; Wurm)
- ✔ **X / x** (ekss) as in **x-ray** (*ekss*-räi; Röntgen)
- ✔ **Y / y** (uwai) as in **yesterday** (*jess*-ter-däi; gestern)
- ✔ **Z / z** (sie (AE) – sed (BE)) as in **zipper** (*sip*-er; Reißverschluss)

Wenn Sie die **uppercase letters** (*a*-per-käiss *le*-ters; Großbuchstaben) und **lowercase letters** (*lou*-er-käiss *le*-ters; Kleinbuchstaben) des englischen **alphabet** genau durchgezählt haben, ist Ihnen sicherlich aufgefallen, dass hier etwas fehlt. Die englische Sprache kennt nämlich weder Umlaute noch das berühmt-berüchtigte »ß«. So können Sie sich voll auf das Wesentliche konzentrieren und müssen nicht ständig überlegen, ob Sie ein Wort nun mit »ss« oder »ß« schreiben sollen.

Amerikanisches und britisches Englisch unterscheiden sich an einigen Stellen in **pronunciation** und **spelling**. Haben Sie die kleinen Buchstabenfolgen »AE« und »BE« im oben stehenden Alphabet entdeckt? Gut so. Denn Sie werden sie an vielen Stellen in *Englisch für Dummies* wiederfinden. Immer dann, wenn es Unterschiede zwischen amerikanischem (AE) und britischem (BE) Englisch gibt, sind diese entsprechend gekennzeichnet. Hier zwei Beispiele:

- ✔ **dance** (AE: dähnss, BE: dahnss; Tanz)
- ✔ **theater** (AE) / **theatre** (BE) (*thhie*-e-ter; Theater)

Mehr zu diesem Thema und Grundlegendes zur **transcription** (trän-*sskrip*-sschen; Lautumschreibung) finden Sie im nächsten Abschnitt.

Fun Facts: Abkürzungen

Mit Buchstaben lassen sich diverse Informationen kurz und knapp verpacken. In vielen E-Mails finden Sie daher zum Beispiel die folgenden **abbreviations** (ä-brie-wie-*äi*-sschens; Abkürzungen):

- ✔ **ASAP = as soon as possible** (äs ssuhn äs *po*-ssi-bel; so bald wie möglich)
- ✔ **FYI = for your information** (for juhr in-for-*mäi*-sschen; zu Ihrer Information)
- ✔ **TLC = tender loving care** (*ten*-der *law*-ing käir; liebevolle Pflege)

Die Dummies-Lautschrift des Englischen

Wie spricht man das aus? So wie man es schreibt! Haben Sie das so oder so ähnlich schon einmal gehört? Für die deutsche Sprache mag das zutreffen. Als Hilfe zur **English pronunciation** (*ing*-lissch pro-nan-ssie-*äi*-sschen; englische Aussprache) ist es mehr oder weniger nutzlos. Sehen Sie selbst:

- ✔ **cough** (koohf; Husten)
- ✔ **dough** (dou; Teig)
- ✔ **hiccough** (*hik*-ap; Schluckauf)
- ✔ **through** (thhruh; durch)

Bei allen vier **words** (uwörds; Wörter) werden zwar dieselben letzten vier Buchstaben benutzt – sie werden aber unterschiedlich ausgesprochen. Was kann man da tun? Können Sie sich noch an den Vokabelteil Ihres Englischbuches aus der Schule erinnern oder haben Sie in der letzten Zeit häufiger ein **dictionary** (*dik*-ssche-nä-rie; Wörterbuch) aufgeschlagen? Nein, das, was dort hinter den englischen **words** steht, sind keine Hieroglyphen. Dabei handelt es sich um das **International Phonetic Alphabet** (in-ter-*nä*-ssche-nel fo-*ne*-tik *äl*-fe-bet; Internationales Phonetisches Alphabet), kurz auch **IPA** (ai-pie-*äi*; IPA) genannt. Ein englisches Wort mit einer solchen **transcription** sieht so aus:

- ✔ **thorough** ('θʌroʊ; gründlich)

Können Sie das lesen? Mit *Englisch für Dummies* müssen Sie kein neues **alphabet** lernen, um Englisch sprechen zu können, denn in diesem Buch sieht es so aus:

- ✔ **thorough** (*thho*-rou; gründlich)

Die Lautschrift aller **words** und **sentences** (*ssen*-tenss-es; Sätze) in diesem Buch ist der Ihnen vertrauten deutschen Aussprache angepasst. Zusätzlich sind betonte Silben *kursiv* geschrieben. So können Sie leicht und schnell wie ein **native speaker** (*näi*-tiw *sspiek*-er; Muttersprachler) klingen.

Scheuen Sie sich nicht, auch für Sie fremde Buchstabenkombinationen einfach laut auszusprechen. Gut geeignet zum Üben der ... *für Dummies*-Lautschrift ist die beiliegende Audio-CD. In **Track 1** hören Sie das Alphabet und es gibt zu jedem vorgestellten Laut in den folgenden Abschnitten ein Beispielwort. So lesen Sie die Lautschrift der **words**, **sentences** und **dialogs** (*dai*-e-logs; Dialoge) mit Leichtigkeit. Die englische Aussprache wird für Sie zu **a piece of cake** (ä piess ow käik; ein Kinderspiel, *wörtlich:* ein Stück Kuchen).

Fun Facts: Schreibweise und Aussprache

Die Aussprache des Englischen ist unberechenbar. Immer wieder wird es passieren, dass Ihnen Steine in den Weg gelegt werden. Nehmen Sie es gelassen und auch mit ein wenig Humor, denn nicht einmal alle **native speakers** (*näi*-tiw *sspiek*-ers; Muttersprachler) können problemlos alle englischen **words** aussprechen. Hier einige Beispiele:

- ✔ **choir** (*kuwai*-er; Chor)
- ✔ **coxswain** (*kok*-ssen; Steuermann)
- ✔ **gunwale** (*ga*-nel; Seitendeck)
- ✔ **pseudonym** (*ssuh*-de-nim; Pseudonym)
- ✔ **handkerchief** (*hän*-ker-tsschif; Taschentuch)

Das Taschentuch ist selbst den **native speakers** so zum Verdruss geworden, dass sich die folgende Form durchgesetzt hat:

- ✔ **hanky** (*hän*-kie; Taschentuch)

Das lässt sich sowohl einfacher sprechen als auch einfacher buchstabieren.

English Sounds 101: Konsonanten und Vokale im Überblick

Wissen Sie, wie Sie aus 26 ganz schnell 44 machen können? Die Finanzmarktinteressierten unter Ihnen wittern sicherlich schon eine hervorragende Anlagemöglichkeit. Es geht hier jedoch keinesfalls um Geld. Wenn Sie jetzt nicht sofort Kapitel 11 aufschlagen wollen, um mehr über **money** (*ma*-nie; Geld) zu erfahren, sollten Sie zunächst einmal weiterlesen. Sie wollen ja auch wissen, wie Sie **money** aussprechen, bevor Sie es ausgeben können.

Die Zahlenfolge **101** (uwan-ou-*uwan*; 101) steht typischerweise für die Einführung in ein bestimmtes Thema. Wenn Sie also den *Englisch für Dummies*-Kurs **English Sounds 101** (*ing*-lissch ssaunds uwan-ou-*uwan*; Englische Laute 101) belegen möchten, sind Sie hier genau richtig. Dieser Abschnitt gibt Ihnen eine Einführung in die **English pronunciation** und bereitet Sie auf die **transcriptions** vor, die Sie hinter allen englischen Wörtern und Sätzen in diesem Buch finden.

Die nächsten Abschnitte erklären Ihnen, wie Sie aus 26 **letters** bis zu 44 **sounds** (ssaunds; Laute) machen. Eine ziemlich gute Rendite, oder?

Das Wichtigste ist drumherum: Konsonanten

Haben Sie schon einmal darüber nachgedacht, wo und wie Sie **sounds** produzieren? Richtig, in Ihrem **mouth** (mauthh; Mund). Dazu brauchen Sie alles, was Sie in Ihrem Mund wiederfinden können. Nein, das alte **chewing gum** (*tsschuh*-ing gam; Kaugummi) wird nicht unbedingt benötigt, aber die folgenden Dinge schon:

- ✔ **lips** (lipss; Lippen)
- ✔ **teeth** (tiethh; Zähne)
- ✔ **tongue** (tang; Zunge)
- ✔ **nose** (nous; Nase)
- ✔ **vocal folds** (*wou*-kel foulds; Stimmbänder)

Gut, die **nose** und die **vocal folds** gehören nicht unbedingt zu Ihrem **mouth**, aber ohne sie geht es auch nicht. Mit diesen fünf Helferlein produzieren Sie alle **consonants** (*kon*-ssenentss; Konsonanten) des Englischen – und des Deutschen natürlich auch. Es gibt aber einige wesentliche Unterschiede, die Sie im Folgenden entdecken können.

Von Bienen und Schlangen: Jetzt kommt Stimmung auf

Wer hätte gedacht, dass die Biologie bei **consonants** eine so große Rolle spielt! Aber es geht hier nicht um Bienen und Blumen, sondern vielmehr um die Geräusche, die Bienen und Schlangen machen und was diese mit **consonants** zu tun haben.

Auch wenn es Ihnen albern vorkommt: Summen Sie doch einfach einmal wie eine Biene und fassen Sie dabei mit zwei Fingern an Ihren Kehlkopf. Fühlen Sie auch die **vibrations** (wai-*bräi*-sschens; Vibrationen)? Gut, denn dann haben Sie gerade einen **voiced sound** (weusst ssaund; stimmhafter Laut), das *s*, produziert. Englische **sounds** werden ab jetzt immer kursiv gekennzeichnet.

Jetzt zischen Sie wie eine Schlange und fassen dabei wieder an Ihren Kehlkopf. Keine **vibrations**? Richtig, denn dieser **consonant** ist ein **voiceless sound** (*weuss*-less ssaund; stimmloser Laut), das *ss*.

In *Englisch für Dummies* folgen Sie bei der Lautschrift in der Regel der Aussprache der deutschen **consonants**. Das sieht dann zum Beispiel so aus:

- **voiced** *d* wie in ***doe*** (dou; weibliches Reh)
- **voiceless** *t* wie in ***toe*** (tou; Zeh)

Die meisten englischen und deutschen **consonants** hören sich sehr ähnlich an. Tabelle 1.1 gibt Ihnen einen Überblick über die unproblematischen Vertreter ihrer Art zusammen mit praktischen Beispielen zur Aussprache. Natürlich finden Sie auch hier die Lautschrift, die Ihnen die **pronunciation** der englischen Sprache leicht zugänglich macht. Hören Sie dazu auch **Track 2** auf der beiliegenden Audio-CD.

Voiceless Consonant	Voiced Consonant	German Examples	English Examples
p	*b*	pellen bellen	pin (pin; Stecknadel) bin (bin; Eimer)
f	*w*	fischen wischen	fine (fain; fein) vine (wain; Liane)
t	*d*	Teckel Deckel	toe (tou; Zeh) doe (dou; Reh)
ss	*s*	reißen reisen	seal (ssiel; Siegel) zeal (siel; Eifer)
k	*g*	können gönnen	cod (kod; Kabeljau) god (god; Gott)
h	–	heilen	heal (hiel; heilen)
–	*m*	Mutter	mad (mähd; verrückt)
–	*n*	Nase	nose (nous; Nase)
–	*l*	Liebe	love (law; Liebe)
–	*j*	Ja	yes (jess; ja)

*Tabelle 1.1: Englische und deutsche **consonants** im Vergleich*

Sicherlich ist Ihnen aufgefallen, dass einige **consonants** in der Tabelle fehlen. Gut aufgepasst! In den folgenden Abschnitten können Sie mehr zu den Lauten erfahren, die unter Umständen etwas Übung brauchen.

Strecken Sie die Zunge raus: »thh« und »th«

Was? Sie haben in Ihrer Kinderstube gelernt, dass Zunge rausstrecken nicht erlaubt ist? Englischsprachige Kinder dürfen das, denn um das **th** (tie-*äitssch*; th) richtig auszusprechen, ist eine herausgestreckte Zunge Grundvoraussetzung.

Strecken Sie die Zungenspitze zwischen Ihren Zähnen heraus und lassen Sie einfach einmal Luft ab. Da ist es schon – das **th** in der **voiceless**-Variante, das als *thh* umschrieben wird. Um das **voiced th**, das als *th* umschrieben wird, zu produzieren, lassen Sie zusätzlich die **vocal folds** vibrieren. Wie Sie das überprüfen, konnten Sie schon im vorangegangen Abschnitt erfahren: Während Sie den **sound** produzieren, legen Sie zwei Finger auf Ihren Kehlkopf.

Das folgende Beispielpaar macht deutlich, dass der klitzekleine Unterschied zwischen **voiced** und **voiceless** beim **th** einen Unterschied bei der **meaning** machen kann. Aus einem **noun** (naun; Substantiv) wird ein **verb** (wörb; Verb):

- ✔ **voiceless thh: wreath** (riethh; Kranz)
- ✔ **voiced th: wreathe** (rieth; zu einem Kranz binden)

Egal ob **voiced** oder **voiceless** – vielen deutschen Lernern der englischen Sprache fällt es schwer, das *th* oder das *thh* richtig auszusprechen. Häufig wird es durch *ss* ersetzt. Dies kann jedoch fatale Folgen haben:

- ✔ **thick** (thhik; dick) und **sick** (ssik; krank)
- ✔ **thin** (thhin; dünn) und **sin** (ssin; Sünde)
- ✔ **worth** (uwörthh; wert) und **worse** (uwörss; schlechter)
- ✔ **think** (thhink; denken) und **sink** (ssink; sinken)

Die Aussprache des **sound** *thh* können Sie mit den folgenden Wörtern üben, die im zweiten Teil von **Track 2 (ab 0:52 Minuten)** für Sie gesprochen werden:

- ✔ **thunder** (*thhan*-der; Donner)
- ✔ **thumb** (thham; Daumen)
- ✔ **truth** (truhthh; Wahrheit)
- ✔ **tooth** (tuhthh; Zahn)

Fun Facts: Zungenbrecher I

Schauen Sie einmal die folgenden **tongue twisters** (tang *tuwiss*-ters; Zungenbrecher) an. Wenn Sie diese aussprechen können, haben Sie garantiert keine Probleme mit dem *thh* mehr:

- **three free throws** (thhrie frie thhrous; drei Freiwürfe)
- **six thick thistle sticks** (ssikss thhik *thhi*-ssel sstikss; sechs dicke Distelstöcke)
- **I can think of six thin things, but I can think of six thick things, too.** (ai kän thhink ow ssikss thhin thhings bat ai kän thhink ow ssikss thhik thhings tuh; Mir fallen sechs dünne Sachen ein, aber mir fallen auch sechs dicke Sachen ein.)

Der **sound** *th* – denken Sie an Ihre vibrierenden Stimmbänder – kommt zum Beispiel in diesen Wörtern vor, die Sie im dritten Teil von **Track 2 (ab 1:08 Minuten)** hören:

- **this** (thiss; dies)
- **that** (thät; das)
- **clothing** (*klouth*-ing; Bekleidung)
- **mother** (*ma*-ther; Mutter)

Nach diesen Zungenübungen kann Ihnen der Titel **Master of th** (*mähss*-ter ow tie-*äitssch*; Meister des th) verliehen werden.

Stolpern Sie über den spitzen Stein: »ssp« und »sst«

Wenn Sie aus Hamburg kommen, haben Sie höchstwahrscheinlich mit den Lautverbindungen *ssp* und *sst* kein Problem. Für alle anderen unter Ihnen erklärt dieser Abschnitt ganz nebenbei, worin die Unterschiede zum Deutschen liegen und worauf Sie bei diesen **sounds** achten müssen.

Das **voiceless** Schlangen-*ss* kennen Sie ja schon aus dem Abschnitt über **voiced** und **voiceless consonants**. Kombinieren Sie dieses einfach direkt mit dem **p** oder **t**, die Sie beide in Tabelle 1.1 finden. Achten Sie dabei darauf, nicht wie im Deutschen üblich aus dem *ss* ein *ssch* zu machen. Sie stolpern sprichwörtlich über den spitzen Stein.

Wenn Sie diesen Tipp zur Aussprache von *ssp* und *sst* beherzigen, können Sie spielend leicht die folgenden Wörter aussprechen. Der vierte Teil von **Track 2 (ab 1:26 Minuten)** hilft Ihnen dabei.

- **spider** (*sspai*-der; Spinne)

- **spinach** (*sspi*-nitssch; Spinat)
- **stone** (sstoun; Stein)
- **star** (sstahr; Stern)

Vergleichen Sie diese Wörter mit ihren deutschen Übersetzungen – stolpern Sie aber nicht zu heftig.

Shhhh! Seien Sie leise, denn »ssch« und Konsorten gibt es doch

Auch wenn der Laut *ssch* im Englischen nicht in der Verbindung mit **p** oder **t** auftritt – es gibt ihn, und mit ihm noch eine Reihe anderer ähnlicher Konsonantenverbindungen, die man auch **sibilants** (*ssi*-bi-lentss; Zischlaute) nennt. Tabelle 1.2 gibt Ihnen einen ersten Überblick.

Voiceless Consonant	Example	Voiced Consonant	Example
ssch	solution (sso-*luh*-sschen; Lösung)	***sch***	illusion (i-*luh*-schen; Illusion)
tssch	rich (ritssch; reich)	***dsch***	ridge (ridsch; Bergzug)

Tabelle 1.2: Englische Zischlautkombinationen

Sind Sie gerade allein? Dann machen Sie einmal kurz Ihre Schranktür auf und sagen das böse S-Wort in den Schrank hinein. Fühlen Sie sich jetzt besser? Das ist auch gerechtfertigt, denn Sie haben gerade bewiesen, dass Sie die Lautverbindung *ssch* aussprechen können. Üben Sie ruhig noch ein wenig und bringen Sie dazu Ihre Finger ins Spiel. Wenn Sie an Ihrem Kehlkopf eine **vibration** fühlen können, haben Sie es geschafft, die Lautkombination *sch* zu erzeugen. Jetzt setzen Sie bei *sch* noch ein *d* davor, wie in »Dschungel«. Bei *ssch* funktioniert dies mit *t*, wie in »Tschüß«. Weiterlesen dürfen Sie aber trotzdem.

Üben können Sie diese Zischlaute mit den folgenden Beispielwörtern. Aber geben Sie Acht, dass Sie dabei nicht zu sehr ins Buch spucken. Alternativ können Sie auch dem fünften Teil von **Track 2 (ab 1:44 Minuten)** zuhören.

- **ship** (sschip; Schiff)
- **fish** (fissch; Fisch)
- **decision** (di-*ssi*-schen; Entscheidung)
- **vision** (*wi*-schen; Vision)
- **church** (tsschörtssch; Kirche)
- **to chuckle** (tu *tsscha*-kel; kichern)

- **judge** (dschadsch; Richter)
- **jungle** (*dschan*-gel; Urwald)

Sie haben sich gerade an die Lautkombination *ssch* gewöhnt? Lassen Sie sich von der Schreibweise nicht täuschen, denn es gibt einige Ausnahmen, die Sie beachten sollten:

- **school** (sskuhl; Schule)
- **scholar** (*ssko*-ler; Gelehrter)
- **schedule** (*sske*-dschul; Terminplan)
- **scheme** (sskiem; Schema)

Fun Facts: Zungenbrecher II

Und schon wieder sind Sie bei den **tongue twisters** angelangt. Schneller als Sie erwartet haben? Vielleicht liegt es daran, dass Sie inzwischen ein wenig Übung darin haben. Hier also Zungenbrecher mit **sibilants**. Achten Sie beim ersten Zungenbrecher besonders auf den Unterschied zwischen **cheap** und **sheep**. Das Schaf bleibt wie im Deutschen und für **cheap** ahmen Sie einen Vogel nach. Einfach, oder?

- **A cheap sheep is cheaper than a cheap ship.** (ä tsschiep sschiep is *tsschiep*-er thän ä tsschiep sschip; Ein günstiges Schaf ist günstiger als ein günstiges Schiff.)
- **Shy Susie shouldn't sit.** (sschai *ssuh*-sie *sschud*-ent ssit; Die schüchterne Susie sollte nicht sitzen.)
- **The sixth sheik's sixth sheep is sick.** (thä ssikssthh sschiekss ssikssthh sschiep is ssik; Das sechste Schaf des sechsten Scheichs ist krank.)

Wise Men Say …: »uw«, »w« und gar nichts

Nach dem Lesen dieses Abschnitts können Sie mit Fug und Recht von sich behaupten: Ich weiß, wie **wise** (uwais; weise) ausgesprochen wird. Im Wesentlichen geht es hier um die beiden Laute *uw* und *w*. Es kann aber auch passieren, dass Sie den Buchstaben **w** (*da*-bel-juh; w) gar nicht mitsprechen. Aber sehen Sie selbst.

Den Laut *w* kennen Sie schon aus Tabelle 1.1. Er sollte Ihnen keine Schwierigkeiten bereiten, denn diesen gibt es auch in der deutschen Sprache. Für das *uw* kehren Sie kurzzeitig zurück zur Biologie. Denken Sie einmal an eine **owl** (aul; Eule). Jetzt machen Sie **pursed lips** (pörsst lipss; einen Schmollmund) und produzieren die erste Hälfte des **owl sound**. Genau diesen **sound** brauchen Sie nämlich für das *uw*. Mit diesem lassen Sie ein leichtes *w* mitklingen – schon haben Sie ein *uw* produziert.

Um den **sound** *w* zu üben, können Sie folgende Wörter verwenden, die Ihnen im sechsten Teil von **Track 2 (ab 2:08 Minuten)** vorgesprochen werden:

- ✔ **vase** (wäis; Vase)
- ✔ **available** (ä-*wäil*-e-bel; verfügbar)
- ✔ **five** (faiw; fünf)
- ✔ **valve** (wälw; Ventil)

Für den **sound »uw«** (**Track 2 ab 2:25 Minuten**) bieten sich diese Wörter an:

- ✔ **word** (uwörd; Wort)
- ✔ **water** (*uwooh*-ter; Wasser)
- ✔ **away** (ä-*uwäi*; fort)
- ✔ **window** (*uwin*-dou; Fenster)

Schauen Sie sich die Lautschrift von **window** noch einmal genau an. Richtig, der letzte **letter w** wird zwar geschrieben, aber nicht ausgesprochen. Solche Fälle gibt es im Englischen häufiger, wie bei:

- ✔ **write** (rait; schreiben)
- ✔ **wrong** (rong; falsch)
- ✔ **wrestle** (*re*-ssel; ringen)
- ✔ **few** (fjuh; wenige)
- ✔ **sword** (ssohrd; Schwert)

Auch anderen Buchstaben kann dieses Schicksal widerfahren – so zum Beispiel beim **h**:

- ✔ **hour** (*au*-er; Stunde)
- ✔ **honesty** (*o*-ness-tie; Ehrlichkeit)

Weitere **silent letters** (*ssai*-lent *le*-ters; stumme Buchstaben) finden Sie immer wieder in einzelnen Kapiteln von *Englisch für Dummies*.

Fun Facts: Zungenbrecher III

Sie wissen schon – **tongue twisters** mit *uw* und *w*:

- **Fuzzy Wuzzy was a bear. Fuzzy Wuzzy had no hair. Fuzzy Wuzzy wasn't fuzzy, was he?** (*fa*-sie *uwa*-sie uwos ä bäir *fa*-sie *uwa*-sie häd nou häir *fa*-sie *uwa*-sie *uwos*-ent *fa*-sie uwos hie; Fuzzy Wuzzy war ein Bär. Fuzzy Wuzzy hatte keine Haare. Fuzzy Wuzzy war nicht fusselig, oder?)
- **Vera verily loves velvet vests.** (*wie*-ra *we*-ri-lie laws *wel*-wet wesstss; Vera liebt wahrhaftig Samtwesten.)
- **Which wristwatch is a Swiss wristwatch?** (uwitssch *risst*-uwotssch is ä ssuwiss *risst*-uwotssch; Welche Armbanduhr ist eine Schweizer Armbanduhr?)

Rated R: »r« und seine Varianten

Man könnte sagen, dass der **sound** *r* fast wie eine Visitenkarte ist. Als Kenner der englischen Sprache hören Sie ein *r* und ahnen sofort, aus welcher englischsprachigen Gegend Ihr Gegenüber kommt. Dafür müssen Sie aber zunächst einmal wissen, wie das *r* überhaupt ausgesprochen werden kann.

Können Sie Ihre Zunge rollen? Nein, nicht auf der Längsebene, sondern nach hinten. Richtig, das kann jeder. Also können Sie auch ein *r* aussprechen. Sie rollen die Zunge nach hinten und knurren leise wie ein Hund. So einfach ist es, ein *r* zu produzieren.

Sprechen Sie den **sound** ***r*** zunächst am Anfang eines Wortes aus, denn dort wird es für Sie am einfachsten sein. Hören Sie sich die Aussprache in **Track 2 (ab 2:40 Minuten)** an.

- **ranch** (rähntssch; Viehfarm)
- **rain** (räin; Regen)
- **ruby** (*ruh*-bie; Rubin)
- **ridiculous** (ri-*dik*-je-less; lächerlich)

Bestimmt haben Sie sich bei der Aussprache dieser Wörter nicht **ridiculous** angehört. Machen Sie also weiter mit dem *r* in der Mitte und am Ende von diesen Beispielen:

- **yesterday** (*jess*-ter-däi; gestern)
- **afternoon** (ähf-ter-*nuhn*; Nachmittag)
- **wither** (*uwi*-ther; welken)
- **further** (*för*-ther; weitere)

Haben Sie die ***r* sounds** alle mitgesprochen? Dann gehören Sie zu der **majority** (mä-*dscho*-ri-tie; Mehrheit) der Sprecher des **American English** (ä-*me*-ri-ken *ing*-lissch; amerikanisches Englisch). Aber auch viele Sprecher in Irland, Schottland und sogar einigen Gebieten Englands sprechen das *r* mit. In der **Received Pronunciation** (ri-*ssiewd* pro-nan-ssie-*äi*-sschen; anerkannte Aussprache) des **British English** (*bri*-tissch *ing*-lissch; britisches Englisch), kurz auch **RP** (ar-*pie*; RP) genannt, und in einigen Gegenden New Englands in den USA wird das *r* in mittlerer Position und am Ende eines Wortes jedoch ausgelassen. Das hört sich dann so an:

- ✔ **yesterday** (*jess*-te-däi; gestern)
- ✔ **wither** (*uwi*-the; welken)
- ✔ **further** (*fö*-the; weitere)

Welche Variante Sie bevorzugen, bleibt letztendlich Ihnen überlassen. Die Lautschrift in diesem Buch hält sich in der Regel an das **American English**. Ausnahmen sind gesondert gekennzeichnet.

Fun Facts: Zungenbrecher IV

Ihre Zungenrollfertigkeiten können Sie mit den folgenden **tongue twisters** unter Beweis stellen. Hier hilft es, die **pronunciation** des **American English** zu verwenden.

- ✔ **rubber baby buggy bumpers** (*rab*-er *bäi*-bie *ba*-gie *bamp*-ers; Gummistoßfänger an Kinderkarren)
- ✔ **Round the rugged rock, the ragged rascal ran.** (raund thä *ra*-ged rok thä *rä*-ged *räss*-kel rähn; Um das zerklüftete Gestein rannte der zerlumpte Schlingel.)
- ✔ **Red leather, yellow leather. Red leather, yellow leather.** (red *le*-ther *je*-lou *le*-ther red *le*-ther *je*-lou *le*-ther; Rotes Leder, gelbes Leder. Rotes Leder, gelbes Leder.)

Wer »a« sagt, muss auch »e«, »i«, »o« und »u« sagen: Vokale

Im Gegensatz zu den **consonants**, die Sie im vorangegangenen Abschnitt kennen lernen konnten, brauchen Sie nicht viele Helferlein im **mouth**, um **vowels** (*wau*-els; Vokale) zu produzieren. Genau genommen brauchen Sie sogar nur zwei: nämlich Ihre **tongue** und Ihre **lips**. Damit können Sie sowohl **short vowels** (sschort *wau*-els; kurze Vokale) als auch **long vowels** (long *wau*-els; lange Vokale) produzieren. Auch Vokalverbindungen, so genannte **diphthongs** (*dif*-thhongs; Diphthonge) sind möglich. Was alle diese **vowels** allerdings gemeinsam haben, ist, dass sie mit der Schreibweise des Wortes, in dem sie vorkommen, eher wenig zu tun haben. Sehen Sie selbst, wie der **vowel sound** *ie* auf verschiedene Arten geschrieben wird:

- ✔ **Believe me, the key to this cheese machine is an amoeba.** (bi-*liew* mie thä kie tu thiss tsschies mä-*sschien* is än ä-*mie*-ba; Glauben Sie mir, der Schlüssel zu dieser Käsemaschine ist eine Amöbe.)

Im Folgenden werden Ihnen daher **vowels** nicht als Buchstaben erklärt. Wie Sie am Beispiel erkannt haben, würde das sowieso keinen Sinn machen. Dafür erhalten Sie einen Überblick über die **vowel sounds** der englischen Sprache. Danach werden Sie sich im **vowel universe** (*wau*-el *juh*-ni-wörss; Universum der Vokale) ganz wie zu Hause fühlen.

Auch als Vokal kann man allein sein: Monophthonge

Neben den im vorangegangenen Abschnitt erwähnten **diphthongs**, also Vokalverbindungen, gibt es noch so genannte **monophthongs** (*mon*-of-thhongs; Monophthonge). Schwieriges Wort, aber einfaches Prinzip. Diese **vowels** sind nämlich sozusagen alleinstehend. Englische **monophthongs** sind einfach, denn sie ähneln ihren deutschen Pendants sehr. Tabelle 1.3 macht dies anhand von vergleichenden Beispielen deutlich. Hören Sie sich die Aussprache in **Track 2 (ab 3:02 Minuten)** auf der beiliegenden Audio-CD an.

Long Vowel	Short Vowel	German Examples	English Examples
ah	***a***	Bahn ab	father (*fah*-ther; Vater) up (ap; aufwärts)
äh	***ä***	Ähre ändern	pass (pähss; reichen) happy (*hä*-pie; glücklich)
-	***e***	Bett	bed (bed; Bett)
ie	***i***	schießen finden	cheese (tsschies; Käse) chimney (*tsschim*-nie; Kamin)
oh	***o***	Sofa oft	store (sstohr; Geschäft) soft (ssoft; weich)
-	***ö***	örtlich	bird (börd; Vogel)
uh	***u***	Hut unter	shoot (sschuht; schießen) put (put; legen)

Tabelle 1.3: Englische ***monophthongs***

Ohh. Der Abschnitt über **monophthongs** ist schon vorbei? Nein, denn es gibt noch den **sound** *ooh*. Wenn Sie jetzt noch einmal einen Ausdruck des Bedauerns produzieren, sind Sie schon am Ziel. *Ohh.* Diesen Laut finden Sie zum Beispiel in den folgenden Wörtern:

- **awful** (*ooh*-ful; schrecklich)
- **to call** (tu koohl; rufen)
- **Sorry!** (*ssooh*-rie; Entschuldigung!)
- **because** (bi-*koohs*; weil)
- **laundry** (*loohn*-drie; Wäsche)

So Happy Together: Diphthonge

Genauso wie **consonants** gehen auch **vowels** gern Verbindungen miteinander ein. Nicht, dass Sie das in der geschriebenen Form unbedingt sehen würden. Hören können Sie es jedoch auf jeden Fall. Diese Vokalverbindungen nennen sich **diphthongs**. Die Verbindung entsteht, indem Sie zwei **monophthongs** aufeinanderfolgend aussprechen. So entsteht eine Verschmelzung, die entweder auf *i* oder auf *u* endet. Einfach, oder? Eine Übersicht mit Beispielen gibt Ihnen Tabelle 1.4.

Hören Sie dazu **Track 2 (ab 3:48 Minuten)** auf der beiliegenden Audio-CD.

Diphthong	German Example	English Example
ai	Heimat	right (rait; richtig)
äi	Ey!	great (gräit; großartig)
eu	neun	boy (beu; Junge)
au	Haus	house (hauss; Haus)
ou	-	toast (tousst; Toast)

*Tabelle 1.4: Englische **diphthongs***

Die Briten können beim Thema **vowels** die **diphthongs** noch toppen – dort gibt es nämlich auch **triphthongs** (*trif*-thhongs; Triphthonge), Verbindungen von drei **vowel sounds**:

- ✔ **fire** (*fai*-e; Feuer)
- ✔ **tower** (*tau*-e; Turm)

Dies kann im amerikanischen Englisch nicht passieren. Dort wird der **sound** *r* ausgesprochen. Mehr über das *r* erfahren Sie im Abschnitt *Rated R: »r« und seine Varianten* weiter vorn in diesem Kapitel.

Fun Facts: Zungenbrecher V

Auch mit **vowels** gibt es einige **tongue twisters**, die Sie hervorragend zum Üben der **pronunciation** verwenden können. Legen Sie los, indem Sie zum Beispiel dieses Zitat aus dem Musical ***My Fair Lady*** (mai fäir *läi*-die, *wörtlich:* Meine schöne Dame) nachsprechen:

- ✔ **The rain in Spain falls mainly on the plain.** (thä räin in sspäin foohls *mäin*-lie on thä pläin; Der Regen in Spanien fällt hauptsächlich aufs flache Land.)

Aber auch andere **tongue twisters** sind trickreich:

- **Toy boat, toy boat, toy boat!** (teu bout teu bout teu bout; Spielzeugboot, Spielzeugboot, Spielzeugboot!)
- **Greek grapes. Greek grapes. Greek grapes.** (griek gräipss griek gräipss griek gräipss; Griechische Weintrauben. Griechische Weintrauben. Griechische Weintrauben.)
- **Funny Frank fell fifty feet.** (*fan*-ie fränk fel *fif*-tie fiet; Der lustige Frank fiel fünfzig Fuß.)

Let's Call the Whole Thing Off: Unterschiede zwischen amerikanischem und britischem Englisch

You say tomato and I say tomato. So heißt es in dem bekannten Gershwin-Lied. Was, Sie sehen keinen Unterschied? Die Schreibweisen sind ja auch gleich. Jedoch wird das Wort **tomato** im amerikanischen und britischen Englisch unterschiedlich ausgesprochen:

- **You say tomato and I say tomato.** (juh ssäi to-*mäi*-tou änd ai ssäi to-*mah*-tou; Du sagst Tomate und ich sage Tomate – zugegebenermaßen funktioniert das im Deutschen nicht so gut.)
- **tomato** (AE: to-*mäi*-tou, BE: to-*mah*-tou; Tomate)

Dieser Abschnitt macht Sie mit den wichtigsten Unterschieden zwischen **American English** und **British English** auf drei verschiedenen Gebieten vertraut: Aussprache, Schreibweise und Wortschatz. Sie werden feststellen, dass es zwar einige **differences** (*dif*-renss-es; Unterschiede) gibt. Am Ende verstehen sich Amerikaner und Briten aber doch, denn sie sprechen dieselbe Sprache: **English**.

Shall We Dance? Unterschiede in der Aussprache

Wenn Sie vielen Englisch sprechenden Menschen begegnen, werden Sie auch vielen verschiedenen Aussprachen begegnen, denn ganz genau genommen hat jeder Sprecher seine eigene **pronunciation**. Aber keine Angst: In *Englisch für Dummies* geht es lediglich um die zwei wichtigsten Sprachvarianten, nämlich **American English** und **British English**. Zwischen diesen beiden gibt es vier wichtige **pronunciation differences**, die Sie im Folgenden kennen lernen können.

Der **sound** *äh* im **American English** ist in vielen Fällen ein *ah* im **British English**. Hier einige Beispiele:

- **dance** (AE: dähnss, BE: dahnss; tanzen)

- ✔ **can't** (AE: kähnt, BE: kahnt; kann nicht)
- ✔ **path** (AE: pähthh, BE: pahthh; Pfad)

Kennen Sie das Beatles-Lied **Paperback Writer** (*päi*-per-bäk *rait*-er; Taschenbuchautor)? An diesem Lied lässt sich ein weiterer Unterschied zwischen den beiden **language variants** (*läng*-uwidsch *wä*-ri-entss; Sprachvarianten) festmachen. Sprecher des **American English** tendieren dazu, den **voiceless sound** *t* in der Wortmitte zum **voiced sound** *d* zu machen. Das nennt man einen **flap** (fläp; Flap):

- ✔ **better** (BE: *be*-te, kann zu AE: *be*-der werden; besser)
- ✔ **meeting** (BE: *miet*-ing, kann zu AE: *mied*-ing werden; Treffen)
- ✔ **writer** (BE: *rait*-e, kann zu AE: *raid*-er werden; Schriftsteller)

Passen Sie aber auf, dass Sie dann den **writer** nicht mit jemand ganz anderem verwechseln:

- ✔ **rider** (BE und AE: *raid*-er; Reiter)

In der *Dummies*-Lautschrift gibt es den **flap** nicht. Das liegt daran, dass er auch im **American English** nicht unbedingt auftreten muss.

Sie haben sicherlich bemerkt, dass bei der Lautschrift von **better** und **writer** im **British English** noch eine weitere Besonderheit verborgen liegt. Wenn Sie den Abschnitt über **consonants** weiter vorn im Kapitel gelesen haben, sind Ihnen die verschiedenen Aussprachen des **sound** *r* bereits bekannt. Wenn nicht: Schlagen Sie doch einfach noch einmal kurz nach.

Goodbye, Ruby Tuesday. Durchstöbern Sie einmal Ihre LPs oder CDs. Oder rufen Sie einmal das Videoportal Ihrer Wahl im Internet auf. Vergleichen Sie dann das Original dieses Liedes der britischen Rolling Stones mit der ebenso erfolgreichen Version der amerikanischen Sängerin Melanie. Hier zeigt sich ein weiterer Unterschied zwischen **British English** und **American English**:

- ✔ **Goodbye, Ruby Tuesday** (BE: *gud*-bai *ruh*-bie *tjuhs*-däi, AE: *gud*-bai *ruh*-bie *tuhs*-däi; Auf Wiedersehen, Ruby Tuesday)

Wo im **British English** ein *j* vor dem **sound** *uh* zu hören ist, fehlt es im **American English**. Hier noch ein paar Beispiele, die das verdeutlichen:

- ✔ **duke** (AE: duhk, BE: djuhk; Herzog)
- ✔ **new** (AE: nuh, BE: njuh; neu)
- ✔ **stupid** (AE: *sstuh*-pid, BE: *sstjuh*-pid; blöd)

The Colo(u)rs of English: Unterschiede in der Schreibweise

Auch in der Rechtschreibung haben sich die ungefähr 5.000 Kilometer Entfernung zwischen London und New York City niedergeschlagen. Es gibt einige grundsätzliche Unterschiede bei der **spelling** (*sspel*-ing; Schreibweise), die Sie immer wieder sehen werden – auch in Tabelle 1.5.

Spelling	American English Examples	British English Examples
AE: **o** BE: **ou**	color (*ka*-ler; Farbe) favorite (*fäi*-wer-it; Lieblings-)	colour (*ka*-le; Farbe) favourite (*fäi*-wer-it; Lieblings-)
AE: **er** BE: **re**	center (*ssen*-ter; Mitte) theater (*thhie*-e-ter; Theater)	centre (*ssen*-te; Mitte) theatre (*thhie*-e-te; Theater)
AE: **l** BE: **ll**	traveler (*trä*-wel-er; Reisender) canceled (*kähn*-sseld; storniert)	traveller (*trä*-wel-e; Reisender) cancelled (*kahn*-sseld; storniert)
AE: **ll** BE: **l**	fulfill (ful-*fil*; erfüllen) enrollment (en-*roul*-ment; Einschreibung)	fulfil (ful-*fil*; erfüllen) enrolment (en-*roul*-ment; Einschreibung)
AE: **z** BE: **s**	analyze (*ä*-ne-lais; analysieren) criticize (*kri*-ti-ssais; kritisieren)	analyse (*ä*-ne-lais; analysieren) criticise (*kri*-ti-ssais; kritisieren)
AE: **g** BE: **gue**	catalog (*kä*-te-log; Katalog) dialog (*dai*-e-log; Dialog)	catalogue (*kä*-te-log; Katalog) dialogue (*dai*-e-log; Dialog)
AE: **se** BE: **ce**	license (*lai*-ssenss; Lizenz) defense (di-*fenss*; Verteidigung)	licence (*lai*-ssenss; Lizenz) defence (di-*fenss*; Verteidigung)
AE: **m** BE: **mme**	program (*prou*-gräm; Programm)	programme (*prou*-gräm; Programm)

Tabelle 1.5: Unterschiede in der Schreibweise

Jetzt geht es um **big fat Greek letters** (big fät griek *le*-ters; große, dicke, griechische Buchstaben). Zu Ihrer Beruhigung lässt sich sagen, dass die folgenden Wörter die Buchstaben des Ihnen bekannten **alphabet** verwenden. Noch einmal Glück gehabt! Allerdings haben sich die Schreibweisen dieser Wörter bei der Übertragung ins **American English** und **British English** auseinanderentwickelt:

- ✔ **edema** (AE) / **oedema** (BE) (i-*die*-ma; Ödem)
- ✔ **ameba** (AE) / **amoeba** (BE) (ä-*mie*-ba; Amöbe)
- ✔ **diarrhea** (AE) / **diarrhoea** (BE) (dai-e-*rie*-a; Durchfall)

Wie auch immer Sie sie schreiben, versuchen Sie alle diese Dinge zu vermeiden ...

Fun Facts: Vereinfachte Schreibweisen

Manchmal hat es Vorteile, wenn Sie sich des **American English** bedienen, denn eines lässt sich mit Sicherheit sagen: Die **spelling** ist in vielen Fällen einfacher. Das konnten Sie in Tabelle 1.5 schon erkennen. Bei den folgenden Beispielen ist es besonders offensichtlich:

- ✔ **draft** (AE) (drähft; Luftzug)
- ✔ **draught** (BE) (drahft; Luftzug)
- ✔ **plow** (AE) (plau; Pflug)
- ✔ **plough** (BE) (plau; Pflug)
- ✔ **jail** (AE) (dschäil; Gefängnis)
- ✔ **gaol** (BE) (dschäil; Gefängnis)

It's Only Words: Unterschiede im Wortschatz

It's only words (itss *oun*-lie uwörds; Es sind nur Wörter). Wenn Sie das **American English** mit dem **British English** vergleichen, werden Sie schnell merken, dass es eine Reihe von unterschiedlichen Wörtern für gleiche Dinge gibt. An sich ist dies für Sie nichts Neues, denn wenn Sie einen Deutschen mit einem Österreicher zusammen an einen Tisch setzen, haben Sie die gleiche Situation. Was dem einen seine Schlagsahne, ist dem anderen sein Schlagobers. Letztendlich ist es egal, denn die Torte schmeckt beiden gleich gut. Einige markante Beispiele zeigt Ihnen Tabelle 1.6.

American English	British English
apartment (ä-*part*-ment; Wohnung)	**flat** (flät; Wohnung)
candy (*kähn*-die; Süßigkeiten)	**sweets** (ssuwietss; Süßigkeiten)
cookie (*ku*-kie; Keks)	**biscuit** (*biss*-kit; Keks)
diaper (*dai*-per; Windel)	**nappy** (*nä*-pie; Windel)
elevator (*e*-le-wäit-er; Aufzug)	**lift** (lift; Aufzug)
eraser (i-*räiss*-er; Radiergummi)	**rubber** (*rab*-e; Radiergummi)
flashlight (*flässch*-lait; Taschenlampe)	**torch** (tohtssch; Taschenlampe)
napkin (*näp*-kin; Serviette)	**serviette** (ssö-wie-*et*; Serviette)
rubber (*rab*-er; Kondom)	**condom** (*kon*-dem; Kondom)
truck (trak; Lastwagen)	**lorry** (*lo*-rie; Lastwagen)
two weeks (tuh uwiekss; zwei Wochen)	**fortnight** (*foht*-nait; zwei Wochen)
vacation (wäi-*käi*-sschen; Urlaub)	**holiday** (*ho*-li-däi; Urlaub)

Tabelle 1.6: Wortschatz im Vergleich

Noch mehr Beispiele dieser Art finden Sie über alle Kapitel in *Englisch für Dummies* verteilt. Die betreffenden Wörter sind wie gewohnt mit **AE** (für **American English**) oder **BE** (für **British English**) gekennzeichnet.

Ja, nein, Gummibaum: Alltägliche Ausdrücke

Excuse me? (ikss-*kjuhs* mie; Wie bitte?) Haben Sie sich genau das gerade gefragt, als Sie die Überschrift dieses Abschnitts gelesen haben? Was hat der **rubber plant** (*rab*-er plähnt; Gummibaum) mit **everyday expressions** (*ew*-rie-däi ikss-*pre*-sschens; alltägliche Ausdrücke) zu tun? Nun, eigentlich gar nichts. Aber er hat ja offensichtlich Ihr Interesse geweckt. Gut so! Im Folgenden finden Sie ein **survival kit** (ssör-*waiw*-el kit; Überlebenspaket) mit einer kleinen Auswahl der wichtigsten Ausdrücke und Redewendungen. Fangen Sie damit an, sich höflich auszudrücken und im Zweifelsfall nachzufragen:

- ✔ **Yes, please.** (jess plies; Ja, bitte.)
- ✔ **No, thank you.** (nou thhänk juh; Nein, danke.)
- ✔ **I don't understand.** (ai dount an-der-*sstähnd*; Ich verstehe nicht.)
- ✔ **Please repeat that.** (plies ri-*piet* thät; Bitte wiederholen Sie das.)
- ✔ **Excuse me.** (ikss-*kjuhs* mie; Entschuldigung. / Wie bitte?)
- ✔ **You're welcome!** (juhr *uwel*-kam; Gern geschehen!)
- ✔ **I'm sorry.** (aim *sso*-rie; Es tut mir leid.)

Auch die folgenden gebräuchlichen kurzen Redewendungen können Sie bedenkenlos für den Alltag verwenden:

- ✔ **No way!** (nou uwäi; Auf keinen Fall!)
- ✔ **No problem!** (nou *pro*-blem; Kein Problem!)
- ✔ **Great!** (gräit; Großartig!)
- ✔ **All right!** (oohl rait; Bestens!)

All right! Bis hierher haben Sie es geschafft. Wenn Sie das Grundwissen über die englische **pronunciation** nun mit dem Grundwissen der englischen Grammatik in Kapitel 2 verbinden, sind Sie bestens gewappnet für *Englisch für Dummies*. **Let's do this together!** (letss duh thiss tu-*ge*-ther; Lassen Sie es uns zusammen anpacken!)

Spiel und Spaß

Sind diese Wörter aus dem **American English** oder aus dem **British English**? Machen Sie zwei Listen:

- ✔ **apartment**
- ✔ **biscuit**
- ✔ **cookie**
- ✔ **candy**
- ✔ **flashlight**
- ✔ **flat**
- ✔ **elevator**
- ✔ **truck**
- ✔ **nappy**
- ✔ **eraser**
- ✔ **sweets**
- ✔ **diaper**
- ✔ **lift**
- ✔ **napkin**
- ✔ **torch**
- ✔ **serviette**
- ✔ **lorry**

Lösung:

American English:

- ✔ **apartment**
- ✔ **cookie**
- ✔ **candy**
- ✔ **flashlight**
- ✔ **elevator**
- ✔ **truck**
- ✔ **eraser**
- ✔ **diaper**
- ✔ **napkin**

British English:

- ✔ **biscuit**
- ✔ **flat**
- ✔ **nappy**
- ✔ **sweets**
- ✔ **lift**
- ✔ **torch**
- ✔ **serviette**
- ✔ **lorry**

Grundlagen der englischen Grammatik

2

In diesem Kapitel

- Wesentliches über die verschiedenen Wortarten
- Mit Pronomen und Zahlen umgehen
- Verneinungen richtig verwenden
- Zeitformen mit Zeit in Verbindung bringen
- Alles über Hilfsverben
- Einfache Sätze konstruieren

Mit der **grammar** (*grä*-mer; Grammatik) ist es so wie mit dem Besuch beim Zahnarzt: Sie schieben die Angelegenheit immer weiter vor sich her. Damit werden Sie das eigentliche Problem – in diesem Fall nicht unbedingt der Zustand Ihrer Zähne, sondern eben die **grammar** selbst – jedoch nicht lösen. Wir wissen es, Sie wissen es, im Prinzip weiß es jeder. Daher lassen Sie es uns doch einfach angehen. Hinterher können Sie dann sagen, dass es gar nicht wehgetan hat, sich mit **word classes** (uwörd *klähss*-es; Wortarten), **tense forms** (tenss forms; Zeitformen) und verschiedenen **sentence constructions** (*ssen*-tenss kon-*sstrak*-sschens; Satzkonstruktionen) auseinanderzusetzen. Ganz im Gegenteil. Nun gut, das ist zwar ein wenig geflunkert, aber Sie sollen ja auch motiviert sein.

Verschiedene Wortarten

In diesem Abschnitt lernen Sie die verschiedenen **word classes** des Englischen kennen, die Sie mehr oder weniger unbewusst täglich benutzen, um **sentences** (*ssen*-tenss-es; Sätze) zu bilden. Dazu zählen:

- ✔ **noun** (naun; Substantiv)
- ✔ **article** (*ar*-ti-kel; Artikel)
- ✔ **pronoun** (*prou*-naun; Pronomen)
- ✔ **verb** (wörb; Verb)
- ✔ **preposition** (pre-po-*si*-sschen; Präposition)
- ✔ **adjective** (*ä*-dschek-tiw; Adjektiv)
- ✔ **adverb** (*äd*-wörb; Adverb)

An die meisten dieser **word classes** erinnern Sie sich sicherlich, denn Sie haben damals in der Schule ja an den **grammar lessons** (*grä*-mer *less*-ens; Grammatikunterricht) – in welcher

Sprache auch immer – aufmerksam teilgenommen. Was? Haben Sie nicht? Macht nichts, denn jetzt bekommen Sie die Gelegenheit, alles **step by step** (sstep bai sstep; Schritt für Schritt) aufzufrischen. Also, los geht's.

Substantive: Hauptwörter und ihre Artikel

Englische **nouns** (nauns; Substantive) – genauso wie deutsche Substantive übrigens – stehen für Namen, Orte, Dinge und Konzepte. Dazu gehören zum Beispiel:

- ✔ **Nigel** (*nai*-dschel)
- ✔ **London** (*lan*-den)
- ✔ **tree** (trie; Baum)
- ✔ **love** (law; Liebe)

Mehr oder weniger gewöhnliche Substantive

Neben **proper nouns** (*pro*-per nauns; Eigennamen) wie **Nigel** oder **London**, die Namen für eine Person oder einen Ort sind, gibt es auch noch **common nouns** (*ko*-men nauns; gewöhnliche Substantive). Zu dieser Gruppe gehören neben **tree** und **love** die meisten **nouns**. Überhaupt lassen sich alle **nouns** in diese beiden Gruppen einordnen. Das ist zwar nicht sehr individuell – dafür aber sehr einfach. Tabelle 2.1 und 2.2 geben Ihnen einen beispielhaften Überblick über die Unterteilung in **proper nouns** und **common nouns**.

Proper Noun	Aussprache	Deutsch
Sarah	*ssä*-ra	Sarah
Rachel	*räi*-tsschel	Rachel
Big Ben	big ben	Big Ben
Lake Constance	läik *kon*-sstänss	Bodensee
Mississippi	mi-ssi-*ssi*-pie	Mississippi

Tabelle 2.1: Englische ***proper nouns***

Common Noun	Aussprache	Deutsch
book	buk	Buch
bicycle	*bai*-ssi-kel	Fahrrad
knowledge	*nooh*-lidsch	Wissen
swamp	ssuwomp	Sumpf
thing	thhing	Ding

Tabelle 2.2: Englische ***common nouns***

Schauen Sie sich die beiden Tabellen 2.1 und 2.2 mit ihren **proper nouns** und **common nouns** noch einmal an. Dabei bemerken Sie sicherlich, dass **Sarah** (*ssä*-ra) und **Mississippi** (mi-ssi-*ssi*-pie) – wie alle anderen Eigennamen – mit Großbuchstaben beginnen. Bei den **nouns swamp** (ssuwomp; Sumpf) und **thing** (thhing; Ding) – gemeinsam mit sämtlichen Dingen und Konzepten – ist das nicht so. Im Unterschied zum Deutschen werden englische **nouns** nicht mit Großbuchstaben begonnen, es sei denn, es handelt sich um **proper nouns**. Eine Sache weniger, auf die Sie achten müssen.

Fun Facts: »compounds«

Der amerikanische Autor Mark Twain hat einmal geschrieben, dass es gerade im Deutschen aus Substantiven zusammengesetzte lange Wörter gibt. Sein Paradebeispiel ist:

- **Generalstaatsverordnetenversammlung**

Aber auch im Englischen können Sie **nouns** problemlos zu so genannten **compounds** (*kom*-paunds; Komposita) zusammenfügen. Sie werden allerdings nicht zwingend als ein Wort geschrieben:

- **girlfriend** (*görl*-frend; Freundin)
- **waterbed** (*uwooh*-ter-bed; Wasserbett)
- **swamp thing** (ssuwomp thhing; das Ding aus dem Sumpf)

Beachten Sie, dass bei **compounds** immer das erste Element betont wird – im letzen Fall zum Beispiel **swamp**.

Bestimmtes und Unbestimmtes: Artikel

In Sachen **articles** (*ar*-ti-kels; Artikel) haben Sie mit der deutschen Grammatik etwas Arbeit, denn Sie müssen wegen des grammatischen Geschlechts zwischen den **definite articles** (*de*-fi-nit *ar*-ti-kels; bestimmte Artikel) »der«, »die« und »das« und zwischen den **indefinite articles** (*in*-de-fi-nit *ar*-ti-kels; unbestimmte Artikel) »ein« und »eine« unterscheiden. Im Englischen können Sie diese Unterscheidung getrost vergessen. Schauen Sie sich zunächst die **definite articles** an:

- **the man** (thä män; der Mann)
- **the woman** (thä *uwu*-men; die Frau)
- **the child** (thä tsschaild; das Kind)

Mit **indefinite articles** sieht das dann wie folgt aus:

- **a man** (ä män; ein Mann)

- **a woman** (ä *uwu*-men; eine Frau)
- **a child** (ä tsschaild; ein Kind)

Das Englische macht es Ihnen mit dieser Vereinheitlichung auch bei komplexeren **nouns** denkbar einfach:

- **the picture frame** (thä *pik*-tsscher fräim; der Bilderrahmen)
- **the flag pole** (thä flähg poul; die Fahnenstange)
- **the chewing gum wrapper** (thä *tsschuh*-ing gam *uwräp*-er; das Kaugummipapier)

So müssen Sie sich nie darüber Sorgen machen, welches grammatische Geschlecht ein **noun** hat, und daher auch nicht darüber, welchen Artikel es benötigt. Dabei können Sie an alle die denken, die Deutsch lernen dürfen und nachts wach liegen, weil sie sich zum Beispiel nicht zwischen »der, die oder das Bett« entscheiden können. Da haben Sie es im Englischen leichter: **the pajamas, the blanket, and the bed** (thä pi-*dschah*-mes, thä *blän*-ket, änd thä bed; der Schlafanzug, die Decke und das Bett).

Eins müssen Sie vor dem Zubettgehen beachten. Es gibt einen Unterschied zwischen

- **the banana** (thä be-*nä*-na; die Banane)

und

- **the apple** (thie *äp*-el; der Apfel).

Dieser Unterschied liegt nicht nur im Geschmack – er schlägt sich auch in der Aussprache nieder. Weil **banana** mit einem Konsonanten beginnt, wird der bestimmte Artikel **the** wie folgt ausgesprochen: *thä*. Bei **nouns**, die mit einem gesprochenen Vokal beginnen (wie eben **apple**), wird **the** dagegen so ausgesprochen: thie. Bei unbestimmten Artikeln unterscheiden Sie zwischen **a** (ä) und **an** (än):

- **a banana** (ä be-*nä*-na; eine Banane)
- **an apple** (än *äp*-el; ein Apfel)

Mehr über Konsonanten und Vokale und ihre Aussprache können Sie auch in Kapitel 1 erfahren.

Von Fall zu Fall: Grammatische Fälle

Es gibt einen weiteren Punkt, der Ihnen das Lernen (und damit das Leben) leichter macht: In der englischen Sprache gibt es keine ausgeprägten grammatischen Fälle wie im Deutschen. Schauen Sie sich einmal folgende deutsche **sentences** und ihre englischen Übersetzungen an.

- Die Katze jagt den Hund.

  The cat chases the dog. (thä kät *tsschäiss*-es thä dog)

- Der Hund jagt die Katze.

  The dog chases the cat. (thä dog *tsschäiss*-es thä kät)

- Den Hund jagt die Katze.

  The cat chases the dog. (thä kät *tsschäiss*-es thä dog)

Während sich die ersten beiden Sätze relativ einfach übersetzen lassen, müssen Sie beim dritten vielleicht einen Moment darüber nachdenken, wer hier überhaupt wen jagt. Woran liegt das? Nun, im Deutschen gehen Sie tagtäglich mit grammatischen Fällen um, die die Wortabfolge im Satz eher unbedeutend machen. Das Englische kennt grammatische Fälle in dieser Form nicht. Es ist immer **the dog** (thä dog; der Hund) oder **the cat** (thä kät; die Katze) – egal ob Jäger oder Gejagter. Da spielt es schon eine Rolle, wer hier zuerst im Satz vorkommt. Mehr zum Thema Satzkonstruktion erfahren Sie weiter hinten in diesem Kapitel im Abschnitt *Trauen Sie sich: Sätze sind einfach*.

Allein sein macht keinen Spaß: Über den Plural

Bei der Mehrzahlbildung im Deutschen müssen Sie einige Dinge beachten. Nehmen Sie zum Beispiel die drei folgenden Wörter:

- »der Hund« wird zu »die Hunde«
- »die Katze« wird zu »die Katzen«
- »das Haus« wird zu »die Häuser«

Gut, dass wenigstens in der Mehrzahl der bestimmte Artikel gleich bleibt. Allerdings müssen Sie dem Hund ein »e« und der Katze ein »en« anhängen. Beim Haus wird es richtig kompliziert, denn neben dem angehängten »er« müssen Sie auch noch den Vokal in der Wortmitte ändern. Das sind schon drei verschiedene Möglichkeiten, den **plural** (*plu*-rel; Plural) zu bilden – und dann gibt es im Deutschen ja auch noch Wörter wie »Leiter«, »Ananas« oder »Atlas«, die gänzlich aus der Reihe tanzen. Schauen Sie sich jetzt den **plural** in der englischen Sprache an. Hier können Sie in den allermeisten Fällen einfach ein **s** an das **noun** anhängen:

- **the dog** (thä dog; der Hund) wird zu **the dogs** (thä dogs; die Hunde)
- **the cat** (thä kät; die Katze) wird zu **the cats** (thä kätss; die Katzen)
- **the house** (thä hauss; das Haus) wird zu **the houses** (thä *haus*-es; die Häuser)

Genauso funktioniert es übrigens auch mit den **ladders** (*läd*-ers; Leitern), den **pineapples** (*pain*-äp-els; Ananas), und den – nein, nicht Atlassen – **atlases** (*ät*-less-es; Atlanten).

Wenn Sie geschriebene Wörter einmal kurz außer Acht lassen und sich der Aussprache zuwenden, hat der englische **plural** auf **s** eine Besonderheit, die es im Deutschen so nicht gibt: Er passt sich seinem Wort an. Betrachten Sie den **dog**, die **cat** und das **house**, die Sie mit einem **s** versehen haben, noch einmal genau und schlagen Sie auch noch einmal im Kapitel 1 den Abschnitt *Die Grundlagen der englischen Aussprache* auf. Sehen (oder besser: hören) Sie?

- **dog** (dog; Hund)

- ✔ **cat** (kät; Katze)
- ✔ **house** (hauss; Haus)

Dog endet mit einem stimmhaften Konsonanten, **cat** endet mit einem stimmlosen Konsonanten. Und dann ist da noch **house** – dieses Wort endet mit einem **sibilant** (*ssi*-bi-lent; Zischlaut). Diese so genannten Auslaute beeinflussen die Aussprache des **plural**: Sie ist entweder **voiced** in »s«, **voiceless** in »ss« oder benötigt einen zusätzlichen **vowel** – »es«. Abbildung 2.1 verdeutlicht dies.

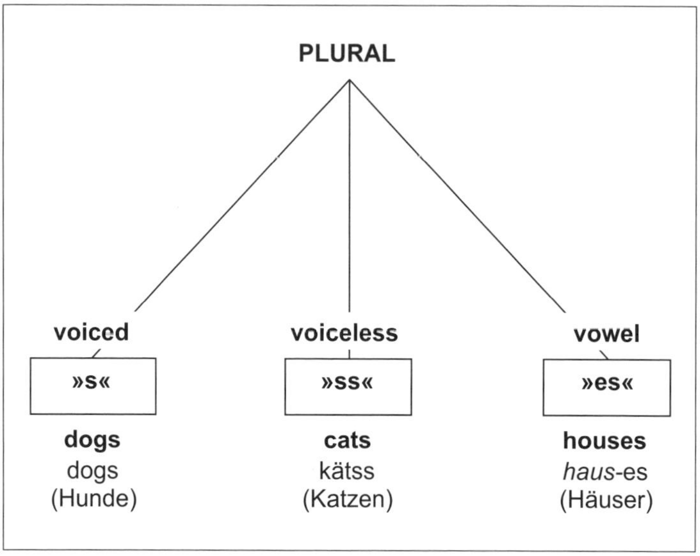

Abbildung 2.1: Die Aussprache des englischen Plurals auf ***s***

Hören Sie selbst, während Sie die folgenden Beispiele laut vorlesen:

- ✔ **dog, dogs** (dog, dogs; Hund, Hunde)
- ✔ **cat, cats** (kät, kätss; Katze, Katzen)
- ✔ **house, houses** (hauss, *haus*-es; Haus, Häuser)

Wenn Sie beim Sprechen dieser drei Wortpaare die **consonant sounds** aus Abbildung 2.1 berücksichtigt haben, klingen Sie ein bisschen mehr wie ein Muttersprachler.

Regeln sind gut – aber sie sind auch dazu da, um manchmal gebrochen zu werden. So ist es auch bei der Bildung des **plural**. Meistens hängen Sie, wie weiter vorn in diesem Abschnitt erläutert, ein **s** an. Meistens, aber nicht immer. Tatsächlich ist es so, dass einige der Wörter, die häufig verwendet werden, unregelmäßige **plurals** haben. Dazu gehören:

- ✔ **man** (män; Mann) wird zu **men** (men; Männer)

- ✔ **woman** (*uwu*-men; Frau) wird zu **women** (*uwi*-men; Frauen)
- ✔ **child** (tsschaild; Kind) wird zu **children** (*tsschil*-dren; Kinder)
- ✔ **foot** (fut; Fuß) wird zu **feet** (fiet; Füße)

Ob regelmäßig oder unregelmäßig, mit dem **plural** ist es so eine Sache. Denn Sie müssen auch die armen Substantive bedenken, die gar keinen **plural** haben – auch wenn man ihnen im Deutschen einen solchen gegönnt hat. Dazu gehören:

- ✔ **information** (in-for-*mäi*-sschen; Information)
- ✔ **advice** (äd-*waiss*; Ratschlag)

Wenn Sie diese zwei **nouns** – und mit ihnen viele andere – in den **plural** setzen wollen, kommen Sie um eine Hilfskonstruktion nicht herum. Sie müssen kleine Extrawörter wie zum Beispiel **bit** (bit; Stück) oder **piece** (piess; Stück) verwenden, von denen es einen **plural** gibt. Das sieht dann folgendermaßen aus:

- ✔ **two bits of information** (tuh bitss ow in-for-*mäi*-sschen; zwei Informationen) – nicht: ~~**two informations**~~
- ✔ **two pieces of advice** (tuh *piess*-es ow äd-*waiss*; zwei Ratschläge) – nicht: ~~**two advices**~~

Stellvertreter für Substantive: Pronouns

Jeder darf sich einmal vertreten lassen und bei den **nouns**, die Sie bereits kennen gelernt haben, ist das manchmal auch sinnvoll. Denn Sie wissen es selbst: Alles, was sich ständig wiederholt, wird irgendwann lästig oder langweilig. Um das zu vermeiden, gibt es kleine nützliche Stellvertreter – die **pronouns** (*prou*-nauns; Pronomen). Sie sind dazu da, in bestimmten Situationen **nouns** zu ersetzen. Schauen Sie sich einmal den folgenden Satz an:

- ✔ **Sarah sat down at the table and then Sarah drank a cup of tea.** (*ssä*-ra ssät daun ät thä *täi*-bel änd then *ssä*-ra dränk ä kap ow tie; Sarah setzte sich an den Tisch und dann trank Sarah eine Tasse Tee.)

Einmal Sarah wäre doch genug, oder? So klingt es besser:

- ✔ **Sarah sat down at the table and then she drank a cup of tea.** (*ssä*-ra ssät daun ät thä *täi*-bel änd then sschie dränk ä kap ow tie; Sarah setzte sich an den Tisch und dann trank sie eine Tasse Tee.)

Im vorangegangenen Beispiel sehen Sie, wie **pronouns** (*prou*-nauns; Pronomen) einen Satz flüssiger machen. Das **pronoun she** (sschie; sie) ersetzt **Sarah** und jede andere weibliche Person. So einfach ist das. Tabelle 2.3 gibt Ihnen eine Übersicht über die englischen **subject pronouns** (*ssab*-dschekt *prou*-nauns; Subjektpronomen), die allesamt **nouns** ersetzen.

Singular	Plural
I (ai; ich)	**we** (uwie; wir)
you (juh; du)	**you** (juh; ihr)
he, she, it (hie, sschie, it; er, sie, es)	**they** (thäi; sie)

Tabelle 2.3: Englische ***subject pronouns***

Neben den **subject pronouns** gibt es auch noch **object pronouns** (*ob*-dschekt *prou*-nauns; Objektpronomen). Über diese können Sie mehr in Kapitel 4 erfahren. Mehr Informationen über **subjects** und **objects** und ihre Funktion im **sentence** gibt es im Abschnitt *Trauen Sie sich – Sätze sind einfach* weiter hinten in diesem Kapitel. In Kapitel 6 finden Sie zusätzlich die **possessive pronouns** (po-*se*-ssiw *prou*-nauns; Possessivpronomen).

Nouns und **pronouns** allein können allerdings noch keinen **sentence** bilden, ob sie nun für **names** (näims; Namen), **places** (*pläiss*-es; Orte), **things** (thhings; Dinge) oder **concepts** (*kon*-sseptss; Konzepte) stehen, von Fall zu Fall unterschiedliche Positionen im Satz einnehmen oder eine Form im **singular** (*ssing*-gje-ler) oder **plural** (*plu*-rel) haben können. Da fehlt noch etwas. Richtig: Sie brauchen **verbs** (wörbs; Verben). Über diese erfahren Sie mehr im nächsten Abschnitt.

Fun Facts: »you« und »you«

Vielleicht ist Ihnen beim aufmerksamen Lesen von Tabelle 2.3 aufgefallen, dass dort zweimal **you** steht. Das ist kein Tippfehler, sondern die Wirklichkeit, denn im Englischen gibt es keine formelle Unterscheidung zwischen »du« und »ihr«. Daher haben sich einige andere Ausdrücke für »ihr« etabliert, um Verwechslungen mit »du« auszuschließen:

- ✔ **y'all** (joohl; ihr)
- ✔ **youse** (juhs; ihr)
- ✔ **you guys** (juh gais; ihr)

Verben: Wörter, die etwas tun

Wenn Sie den Abschnitt *Substantive: Hauptwörter und ihre Artikel* weiter vorn in diesem Kapitel gelesen haben, warten Sie sicherlich schon ungeduldig auf die nächste Wortart, nämlich die **verbs** (wörbs; Verben). Mit **verbs** drücken Sie Tätigkeiten, Aktionen und Zustände aus. Die Grundform – der **infinitive** (in-*fi*-ni-tiw; Infinitiv) – jedes normalen Verbs wird ganz einfach mit einem vorangestellten **to** (tu) gebildet. Das sieht dann so aus:

- ✔ **to sleep** (tu ssliep; schlafen)
- ✔ **to jump** (tu dschamp; springen)
- ✔ **to know** (to nou; wissen)

Jetzt fragen Sie sich vielleicht, ob es neben den »normalen« **verbs** auch »unnormale« **verbs** gibt. Die Antwort lautet: jein. Eigentlich sind alle Verben normal, jedoch gibt es ein paar, die aus der Reihe tanzen: die **modal auxiliaries** (*mou*-del oohk-*sil*-je-ries; modale Hilfsverben). Über diese können Sie mehr im Abschnitt *Erwünschte Helferlein: Hilfsverben* weiter hinten in diesem Kapitel erfahren.

Das Verb **to be** ist im Englischen das wichtigste Verb überhaupt. Sie kennen es schon aus Shakespeares *Hamlet*, der die Frage nach dem **to be or not to be** (tu bie or not tu bie; sein oder nicht sein) stellte. Sie werden gleich feststellen, dass die meisten Formen englischer **verbs** leicht wiederzuerkennen sind. Mit **to be** ist das allerdings anders, wie Ihnen Tabelle 2.4 zeigt.

Singular	Plural
I am (ai äm; ich bin)	**we are** (uwie ar; wir sind)
you are (juh ar; du bist)	**you are** (juh ar; ihr seid)
he, she, it is (hie, sschie, it is; er, sie, es ist)	**they are** (thäi ar; sie sind)

*Tabelle 2.4: Formen des Verbs **to be***

Wenn Sie diese Formen von **to be** erst einmal verinnerlicht haben, werden Sie erstaunt sein, wie viel Sie damit in den folgenden Kapiteln anfangen können.

Die Formen der englischen **verbs** sind zumeist sehr einfach gehalten. Im Gegensatz zum Deutschen, wo es für fast jede grammatische **person** (*pör*-ssen; Person) eine andere Verbform gibt, brauchen Sie sich im Englischen nur eine einzige Regel zu merken. Diese heißt: »**he, she**, **it** – **s** muss mit«. Sie hängen also, wenn Sie **he**, **she** oder **it** benutzen, einfach ein **s** an das **verb** an. Bei allen anderen Personen lassen Sie das **verb** so wie es ist. Sehen Sie selbst:

- ✔ **I sleep** (ai ssliep; ich schlafe)
- ✔ **you sleep** (juh ssliep; du schläfst)
- ✔ **he, she, it sleeps** (hie, sschie, it ssliepss; er, sie, es schläft)
- ✔ **we sleep** (uwie ssliep; wir schlafen)
- ✔ **you sleep** (juh ssliep; ihr schlaft)
- ✔ **they sleep** (thäi ssliep; sie schlafen)

Wenn Sie diese Regel beherrschen, haben Sie die Grundlagen der englischen **verb forms** (wörb forms; Verbformen) gemeistert. Herzlichen Glückwunsch! Mehr zum Thema **verbs** erfahren Sie im Abschnitt *Herr der (Ge-)Zeiten: Über Zeiten und dazu passende Zeitformen* weiter hinten in diesem Kapitel.

Kleine Quälgeister: Präpositionen

Wie so häufig im Leben, so auch in der Grammatik: Die kleinen Dinge bereiten unverhältnismäßig viel Ärger. In diesem Fall geht es um viele kleine **prepositions** (pre-po-*si*-sschens; Präpositionen), die Sie kennen lernen sollten. Da bleibt nur eins, um den Ärger möglichst zu vermeiden: eine Art **speed dating** (sspied *däit*-ing; Speed Dating) – mit Präpositionen als Gegenüber. Und da es so viele gibt, bleibt für jede einzelne nur wenig Zeit. Für eine innigere Bekanntschaft können Sie sie gruppieren und auswendig lernen. Präpositionen geben Auskunft darüber, wo jemand oder etwas ist, wohin es sich bewegt und wann es das tut. Sie lassen sich daher in folgende Gruppen aufteilen: **prepositions of position and place** (pre-po-*si*-sschens ow po-*si*-sschen änd pläiss; lokale Präpositionen), **of direction** (ow di-*rek*-sschen; Richtungspräpositionen) und **of time** (ow taim; temporale Präpositionen). Die Gruppierung hat Tabelle 2.5 für Sie schon erledigt – das Auswendiglernen dürfen Sie selbst übernehmen.

Prepositions of Position and Place	Prepositions of Direction	Prepositions of Time
behind (bi-*haind*; hinter)	**into** (*in*-tu; in)	**before** (bi-*fohr*; vor)
under (*an*-der; unter)	**around** (ä-*raund*; um ... herum)	**after** (*ähf*-ter; nach)
above (ä-*baw*; über)	**away from** (ä-*uwäi* from; von ... weg)	**until** (an-*til*; bis)
on (on; auf)	**up** (ap; ... hoch)	**on** (on; am)
at (ät; an)	**down** (daun; ... herunter)	**at** (ät; um)
in (in; in)	**through** (thhruh; durch)	**in** (in; am, im)

Tabelle 2.5: Typische englische Präpositionen

Damit Sie sich ein besseres Gesamtbild von den in Tabelle 2.5 aufgeführten **prepositions** machen können, sind hier ein paar typische Beispielsätze, zunächst mit **prepositions of position and place**:

- ✔ **The mouse is hiding behind the cheese.** (thä mauss is *haid*-ing bi-*haind* thä tsschies; Die Maus versteckt sich hinter dem Käse.)
- ✔ **I will meet you at the station.** (ai uwil miet juh ät thä *sstäi*-sschen; Ich treffe dich am Bahnhof.)

Jetzt folgen zwei Sätze, in denen **prepositions of direction** vorkommen:

- ✔ **The cat chased the mouse around the tree.** (thä kät tsschäisst thä mauss ä-*raund* thä trie; Die Katze jagte die Maus um den Baum herum.)
- ✔ **The mouse ran up the tree.** (thä mauss rän ap thä trie; Die Maus rannte den Baum hoch.)

Abschließend noch zwei Sätze, in denen Sie **prepositions of time** finden:

- ✔ **The concert is at 8 in the evening on Wednesday.** (thä *kon*-ssört is ät äit in thie *iew*-ning on *uwens*-däi; Das Konzert ist am Mittwoch um 20 Uhr.)
- ✔ **We will see each other again after the spring break in April.** (uwie uwil ssie ietssch *a*-ther ä-*gen* *ähf*-ter thä sspring bräik in *äi*-pril; Wir werden uns nach den Frühlingsferien im April wiedersehen.)

Sie haben ein Buch von Ernest Hemingway? Sehr schön, ein Klassiker der amerikanischen Literatur. Wenn Sie allerdings in der englischsprachigen Welt davon berichten wollen, sollten Sie etwas beachten. Schauen Sie sich einmal den folgenden Satz an:

- ✔ **This book is from Ernest Hemingway.** (thiss buk is from *ör*-nesst *he*-ming-uwäi; Dieses Buch ist von Ernest Hemingway.)

Zunächst werden Sie denken: Wo ist das Problem? Nun, wenn Sie im Englischen **from** (from; von) benutzen, heißt das, dass Sie das Buch von Ernest Hemingway erhalten haben – welch großartiger Geburtstagsbesuch! Was Sie sagen wollen, ist:

- ✔ **This book is by Ernest Hemingway.** (thiss buk is bai *ör*-nesst *he*-ming-uwäi; Dieses Buch ist von Ernest Hemingway.)

Wenn Sie **by** (bai; von) benutzen, bedeutet das, dass das Buch von Ernest Hemingway geschrieben wurde. Nicht so spektakulär wie im ersten Fall, aber der Wahrheit auf jeden Fall näher, oder nicht?

Einige der **prepositions**, die Ihnen täglich im Englischen begegnen, und die Tücken, die mit ihnen einhergehen, kennen Sie jetzt. Wenn Ihnen das noch nicht reicht, können Sie ein weiteres Treffen mit zusätzlichen Beispielen und Anwendungsmöglichkeiten in Kapitel 12 vereinbaren. Danach dürfen Sie zu Recht den Titel **Master of Prepositions** (*mähss*-ter ow prepo-*si*-sschens; Meister der Präpositionen) tragen.

Adjektive: Wie Sie mit Wie-Wörtern beschreiben

Die Welt wäre kahl und langweilig, wären da nicht die Wörter, die sie mit unzähligen Beschreibungen bunt und lebendig werden lassen. Diese Aufgabe erfüllen **adjectives** (*ä*-dschek-tiws; Adjektive). **Adjectives** werden im Englischen – genauso wie im Deutschen – benutzt, um **characteristics** (kä-rek-te-*riss*-tikss; Eigenschaften) wie Alter, Größe, Form, Gewicht oder Farbe zu beschreiben. Tabelle 2.6 gibt eine erste Übersicht über häufig gebrauchte englische **adjectives**.

Adjektiv	Aussprache	Deutsch
young	jang	jung
huge	hjuhdsch	riesig
round	raund	rund
heavy	*he*-wie	schwer
black	bläk	schwarz
strong	sstrong	stark
terrible	*te*-ri-bel	fürchterlich

Tabelle 2.6: Typische englische Adjektive

Natürlich gibt es unendlich viele verschiedene **adjectives**, aber eins haben sie alle gemeinsam: Sie sind leichter in der Handhabung als ihre deutschen Pendants, denn sie müssen sich nicht dem **grammatical gender** (grä-*mä*-ti-kel *dschen*-der; grammatisches Geschlecht) ihres **noun** anpassen. Daraus ergibt sich, dass englische **adjectives** in ihrer Form immer gleich bleiben. Mehr zum **grammatical gender** erfahren Sie weiter vorn in diesem Kapitel. Aber sehen Sie selbst:

- ✔ **a young man** (ä jang män; ein junger Mann)
- ✔ **a young woman** (ä jang *uwu*-men; eine junge Frau)
- ✔ **a young child** (ä jang tsschaild; ein junges Kind)
- ✔ **the young dogs** (thä jang dogs; die jungen Hunde)

Englische **adjectives** verhalten sich bei **grammatical cases** (grä-*mä*-ti-kel *käiss*-es; grammatische Fälle) genauso wie englische **nouns** – sie ändern sich nie:

- ✔ **The black cat chased the big strong dog down the street.** (thä bläk kät tsschäisst thä big sstrong dog daun thä sstriet; Die schwarze Katze jagte den großen starken Hund die Straße entlang.)

Sie sehen also, dass englische **adjectives** prinzipiell bescheiden sind und keine Sonderbehandlung verlangen. Noch dazu kommt, dass sie sich hauptsächlich an zwei Positionen innerhalb eines Satzgefüges tummeln: entweder direkt vor dem zu beschreibenden **noun** oder aber nach einer Form des Verbs **to be** – mehr dazu können Sie auch weiter vorn in diesem Kapitel im Abschnitt *Verben: Wörter, die etwas tun* erfahren:

- ✔ **the itchy sweater** (thie *itssch*-ie *ssuwet*-er; der kratzige Pullover)
- ✔ **This sweater is itchy.** (thiss *ssuwet*-er is *itssch*-ie; Dieser Pullover ist kratzig.)

Hoffentlich konnten Sie sich von der Pflegeleichtigkeit der englischen Pullover – nein – **adjectives** überzeugen. Wenn Sie jetzt sofort noch erfahren wollen, wie Sie Ihrem Nachbarn triumphierend berichten können, dass Ihr neues Auto größer, schneller und teurer als seins ist, blättern Sie bis zu Kapitel 6 vor – da geht es um Vergleiche, die Sie mit **adjectives** anstellen können.

Nur noch eine Sache, die Sie schon aus dem Deutschen kennen und die daher auch nicht allzu kompliziert sein sollte. Manchmal sind Adjektive mehrdeutig. Nehmen Sie zum Beispiel **old** (ould; alt):

- ✔ **this old cheese** (thiss ould tsschies; dieser alte Käse)
- ✔ **my old friend** (mai ould frend; mein alter Freund)

Während der Käse wahrscheinlich schon seit einigen Monaten in Ihrem Kühlschrank dahinvegetiert – also wirklich schon uralt ist und das Verfallsdatum überschritten hat –, ist das mit Ihrem alten Freund so eine Sache. Er kann genauso alt sein wie der Käse, aber das bedeutet es in diesem Fall nicht. **Old** bedeutet hier »von langer Dauer«. Ähnlich verhält es sich unter anderem mit **heavy**:

- ✔ **a heavy suitcase** (ä *he*-wie *ssuht*-käiss; ein schwerer Koffer)
- ✔ **a heavy smoker** (ä *he*-wie *ssmouk*-er; ein starker Raucher)

Wenn Sie einmal wegen der Bedeutung eines **adjective** unsicher sein sollten, schlagen Sie doch einfach in einem guten Lernerwörterbuch nach. Dort werden Sie die richtige Bedeutung sicherlich finden.

Adverbien: Die anderen Wie-Wörter

Eigentlich sind sich **adverbs** (*äd*-wörbs; Adverbien) und **adjectives** relativ ähnlich und doch sind sie grundverschieden. Denn während die **adjectives** ausschließlich mit ihrem Substantivpartner auftreten, sind die **adverbs** etwas freizügiger mit ihren Günsten. Sie können **verbs**, **adjectives**, andere **adverbs** und sogar ganze **sentences** beschreiben. Aber sehen Sie selbst:

- ✔ Hier beschreibt ein **adverb** ein **verb**:

  Chuck quickly ate the hamburger. (tsschak *kuwik*-lie äit thä *häm*-bör-ger; Chuck aß den Hamburger schnell.)

- ✔ Hier beschreibt ein **adverb** ein **adjective**:

  Sarah is extremely intelligent. (*ssä*-ra is ikss-*triem*-lie in-*te*-li-dschent; Sarah ist sehr intelligent.)

- ✔ Hier beschreibt ein **adverb** ein anderes **adverb**:

  They danced very gracefully in the moonlight. (thäi dähnsst *we*-rie *gräiss*-ful-ie in thä *muhn*-lait; Sie tanzten sehr graziös im Mondlicht.)

- Hier beschreibt ein **adverb** einen ganzen **sentence**:

  Frankly, I don't believe you. (*fränk*-lie ai dount bi-*liew* juh; Offen gesagt: Ich glaube dir nicht.)

Im ersten Satz beschreibt **quickly**, wie Chuck seinen Hamburger isst: Er hat halt Hunger, also isst er ihn schnell. Aber **adverbs** beschreiben nicht nur **verbs**, sondern zum Beispiel auch **adjectives**, wie im zweiten Satz. Hier modifiziert das Adverb **extremely** das Adjektiv **intelligent**. Doch damit nicht genug, denn im dritten Satz beschreibt das Adverb **very** das Wort **gracefully**, das ebenfalls ein Adverb ist. Und wenn Sie jetzt noch nicht verwirrt sind, kommt hier die nächste Gelegenheit: **adverbs** können ganze Sätze modifizieren, wie zum Beispiel **frankly** im vierten Satz. Diese Art von Adverbien heißt dann passend – na, was denken Sie? – **sentence adverb**.

Aus **adjectives** können Sie ganz leicht **adverbs** machen. Die Grundregel lautet: Hängen Sie ein **-ly** an das **adjective** an. Das sieht so aus:

- **nice** (naiss; nett) wird zu **nicely** (*naiss*-lie; nett)
- **quick** (kuwik; schnell) wird zu **quickly** (*kuwik*-lie; schnell)
- **abundant** (ä-*ban*-dent; üppig) wird zu **abundantly** (ä-*ban*-dent-lie; üppig)

Aber Obacht! Mit jeder Regel kommen auch Ausnahmen. Auch mit den **adverbs** ist das der Fall. Damit dieser Fall Sie nicht zum Fallen bringt, hier ein kurzer Hinweis zu unregelmäßigen **adverbs**:

- **good** (gud; gut) wird zu **well** (uwel; gut) – nicht **goodly** (*gud*-lie; stattlich)
- **fast** (fähsst; schnell) bleibt **fast** (fähsst; schnell) – **fastly** existiert gar nicht
- **hard** (hahrd; hart), bleibt auch **hard** – aber nur, weil **hardly** (*hahrd*-lie) eine ganz andere Bedeutung hat, nämlich »kaum«

Wenn Sie noch mehr über die vielseitige Wortart der **adverbs** erfahren wollen, schlagen Sie am besten Kapitel 7 auf. Nun ist aber erst einmal Schluss mit den wichtigsten Wortarten.

Eins, zwei, drei, ganz viele: Zahlen

Egal, wo Sie hingehen, Zahlen sind überall: auf dem Kalender, im Supermarkt, auf Ihrer letzten Steuererklärung. Daher sollten Sie zunächst mit den **cardinal numbers** (*kar*-di-nel *nam*-bers; Kardinalzahlen) Bekanntschaft machen.

- **0 zero** (*sie*-rou)
- **1 one** (uwan)
- **2 two** (tuh)
- **3 three** (thhrie)
- **4 four** (fohr)
- **5 five** (faiw)
- **6 six** (ssikss)
- **7 seven** (*sse*-wen)

- **8 eight** (äit)
- **9 nine** (nain)
- **10 ten** (ten)
- **11 eleven** (i-*le*-wen)
- **12 twelve** (tuwelw)
- **13 thirteen** (*thhör*-tien)
- **14 fourteen** (*fohr*-tien)
- **15 fifteen** (*fif*-tien)
- **16 sixteen** (*ssikss*-tien)
- **17 seventeen** (*sse*-wen-tien)
- **18 eighteen** (*äi*-tien)
- **19 nineteen** (*nain*-tien)
- **20 twenty** (*tuwen*-tie)
- **21 twenty-one** (*tuwen*-tie-uwan)
- **30 thirty** (*thhör*-tie)
- **40 forty** (*fohr*-tie)
- **50 fifty** (*fif*-tie)
- **60 sixty** (*ssikss*-tie)
- **70 seventy** (*sse*-wen-tie)
- **80 eighty** (*äi*-tie)
- **90 ninety** (*nain*-tie)
- **100 one hundred** (uwan *han*-dred)
- **101 one hundred and one** (uwan *han*-dred änd uwan)
- **121 one hundred and twenty-one** (uwan *han*-dred änd *tuwen*-tie-uwan)
- **200 two hundred** (tuh *han*-dred)
- **1,000 one thousand** (uwan *thhau*-send)
- **1,000,000 one million** (uwan *mil*-jen)

Hätten Sie gedacht, dass Zeichensetzung bei Zahlen eine große Rolle spielen kann? Bei englischen Zahlen müssen Sie aufpassen: Wo im Deutschen ein **comma** (*ko*-ma; Komma) steht, steht im Englischen ein **period** (*pie*-rie-ed; Punkt) – und umgekehrt. Sehen Sie selbst:

- 98,6 wird zu **98.6** (*nain*-tie-äit peunt ssikss)
- 100.000 wird zu **100,000** (uwan *han*-dred *thhau*-send)

Jetzt geht es um die unschuldige kleine Zahl »0«. Diese hat es sozusagen faustdick hinter den Ohren, denn es gibt zahlreiche Bezeichnungen für sie, die Sie kennen sollten:

- **nought** (nooht; null)
- **zero** (*sie*-rou; null)
- **nil** (nil; null bei Spielständen)
- **love** (law; null bei Spielständen im Tennis)
- **oh** (ou; null beim Aufzählen von Nummerfolgen – zum Beispiel Telefonnummern)
- **zilch** (siltssch; umgangssprachlich für »ganz und gar nichts«)

Bei den **cardinal numbers** ist Ihnen sicherlich ein Unterschied zu den deutschen Zahlen aufgefallen. Nein, die Ziffern sind dieselben ... Während man im Deutschen »einundzwanzig« sagt und somit den Einerstellen den Vortritt lässt, sagt man im Englischen wörtlich übersetzt »zwanzig eins«, nämlich **twenty-one**. Dort ist es also genau umgekehrt: Erst die Zehner, dann die Einer.

Haben Sie sich schon einmal über englischsprachige Zeitungsüberschriften gewundert, wenn es dort um **billions of dollars** (*bil*-jens ow *do*-lers; Milliarden von Dollars) geht? Die Übersetzung gibt den Unterschied schon preis: Wo die Deutschen von Milliarden sprechen, heißt es im amerikanischen Englisch schon immer und mittlerweile auch im britischen Englisch **billion**. Das setzt sich natürlich fort: Die deutsche Billion ist eine englische **trillion** (*tril*-jen). Aber wenn es für Sie um solche Summen geht, machen Sie sich ja sowieso keine Sorgen über den Unterschied.

Neben den **cardinal numbers** existieren auch die **ordinal numbers** (*or*-di-nel *nam*-bers; Ordinalzahlen). Diese werden – genau wie im Deutschen – dazu verwendet, um eine Reihenfolge zu beschreiben. Die ersten drei tanzen im Englischen ein wenig aus der Reihe. Danach läuft alles wie geschmiert, denn Sie hängen an alle **cardinal numbers** außer **one**, **two** und **three** einfach ein **th** an. Das sieht dann so aus:

- ✔ **1st** **first** (försst; erster)
- ✔ **2nd** **second** (*sse*-kend; zweiter)
- ✔ **3rd** **third** (thhörd; dritter)
- ✔ **4th** **fourth** (fohrthh; vierter)
- ✔ **5th** **fifth** (fifthh; fünfter)
- ✔ **16th** **sixteenth** (ssikss-*tienthh*; sechszehnter)
- ✔ **20th** **twentieth** (*tuwen*-tie-ethh; zwanzigster)
- ✔ **21st** **twenty-first** (tuwen-tie-*försst*; einundzwanzigster)
- ✔ **22nd** **twenty-second** (tuwen-tie-*sse*-kend; zweiundzwanzigster)
- ✔ **23rd** **twenty-third** (tuwen-tie-*thhörd*; dreiundzwanzigster)
- ✔ **24th** **twenty-fourth** (tuwen-tie-*fohrthh*; vierundzwanzigster)
- ✔ **30th** **thirtieth** (*thhör*-tie-ethh; dreißigster)
- ✔ **100th** **one hundredth** (uwan *han*-dredthh; hundertster)

Das soll fürs Erste – das ist übrigens auch eine **ordinal number** – reichen. Für die Anwendung von **numbers** im wirklichen Leben schlagen Sie zum Beispiel Kapitel 5 und Kapitel 6 auf. Wie Sie über Ihr Alter sprechen, erfahren Sie in Kapitel 15. Aber wer will schon über sein Alter sprechen.

Fun Facts: »one zillion«

Wie viel ist eigentlich **one zillion** (uwan *sil*-jen; eine Unmenge)? Nun – genau zählen können Sie das nicht. Es ist aber auf jeden Fall eine Menge. **Zillion** (*sil*-jen) wird gern allein oder in Wortbildungen dazu benutzt, um eine schier endlose Zahl auszudrücken:

- ✔ **There were a zillion mosquitos at the lake.** (thäir uwör ä *sil*-jen moss-*kie*-tous ät thä läik; Eine Unmenge von Mücken waren am See.)
- ✔ **She has about a gazillion freckles on her face.** (sschie häs ä-*baut* ä gä-*sil*-jen *fre*-kels on hör fäiss; Sie hat ungefähr Millionen von Sommersprossen im Gesicht.)

Sie dürfen dagegen sein: Verneinung

Natürlich sollen Sie positiv denken – aber das funktioniert nun mal nicht immer. Genauso ist es in der Sprache: Manchmal muss eine Verneinung her. Im Englischen wird die **negation** (ni-*gäi*-sschen; Verneinung) mit dem kleinen Wörtchen **not** (not; nicht) gebildet. Dieses **not** platzieren Sie direkt hinter dem Verb, in diesem Fall einer Form von **to be**:

- ✔ **I am hungry right now.** (ai äm *han*-grie rait nau; Ich bin im Moment hungrig.) wird zu **I am not hungry right now.** (ai äm not *han*-grie rait nau; Ich bin im Moment nicht hungrig.)
- ✔ **Chuck is as smart as he thinks.** (tsschak is äs ssmart äs hie thhinkss; Chuck ist so schlau, wie er denkt.) wird zu **Chuck is not as smart as he thinks.** (tsschak is not äs ssmart äs hie thhinkss; Chuck ist nicht so schlau, wie er denkt.)

Schon ist die Verneinung vollendet. Mit dem Verb **to have got** funktioniert das – vor allem im britischen Englisch – ähnlich:

- ✔ **He has not got a car.** (hie häs not got ä kahr; Er hat kein Auto.)

Im amerikanischen Englisch dagegen favorisiert man für das Verb **to have** eine andere Variante, die auch sonst – sowohl im britischen als auch im amerikanischen Englisch – für alle anderen Verben eingesetzt wird. Hier lassen Sie **got** weg und verwenden **do** – für die dritte Person Singular **does** – plus **not**, die beide vor das Verb im Satz gesetzt werden:

- ✔ **They have a walk-in closet.** (thäi häw ä *uwoohk*-in *klo*-set; Sie haben einen begehbaren Kleiderschrank.) wird zu **They do not have a walk-in closet.** (thäi duh not häw ä *uwoohk*-in *klo*-set; Sie haben keinen begehbaren Kleiderschrank.)

Erinnern Sie sich an die Regel »**he, she, it – s** muss mit« aus dem Abschnitt *Verben: Wörter, die etwas tun* weiter vorn in diesem Kapitel? Schauen Sie sich einmal den folgenden Satz an:

✔ **Chuck does not have a car.** (tsschak das not häw ä kahr; Chuck hat kein Auto.)

Auch in diesem Beispiel gilt diese Regel. Allerdings hat sich das **s** »versteckt«: im Wort **does**. Das macht die Form der dritten Person – also **has** – in diesem Fall überflüssig.

Contractions: Zeitsparende Kurzformen

Die heutige Welt bewegt sich schnell. Das merkt man auch in der englischen Sprache. Eine Kombination aus Bequemlichkeit und vermeintlichem Zeitdruck bewegt die Menschen häufig dazu, in der gesprochenen Sprache **contractions** (kon-*träk*-sschens; Kurzformen) zu benutzen. Dabei werden einfach Buchstaben weggelassen. In der geschriebenen Form sieht man das an **apostrophes** (ä-*poss*-tre-fies; Apostroph), die als Platzhalter dienen. Das sieht dann so aus:

✔ **I am** (ai äm; ich bin) wird zu **I'm** (aim; ich bin)

✔ **he does not** (hie das not; er ... nicht) wird zu **he doesn't** (hie *das*-ent; er ... nicht)

Sehen Sie, was passiert ist? Diese **contractions** lassen die Sprache flüssiger werden und sparen Zeit für den hektischen Alltag. Die beiden folgenden Sätze verdeutlichen dies noch einmal:

✔ **I'm not hungry right now.** (aim not *han*-grie rait nau; Ich bin im Moment nicht hungrig.)

✔ **He doesn't have a car.** (hie *das*-ent häw ä kahr; Er hat kein Auto.)

In Tabelle 2.7 und Tabelle 2.8 finden Sie eine Übersicht über die gebräuchlichsten **contractions** für die Verben **to be** und **to have**. Mehr über **contractions** erfahren Sie auch in den Abschnitten *Erwünschte Helferlein: Hilfsverben* und *Herr der (Ge-)Zeiten: Über Zeiten und dazu passende Zeitformen* weiter hinten in diesem Kapitel.

Verb	Aussprache	Deutsch
I am; I'm	ai äm; äim	ich bin
you are; you're	juh ar; juhr	du bist
he, she, it is; he's, she's, it's	hie, sschie, it is; hies, sschies, itss	er, sie, es ist
we are; we're	uwie ar; uwier	wir sind
you are; you're	juh ar; juhr	ihr seid
they are; they're	thäi ar; thäir	sie sind

Tabelle 2.7: ***Contractions*** *des Verbs* ***to be***

Verb	Aussprache	Deutsch
I have; I've	ai häw; aiw	ich habe
you have; you've	juh häw; juhw	du hast
he, she, it has; he's, she's, it's	hie, sschie, it häs; hies, sschies, itss	er, sie, es hat
we have; we've	uwie häw; uwiew	wir haben
you have; you've	juh häw; juhw	ihr habt
they have; they've	thäi häw; thäiw	sie haben

Tabelle 2.8: ***Contractions*** *des Verbs* ***to have***

Contractions sind nützlich, aber auch gefährlich. Manche Kurzformen klingen nämlich genauso wie verwandte **possessive pronouns**:

- ✔ **you're** (juhr; du bist) und **your** (juhr; dein, euer)
- ✔ **it's** (itss; es ist) und **its** (itss; sein)
- ✔ **they're** (thäir; sie sind) und **their** (thäir; ihr)

Die letzte **contraction** könnten Sie sogar noch mit **there** (thäir; dort) verwechseln – jetzt kann Ihnen das aber nicht mehr passieren.

Herr der (Ge-)Zeiten: Über Zeiten und dazu passende Zeitformen

Es soll ja Sprachen geben, die die Zeit überhaupt nicht berücksichtigen. Englisch gehört nicht dazu. Sie dürfen sich damit anfreunden, verschiedenste Zeitformen zu lernen, um über die Vergangenheit, die Gegenwart und die Zukunft zu sprechen. Steigen Sie ein, denn der Zug durch die folgenden Abschnitte nimmt Sie mit auf eine Zeitreise durch **past** (pähsst; Vergangenheit), **present** (*pre*-sent; Gegenwart) und **future** (*fjuh*-tsscher; Zukunft).

Simple Past Tense: Was mal war, ist nicht mehr

Mit der **simple past tense** (*ssim*-pel pähsst tenss; Imperfekt) drücken Sie Dinge aus, die in der Vergangenheit abgeschlossen wurden. Sie nehmen den **infinitive** des Verbs Ihrer Wahl, schneiden das **to** vorn ab und hängen hinten ein **ed** an. Schon haben Sie mit Ihrem Verbbaukasten eine regelmäßige **simple past tense form** (*ssim*-pel pähsst tenss form; Imperfektform) gebildet. Das funktioniert mit den meisten englischen **verbs**. Einfacher geht es nicht. Sehen Sie selbst:

- **The quick brown fox jumped over the lazy dog.** (thä kuwik braun fokss dschampt *ou*-wer thä *läi*-sie dog; Der schnelle braune Fuchs sprang über den faulen Hund.)
- **Fred and Ginger danced in the moonlight.** (fred änd *dschin*-dscher dähnsst in thä *muhn*-lait; Fred und Ginger tanzten im Mondlicht.)
- **Sarah cooked a nice meal yesterday.** (*ssä*-ra kukt ä naiss miel *jess*-ter-däi; Sarah kochte gestern ein leckeres Essen.)
- **Nigel and Chuck watched a movie together last week.** (*nai*-dschel änd tsschak uwotsscht ä *muh*-wie tu-*ge*-ther lähsst uwiek; Nigel und Chuck sahen letzte Woche gemeinsam einen Film.)

Diese Liste können Sie beliebig fortsetzen – Sie müssen es aber nicht tun. Viel wichtiger ist es zu wissen, dass mit den **simple past tense forms** von Verben oftmals **cue words** (kjuh uwörds; Signalwörter), die auf die abgeschlossene Vergangenheit hindeuten, einhergehen. In den letzten beiden Beispielsätzen finden Sie zwei **cue words**: Eins ist **yesterday** (*jess*-ter-däi; gestern), das andere ist **last week** (lähsst uwiek; letzte Woche). Weitere Vertreter ihrer Art sind:

- **last month** (lähsst manthh; letzten Monat)
- **last year** (lähsst jier; letztes Jahr)
- **last century** (lähsst *ssen*-tssche-rie; letztes Jahrhundert)
- **two days ago** (tuh däis ä-*gou*; vor zwei Tagen)
- **a fortnight ago** (BE) (ä *fort*-nait ä-*gou*; vor zwei Wochen)
- **ages ago** (*äidsch*-es ä-*gou*; vor ewiger Zeit)
- **in 2009** (in tuh *thhau*-send änd nain; im Jahr 2009)
- **when I was little** (uwen ai uwos *li*-tel; als ich klein war)

Genauso wie beim **plural** im Abschnitt *Substantive: Hauptwörter und ihre Artikel* ist die Schreibweise der regelhaften **simple past tense form** immer gleichbleibend. Die Aussprache jedoch ändert sich je nach Auslaut des verwendeten **verb**:

- Endet das **verb** mit einem **voiced sound**, wird **ed** wie **»d«** ausgesprochen.
- Endet das **verb** mit einem **voiceless sound**, wird **ed** wie **»t«** ausgesprochen.
- Endet das **verb** auf **»d«** oder **»t«**, wird **ed** wie **»ed«** ausgesprochen.

Abbildung 2.2 verdeutlicht dies.

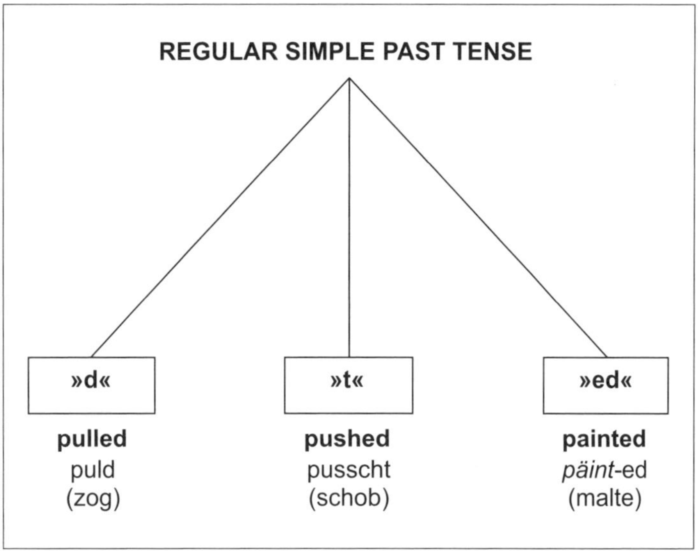

*Abbildung 2.2: Die Aussprache der **simple past tense** auf **ed***

Wenn Sie dieser Regel folgen, klingen Sie schon fast wie ein **native speaker** (*näi*-tiw *sspiek*-er; Muttersprachler). Sprechen Sie selbst einmal die folgenden **verbs** mit ihren **simple past tense forms** nach:

✔ **to pull, pulled** (tu pul, puld; ziehen, zog)

✔ **to push, pushed** (tu pussch, pusscht; schieben, schob)

✔ **to paint, painted** (tu päint, *päint*-ed; malen, malte)

Schauen Sie sich einmal den nächsten Beispielsatz mit den **cue words when I was little** an. Fällt Ihnen etwas auf?

✔ **When I was little, we went to the beach every summer.** (uwen ai uwos *li*-tel uwie uwent tu thä bietssch *ew*-rie *ssam*-er; Als ich klein war, gingen wir jeden Sommer zum Strand.)

Nein, in diesem Satz konnten Sie keine Verbform finden, an die ein **ed** angehängt wurde. Stattdessen finden Sie aber die Verbform **went**, die überhaupt keine Ähnlichkeit mit ihrem Infinitiv **to go** aufweist. Sie ist trotzdem die **simple past tense form** von **to go**. Das kennen Sie aus dem Deutschen: Es gibt Verbformen, die unregelmäßig sind. Für das Englische sollten Sie diese lernen, um bei Ihren Gesprächspartnern nicht schmerzhafte Gesichtsausdrücke hervorzurufen. Wollen Sie noch ein paar Beispiele sehen? Schauen Sie dazu in Tabelle 2.9.

Infinitive	Simple Past Tense Form
to drink (tu drink; trinken)	**drank** (dränk; trank)
to drive (tu draiw; fahren)	**drove** (drouw; fuhr)
to eat (tu iet; essen)	**ate** (AE: äit, BE: et; aß)
to feel (tu fiel; fühlen)	**felt** (felt; fühlte)
to run (tu ran; rennen)	**ran** (rähn; rannte)
to see (tu ssie; sehen)	**saw** (ssooh; sah)
to sit (tu ssit; sitzen)	**sat** (ssät; saß)
to sleep (tu ssliep; schlafen)	**slept** (sslept; schlief)
to teach (tu tietssch; unterrichten)	**taught** (tooht; unterrichtete)
to write (tu rait; schreiben)	**wrote** (rout; schrieb)

Tabelle 2.9: Nützliche unregelmäßige ***simple past tense forms***

Die Zahl der unregelmäßigen Verben ist noch um einiges größer als in Tabelle 2.9. Wenn Sie wissen wollen, welche Verben zu den unregelmäßigen gehören, finden Sie in jedem Lernerwörterbuch eine Liste. Im Anhang von *Englisch für Dummies* können Sie ebenfalls eine solche Liste konsultieren.

Zwei **verbs**, die sogar Muttersprachler gern verwechseln, sind **to lie** (tu lai; liegen) und **to lay** (tu läi; legen). Um die Sache noch spannender zu gestalten, existiert auch noch das Verb **to lie** (tu lai; lügen). Letzteres ist ein regelmäßiges Verb – die **simple past tense form** ist **lied**. Acht geben sollten Sie aber bei den Formen der ersten beiden:

- **to lie, lay, lain** (tu lai, läi, läin; liegen, lag, gelegen)
- **to lay, laid, laid** (tu läi, läid, läid; legen, legte, gelegt)

Hier sind beide Verben im Gebrauch:

- **The cat lay on the rug and slept.** (thä kät läi on thä rag änd sslept; Die Katze lag auf dem Teppich und schlief.)
- **I laid the book on the table.** (ai läid thä buk on thä *täi*-bel; Ich legte das Buch auf den Tisch.)

Present Perfect Tense: Brücken schlagen

Die **present perfect tense** (*pre*-sent *pör*-fekt tenss; Perfekt) schlägt eine Brücke zwischen der **past** (pähsst; Vergangenheit) und der **present** (*pre*-sent; Gegenwart). Wenn Sie über Gegebenheiten sprechen wollen, die in der Vergangenheit angefangen haben, aber im Hier und Jetzt noch relevant sind, dann verwenden Sie die **present perfect tense**. Diese **tense** ist nicht so »simpel« wie die **simple past tense**. Es bedarf nämlich zweier Verbformen, um sie zu bilden:

- ✔ eine Form von **to have** (tu häw; haben)
- ✔ das **past participle** (pähsst *par*-ti-ssi-pel; Partizip Perfekt) des jeweiligen Verbs

Das hört sich jetzt schlimmer an, als es ist. Sie kennen das Verb **to have** schon aus dem Abschnitt *Sie dürfen dagegen sein: Verneinung* weiter vorn in diesem Kapitel. Dazu kommt das **past participle**, das bei regelmäßigen Verben identisch mit der **simple past tense form** ist – für die unregelmäßigen Verben schauen Sie sich Tabelle 2.10 an. Ihre Faustregel für die **present perfect tense** lautet also so:

- ✔ Form von **to have** + **past participle** des Verbs

Verwechseln Sie die **present perfect tense** nicht mit dem deutschen Perfekt, das immer häufiger anstatt des Imperfekts gebraucht wird. Im Englischen können Sie nicht frei zwischen **simple past tense** und **present perfect tense** wählen:

- ✔ **They were married for ten years.** (thäi uwör *mä*-ried for ten jiers; Sie waren zehn Jahre lang verheiratet – und sind es jetzt nicht mehr.)
- ✔ **They have been married for ten years.** (thäi häw bin *mä*-ried for ten jiers; Sie sind seit zehn Jahren verheiratet – und sind es immer noch.)

Das macht schon einen Unterschied, oder?

In Sätze verpackt sieht das dann so aus:

- ✔ **Doug has painted his kitchen lime green.** (dag häs *päint*-ed his *ki*-tsschen laim grien; Doug hat seine Küche limettengrün gestrichen.)
- ✔ **Have you eaten yet? Yes, I have already had lunch.** (häw juh *iet*-en jet jess ai häw oohl-*re*-die häd lantssch; Hast du schon gegessen? Ja, ich habe schon zu Mittag gegessen.)

Ein zweiter Blick auf die Beispielsätze oben offenbart, dass es auch hier **cue words** gibt, die auf die **present perfect tense** hinweisen. Zu diesen **cue words** gehören neben **yet** (jet; schon) und **already** (oohl-*re*-die; schon) auch:

- ✔ **ever** (*e*-wer; jemals)
- ✔ **never** (*ne*-wer; niemals)
- ✔ **recently** (*rie*-ssent-lie; kürzlich)
- ✔ **lately** (*läit*-lie; kürzlich)
- ✔ **just** (dschasst; soeben)

Infinitive	Simple Past Tense Form	Past Participle
to drink (tu drink; trinken)	**drank** (dränk; trank)	**drunk** (drank; getrunken)
to drive (tu draiw; fahren)	**drove** (drouw; fuhr)	**driven** (*dri*-wen; gefahren)
to eat (tu iet; essen)	**ate** (AE: äit; BE: et; aß)	**eaten** (*iet*-en; gegessen)
to feel (tu fiel; fühlen)	**felt** (felt; fühlte)	**felt** (felt; gefühlt)
to run (tu ran; rennen)	**ran** (rähn; rannte)	**run** (ran; gerannt)
to see (tu ssie; sehen)	**saw** (ssooh; sah)	**seen** (ssien; gesehen)
to sit (tu ssit; sitzen)	**sat** (ssät; saß)	**sat** (ssät; gesessen)
to sleep (tu ssliep; schlafen)	**slept** (sslept; schlief)	**slept** (sslept; geschlafen)
to teach (tu tietssch; unterrichten)	**taught** (tooht; unterrichtete)	**taught** (tooht; unterrichtet)
to write (tu rait; schreiben)	**wrote** (rout; schrieb)	**written** (*rit*-en; geschrieben)

*Tabelle 2.10: **simple past tense forms** und **past participles** einiger unregelmäßiger Verben*

Manchmal könnte es so einfach sein, ist es aber nicht. Einer der Unterschiede zwischen britischem und amerikanischem Englisch ist die Verwendung der **tenses**. Während Briten in Verbindung mit den **cue words** wie **yet** und **already** immer die **present perfect tense** benutzen, tendieren die Amerikaner zur **simple past tense**. Das sieht dann so aus:

- ✔ **Did you eat yet? Yes, I already had lunch.** (did juh iet jet jess ai oohl-*re*-die häd lantssch; Hast du schon gegessen? Ja, ich habe schon zu Mittag gegessen.)

Wenn Sie sichergehen wollen, dass Sie verstanden werden, benutzen Sie die **present perfect tense**. Auch das wird jeder Amerikaner verstehen.

Fun Facts: »put, put, put«

Was hat das Verb **put** (put; stellen, legen, setzen) mit der Hühnerzucht zu tun? Nun, wenn Sie alle drei Formen dieses Verbs schnell hintereinander sagen, hört es sich so an, als würden Sie Ihre Hühner herbeirufen. Aber Spaß beiseite. Es gibt einige **verbs**, bei denen der **infinitive**, die **simple past tense form** und das **past participle** identisch sind:

- ✔ **put, put, put** (put; stellen, legen, setzen)
- ✔ **set, set, set** (sset; setzen)
- ✔ **cut, cut, cut** (kat; schneiden)
- ✔ **cost, cost, cost** (kosst; kosten)

Present Tense: Das Hier und Jetzt

Es ist für Sie an der Zeit, sich mit der Gegenwart zu beschäftigen. Die **present tense** kommt in zwei **variants** (*wä*-ri-entss; Varianten): **simple** (*ssim*-pel; einfach) und **progressive** (pro-*gress*-iw; Verlaufsform) – auch manchmal **continuous** (kon-*tin*-ju-ess; Verlaufsform) genannt – je nachdem, was Sie ausdrücken wollen.

Simple Present Tense: Die simple Variante

Die **simple present tense** ist, wie ihr Name bereits andeutet, einfach in der Handhabung – sogar noch einfacher als die **simple past tense**, die Sie weiter vorn in diesem Kapitel vielleicht schon kennen gelernt haben. Bei der **simple present tense** nehmen Sie den **infinitive** eines beliebigen Verbs und lassen das **to** weg. Tabelle 2.11 zeigt Ihnen das anhand des Verbs **to drink** (tu drink; trinken).

Simple Present Tense	Aussprache	Deutsch
I drink	ai drink	ich trinke
you drink	juh drink	du trinkst
he, she, it drinks	hie, sschie, it drinkss	er, sie, es trinkt
we drink	uwie drink	wir trinken
you drink	juh drink	ihr trinkt
they drink	thäi drink	sie trinken

Tabelle 2.11: ***Simple Present Tense Forms*** *des Verbs* ***to drink***

Erinnern Sie sich an die Regel »**he**, **she**, **it** – **s** muss mit« aus dem Abschnitt *Verben: Wörter, die etwas tun* weiter vorn in diesem Kapitel? Wenn nicht, schlagen Sie dort am besten noch einmal nach und vergessen Sie nicht, in der dritten Person Singular – also bei **he**, **she** und **it** eben – ein **s** anzuhängen.

Schauen Sie sich jetzt einmal die folgenden Sätze an, in denen **verbs** in der **simple present tense** (*ssim*-pel *pre*-sent tenss; Gegenwart) vorkommen:

✔ **I always drink coffee for breakfast.** (ai *oohl*-uwäis drink *ko*-fie for *brek*-fesst; Ich trinke immer Kaffee zum Frühstück.)

✔ **They never eat asparagus for dinner.** (thäi *ne*-wer iet ä-*sspä*-re-gess for *din*-er; Sie essen niemals Spargel zum Abendessen.)

Auch bei der **simple present tense** gibt es gewisse **cue words**, die Ihnen ein Signal für die Verwendung dieser **tense** geben. Das kennen Sie schon von der **simple past tense** und der **present perfect tense**, zu denen Sie bei Bedarf noch einmal die Abschnitte *Simple Past Tense: Was mal war, ist nicht mehr* und *Present Perfect Tense: Brücken schlagen* weiter vorn in diesem Kapitel lesen können. Sie benutzen die **simple present tense**, wenn Sie über Dinge sprechen, die mit einer gewissen Regelmäßigkeit passieren oder wenn Sie immerwährende Zustände ausdrücken wollen – wie zum Beispiel die Ebbe in Ihrer Haushaltskasse oder das Regenwetter im April. Zu den verwendeten **cue words** gehören:

- ✔ **always** (*oohl*-uwäis; immer)
- ✔ **often** (*ooh*-fen; oft)
- ✔ **usually** (*juh*-schel-ie; normalerweise)
- ✔ **sometimes** (*ssam*-taims; manchmal)
- ✔ **never** (*ne*-wer; niemals)
- ✔ **every day, every week, every month, every year, every century, every millenium** (*ew*-rie däi, uwiek, manthh, jier, *ssen*-tssche-rie, mi-*le*-ni-em; jeden Tag, jede Woche, jeden Monat, jedes Jahr, jedes Jahrhundert, jedes Jahrtausend)

Wenn es um die Gesetze der Natur oder Berufe und Hobbys geht, benutzen Sie ebenfalls ein **verb** in der **simple present tense**. Hier brauchen Sie nicht unbedingt **cue words**. Das können Sie in den folgenden Sätzen sehen:

- ✔ **The earth revolves around the sun.** (thie örthh ri-*wolws* ä-*raund* thä ssan; Die Erde dreht sich um die Sonne.)
- ✔ **Donna sells insurance for a living.** (*do*-na ssels in-*sschuhr*-enss for ä *liw*-ing; Donna verkauft Versicherungen, um ihren Lebensunterhalt zu verdienen.)
- ✔ **Nigel collects antique chamber pots.** (*nai*-dschel ko-*lektss* än-*tiek tsschäim*-ber potss; Nigel sammelt antike Nachttöpfe.)

Weitere Verwendungsmöglichkeiten für die **simple present tense** finden Sie auch im Abschnitt *Future: Morgen ist auch noch ein Tag* weiter hinten in diesem Kapitel.

Present Progressive Tense: Die Verlaufsform der Gegenwart

Mit der **present progressive tense** drücken Sie aus, was augenblicklich passiert. Zugegebenermaßen ist das Bilden dieser **tense** ein wenig komplizierter als bei den vorangegangenen **tenses**. Sie brauchen aus Ihrem Baukasten eine Form des Verbs **to be** und den **infinitive** des Verbs Ihrer Wahl (wieder ohne **to**). Zu guter Letzt hängen Sie an dieses Verb dann noch ein **ing** an. Tabelle 2.12 gibt Ihnen einen Überblick über die **present progressive tense**.

Present Progressive Tense	Aussprache	Deutsch
I am playing	ai äm *plää*-ing	ich spiele gerade
you are playing	juh ar *plää*-ing	du spielst gerade
he, she, it is playing	hie, sschie, it is *plää*-ing	er, sie, es spielt gerade
we are playing	uwie ar *plää*-ing	wir spielen gerade
you are playing	juh ar *plää*-ing	ihr spielt gerade
they are playing	thäi ar *plää*-ing	sie spielen gerade

Tabelle 2.12: ***Present Progressive Tense Forms*** *des Verbs* ***to play***

Im Deutschen suchen Sie so etwas wie die Verlaufsform der Gegenwart vergeblich. Ja, Sie haben richtig gelesen – Deutsch ist in diesem Fall einfacher als Englisch. Hier müssen Sie sich nicht zwischen zwei Formen der Gegenwart entscheiden.

Die folgenden Sätze sind Beispiele für die Verwendung der **present progressive tense** (*pre*-sent pro-*gress*-iw tenss; Verlaufsform der Gegenwart):

- ✔ **Listen! They are playing our song.** (*liss*-en thäi ar *plää*-ing *au*-er ssong; Hör mal! Sie spielen unser Lied.)
- ✔ **It is raining again.** (it is *rään*-ing ä-*gen*; Es regnet schon wieder.)
- ✔ **Don't bother Chuck! He is eating right now.** (dount *bo*-ther tsschak hie is *iet*-ing rait nau; Störe Chuck nicht! Er isst gerade.)
- ✔ **I am sorry, Mr. Corkcastle is speaking on the phone at the moment.** (ai äm *sso*-rie *miss*-ter *kork*-käh-ssel is *sspiek*-ing on thä foun ät thä *mou*-ment; Es tut mir leid, Herr Corkcastle telefoniert gerade.)

Sie fühlen sich von **cue words** verfolgt? Das dürfen Sie positiv betrachten, denn auch dieses Mal helfen sie Ihnen bei der Wahl der **tense** ungemein. Für die Verwendung der **present progressive tense** sprechen unter anderem diese **cue words**:

- ✔ **now** (nau; jetzt)
- ✔ **at the moment** (ät thä *mou*-ment; gerade)
- ✔ **currently** (*kö*-rent-lie; zurzeit)

In diesem Abschnitt lernen Sie zwei Möglichkeiten kennen, sich mit der Gegenwart auseinanderzusetzen – zumindest im grammatischen Sinne. Wie Sie erkennen können, wann Sie welche dieser zwei Möglichkeiten verwenden, erfahren Sie jetzt. Schauen Sie sich die folgenden Satzpaare an, in denen einmal die **simple present tense** und einmal die **present progressive tense** des gleichen **verb** verwendet wird:

- **Nigel usually eats porridge for breakfast.** (*nai*-dschel *juh*-schel-ie ietss *pooh*-ridsch for *brek*-fesst; Nigel isst gewöhnlich Haferbrei zum Frühstück.)
- **Today Nigel is eating scrambled eggs for breakfast.** (tu-*däi* *nai*-dschel is *iet*-ing *sskräm*-beld egs for *brek*-fesst; Heute isst Nigel Rührei zum Frühstück.)
- **Sarah always watches »American Idol« on Tuesdays.** (*ssä*-ra *oohl*-uwäis *uwotssch*-es ä-*me*-ri-ken *ai*-del on *tuhs*-däis; Sarah schaut dienstags immer »American Idol« (das amerikanische Pendant zu »Deutschland sucht den Superstar«).)
- **This Tuesday, Sarah is watching a romantic movie with Doug.** (thiss *tuhs*-däi *ssä*-ra is *uwotssch*-ing ä ro-*män*-tik *muh*-wie uwith dag; Diesen Dienstag schaut Sarah einen Liebesfilm mit Doug.)

Sie können es den **cue words** entnehmen: Alles, was immer (wieder) regelmäßig passiert, drücken Sie mit der **simple present tense** aus. Alles, was jetzt gerade – oder als Ausnahme – passiert, erfordert ein **verb** in der **present progressive tense**.

Future: Morgen ist auch ein Tag

Das Beste kommt bekanntlich zum Schluss. So ist es auch hier, denn die Träume der Zukunft sind oftmals besser als die Geschichten der Vergangenheit. Zudem beherbergt die **future** im Wesentlichen dreierlei – zumindest die **tense forms**, die in die **future** schauen.

Timetable Future: Festgelegte Termine

Die **timetable future** (*taim*-täi-bel *fjuh*-tsscher; »Fahrplan«-Zukunft) ist nichts anderes als die **simple present tense**.

- **timetable future** (fester Zeitplan, keinerlei Einfluss des Sprechers)

  simple present tense form des Verbs

Alles, was nach einem festen Fahrplan passiert, kann mit dieser Zeitform ausgedrückt werden: Zug-, Bus- und Flugverkehr, Kinoprogramm, Semesterplan – und auch das Einschlafen vor dem Fernseher. Dazu verwenden Sie unter anderem folgende **verbs**:

- **to arrive** (tu *ä*-raiw; ankommen)
- **to leave** (tu liew; losfahren)
- **to land** (tu lähnd; landen)

✔ **to begin** (tu *bi*-gin; anfangen)

✔ **to end** (tu end; aufhören)

In Sätze verpackt sieht die **timetable future** so aus:

✔ **The train to Oshkosh, Wisconsin, leaves at 10:12 a.m.** (thä träin tu *ossch*-kossch uwiss-*kon*-ssin liews ät ten tuwelw *äi*-em; Der Zug nach Oshkosh, Wisconsin, fährt um 10.12 Uhr.)

✔ **The movie starts at 8:15 p.m.** (thä *muh*-wie sstartss ät äit fif-*tien pie*-em; Der Film fängt um 20.15 Uhr an.)

✔ **In the United States, the summer season begins on Memorial Day and ends on Labor Day.** (in thä juh-*nait*-ed sstäitss thä *ssam*-er *ssie*-sen bi-*gins* on me-*mo*-rie-el däi änd ends on *läi*-ber däi; In den Vereinigten Staaten beginnt die Sommersaison am Memorial Day und endet am Labor Day.)

Will Future: Ungewisse Zukunft

Für zukünftige Begebenheiten, über die Sie nicht mit Sicherheit sprechen können, benutzen Sie die so genannte **will future** (uwil *fjuh*-tsscher; »will«-Zukunft). Dazu gehört zum Beispiel die Wettervorhersage. Schauen Sie einmal kurz aus dem Fenster – dann wissen Sie, warum. Für die **will future** brauchen Sie bei allen grammatischen Personen das Hilfsverb **will** und den **infinitive** des Verbs ohne **to** – so langsam bekommen Sie Übung damit, oder?

✔ **will future** (Ideen und Gedanken über die Zukunft)

will + **infinitive** des Verbs (ohne **to**)

Das wird Ihnen sicherlich ohne große Mühe gelingen – anders als mit dem schönen Wetter. Tabelle 2.13 gibt Ihnen einen Überblick.

Will Future	Aussprache	Deutsch
I will leave	ai uwil liew	ich werde fortgehen
you will leave	juh uwil liew	du wirst fortgehen
he, she, it will leave	hie, sschie, it uwil liew	er, sie, es wird fortgehen
we will leave	uwie uwil liew	wir werden fortgehen
you will leave	juh uwil liew	ihr werdet fortgehen
they will leave	thäi uwil liew	sie werden fortgehen

Tabelle 2.13: ***Will Future Tense Forms*** *des Verbs* ***to leave***

Die **will future** wird zum Beispiel in Sätzen wie diesen verwendet:

✔ **The weather will be partly cloudy tomorrow.** (thä *uwe*-ther uwil bie *part*-lie *klaud*-ie tu-*mo*-rou; Das Wetter wird morgen teils bewölkt sein.)

- **I will call you this afternoon.** (ai uwil koohl juh thiss ähf-ter-*nuhn*; Ich werde dich heute Nachmittag anrufen.)
- **We will probably go to Hershey next year.** (uwie uwil *pro*-beb-lie gou tu *hör*-sschie neksst jier; Wir werden vielleicht nächstes Jahr nach Hershey fahren.)

Im britischen Englisch verwenden Sie neben dem Hilfsverb **will** bei **I** und **we** auch das Hilfsverb **shall** (sschäl; werden). Das sieht dann so aus:

- **I shall ring you tomorrow.** (ai sschäl ring juh tu-*mo*-rou; Ich werde dich morgen anrufen.)
- **We shall decide tonight.** (uwie sschäl di-*ssaid* tu-*nait*; Wir werden uns heute Abend entscheiden.)

In den USA ist diese Form eher ungebräuchlich.

Going-to Future: Gewisse Zukunft

Für Pläne, Vorhaben und Vorhersagen, die auf Tatsachen basieren, verwenden Sie die **going-to future** (gou-ing-*tu fjuh*-tsscher; »going to«-Zukunft). Dazu brauchen Sie eine Form von **to be** plus **going** plus den **infinitive** des Verbs (dieses Mal dürfen Sie das **to** dranlassen).

- **going-to future** (Pläne, Vorhaben, belegbare Vorhersagen)

  Form von **to be** + **going** + **infinitive** des Verbs (mit **to**)

Tabelle 2.14 zeigt Ihnen die **going-to future** – wieder anhand des Verbs **to leave**.

Going-to Future	Aussprache	Deutsch
I am going to leave	ai äm *gou*-ing tu liew	ich werde fortgehen
you are going to leave	juh ar *gou*-ing tu liew	du wirst fortgehen
he, she, it is going to leave	hie, sschie, it is *gou*-ing tu liew	er, sie, es wird fortgehen
we are going to leave	uwie ar *gou*-ing tu liew	wir werden fortgehen
you are going to leave	juh ar *gou*-ing tu liew	ihr werdet fortgehen
they are going to leave	thäi ar *gou*-ing tu liew	sie werden fortgehen

*Tabelle 2.14: **Going-to Future Tense Forms** des Verbs **to leave***

Auch für die **going-to future** gibt es Beispielsätze:

- **Sarah and Doug are going to have dinner together tomorrow.** (*ssä*-ra änd dag ar *gou*-ing tu häw *din*-er tu-*ge*-ther tu-*mo*-rou; Sarah und Doug werden morgen zusammen zu Abend essen.)
- **We are going to spend our vacation in Denmark.** (uwie ar *gou*-ing tu sspend *au*-er wäi-*käi*-sschen in *den*-mark; Wir werden unseren Urlaub in Dänemark verbringen.)

✔ **He is going to apply for the job.** (hie is *gou*-ing tu ä-*plai* for thä dschob; Er wird sich auf die Stelle bewerben.)

Positiven Formen stehen bekanntlich auch negative gegenüber. Grundsätzliches darüber erfahren Sie im Abschnitt *Sie dürfen dagegen sein: Verneinung* weiter vorn in diesem Kapitel. Wie das bei der **will future** und der **going-to future** aussieht, können Sie den folgenden Beispielen entnehmen:

✔ **Chuck will not stop eating.** (tsschak uwil not sstop *iet*-ing; Chuck wird nicht aufhören zu essen.)

✔ **Doug isn't going to see Sarah next Saturday.** (dag *is*-ent *gou*-ing tu ssie *ssä*-ra neksst *ssä*-ter-däi; Doug wird Sarah nächsten Samstag nicht treffen.)

Manchmal jedoch wird Ihnen eine merkwürdige Kurzform über den Weg laufen:

✔ **Chuck won't stop eating.** (tsschak uwount sstop *iet*-ing; Chuck wird nicht aufhören zu essen.)

Das ist ganz normal und die übliche Weise, **will** zu verneinen. Wenn Sie die **contraction won't** benutzen, klingen Sie also schon fast wie ein Muttersprachler – und liegen in Bezug auf Chucks Essgewohnheiten auch auf jeden Fall richtig. Über **contractions** informiert Sie der Abschnitt *Contractions: Zeitsparende Kurzformen*.

Advanced Tense Forms: Jetzt geht's ans Eingemachte

Wenn Sie den Abschnitt *Present Tense: Das Hier und Jetzt* weiter vorn in diesem Kapitel gelesen haben, erinnern Sie sich sicherlich daran, dass die **present tense** zwei verschiedene Formen hat: **simple** und **progressive**. Was für die **present tense** recht ist, kann für die anderen Zeitformen nur billig sein.

Past Progressive Tense: Die Verlaufsform der Vergangenheit

Sie verwenden die **past progressive tense** (pähsst pro-*gress*-iw tenss; Verlaufsform des Imperfekts), um eine Hintergrundhandlung in der Vergangenheit zu schaffen, die dann häufig von einem anderen Ereignis unterbrochen wird. Für die Unterbrechung benutzen Sie die **simple past tense**. Die **past progressive tense** wird wie folgt gebildet:

✔ **was/were + infinitive** des Verbs (ohne **to**) + **ing**

Tabelle 2.15 verdeutlicht dies anhand des Verbs **to watch**.

Past Progressive	Aussprache	Deutsch
I was watching	ai uwos *uwotssch*-ing	ich schaute gerade
you were watching	juh uwör *uwotssch*-ing	du schautest gerade
he, she, it was watching	hie, sschie, it uwos *uwotssch*-ing	er, sie, es schaute gerade
we were watching	uwie uwör *uwotssch*-ing	wir schauten gerade
you were watching	juh uwör *uwotssch*-ing	ihr schautet gerade
they were watching	thäi uwör *uwotssch*-ing	sie schauten gerade

Tabelle 2.15: ***Past Progressive Tense Forms*** *des Verbs* ***to watch***

Einen Beispielsatz, in dem die **past progressive tense** vorkommt, sehen Sie hier:

✔ **While Nigel was watching TV, the cat scratched his sofa to pieces.** (uwail *nai*-dschel uwos *uwotssch*-ing tie-*wie* thä kät sskrätsscht his *ssou*-fa tu *piess*-es; Während Nigel gerade fernsah, zerkratzte die Katze sein Sofa.)

Danach würde dann **kicked** (kikt; einen ordentlichen Tritt verpassen) kommen, aber Nigel ist ja tierlieb.

Future Progressive Tense: Die Verlaufsform der Zukunft

Die **future progressive tense** (*fjuh*-tsscher pro-*gress*-iw tenss; Verlaufsform der Zukunft) verwenden Sie hauptsächlich für Vorhersagen darüber, was zu einem bestimmten Zeitpunkt in der Zukunft passieren wird. Das funktioniert so:

✔ **will be + infinitive** des Verbs (ohne **to**) **+ ing**

In Tabelle 2.16 sehen Sie die **future progressive tense forms** des Verbs **to hike**.

Future Progressive	Aussprache	Deutsch
I will be hiking	ai uwil bie *haik*-ing	ich werde gerade wandern
you will be hiking	juh uwil bie *haik*-ing	du wirst gerade wandern
he, she, it will be hiking	hie, sschie, it uwil bie *haik*-ing	er, sie, es wird gerade wandern
we will be hiking	uwie uwil bie *haik*-ing	wir werden gerade wandern
you will be hiking	juh uwil bie *haik*-ing	ihr werdet gerade wandern
they will be hiking	thäi uwil bie *haik*-ing	sie werden gerade wandern

Tabelle 2.16: ***Future Progressive Tense Forms*** *des Verbs* ***to hike***

Ein Beispielsatz für die **future progressive tense** ist der folgende:

✔ **By this time next week, we will be hiking in the mountains.** (bai thiss taim neksst uwiek uwie uwil bie *haik*-ing in thä *maun*-tens; Nächste Woche um diese Zeit werden wir gerade in den Bergen wandern.)

Eine **tense** blieb bisher unerwähnt: die **past perfect tense** (pähsst *pör*-fekt tenss; Plusquamperfekt). Die **past perfect tense** wird dazu verwendet, um innerhalb des Vergangenen eine noch weiter zurückliegende Begebenheit zu beschreiben. Dazu verwenden Sie **had** zusammen mit dem **past participle** des Verbs:

✔ **Chuck was not hungry, because he had eaten lunch.** (tsschak uwos not *han*-grie bi-*koohs* hie häd *iet*-en lantssch; Chuck war nicht hungrig, weil er zu Mittag gegessen hatte.)

Erwünschte Helferlein: Hilfsverben

Wenn Sie die vorangegangenen Abschnitte dieses Kapitels gelesen haben, durften Sie bereits Bekanntschaft mit einigen **auxiliary verbs** (oohk-*sil*-je-rie wörbs; Hilfsverben) machen. Sie verwenden diese Helferlein unter anderem dazu, Verneinungen oder Zeitformen zu bilden. Mehr über Verneinungen erfahren Sie im Abschnitt *Sie dürfen dagegen sein: Verneinung*, mehr über Zeitformen im Abschnitt *Herr der (Ge-)Zeiten: Über Zeiten und dazu passende Zeitformen* weiter vorn in diesem Kapitel. Aus diesen beiden Abschnitten kennen Sie schon folgende **auxiliary verbs**:

✔ **to be** (tu bie; sein)

✔ **to have** (tu häw; haben)

✔ **to do** (tu duh; Fragehilfsverb)

✔ **will** (uwil; Hilfsverb für die Zukunft)

✔ **shall** (BE) (sschäl; Hilfsverb für die Zukunft)

Diese Liste kann um die so genannten **modal auxiliary verbs** (*mou*-del oohk-*sil*-je-rie wörbs; modale Hilfsverben) ergänzt werden. Zu diesen gehören:

✔ **can** (kän; können)

✔ **could** (kud; können)

✔ **may** (mäi; dürfen)

✔ **might** (mait; dürfen)

✔ **should** (sschud; sollen)

✔ **would** (uwud; würden, wollen)

Genauso wie die deutschen Hilfsverben »können«, »sollen«, »dürfen« und »wollen« verwenden Sie englische **auxiliary verbs**, um dem **verb** im **sentence** weitere Informationen hinzuzufügen.

In der Handhabung sind die **auxiliary verbs** denkbar einfach. Es gibt nur eine grammatische Form für alle grammatischen Personen. Es ist also egal, ob Sie **I**, **you**, **he** oder andere Subjekte für Ihren Satz benutzen. Das **auxiliary verb** hat Bestand und verändert sich nicht.

Schauen Sie sich die oben angeführten **modal auxiliary verbs** einmal »in freier Wildbahn« an:

- ✔ **Sarah can bake delicious muffins.** (*ssä*-ra kän bäik di-*li*-sschess *ma*-fins; Sarah kann leckere Muffins backen.)
- ✔ **Chuck said, »I could eat a whole cow.«** (tsschak ssed ai kud iet ä houl kau; Chuck sagte: »Ich könnte eine ganze Kuh essen«.)
- ✔ **You should brush your teeth three times a day.** (juh sschud brassch juhr tiethh thhrie taims ä däi; Sie sollten Ihre Zähne dreimal täglich putzen.)
- ✔ **May I offer you a cup of coffee?** (mäi ai *ooh*-fer juh ä kap ow *ko*-fie; Darf ich Ihnen eine Tasse Kaffee anbieten?)

Natürlich können Sie **auxiliary verbs** auch verneinen – mehr über **negation** erfahren Sie im Abschnitt *Sie dürfen dagegen sein: Verneinung* weiter vorn in diesem Kapitel. Genauso wie viele andere Formen werden auch diese Verneinungen manchmal gekürzt. Wie das grundsätzlich funktioniert, lesen Sie im Abschnitt *Contractions: Zeitsparende Kurzformen* ebenfalls weiter vorn in diesem Kapitel. Die Verneinungen und ihre Kurzformen zeigt Ihnen Tabelle 2.17.

Auxiliary Verb	Negation	Contraction
can (kän; können)	**cannot** (*kän*-not; nicht können)	**can't** (kähnt; nicht können)
could (kud; können)	**could not** (kud not; nicht können)	**couldn't** (*kud*-ent; nicht können)
may (mäi; dürfen)	**may not** (mäi not; nicht dürfen)	–
might (mait; dürfen)	**might not** (mait not; nicht dürfen)	**mightn't** (*mait*-ent; nicht dürfen)
should (sschud; sollen)	**should not** (sschud not; nicht sollen)	**shouldn't** (*sschud*-ent; nicht sollen)
would (uwud; würden, wollen)	**would not** (uwud not; nicht würden, nicht wollen)	**wouldn't** (*uwud*-ent; nicht würden, nicht wollen)

Tabelle 2.17: ***Auxiliary Verbs*** *und ihre* ***Negation***

Trauen Sie sich: Sätze sind einfach

Jetzt ist der Zeitpunkt gekommen: Sie dürfen Ihr geballtes Wissen, das Sie sich durch das Lesen dieses Kapitels aneignen konnten, anwenden. In diesem Abschnitt sehen Sie, wie aus den einzelnen **nouns**, **verbs**, **adjectives** und den anderen Wortarten in Verbindung mit **tense forms** grammatisch richtige **sentences** mit **subjects** (*ssab*-dschektss; Subjekte), **objects** (*ob*-dschektss; Objekte) und anderen Elementen werden. So oder so ähnlich kennen Sie es vielleicht aus Ihrer Kindheit:

✔ Meine Suppe esse ich nicht.

Im Englischen ist es jedoch anders. Nicht, dass alle englischsprachigen Kinder brav ihr Süppchen auslöffeln würden. Weit gefehlt. Vielmehr kann die Satzstruktur des Deutschen nicht direkt aufs Englische übertragen werden, denn hier gibt es strengere Satzbauregeln.

Satzbau »light«: Grundregeln

Ein einfacher englischer Satz folgt diesem Muster:

✔ **sentence = subject + verb + object**

Worum es sich dreht: Subjekt

Genauso wie im Deutschen steht das **subject** in einem gewöhnlichen **sentence** für die Person oder das Ding, das die Handlung des **verb** ausführt. Englische **subjects** stehen normalerweise am Anfang eines **sentence**. Das sieht dann so aus:

✔ **Chuck is eating.** (tsschak is *iet*-ing; Chuck isst gerade.)

Im vorangegangenen Satz ist **Chuck** das Subjekt – der Handelnde. Die Form des Verbs ist **is eating** – die Handlung. Über Chucks Essgewohnheiten können Sie sich in Kapitel 5 informieren.

Mehr oder weniger Direktes: Objekte

Ein typischer englischer **sentence** enthält zusätzlich ein oder mehrere **objects**. Genauso wie im Deutschen drücken **objects** die Empfänger der Handlung des **verb** aus. Es gibt zwei verschiedene Arten von **objects**:

✔ **direct object** (*dai*-rekt *ob*-dschekt; direktes Objekt)

✔ **indirect object** (*in*-dai-rekt *ob*-dschekt; indirektes Objekt)

Im folgenden Satz ist Doug das **subject** und Sarah das **direct object**:

✔ **Doug saw Sarah.** (dag ssooh *ssä*-ra; Doug sah Sarah.)

Dougs einziges **object** ist Sarah. Im zweiten Beispielsatz hat sich Sarah jedoch verändert – zumindest im grammatischen Sinn. Hier erhält die **box of chocolates** die Rolle des **direct object** – so sind die Männer. Sarah wird in diesem Satz zum **indirect object**:

- **Doug gave Sarah a box of chocolates.** (dag gäiw *ssä*-ra ä bokss ow *tsschok*-letss; Doug gab Sarah eine Schachtel Pralinen.)

Ein **indirect object** wird manchmal auch **personal object** (*pör*-sse-nel *ob*-dschekt; indirektes Objekt) genannt, denn es handelt sich dabei meistens um eine Person.

Im Englischen können Sie das **indirect object** auf zwei Weisen ausdrücken. Eine Möglichkeit ist, es vor das **direct object** zu stellen – wie in diesem Beispielsatz:

- **Chuck gave Nigel a map of the city.** (tsschak gäiw *nai*-dschel ä mäp ow thä *ssi*-tie; Chuck gab Nigel einen Stadtplan.)

Die andere Möglickeit ist, das **indirect object** nach dem **direct object** mit einer **preposition** – in diesem Fall **to** (tu; zu) – anzuhängen:

- **Chuck gave a map of the city to Nigel.** (tsschak gäiw ä mäp ow thä *ssi*-tie tu *nai*-dschel; Chuck gab Nigel einen Stadtplan.)

Das **indirect object** ist und bleibt in beiden Sätzen Nigel. Es ist Ihnen überlassen, welche Variante Sie bevorzugen – beide sind grammatisch korrekt.

Sie können also Ihren Satzbaukasten um die folgenden Regeln erweitern:

- **sentence = subject + verb + indirect object + direct object**
- **sentence = subject + verb + direct object + preposition + indirect object**

Satzbau für Fortgeschrittene: Adverbials

Neben **subject**, **verb** und einem oder zwei **objects** gibt es weitere Möglichkeiten, einen Satz zu schmücken. Eine davon ist ein **adverbial** (äd-*wör*-bie-el; Adverbial). Die wichtigsten **adverbials** sind:

- **adverbial of manner** (äd-*wör*-bie-el ow *mä*-ner; Adverbial der Art und Weise)
- **adverbial of place** (äd-*wör*-bie-el ow pläiss; Ortsadverbial)
- **adverbial of time** (äd-*wör*-bie-el ow taim; Zeitadverbial)

Im folgenden Satz ist ein **adverbial of manner** enthalten – nämlich **with great pleasure** (with gräit *ple*-scher; mit großem Genuss):

- **Chuck ate three cheeseburgers with great pleasure.** (tsschak äit thhrie *tsschies*-bör-gers uwith gräit *ple*-scher; Chuck aß drei Cheeseburger mit großem Genuss.)

Dieser Satz enthält ein **adverbial of place** – und zwar **in southern California** (in *ssa*-thern kä-li-*forn*-ja; in Südkalifornien):

- **It never rains in southern California.** (it *ne*-wer räins in *ssa*-thern kä-li-*forn*-ja; Es regnet nie in Südkalifornien.)

Zu guter Letzt enthält der folgende Satz ein **adverbial of time** – in diesem Fall **in April** (in *äi*-pril; im April):

✔ **Spring Break is in April.** (sspring bräik is in *äi*-pril; Die Frühlingsferien sind im April.)

Wenn Sie mehrere **adverbials** in einem Satz verwenden möchten, gibt es im Englischen – genauso wie beim Satzbau generell – eine strenge Regel für die Reihenfolge:

1. **adverbial of manner**
2. **adverbial of place**
3. **adverbial of time**

Genauso ist es auch im folgenden Satz:

✔ **He spoke eloquently in the auditorium last night.** (hie sspouk *e*-le-kuwent-lie in thie ooh-di-*to*-rie-em lähsst nait; Er sprach eloquent gestern Abend im Auditorium.)

Wenn Sie die **adverbials** in dieser Reihenfolge belassen – erst **eloquently**, dann **in the auditorium** und dann **last night** –, liegen Sie goldrichtig mit Ihrem Gespür für Grammatik.

Die Satzbauregeln aus dem Abschnitt *Satzbau »light«: Grundregeln* weiter vorn in diesem Kapitel können Sie jetzt also ergänzen. Mit **adverbials** sieht das Ganze so aus:

✔ **sentence = subject + verb + indirect object + direct object + adverbial(s) of manner, place, and time**

Satzbau für Überflieger: Complements

Kompliment. Bis hierhin haben Sie es geschafft. Aber es geht nicht darum, Komplimente zu machen, sondern jetzt ist von **complements** (*kom*-ple-mentss; Komplemente) die Rede. Was ist das? Ein **complement** komplementiert – es ergänzt also. Sie unterscheiden zwischen den folgenden **complements**:

✔ **subject complement** (*ssab*-dschekt *kom*-ple-ment; Subjektkomplement)

✔ **object complement** (*ob*-dschekt *kom*-ple-ment; Objektkomplement)

Ein **subject complement** beschreibt das **subject** eines **sentence** näher. Das könnte zum Beispiel so aussehen:

✔ **Doug is a good listener.** (dag is ä gud *liss*-en-er; Doug ist ein guter Zuhörer.)

In diesem Satz komplementiert **a good listener** das Subjekt **Doug**. **A good listener** ist also ein **subject complement**.

Ein **object complement** beschreibt das **object** eines **sentence** näher. Das könnte zum Beispiel so aussehen:

- **They elected Nigel »intern of the year.«** (thäi i-*lekt*-ed *nai*-dschel *in*-törn ow thä jier; Sie wählten Nigel zum »Praktikanten des Jahres«.)

In diesem Satz komplementiert **intern of the year** das Objekt **Nigel. Intern of the year** ist also – jetzt sind Sie sicherlich schon ganz gespannt – ein **object complement.**

Subjects und **objects** lassen sich nicht nur mit **complements** beschreiben. Eine weitere Möglichkeit – genauso wie im Deutschen – ist der **relative clause** (*re*-le-tiw kloohs; Relativsatz). Dazu brauchen Sie **relative pronouns** (*re*-le-tiw *prou*-nauns; Relativpronomen):

- **who** (huh; der, die, das – für Personen)
- **which** (uwitssch; der, die, das – für Dinge und Konzepte)

Diese **relative pronouns** finden Sie in **relative clauses** zum Beispiel in diesen Sätzen:

- **Chuck is a man who can eat big meals.** (tsschak is ä män huh kän iet big miels; Chuck ist ein Mann, der große Mahlzeiten essen kann.)
- **Dinner is the meal which Chuck enjoys most.** (*din*-er is thä miel uwitssch tsschak en-*dscheus* mousst; Das Abendessen ist die Mahlzeit, die Chuck am liebsten mag.)

Mehr zu Chuck und seinen Essgewohnheiten erfahren Sie über das gesamte Buch verteilt.

Nun haben Sie eigentlich alles, was Sie brauchen, um englische Sätze in den verschiedensten Variationen zu bilden. Aber Sie fragen sich sicherlich ... Moment, das können Sie ja noch gar nicht. Fragen. Darüber mehr im nächsten Abschnitt.

Fragen über Fragen

In diesem letzten Abschnitt vor Ihrer Reifeprüfung in der englischen Grammatik erhalten Sie einfache Antworten auf Fragen, die Sie noch gar nicht gestellt haben – das nennt man dann vorausschauendes Arbeiten. Aber im Ernst: Bei vielen Fragen steht wieder das Verb **to be** im Mittelpunkt des Interesses. Ausnahmsweise beginnen Sie allerdings mit einer **answer** (*ähn*-sser; Antwort):

- **Chuck is hungry.** (tsschak is *han*-grie; Chuck ist hungrig.)

Wollen Sie danach fragen? Dann vertauschen Sie – genauso wie im Deutschen – lediglich das **subject Chuck** und das **verb is** in der Reihenfolge. Hier ist die **question** (*kuwess*-tsschen; Frage):

- **Is Chuck hungry?** (is tsschak *han*-grie; Ist Chuck hungrig?)

Das funktioniert bei allen Fragen mit **to be**. Tabelle 2.18 verdeutlicht dies.

Frageform	Aussprache	Deutsch
Am I hungry?	äm ai *han*-grie	Bin ich hungrig?
Are you hungry?	ar juh *han*-grie	Bist du hungrig?
Is he, she, it hungry?	is hie, sschie, it *han*-grie	Ist er, sie, es hungrig?
Are we hungry?	ar uwie *han*-grie	Sind wir hungrig?
Are you hungry?	ar juh *han*-grie	Seid ihr hungrig?
Are they hungry?	ar thäi *han*-grie	Sind sie hungrig?

*Tabelle 2.18: Frageformen des Verbs **to be** in der **simple present tense***

Mit **questions**, die **auxiliary verbs** enthalten, funktioniert es ähnlich. Nehmen Sie zum Beispiel diese **answer**:

- ✔ **Yes, we can learn English.** (jess uwie kän lörn *ing*-lissch; Ja, wir können Englisch lernen.)

Für die **question** vertauschen Sie die Reihenfolge des **subject we** und des **auxiliary verb can**:

- ✔ **Can we learn English?** (kän uwie lörn *ing*-lissch; Können wir Englisch lernen?)

Ähnlich funktioniert es mit den übrigen **auxiliary verbs**:

- ✔ **Have you eaten yet, Chuck? No, I haven't.** (häw juh *iet*-en jet tsschak nou ai *häw*-ent; Hast du schon gegessen, Chuck? Nein, noch nicht.)
- ✔ **May I have a cookie? Certainly you may, my dear.** (mäi ai häw ä *ku*-kie *ssör*-ten-lie juh mäi mai dier; Darf ich einen Keks haben? Natürlich darfst du, mein Schatz.)
- ✔ **Would you like another glass of wine? Yes, I would.** (uwud juh laik än-*a*-ther glähss ow uwain jess ai uwud; Möchten Sie noch ein Glas Wein? Ja, bitte.)

Natürlich können Sie nicht nur auf diese Art und Weise **questions** stellen. Es muss auch anders gehen, denn nur **to be** und die **auxiliary verbs** können wie oben beschrieben in Fragen verwendet werden. Bei allen übrigen Verben brauchen Sie das Verb **to do**, das bereits bei der Verneinung nützlich war. Eine ähnliche Konstruktion eilt Ihnen jetzt auch zur Hilfe, denn das Stellen einer **question** funktioniert nach folgendem Prinzip:

- ✔ **do / does + subject + infinitive** (ohne **to**) **+ mögliche weitere Satzelemente**

In Fragesätzen ausgedrückt sieht das dann so aus:

- ✔ **Do you drink tea or coffee?** (duh juh drink tie or *ko*-fie; Trinken Sie Tee oder Kaffee?)
- ✔ **Does Chuck feel hungry again?** (das tsschak fiel *han*-grie ä-*gen*; Ist Chuck schon wieder hungrig?)

Die Welt der Fragen ist damit noch nicht ausgeschöpft. Wenn Sie zu denjenigen gehören, die früher regelmäßig die *Sesamstraße* geschaut haben, ist Ihnen sicherlich schon aufgefallen, dass die so genannten **wh-questions** (*dab*-el-juh äitssch *kuwess*-tsschens; Fragen nach wer, wie, was etc.) bisher nicht in Erscheinung getreten sind. Lassen Sie sich hierfür bis Kapitel 4 vertrösten – oder blättern Sie einfach jetzt dorthin.

Englischer Satzbau im Überblick

Sind Sie ein Freund von komplexen Tabellen? Dann sind die Tabellen 2.19 und 2.20 ein besonderes Bonbon, denn sie bilden die **patterns** (*pä*-terns; Muster) des englischen Satzbaus noch einmal in ihrer Gesamtheit ab. Freuen Sie sich schon? Gut – hier kommen sie:

Pattern	Subject (S)	Verb (V)	Object/s (O)	Complement (C)	Adverbial/s (A)
SV	**The dog**	**barked**			
SVO	**The cat**	**chased**	**the mouse**		
SVC	**Sarah**	**is**		**a good cook**	
SVOO	**Chuck**	**gave**	**Nigel a map**		
SVOC	**They**	**elected**	**Nigel**	**best intern**	
SVA	**The mouse**	**ran**			**quickly**
SVOA	**Doug**	**drank**	**his coffee**		**in the kitchen**

Tabelle 2.19: Möglichkeiten des englischen Satzbaus

Verb in der Frage	Beispiel
to be	**Are you hungry?**
auxiliary verb	**May I have a cookie?**
to do	**Do you drink tea or coffee?** **Does Chuck feel hungry again?**

Tabelle 2.20: Möglichkeiten der englischen Fragestellung

Gratulation, Sie haben es geschafft! Hoffentlich hat dieses Kapitel Ihren Appetit auf die englische Grammatik angeregt. Was, es kommt noch mehr, fragen Sie? Richtig! Wie bereits angekündigt, finden Sie in den nächsten Kapiteln neben der praktischen Anwendung des bereits Vorgestellten weitere spannende und appetitliche »Grammatik-Häppchen«, die Ihnen die englische Sprache und den englischsprachigen Kulturraum näher bringen. Na dann: Guten Appetit!

Spiel und Spaß

Bilden Sie **contractions** in den folgenden Sätzen:

- ✔ **He is eating right now.** (hie is *iet*-ing rait nau; Er isst gerade.)
- ✔ **Nigel does not like raw fish.** (*nai*-dschel das not laik rooh fissch; Nigel mag rohen Fisch nicht.)
- ✔ **I would not do that.** (ai uwud not duh thät; Das würde ich nicht tun.)
- ✔ **It is a lovely day today.** (it is ä *law*-lie däi tu-*däi*; Heute ist ein schöner Tag.)
- ✔ **We cannot speak Chinese.** (uwie *kän*-not sspiek tsschai-*nies*; Wir können nicht Chinesisch sprechen.)

Verneinen Sie die folgenden Aussagen:

- ✔ **Chuck is clever.** (tsschak is *kle*-wer; Chuck ist schlau.)
- ✔ **I go jogging every day.** (ai gou *dschog*-ing *ew*-rie däi; Ich gehe jeden Tag joggen.)
- ✔ **A mouse eats apple pie.** (ä mauss ietss *äp*-el pai; Eine Maus isst Apfelkuchen.)
- ✔ **Nigel is very eager to learn karate.** (*nai*-dschel is *we*-rie *ie*-ger tu lörn ka-*rah*-te; Nigel ist sehr bemüht, Karate zu lernen.)
- ✔ **They like to eat raw fish.** (thäi laik tu iet rooh fissch; Sie mögen rohen Fisch essen.)

Lösung:

Die **contractions** sind kursiv gedruckt:

- ✔ ***He's* eating right now.**
- ✔ **Nigel *doesn't* like raw fish.**
- ✔ **I *wouldn't* do that.**
- ✔ ***It's* a lovely day today.**
- ✔ **We *can't* speak Chinese.**

Verneinen Sie die folgenden Aussagen. Die Verneinungen sind kursiv gedruckt:

- ✔ **Chuck *is not* clever.**
- ✔ **I *do not go* jogging every day.**
- ✔ **A mouse *does not eat* apple pie.**
- ✔ **Nigel *is not* very eager to learn karate.**
- ✔ **They *do not like* to eat raw fish.**

Good Morning! Good Afternoon! Hello World! Grüßen und Vorstellen

3

In diesem Kapitel

- Einfach mal »Hallo!« sagen
- Menschen bei verschiedenen Anlässen ansprechen
- Die richtige Anrede finden
- Sich selbst und andere vorstellen
- Sich verabschieden

Womit fangen Sie ein Gespräch an? Richtig – mit einer Begrüßung. Jede Sprache hat ihre besonderen **ways of greeting people** (uwäis ow *griet*-ing *pie*-pel; Begrüßungsfloskeln) und so ist es auch im Englischen. Diese **ways of greeting people** beeinflussen das gesamte darauf folgende Gespräch. Daher ist es für Sie wichtig, sich mit den Gepflogenheiten der englischsprachigen Kulturräume auseinanderzusetzen. In diesem Kapitel geht es darum, wie Sie andere begrüßen, sich selbst und andere vorstellen und sich verabschieden – das alles in formlosen und förmlichen Situationen.

Der feine Unterschied zwischen alltäglichen und förmlichen Begrüßungen

Stellen Sie sich vor, Sie sind zur **Christmas party** (*kriss*-mess *par*-tie; Weihnachtsfeier) Ihrer Firma eingeladen. Sie stehen mit Ihrem Sektglas in der Hand am Stehtisch in Ihrem Weihnachtspullover mehr oder weniger stumm herum. Was sollen Sie jetzt zu den anderen Menschen am Tisch sagen? Nun, aller Anfang ist nicht schwer, wenn Sie die richtigen **ways of greeting people** kennen – und die richtigen Leute. Danach läuft es für Sie wie geschmiert.

Hello! How Do You Do? Die richtige Begrüßung finden

Je nach Gesprächspartner und Anlass der Unterhaltung gibt es verschiedene Möglichkeiten, ins Gespräch zu kommen. Formlose Begrüßungsfloskeln sind:

- ✔ **Hello!** (he-*lou*; Hallo!)
- ✔ **Hi!** (hai; Hi!)
- ✔ **How are you?** (hau ar juh; Wie geht es dir/Ihnen?)
- ✔ **How are you doing?** (hau ar juh *duh*-ing; Wie geht's denn so?)

- **Hey, what's up?** (häi uwotss ap; Hey, wie läuft's denn so?)
- **What's happening?** (uwotss *hä*-pen-ing; Was geht ab?)

Diese **informal greetings** (*in*-for-mel *griet*-ings; formlose Begrüßungsfloskeln) funktionieren mit Ihren **friends** (frends; Freunden) und vielleicht auch mit **potential dates** (po-*ten*-sschel däitss; potenziellen Verabredungen). Aber auch im angelsächsischen Sprachraum kommt es darauf an, den richtigen Ton zu treffen.

You can say you to me! (juh kän ssäi juh tu mie; Du kannst du zu mir sagen!) Zugegebenermaßen funktioniert der Gedanke hinter diesem Satz im Englischen nicht. Das liegt daran, dass es im Englischen keinen Unterschied zwischen »du« und »Sie« gibt. Sehen Sie selbst:

- **you** (juh; du)
- **you** (juh; Sie)

Sie müssen also nicht lange überlegen, ob Sie Ihr Gegenüber duzen oder siezen sollen. Gewisse Unterschiede zwischen Freunden, Bekannten und Fremden machen Sie aber trotzdem. Mehr dazu erfahren Sie weiter hinten in diesem Kapitel.

Die englische Sprache hat, genauso wie die deutsche, **formal greetings** (*for*-mel *griet*-ings; förmliche Begrüßungsfloskeln). Diese funktionieren zum Beispiel gut mit **strangers** (*sträindsch*-ers; Fremde) oder Ihrem **boss** (boss; Vorgesetzter), egal ob er **strange** (sträindsch; merkwürdig) ist oder nicht. Zu den **formal greetings** gehören:

- **How do you do?** (hau duh juh duh; Sehr erfreut!, Angenehm!)
- **Good morning!** (gud *mor*-ning; Guten Morgen!)
- **Good afternoon!** (gud ähf-ter-*nuhn*; Guten Tag!)
- **Good evening!** (gud *iew*-ning; Guten Abend!)

Verwechseln Sie nicht diese beiden Begrüßungen:

- **How are you?** ist eine Frage nach Ihrem Wohlbefinden. Na gut, eigentlich erwartet man von Ihnen folgende Antwort:
  - **I am fine.** (ai äm fain; Mir geht es gut.)

Das liegt daran, dass zum Beispiel keiner irgendetwas über Ihren gequetschten Zeh wissen will.

- **How do you do?** Diese Begrüßung ist dagegen sehr förmlich. Die einzige Antwort darauf ist:
  - **How do you do?**

Seien Sie auch nicht verwundert, wenn Ihnen Ihr Gegenüber bei einer Begrüßung nicht unbedingt die Hand reicht. Beim ersten Treffen geben Sie sich vielleicht noch die Hand. Danach ist es aber eher unwahrscheinlich. Denken Sie nur daran, wie viele Grippeinfektionen Sie im englischsprachigen Raum vermieden hätten. Großartig, oder nicht?

False Friends: »chef« und »Chef«

Wen Sie im Deutschen als »Chef« bezeichnen, der ist im Englischen Ihr **boss** (boss; Vorgesetzer). Die **chefs** (sschefss; Chefköche) gibt es im Englischen auch. Diese stehen jedoch in der Küche und sind für die Zubereitung von Mahlzeiten verantwortlich. Manchmal gesellt sich auch noch der **chief** (tsschief; Häuptling) hinzu. Diesen gibt es jedoch nicht nur bei den amerikanischen Ureinwohnern:

✔ **chief of police** (tsschief ow po-*liess*; Polizeichef)

✔ **fire chief** (*fai*-er tsschief; Brandmeister)

✔ **CEO / chief executive officer** (*ssie*-ie-ou / tsschief ik-*ssek*-je-tiw *ooh*-fiss-er; Vorstandsvorsitzender)

Track 3: Im Gespräch

Die beiden **colleagues** (*ko*-liegs; Kollegen) und **friends** Doug und Chuck treffen sich auf der Firmenweihnachtsfeier und begrüßen sich.

Doug: **Hey Chuck, how are you doing?**

häi tsschak hau ar juh *duh*-ing

Hey Chuck, wie geht's dir?

Chuck: **Not too bad. How are you, Doug?**

not tuh bäd hau ar juh dag

Ganz gut. Wie sieht's bei dir aus, Doug?

Doug: **I'm fine. Thanks.**

aim fain thhänkss

Mir geht's gut. Danke.

Ein bisschen später ist Chuck weitergewandert. Jetzt bahnt sich am Stehtisch ein neues Gespräch an:

Doug: **Hi, my name is Doug. Are you new here?**

hai mai näim is dag ar juh nuh hier

Hallo, mein Name ist Doug. Sind Sie neu hier?

Sarah: **Yes, I'm Sarah. How are you, Doug?**

jess aim *ssä*-ra hau ar juh dag

Ja, ich bin Sarah. Wie geht es Ihnen, Doug?

Doug: **I'm fine, thanks. How are you, Sarah?**

aim fain thhänkss hau ar juh *ssä*-ra

Es geht mir gut, danke. Wie geht es Ihnen, Sarah?

Sarah: **Great. I'm enjoying the party.**

gräit aim en-*dscheu*-ing thä *par*-tie

Großartig. Ich amüsiere mich auf dieser Feier.

Kleiner Wortschatz

Englisch	Aussprache	Deutsch
boss	boss	Vorgesetzter
chef	sschef	Chefkoch
chief	tsschief	Häuptling
colleague	*ko*-lieg	Kollege
bad	bäd	schlecht
to enjoy	tu en-*dscheu*	genießen, sich amüsieren

Mr. & Mrs. Smith: Die richtige Anrede finden

Wie Sie es im Deutschen richtig machen, wissen Sie: Sie reden männliche Zeitgenossen mit »Herr« an und die weiblichen Pendants werden mit »Frau« angesprochen. Das deutsche Fräulein(wunder) wird inzwischen kaum noch benutzt. Eigentlich haben Sie also im Deutschen nur zwei Möglichkeiten der Anrede. Im Englischen dagegen ist es etwas komplizierter. Nicht bei den Herren, denn da ist es wie mit dem spärlich gefüllten Kleiderschrank. Es hängt nur eine **term of address** (törm ow ä-*dress*; Anrede) drin:

- **Mr.** (*miss*-ter; Herr)

In Zusammenhang mit einem Namen sieht das dann so aus:

- ✔ **Mr. Corkcastle** (*miss*-ter *kork*-kähss-el; Herr Corkcastle)

Der zweite Kleiderschrank dagegen – der der Frau – bietet deutlich mehr Auswahl:

- ✔ **Miss** (miss; Fräulein)
- ✔ **Mrs.** (*miss*-is; Frau)
- ✔ **Ms.** (mis; Frau)

Worin liegt der Unterschied? Nun denn: **Miss** – erinnern Sie sich an die Schlange aus Kapitel 1? *ss* – wird für unverheiratete Frauen verwendet. Zugegebenermaßen ist dies ein etwas altmodisches Kleiderstück, aber es wird dennoch gelegentlich getragen. Die Form **Mrs.** ist für verheiratete Frauen. Jedoch hat sich in letzter Zeit die Anrede **Ms.** – denken Sie an die Biene aus Kapitel 1 zurück, *s* – durchgesetzt. Diese Anrede ist im wahrsten Sinne des Wortes eine Uniform, denn sie wird sowohl von unverheirateten als auch von verheirateten Frauen getragen. Es spielt also keine Rolle, ob Sie den Ehestand Ihrer Gesprächspartnerin nicht wissen oder ob er Ihnen egal ist – **Ms.** trägt sich immer gut. In Zusammenhang mit Namen sieht das dann so aus:

- ✔ **Miss Sockhole** (miss *ssok*-houl; Fräulein Sockhole)
- ✔ **Mrs. Casebeer** (*miss*-is *käiss*-bier; Frau Casebeer)
- ✔ **Ms. Sockhole, Ms. Casebeer** (mis *ssok*-houl, mis *käiss*-bier; Frau Sockhole, Frau Casebeer)

Diese Formen finden Sie in den folgenden Beispielsätzen wieder:

- ✔ **Miss Sockhole is new in the company.** (miss *ssok*-houl is nuh in thä *kam*-pe-nie; Fräulein Sockhole ist neu in der Firma.)
- ✔ **She is the daughter of Mr. and Mrs. Sockhole.** (sschie is thä *dooh*-ter ow *miss*-ter änd *miss*-is *ssok*-houl; Sie ist die Tochter von Herrn und Frau Sockhole.)
- ✔ **She prefers to be called Ms. Sockhole.** (sschie pri-*förs* tu bie koohld mis *ssok*-houl; Sie möchte lieber Frau Sockhole genannt werden.)

Neben den bereits erwähnten **terms of address** gibt es aber – wie im Deutschen – noch einige andere:

- ✔ **Dr.** für **Doctor** (*dok*-ter; Doktor)
- ✔ **Prof.** für **Professor** (pro-*fess*-er; Professor)
- ✔ **Rev.** für **Reverend** (*re*-we-rend; Pastor)

Im Gespräch

Chuck lernt auf der **Christmas party** einen neuen Kollegen kennen, den er morgens schon auf dem Flur gesehen hat.

Chuck: **Hello. My name is Charles Brown. I'm in the Public Relations department.**

he-*lou* mai näim is tsschahrls braun aim in thä *pab*-lik ri-*läi*-sschens di-*part*-ment

Hallo. Mein Name ist Charles Brown. Ich arbeite in der Abteilung Öffentlichkeitsarbeit.

Nigel: **Good evening. I'm Nigel Corkcastle, the new intern from the London office.**

gud *iew*-ning aim *nai*-dschel *kork*-kähss-el thä nuh *in*-törn from thä *lan*-den *ooh*-fiss

Guten Abend. Ich bin Nigel Corkcastle, der neue Praktikant aus dem Londoner Büro.

Chuck: **Hello, Mr. Corkcastle. How do you do?**

he-*lou* *miss*-ter *kork*-kähss-el hau duh juh duh

Hallo Herr Corkcastle. Sehr erfreut!

Nigel: **Hello, Mr. Brown. How do you do?**

he-*lou* *miss*-ter braun hau duh juh duh

Hallo Herr Brown. Angenehm!

You Can Call Me Chuck: Sich selbst und andere vorstellen

Was brauchen Sie, um sich vorzustellen? Richtig, **ways of greeting people**, Ihren **name** (näim; Name) und einige **sentences**, die Sie verwenden können, um das Eis zu brechen. Die **ways of greeting people** konnten Sie im vorangegangenen Abschnitt bereits kennen lernen. In diesem Abschnitt erfahren Sie mehr zu **names** und erhalten einige nützliche Ratschläge, um sich selbst vorzustellen.

What's in a Name? Namen und ihre Verwendung

Names sind Schall und Rauch. Das mag zwar sprichwörtlich für viele Situationen gelten. Allerdings sollten Sie in der Lage sein, zwischen verschiedenen **types of names** (taipss ow näims; Namensarten) zu unterscheiden:

- ✔ **first name** (försst näim; Vorname)
- ✔ **middle name** (*mi*-del näim; zweiter Vorname)

- ✔ **last name** (AE) (lähsst näim; Nachname)
- ✔ **surname** (BE) (*ssö*-näim; Nachname)
- ✔ **maiden name** (*mäid*-en näim; Mädchenname)

Im Gegensatz zum Deutschen können Sie im Englischen Ihren **first name** nicht lange verheimlichen. Machen Sie sich daher darauf gefasst, dass Ihr **last name** oder **surname** außer in sehr förmlichen Situationen – zum Beispiel einem Teebesuch bei der Queen – eher eine untergeordnete Rolle spielt.

Überall in Amerika tragen die Mitarbeiter im Supermarkt, im Imbisslokal oder in der Autowerkstatt **name tags** (näim tähgs; Namensschilder). Auf diesen **name tags** sehen Sie in der Regel nur einen **first name**. Der **first name** spielt nämlich eine große Rolle, auch wenn Sie einen Menschen nicht persönlich kennen.

Wenn Sie über **names** sprechen wollen, helfen Ihnen vielleicht die folgenden Beispielsätze:

- ✔ **Nigel's middle name is Brandon.** (*nai*-dschels *mi*-del näim is *brän*-den; Nigels zweiter Vorname ist Brandon.)
- ✔ **Isn't Sockhole an interesting last name?** (*is*-ent *ssok*-houl än *in*-tresst-ing lähsst näim; Ist Sockhole nicht ein interessanter Nachname?)
- ✔ **We chose our baby's first name in honor of her grandmother.** (uwie tsschous *au*-er *bäi*-bies försst näim in *o*-ner ow hör *gränd*-ma-ther; Wir haben den Vornamen unseres Babys zu Ehren ihrer Großmutter ausgesucht.)
- ✔ **Bill Clinton's first name is William.** (bil *klin*-tens försst näim is *uwil*-jem; Bill Clintons Vorname ist William.)

Ganz Amerika kennt nur Bill Clinton – und das will er auch so. Allerdings ist sein voller **name** William Jefferson Clinton. Was dem **ex-president** (*ekss*-pre-si-dent; Altpräsident) recht ist, kann den anderen nur billig sein. So gibt es für viele englische Vornamen gängige Kurzformen, auch **nicknames** (*nik*-näims; Spitznamen, Kurznamen) genannt:

- ✔ **Charles** wird zu **Charlie** oder **Chuck**
- ✔ **James** wird zu **Jim**, **Jimmy**, **Jemmie** oder **Jamie**
- ✔ **John** wird zu **Jack**
- ✔ **Richard** wird zu **Dick**, **Rick** oder **Rich**
- ✔ **Robert** wird zu **Bob**, **Bobby**, **Rob** oder **Robbie**
- ✔ **Theodore** wird zu **Ted** oder **Teddy**
- ✔ **Cynthia** wird zu **Cindy**
- ✔ **Elizabeth** wird zu **Liz**, **Liza**, **Beth** oder **Betty**

- **Katherine** wird zu **Kathy**, **Katie**, **Kate** oder **Kit**
- **Margaret** wird zu **Meg**, **Maggie**, **Peg** oder **Peggy**
- **Rebecca** wird zu **Becky**
- **Susan** wird zu **Sue** oder **Susie**

Sie sehen also, dass in Gesprächen der **first name** eine größere Rolle als im Deutschen spielt. Wenn Sie Ihren Gesprächspartnern anbieten wollen, Sie beim **first name** zu nennen, können Sie das so tun:

- **You can call me Chuck!** (juh kän koohl mie tsschak; Sie können mich Chuck nennen.)

Wenn Sie ein Angebot erwidern wollen, sagen Sie doch einfach:

- **Please call me Nigel.** (plies koohl mie *nai*-dschel; Bitte nennen Sie mich Nigel.)

Sie sollten dabei natürlich nicht vergessen, Ihren eigenen **name** einzusetzen. Wenn Sie sich allerdings dem Präsidenten der Vereinigten Staaten vorstellen sollten – Sie waren ja auch schon im Buckingham-Palast zum Tee, wieso also nicht auf einen Kaffee ins Weiße Haus –, dann besinnen Sie sich besser Ihres **last name**:

- **Good afternoon, Mister President. My name is Otto Horsthuber.** (gud ähf-ter-*nuhn miss*-ter *pre*-si-dent mai näim is *o*-tou *horsst*-huh-ber; Guten Tag, Herr Präsident. Ich heiße Otto Horsthuber.)

Während aus **Charles** in formlosen Umgebungen schnell **Chuck** werden kann, bleibt Präsident Obama so, wie er ist, und wird nicht zu Barry. Und auch Herr Horsthuber muss Herr Horsthuber bleiben, ob er nun will oder nicht. Das heißt natürlich nicht, dass er in den falschen Kreisen verkehrt. Es liegt einfach daran, dass es in der scheinbar formlosen englischsprachigen Welt doch noch gewisse Abgrenzungen gibt.

So oder so ähnlich haben Sie es bestimmt schon einmal in einem amerikanischen Fernsehfilm gehört:

- **Yes, sir.** (jess ssör; Jawohl, mein Herr.)

Die Höflichkeitsform **sir** (ssör; mein Herr) ist in vielen Situationen auch heute immer noch angebracht – so auch, wenn Sie den Präsidenten ansprechen. Wenn es sich um eine Präsidentin handelt, sagen Sie:

- **ma'am** (mäm; gnädige Frau)

In vielen Geschäften werden Sie ebenfalls so angesprochen – auch wenn Sie das nicht gleich zur Präsidentin oder zum Präsidenten macht.

Fun Facts: »pet name«

Nein, es geht bei **pet names** (pet näims; Kosenamen) nicht um Ihr **pet** (pet; Haustier), sondern um geliebte Zweibeiner. Hier einige Möglichkeiten im Englischen:

- ✔ **honey** (*ha*-nie; Schatz, *wörtlich:* Honig)
- ✔ **darling** (*dar*-ling; Liebling)
- ✔ **pumpkin** (*pam*-kin; Schatz, *wörtlich:* Kürbis)
- ✔ **sweetheart** (*ssuwiet*-hart; Herzliebchen)
- ✔ **sweetie pie** (*ssuwiet*-ie pai; Schnucki, *wörtlich:* süßer Kuchen)
- ✔ **handsome** (*händ*-ssam; Schöner)

Fun Facts: »Otto Normalverbraucher«

Jeder kennt »Otto Normalverbraucher« und »Erika Mustermann«. Auch im Englischen gibt es solche Namen, die für die Allgemeinheit stehen:

- ✔ **John Doe** (dschon dou)
- ✔ **Jane Doe** (dschäin dou)
- ✔ **Joe Sixpack** (dschou *ssikss*-päk)
- ✔ **John Q. Public** (dschon kjuh *pab*-lik)

Sich selbst vorstellen

Wenn Sie den letzten Abschnitt gelesen haben, kommen Sie mit Ihrem eigenen **name** sicherlich ganz gut klar. Was Sie jetzt noch brauchen, sind einige Floskeln, um sich Ihrem unbekannten Gegenüber vorzustellen. Eine förmliche **introduction** (in-tro-*dak*-sschen; Vorstellung) könnte so aussehen:

- ✔ **I don't believe we've met. My name is ...** (ai dount bi-*liew* uwiew met mai näim is; Ich glaube, wir haben uns noch nicht kennen gelernt. Mein Name ist ...)
- ✔ **Allow me to introduce myself. My name is ...** (ä-*lau* mie tu in-tro-*duhss* mai-*sself* mai näim is; Erlauben Sie, dass ich mich vorstelle. Mein Name ist ...)

Manchmal darf es aber auch formlos sein. Hier einige Beispiele:

- ✔ **Let me introduce myself. I'm ...** (let mie in-tro-*duhss* mai-*sself* aim; Darf ich mich vorstellen? Ich bin ...)

- **Have we met? I'm ...** (häw uwie met aim; Haben wir uns schon kennen gelernt? Ich bin ...)
- **Hi! My name is ...** (hai mai näim is; Hallo! Mein Name ist ...)
- **I've seen you around, haven't I?** (aiw ssien juh *ä*-raund *häw*-ent ai; Ich habe dich hier schon gesehen, oder?)

Wenn Sie auf eine solche **introduction** antworten möchten, können Sie das **formally** so tun:

- **It's a pleasure to meet you. My name is ...** (itss ä *ple*-scher tu miet juh mai näim is; Es ist eine Freude, Sie kennen zu lernen. Mein Name ist ...)
- **Pleased to meet you. My name is ...** (pliesd tu miet juh mai näim is; Angenehm, Sie kennen zu lernen. Mein Name ist ...)

Beispiele für Erwiderungen, die **informal** sind, sehen Sie jetzt:

- **Nice to meet you. I'm ...** (naiss tu miet juh aim; Nett, Sie kennen zu lernen. Ich bin ...)
- **Nice meeting you. I'm...** (naiss *miet*-ing juh aim; Nett, Sie kennen zu lernen. Ich bin ...)

Seien Sie aber nicht immer so **egocentric** (ie-gou-*ssen*-trik; ich-bezogen) – das fällt manchmal schwer, tut einem Gespräch jedoch nicht unbedingt gut ... Sie können nach Ihrer Vorstellung folgende Wendungen anschließen, um das Gespräch fortzuführen:

- **What's your name?** (uwotss juhr näim; Wie heißen Sie?)
- **Are you new here?** (ar juh nuh hier; Sind Sie neu hier?)

Andere vorstellen

Bekommen Sie von Ihrem **boss** auch immer die Aufgabe, andere miteinander bekannt zu machen? Für diesen Fall helfen Ihnen diese **formal sentences** sicherlich weiter:

- **I don't believe the two of you have met. Professor Underhill, this is Mr. Casebeer. Mr. Casebeer, this is Professor Underhill.** (ai dount bi-*liew* thä tuh ow juh häw met pro-*fess*-er *an*-der-hil thiss is *miss*-ter *käiss*-bier *miss*-ter *käiss*-bier thiss is pro-*fess*-er *an*-der-hil; Ich glaube nicht, dass Sie sich schon kennen gelernt haben. Professor Underhill, dies ist Herr Casebeer. Herr Casebeer, dies ist Professor Underhill.)
- **Have you two met? Mr. Corkcastle, this is my friend and colleague Douglas Casebeer. Doug, this is Nigel Corkcastle.** (häw juh tuh met *miss*-ter *kork*-kähss-el thiss is mai frend änd *ko*-lieg *dag*-less *käiss*-bier dag thiss is *nai*-dschel *kork*-kähss-el; Haben Sie sich schon kennen gelernt? Herr Corkcastle, dies ist mein Bekannter und Kollege Douglas Casebeer. Doug, dies ist Nigel Corkcastle.)

Sie haben sicherlich gemerkt, dass **friend** (frend; Freund) im letzten Beispielsatz nicht als »Freund«, sondern als »Bekannter« übersetzt wurde. Nein, der Fehlerteufel hat sich nicht eingeschlichen. Das liegt daran, dass das Wort **friend** in der englischen Sprache und Kultur häufig für einen sehr weiten Kreis von Menschen verwendet wird. Sie sind es vielleicht eher gewohnt, Menschen in zwei Schubladen einzuordnen – »Freunde« und »Bekannte«. Im Englischen brauchen Sie einen Wandschrank, denn wörtlich gesehen ist jeder Ihr **friend**.

Aber es geht auch mit weniger Worten. Bei einer **informal introduction** könnte es sich so anhören:

- ✔ **This is my colleague Charles Brown.** (thiss is mai *ko*-lieg tsschahrls braun; Dies ist mein Kollege Charles Brown.)
- ✔ **Meet my friend Sarah.** (miet mai frend *ssä*-ra; Dies ist meine Bekannte Sarah.)

Im Gespräch

Chuck und Nigel wollen sich auf der **Christmas party** Dougs neuer Bekannten vorstellen.

Chuck: **Doug, have you met Nigel Corkcastle, our new colleague from the London office?**

dag häw juh met *nai*-dschel *kork*-kähss-el aur nuh *ko*-lieg from thä *lan*-den *ooh*-fiss

Doug, hast du Nigel Corkcastle, unseren neuen Kollegen aus dem Londoner Büro, schon kennen gelernt?

Doug: **No, I haven't. Nigel, nice to meet you. I'm Douglas Casebeer. You can call me Doug.**

nou ai *häw*-ent *nai*-dschel naiss tu miet juh aim *dag*-less *käiss*-bier juh kän koohl mie dag

Nein, habe ich noch nicht. Nigel, schön Sie kennen zu lernen. Ich bin Douglas Casebeer. Sagen Sie Doug zu mir.

Nigel: **Pleased to meet you, Doug. I'm looking forward to working with you.**

pliesd tu miet juh dag aim *luk*-ing *for*-uwörd tu *uwörk*-ing uwith juh

Es freut mich, Sie kennen zu lernen, Doug. Ich freue mich darauf, mit Ihnen zu arbeiten.

Das kann es aber noch nicht gewesen sein, denn da steht noch jemand. Ein Gentleman würde doch niemals die Dame übersehen, oder? Also:

Chuck: **Doug, aren't you going to introduce your friend?**

dag *ar*-ent juh *gou*-ing tu in-tro-*duhss* juhr frend

Doug, willst du deine Bekannte nicht vorstellen?

Doug: **Oh, of course. Chuck and Nigel, this is my friend Sarah. Sarah, meet Chuck and Nigel.**

ou ow korss tsschak änd *nai*-dschel thiss is mai frend *ssä*-ra *ssä*-ra miet tsschak änd *nai*-dschel

Oh, natürlich. Chuck und Nigel, das ist meine Bekannte Sarah. Sarah, hier sind Chuck und Nigel.

Sarah: **Nice to meet you.**

naiss tu miet juh

Es freut mich, Sie kennen zu lernen.

Tschüss, Servus und Ade: Verabschieden Sie sich

Sie sollen ja bekanntlich immer aufhören, wenn es am schönsten ist. Das können Sie mit folgenden förmlichen **ways of saying good-bye** (uwäis ow *ssäi*-ing gud-*bai*; Verabschiedungsfloskeln) tun:

- ✔ **Good-bye!** (gud-*bai*; Auf Wiedersehen!)
- ✔ **Good night!** (gud nait; Gute Nacht!)
- ✔ **Farewell!** (fäir-*uwel*; Leben Sie wohl!)

Aber es geht auch weniger **formal**. Schauen Sie sich einmal diese **informal ways of saying good-bye** an:

- ✔ **Bye!** (bai; Tschüß!)
- ✔ **Bye-bye!** (bai bai; Tschüß!)
- ✔ **So long!** (ssou long; Bis bald!)
- ✔ **See you!** (ssie juh; Wir sehen uns!)

Um die Verabschiedung Ihrer Freunde netter zu gestalten, fügen Sie einen weiteren Satz hinzu. Hier bieten sich die folgenden Redewendungen an:

- ✔ **Take it easy!** (täik it *ie*-sie; Mach's gut!)
- ✔ **Take care!** (täik käir; Pass auf dich auf!)
- ✔ **Be safe!** (bie ssäif; Pass auf dich auf!)
- ✔ **Get home safely!** (get houm *ssäif*-lie; Komm gut nach Hause!)

In Sätzen ausgedrückt könnte das so aussehen:

- ✔ **Good night, Nigel. It was nice talking to you.** (gud nait *nai*-dschel it uwos naiss *toohk*-ing tu juh; Gute Nacht, Nigel. Es hat mich gefreut, mit Ihnen zu sprechen.
- ✔ **Good night, Chuck. Get home safely!** (gud nait tsschak get houm *ssäif*-lie; Gute Nacht, Chuck. Kommen Sie gut nach Hause.)
- ✔ **See you tomorrow, Doug!** (ssie juh tu-*mo*-rou dag; Wir sehen uns morgen, Doug!)
- ✔ **Take it easy, Chuck!** (täik it *ie*-sie tsschak; Mach's gut, Chuck!)

Track 4: Im Gespräch

Auf der Weihnachtsfeier verabschieden sich die neuen Bekannten Doug und Sarah voneinander.

Doug: **It was nice to meet you, Sarah.**

it uwos naiss tu miet juh *ssä*-ra

Es war schön, dich kennen zu lernen, Sarah.

Sarah: **Yes, Doug. I had a wonderful evening.**

jess dag ai häd ä *uwan*-der-ful *iew*-ning

Ja, Doug. Ich hatte einen sehr schönen Abend.

Doug: **I'm looking forward to seeing you at work.**

aim *luk*-ing *for*-uwörd tu *ssie*-ing juh ät uwörk

Ich freue mich darauf, dich bei der Arbeit zu sehen.

Sarah: **Me, too.**

mie tuh

Ich mich auch.

Doug: **It's dark outside. Let me take you to your car.**

itss dark aut-*ssaid* let mie täik juh tu juhr kahr

Es ist dunkel draußen. Ich bringe dich zu deinem Auto.

Sarah: **Thank you, Doug. That is so nice of you.**

thhänk juh dag thät is ssou naiss ow juh

Danke, Doug. Das ist sehr nett von dir.

Kleiner Wortschatz

Englisch	Aussprache	Deutsch
wonderful	*uwan*-der-ful	sehr schön, wundervoll
dark	dark	dunkel
outside	aut-*ssaid*	draußen
again	ä-*gen*	wieder, noch einmal
home	houm	Zuhause, zu Hause, nach Hause
safe	ssäif	sicher

Spiel und Spaß

Sind die folgenden Begrüßungs- und Verabschiedungsfloskeln **formal** oder **eher formlos**? Entscheiden Sie:

- ✔ **Hi!**
- ✔ **Good-bye!**
- ✔ **How do you do?**
- ✔ **Farewell!**
- ✔ **What's happening?**
- ✔ **Bye-bye!**

Bringen Sie den folgenden Dialog in die richtige Reihenfolge:

- ✔ **Yes, I am.**
- ✔ **Hello, Chuck. Do you work here?**
- ✔ **I don't think we've met. My name is Nigel.**
- ✔ **Yes, I do. Are you new here?**
- ✔ **Hi, Nigel. It's nice to meet you. I'm Chuck.**

Lösung:

Formale Begrüßungs- und Verabschiedungsformeln:

- ✔ **Good-bye!**
- ✔ **How do you do?**
- ✔ **Farewell!**

Formlose Begrüßungs- und Verabschiedungsformeln:

- ✔ **Hi!**
- ✔ **What's happening?**
- ✔ **Bye-bye!**

Bringen Sie den folgenden Dialog in die richtige Reihenfolge:

- ✔ **I don't think we've met. My name is Nigel.**
- ✔ **Hi, Nigel. It's nice to meet you. I'm Chuck.**
- ✔ **Hello, Chuck. Do you work here?**
- ✔ **Yes, I do. Are you new here?**
- ✔ **Yes, I am.**

Teil II:

Und Action – Jetzt geht's richtig los mit Ihrem Englisch

The 5th Wave   By Rich Tennant

*"That's 3 'Genius Level Puzzle Books' at $8.95 each. Okay, I'll give you a $20, two $5's and 19¢. No wait, I'll give you two $20's and a dime and you give me a nickel back... no I'll keep the nickel and give you 11¢ plus the two $10's and a $20... no, wait..." **

In diesem Teil ...

Wenn der Dschungel des Alltags in einem englischsprachigen Land für Sie bisher eine beängstigende Vorstellung war, versucht Teil II, Ihnen diese Angst zu nehmen. Aber auch die Furchtlosen unter Ihnen können in diesem Teil viele nützliche Redewendungen kennen lernen, grammatische Tipps bekommen und Einsichten in die Kultur der englischsprachigen Länder erhalten. Nach dem Lesen der Kapitel in diesem Teil werden Sie Meister des Small Talks sein. Zudem können Sie über Ihre Essgewohnheiten sprechen, in einem Supermarkt einkaufen oder in Restaurants essen gehen. Langen Einkaufsbummeln oder dem Ausgehen mit Freunden wird nichts mehr im Weg stehen. Sie erhalten Einblicke in die Kommunikation im Alltag und in das Mieten von und Leben in verschiedenen Wohngelegenheiten. Wenn Sie dann nach einem langen Arbeitstag im Büro entspannen möchten, versorgt Sie dieser Teil darüber hinaus noch mit Anregungen für Ihre Freizeitgestaltung. Also: **Relax!** (ri-*läkss*; Entspannen Sie sich!)

* »Das sind 3 Puzzlebücher Stufe ›Genie‹ für 8,95 Dollar das Stück.
Okay, ich gebe Ihnen einen Zwanziger, zwei Fünfer und 19 Cent.
Nein, warten Sie, ich gebe Ihnen zwei Zwanziger und ein Zehn-Cent-Stück
und Sie geben mir ein Fünf-Cent-Stück zurück ... Nein, ich behalte das
Fünf-Cent-Stück und gebe Ihnen 11 Cent plus die zwei Zehner
und einen Zwanziger ... Nein, warten Sie ...«

Knowing Me, Knowing You: Small Talk

4

In diesem Kapitel

- Mehr über andere erfahren
- Sich selbst in Szene setzen
- Über die Familie sprechen
- Sich mit der Welt, ihren Ländern und Menschen auseinandersetzen
- Über das Wetter und andere Nebensächlichkeiten reden

Sie kennen sicherlich das alte *Beatles*-Lied:

- ✔ **You say good-bye and I say hello!** (juh ssäi gud-*bai* änd ai ssäi he-*lou*; Du sagst »Auf Wiedersehen!« und ich sage »Hallo!«)

Zwischen **hello** (he-*lou*; hallo) und **good-bye** (gud-*bai*; Auf Wiedersehen) gibt es jedoch meistens noch mehr zu sagen, denn sonst wäre jede Unterhaltung **boring** (*bohr*-ing; langweilig). Um solche **boredom** (*bohr*-dem; Langeweile) zu vermeiden, lernen Sie in diesem Kapitel Begriffe und Redewendungen kennen, die für Sie beim **small talk** (ssmoohl toohk; Plauderei, leichte Unterhaltung) nützlich sein können. Hier lesen Sie, wie Sie mehr über **others** (*a*-thers; andere Leute) erfahren können. Darüber hinaus haben Sie die Gelegenheit, sich selbst und Ihr **life** (laif; Leben) und Ihre **family** (*fä*-mi-lie; Familie) in Szene zu setzen. Ganz nebenbei lernen Sie, über die **world** (uwörld; Welt) und ihre **countries** (*kan*-tries; Länder) zu reden. Wenn Sie dann noch nicht aus der Puste sind, plaudern Sie doch einfach über das **weather** (*uwe*-ther; Wetter). Damit werden Sie zum **master of small talk** (*mähss*-ter ow ssmoohl toohk; Meister der leichten Unterhaltung) und können sich zwanglos in englischsprachigen Kreisen bewegen.

Mehr über andere erfahren und über sich selbst sprechen

Fragen über Fragen. Fühlen Sie sich dadurch an Kapitel 2 erinnert? Gut so. Denn wie Sie eine **question** (*kuwess*-tsschen; Frage) stellen, können Sie dort erfahren. Jetzt ist es an der Zeit, noch ein paar zusätzliche **question words** (*kuwess*-tsschen uwörds; Fragewörter) kennen zu lernen.

Where? Die Frage nach dem »wo«

Um nachzufragen, wo Ihr Gesprächspartner herkommt, brauchen Sie folgendes **wh-question word** (*da*-bel juh äitssch *kuwess*-tsschen uwörd; wh-Fragewort):

- **where** (uwäir; wo)

Mögliche Fragesätze, in denen Sie dieses Fragewort verwenden können, sind diese:

- **Where do you come from?** (uwäir duh juh kam from; Wo kommen Sie her?)
- **Where is your home country?** (uwäir is juhr houm *kan*-trie; Wo ist Ihr Heimatland?)
- **Where do you live?** (uwäir duh juh liw; Wo wohnen Sie?)
- **Where are you staying?** (uwäir ar juh *sstäi*-ing; Wo übernachten Sie?)

Sie können mit Sätzen wie diesen auf diese Fragen antworten:

- **I come from Kiel. That's in Germany.** (ai kam from kiel thätss in *dschör*-men-ie; Ich komme aus Kiel. Das ist in Deutschland.)
- **I live in Hershey, Pennsylvania. That's where they make the famous chocolate.** (ai liw in *hör*-sschie pen-ssil-*wäin*-ja thätss uwäir thäi mäik thä *fäim*-ess *tsschok*-let; Ich wohne in Hershey, Pennsylvania. Dort wird die berühmte Schokolade hergestellt.)
- **I'm staying at the Holderness Inn.** (aim *sstäi*-ing ät thä *houl*-der-ness in; Ich übernachte im Holderness Inn.)
- **I'm staying with the Curry family.** (aim *sstäi*-ing uwith thä *kö*-rie *fä*-mi-lie; Ich wohne bei der Familie Curry.)

Die Frage nach dem Heimatort ist eigentlich immer ein interessanter Aufhänger. Okay, nicht jeder kommt aus der Schokoladenhauptstadt der Welt. Aber jeder Ort hat seine Schokoladenseiten und bietet somit auch genügend Gesprächsstoff. Mehr über Länder und Nationalitäten erfahren Sie weiter hinten in diesem Kapitel im Abschnitt *Stadt, Land, Fluss: Wie Sie über die Welt reden*.

Live and let live (liw änd let liw; Leben und leben lassen). So besagt es ein altes Sprichwort. Das Verb **to live** hat nahe Verwandte, die sich sehr ähneln, aber doch verschieden sind:

- **to live** (tu liw; leben)
- **life** (laif; Leben)
- **live** (laiw; lebendig, direkt übertragen)

Spätestens jetzt verstehen Sie auch den Satz:

- Diese Sendung ist live.

False Friends: »where« und »wer«

Auch wenn es verlockend ist: Verwechseln Sie das englische Fragewort **where** (uwäir; wo) nicht mit dem deutschen »wer«. Das könnte belustigende Konsequenzen haben:

- ✔ **Where is my husband?** (uwäir is mai *has*-bend; Wo ist mein Ehemann?)

Sehen Sie? Wenn Sie unsicher sind – bezüglich der Aussprache natürlich –, schlagen Sie noch einmal in Kapitel 1 nach.

Wer nicht fragt, bleibt dumm: Mehr Fragewörter

Bestimmt könnten Sie mit dem **question word** aus dem vorangegangenen Abschnitt bereits einen ganzen Abend füllen. Aber das ist sicherlich längst noch nicht genug, um Ihre Neugier zu befriedigen – und die spielt beim **small talk** bekanntlich eine entscheidende Rolle. Deswegen brauchen Sie weitere **question words**, um Ihren Wissensdurst zu stillen:

- ✔ **what** (uwot; was)
- ✔ **why** (uwai; warum)
- ✔ **who** (huh; wer)
- ✔ **when** (uwen; wann)

Ausgestattet mit diesen **question words** können Sie Ihren Gesprächspartnern nun folgende Fragen stellen:

- ✔ **What do you do?** (uwot duh juh duh; Was machen Sie beruflich?)
- ✔ **Why did you move here?** (uwai did juh muhw hier; Warum sind Sie hierher gezogen?)
- ✔ **Who are you working with?** (huh ar juh *uwörk*-ing uwith; Mit wem arbeiten Sie zusammen?)
- ✔ **Who is the person over there?** (huh is thä *pör*-ssen *ou*-wer thäir; Wer ist die Person dort drüben?)
- ✔ **When did you get here?** (uwen did juh get hier; Wann sind Sie angekommen?)

Um eine **conversation** (kon-wör-*ssäi*-sschen; Unterhaltung) voranzutreiben, fehlt jetzt eigentlich nur noch eins: **answers** (*ähn*-ssers; Antworten) sind gefragt. Wenn Ihr Gesprächspartner Sie nach Ihrer **occupation** (o-kju-*päi*-sschen; Tätigkeit, Beruf) fragt, antworten Sie vielleicht so:

- ✔ **I'm an English teacher.** (aim än *ing*-lissch *tietssch*-er; Ich bin Englischlehrer/in.)
- ✔ **I'm a police officer.** (aim ä po-*liess ooh*-fiss-er; Ich bin Polizist/in.)
- ✔ **I'm a brain surgeon at the local hospital.** (aim ä bräin *ssör*-dschen ät thä *lou*-kel *hoss*-pitel; Ich bin Gehirnchirurg/in am örtlichen Krankenhaus.)

Sicherlich ist Ihnen bei den Berufsbezeichnungen aufgefallen, dass diese im Englischen zumeist **gender neutral** (*dschen*-der *nuh*-trel; geschlechtsneutral) sind. Dieser Trend ist in vollem Gange. Geschlechtsspezifische Berufsbezeichnungen werden mehr und mehr durch neutrale Pendants ersetzt – wie in den in Tabelle 4.1 aufgeführten Fällen.

Alte männliche Form	Alte weibliche Form	Neue neutrale Form
policeman (po-*liess*-men; Polizist)	**policewoman** (po-*liess*-uwu-men; Polizistin)	**police officer** (po-*liess ooh*-fiss-er; Polizist/in)
steward (*sstu*-erd; Flugbegleiter)	**stewardess** (*sstu*-erd-ess; Flugbegleiterin)	**flight attendant** (flait ä-*tend*-ent; Flugbegleiter/in)
waiter (*uwäit*-er; Kellner)	**waitress** (*uwäit*-ress; Kellnerin)	**server** (*ssör*-wer; Servicekraft)
chairman (*tsschäir*-men; Aufsichtsrats-vorsitzender)	**chairwoman** (*tsschäir*-uwu-men; Aufsichts-ratsvorsitzende)	**chairperson** (*tsschäir*-pör-ssen; Aufsichtsrats-vorsitzende/r)

Tabelle 4.1: Geschlechtsspezifische und -neutrale Berufsbezeichnungen

Beachten Sie, dass Berufsbezeichnungen im Englischen – anders als im Deutschen – ein **indefinite article** (*in*-de-fi-nit *ar*-ti-kel; unbestimmter Artikel) vorangestellt werden muss:

- ✔ **She is a beautician.** (sschie is ä bjuh-*ti*-sschen; Sie ist Kosmetikerin.)
- ✔ **He is an actor.** (hie is än *äkt*-er; Er ist Schauspieler.)

Das funktioniert auch bei Berufen ohne Zukunft:

- ✔ **He is a burglar.** (hie is ä *börg*-ler; Er ist Einbrecher.)

Mehr zu **articles** erfahren Sie in Kapitel 2.

Weitere Antworten auf die Frage nach Ihrer **occupation** könnten so aussehen:

- ✔ **I'm unemployed at the moment.** (aim an-em-*pleud* ät thä *mou*-ment; Ich bin zurzeit arbeitslos.)
- ✔ **I'm studying cultural anthropology.** (aim *ssta*-di-ing *kal*-tsscher-el än-thhre-*po*-le-dschie; Ich studiere Kulturanthropologie.)
- ✔ **I'm retired.** (aim ri-*tai*-erd; Ich bin im Ruhestand.)
- ✔ **I work for John Wiley and Sons.** (ai uwörk for dschon *uwai*-lie änd ssans; Ich arbeite für John Wiley and Sons.)

Im Englischen machen Sie einen Unterschied zwischen den folgenden beiden Begrifflichkeiten:

- ✔ **occupation** (o-kju-*päi*-sschen; Tätigkeit, Beruf)
- ✔ **profession** (pro-*fe*-sschen; akademischer Beruf)

Verwechseln Sie dabei aber nicht **profession** mit **professional** (pro-*fe*-sschen-el; berufsmäßig):

- ✔ **He is a professional burglar.** (hie is ä pro-*fe*-sschen-el *börg*-ler; Er ist Berufseinbrecher.)

Bis ein solcher akademischer Abschluss erworben werden kann, gehen sicherlich noch einige Jahre ins Land.

Fragen nach dem **why** lassen sich wie folgt beantworten:

- ✔ **I moved to Flagstaff because my company recently opened a new office here.** (ai muhwd tu *flähg*-sstähf bi-*koohs* mai *kam*-pe-nie *rie*-ssent-lie *ou*-pend ä nuh *ooh*-fiss hier; Ich bin nach Flagstaff gezogen, weil meine Firma hier neulich ein neues Büro eröffnet hat.)
- ✔ **I decided to come to Harrisburg because my fiancé lives here.** (ai di-*ssaid*-ed tu kam tu *hä*-riss-börg bi-*koohs* mai fi-an-*ssäi* liws hier; Ich habe mich entschlossen, nach Harrisburg zu ziehen, weil mein Verlobter hier lebt.)
- ✔ **I moved to Kiel because it's such a nice place to live.** (ai muhwd tu kiel bi-*koohs* itss ssatssch ä naiss pläiss tu liw; Ich bin nach Kiel gezogen, weil es so ein schöner Ort zum Leben ist.)

Wer war noch gleich **the person over there** (thä *pör*-ssen *ou*-wer thäir; die Person da drüben)? Mögliche Antworten auf Fragen mit **who** sind folgende:

- ✔ **I think that's George Clooney.** (ai thhink thätss dschohrdsch *kluh*-nie; Ich glaube, dass das George Clooney ist.)
- ✔ **That's my best friend Becky.** (thätss mai besst frend *be*-kie; Das ist meine beste Freundin Becky.)
- ✔ **That's my husband.** (thätss mai *has*-bend; Das ist mein Ehemann.)
- ✔ **That's my wife.** (thätss mai uwaif; Das ist meine Ehefrau.)

Bei **contractions** mit **who** kann es schnell passieren, dass Sie die folgenden beiden Formen verwechseln:

- ✔ **who is** (huh is; wer ist) wird zu **who's** (huhs; wer ist)
- ✔ **whose** (huhs; wessen)

Das letzte ist ein Fragewort, mit dessen Hilfe Sie nach Besitz fragen können:

- ✔ **Whose suitcase is this?** (huhs *ssuht*-käiss is thiss; Wessen Koffer ist das?)

Mehr zu **contractions** lesen Sie in Kapitel 2.

Bei der Erklärung, **when** Sie etwas getan haben, helfen Ihnen diese Beispielsätze:

- **I came here three years ago.** (ai käim hier thhrie jiers ä-*gou*; Ich bin vor drei Jahren hierher gekommen.)
- **I have just recently moved to this town.** (ai häw dschasst *rie*-ssent-lie muhwd tu thiss taun; Ich bin erst vor kurzer Zeit in diese Stadt gezogen.)
- **I arrived last Friday.** (ai ä-*raiwd* lähsst *frai*-däi; Ich bin letzten Freitag angekommen.)
- **I'm just passing through.** (aim dschasst *pähss*-ing thhruh; Ich bin lediglich auf der Durchreise.)

Fun Facts: »alien« und »alien«

Kennen Sie die folgende Zeile aus dem *Sting*-Song **An Englishman in New York** (än *ing*-lissch-men in nuh jork; Ein Engländer in New York)?

- **I'm a legal alien.** (aim ä *lie*-gel *äi*-li-en; Ich bin ein legaler Ausländer.)

Denken Sie jetzt an Außerirdische? Ganz so merkwürdig sind Engländer nun doch nicht:

- **alien** (*äi*-li-en; Ausländer, Fremder)
- **alien** (*äi*-li-en; Außerirdischer)

Im Zweifelsfall müssen Sie selbst entscheiden.

Track 5: Im Gespräch

Doug und Sarah sind im **elevator** (*e*-le-wäit-er; Aufzug) auf dem Weg ins Büro und haben Zeit, sich kurz zu unterhalten.

Doug: **Why haven't I seen you around before?**

uwai *häw*-ent ai ssien juh ä-*raund* bi-*fohr*

Warum habe ich dich hier noch nicht gesehen?

Sarah: **I just started to work here recently. When did you join the company?**

ai dschasst *sstart*-ed tu uwörk hier *rie*-ssent-lie uwen did juh dscheun thä *kam*-pe-nie

Ich habe gerade erst angefangen, hier zu arbeiten. Seit wann arbeitest du für die Firma?

Doug: **I've been here for two years. Who's your boss?**

aiw bin hier for tuh jiers huhs juhr boss

Ich bin seit zwei Jahren hier. Wer ist dein Chef?

Sarah: **Ms. Underwood. Do you know her?**

mis *an*-der-uwud duh juh nou hör

Frau Underwood. Kennst du sie?

Doug: **Sure. She's been here for ages.**

sschuhr sschies bin hier for *äidsch*-es

Na klar. Sie ist schon seit Ewigkeiten hier.

Sarah: **What do you do in the company?**

uwot duh juh duh in thä *kam*-pe-nie

Als was arbeitest du hier in der Firma?

Doug: **I'm Head of Sales.**

aim hed ow ssäils

Ich bin der Leiter der Verkaufsabteilung.

Sarah: **Wow! I'm impressed.**

uwau aim im-*presst*

Wow! Ich bin beeindruckt.

Kleiner Wortschatz

Englisch	Aussprache	Deutsch
conversation	kon-wör-*ssäi*-sschen	Unterhaltung
occupation	o-kju-*päi*-sschen	Tätigkeit, Beruf
profession	pro-*fe*-sschen	akademischer Beruf
elevator (AE)	*e*-le-wäit-er	Aufzug
recently	*rie*-ssent-lie	neulich
impressed	im-*presst*	beeindruckt

Die buckelige Verwandschaft: Über Ihre Familie sprechen

Heutzutage sind **families** (*fä*-mi-lies; Familien) häufig bunt gemischt. Gerade deswegen brauchen Sie Wörter für die Verwandtschaftsgrade Ihrer Lieben – wie **mother-in-law** (*ma*-ther in looh; Schwiegermutter), auch wenn das manchmal ein schmerzlicher **thought** (thhooht; Gedanke) ist. Schauen Sie, wer alles in Ihrem persönlichen **family tree** (*fä*-mi-lie trie; Stammbaum) einen Platz finden könnte:

- ✔ **grandmother** (*gränd*-ma-ther; Großmutter)
- ✔ **grandfather** (*gränd*-fah-ther; Großvater)
- ✔ **mother** (*ma*-ther; Mutter)
- ✔ **father** (*fah*-ther; Vater)
- ✔ **aunt** (ähnt; Tante)
- ✔ **uncle** (*an*-kel; Onkel)
- ✔ **sister** (*ssiss*-ter; Schwester)
- ✔ **brother** (*bra*-ther; Bruder)
- ✔ **niece** (niess; Nichte)
- ✔ **nephew** (*nef*-juh; Neffe)
- ✔ **daughter** (*dooh*-ter; Tochter)
- ✔ **son** (ssan; Sohn)

Die wichtigsten **kinship terms** (*kin*-sschip törms; Verwandtschaftsbezeichnungen) sind in Abbildung 4.1 noch einmal dargestellt.

Die Chinesen sagen: **A picture is worth ten thousand words** (ä *pik*-tsscher is uwörthh ten *thhau*-send uwörds; Ein Bild sagt mehr als tausend Worte, *wörtlich:* zehntausend). Ob die Chinesen viele Fotos bei sich tragen, müssen Sie selbst herausfinden. Die meisten Amerikaner jedoch haben immer ein paar Fotos ihrer Familie in ihren **wallets** (*uwooh*-letss; Geldbörsen) oder **handbags** (*hähnd*-bägs; Handtaschen).

Mit dem **family tree**, den Sie in Abbildung 4.1 sehen, können Sie folgende Sätze bauen, um Ihren Gesprächspartnern Ihre Familie vorzustellen.

- ✔ **Look at this photograph. This is my son, Eric. And these are my daughters, Levke and Kerstin.** (luk ät thiss *fou*-to-grähf thiss is mai ssan *e*-rik änd thies ar mai *dooh*-ters *lew*-ke änd *kerss*-tien; Schauen Sie sich dieses Foto an. Dies ist mein Sohn Eric. Und dies sind meine Töchter Levke und Kerstin.)

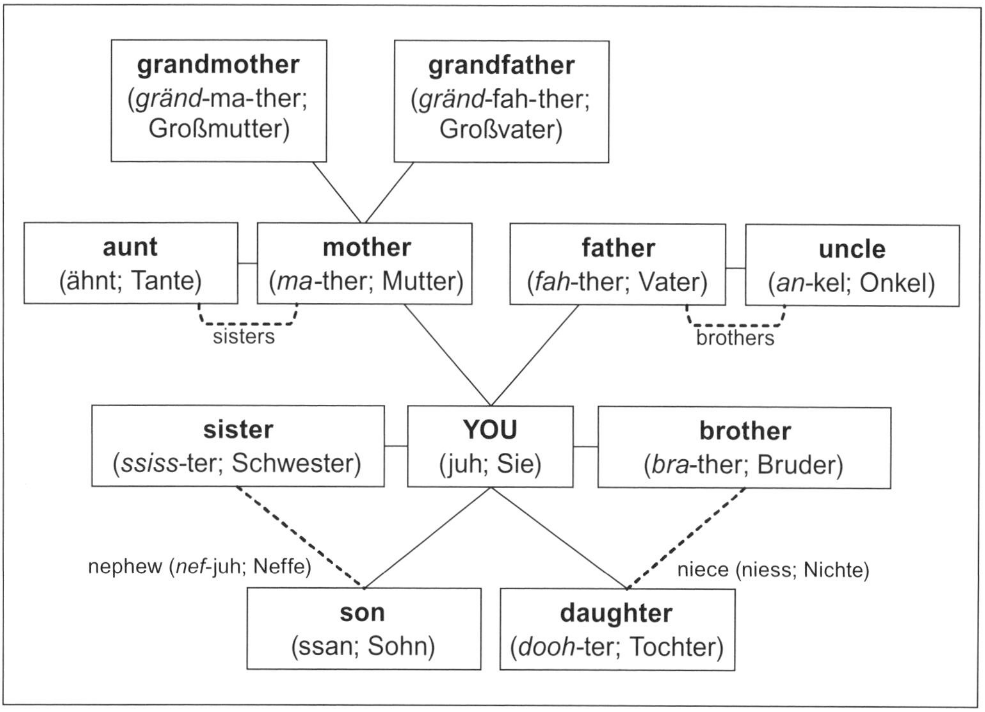

Abbildung 4.1: Ein typischer ***family tree***

- ✔ **Here are my mother and father at their twenty-fifth wedding anniversary.** (hier ar mai *ma*-ther änd *fah*-ther ät thäir *tuwen*-tie-fifthh *uwed*-ing ä-ni-*wör*-sse-rie; Hier sind meine Mutter und mein Vater an ihrem fünfundzwanzigsten Hochzeitstag.)
- ✔ **This picture shows my children with their grandparents.** (thiss *pik*-tsscher sschous mai *tsschil*-dren uwith thäir *gränd*-pä-rentss; Dieses Bild zeigt meine Kinder mit ihren Großeltern.)

Man sagt ja: **Blood is thicker than water** (blad is *thhik*-er thän *uwooh*-ter; Blut ist dicker als Wasser). Bei den Familienbanden, die Sie bis jetzt geknüpft haben, stimmt das auch. Allerdings gibt es auch Verwandtschaftsbeziehungen, die vor dem **justice of the peace** (*dschass*-tiss ow thä piess; Friedensrichter) geschlossen werden:

- ✔ **husband** (*has*-bend; Ehemann)
- ✔ **wife** (uwaif; Ehefrau)
- ✔ **parents-in-law** (*pä*-rentss in looh; Schwiegereltern)
- ✔ **father-in-law** (*fah*-ther in looh; Schwiegervater)
- ✔ **mother-in-law** (*ma*-ther in looh; Schwiegermutter)
- ✔ **sister-in-law** (*ssiss*-ter in looh; Schwägerin)

- **brother-in-law** (*bra*-ther in looh; Schwager)
- **daughter-in-law** (*dooh*-ter in looh; Schwiegertochter)
- **son-in-law** (ssan in looh; Schwiegersohn)

Viele englische Ausdrücke, die mit der **marriage** (*mä*-ridsch; Ehe) zusammenhängen, stammen ursprünglich aus dem Französischen. Bei einigen können Sie das sogar sehen:

- **fiancé** (fi-an-*ssäi*; Verlobter)
- **fiancée** (fi-an-*ssäi*; Verlobte)
- **trousseau** (truh-*ssou*; Aussteuer)
- **née** (näi; geborene)
- **negligée** (neg-li-*schäi*; Negligé)

Die Reihenfolge, in der Sie an diese Ausdrücke denken, ist natürlich Ihnen überlassen.

Diese **nouns** können Sie wie in den folgenden Sätzen anwenden:

- **My mother-in-law is visiting us this weekend. I can hardly wait.** (mai *ma*-ther in looh is *wi*-sit-ing ass thiss *uwiek*-end ai kän *hard*-lie uwäit; Meine Schwiegermutter besucht uns dieses Wochenende. Ich kann es kaum erwarten.)
- **Chuck's ex-wife's name is Peggy Sue.** (tsschakss *ekss*-uwaifss näim is *pe*-gie ssuh; Der Name von Chucks Ex-Frau ist Peggy Sue.)
- **Nigel's fiancée wants a big wedding.** (*nai*-dschels fi-an-*ssäi* uwontss ä big *uwed*-ing; Nigels Verlobte will eine große Hochzeit.)

In Kapitel 2 konnten Sie bereits einige **pronouns** kennen lernen. Zu diesen gesellen sich an dieser Stelle die so genannten **object pronouns** (*ob*-dschekt *prou*-nauns; Objektpronomen) hinzu, die Sie in Tabelle 4.2 sehen. Anders als im Deutschen gibt es bei diesen **object pronouns** keine Unterscheidung zwischen Dativ und Akkusativ.

Singular	Plural
me (mie; mir/mich)	**us** (ass; uns)
you (juh; dir/dich)	**you** (juh; euch)
him, her, it (him, hör, it; ihm/ihn, ihr/sie, ihm/es)	**them** (them; ihnen/sie)

*Tabelle 4.2: Englische **object pronouns***

Object pronouns ersetzen **objects**. Mehr über **objects** können Sie in Kapitel 2 erfahren. Im folgenden Satz ersetzt das **object pronoun her** das **object his fiancée Fiona**:

- **Nigel is going to marry his fiancée Fiona.** (*nai*-dschel is *gou*-ing tu *mä*-rie his fi-an-*ssäi* fie-*ou*-na; Nigel wird seine Verlobte Fiona heiraten.)

wird zu

- **Nigel is going to marry her.** (*nai*-dschel is *gou*-ing tu *mä*-rie hör; Nigel wird sie heiraten.)

Da war die erste Aussage doch sehr viel spezifischer, oder?

Mit **adjectives** lassen sich Personenstände beschreiben. Das sieht dann so aus:

- **single** (*ssin*-gel; alleinstehend, single)
- **engaged** (en-*gäidschd*; verlobt)
- **married** (*mä*-ried; verheiratet)
- **separated** (*sse*-pe-räit-ed; getrennt)
- **divorced** (di-*worsst*; geschieden)
- **widowed** (*uwi*-doud; verwitwet)

Diese **adjectives** finden sich unter anderem in folgenden Sätzen wieder, die Sie als Anregung für ein Gespräch über Ihre eigene Familie verwenden können:

- **How long were Chuck and Peggy Sue married?** (hau long uwör tsschak änd *pe*-gie ssuh *mä*-ried; Wie lange waren Chuck und Peggy Sue verheiratet?)
- **The number of divorced people has increased over the last years.** (thä *nam*-ber ow di-*worsst pie*-pel häs in-*kriesst ou*-wer thä lähsst jiers; Die Anzahl von geschiedenen Personen ist in den letzten Jahren gestiegen.)
- **Is Nigel single? No, he's engaged to Fiona McTavish.** (is *nai*-dschel *ssin*-gel nou hies en-*gäidschd* tu fie-*ou*-na mäk-*tä*-wisch; Ist Nigel alleinstehend? Nein, er ist mit Fiona McTavish verlobt.)

Stadt, Land, Fluss: Wie Sie über die Welt reden

Man sagt, dass die **world** (uwörld; Welt) immer näher zusammenrückt. Dies ist doch ein guter Grund für Sie, die Länder dieser Erde und ihre Bewohner auch benennen zu können. Aber geben Sie Acht: Gerade in diesen Bereichen unterscheiden sich die englischen Ausdrucksweisen von den deutschen. Für Sie wird das aber nach dem Lesen dieses Abschnitts kein Problem mehr sein.

Länder und Nationalitäten benennen

Wenn Sie ein Land benennen wollen, machen Sie das mit einem **noun** – wie in den folgenden Beispielen:

- ✔ **Germany** (*dschör*-men-ie; Deutschland)
- ✔ **Austria** (*oohss*-tri-a; Österreich)
- ✔ **Switzerland** (*ssuwit*-sser-lend; Switzerland)
- ✔ **United States of America** (ju-*nait*-ed sstäitss ow ä-*me*-ri-ka; Vereinigte Staaten von Amerika)
- ✔ **Great Britain** (gräit *bri*-ten; Großbritannien)

Welches Land der Erde hat den längsten Namen? Woran Sie jetzt sicherlich nicht gedacht haben, ist dieses hier:

- ✔ **The United Kingdom of Great Britain and Northern Ireland** (thä ju-*nait*-ed *king*-dem ow gräit *bri*-ten änd *nor*-thern *ai*-er-lend; Vereinigtes Königreich von Großbritannien und Nordirland)

Dieser Name wird auch gern abgekürzt – warum wohl?

- ✔ **U.K.** (juh käi; U.K.)

Die Bewohner nennen ihr Land aber ganz anders. Nach ihrem Heimatland gefragt, werden sie Folgendes antworten:

- ✔ **England** (*ing*-lend; England)
- ✔ **Wales** (uwäils; Wales)
- ✔ **Scotland** (*sskot*-lend; Schottland)
- ✔ **Northern Ireland** (*nor*-thern *ai*-er-lend; Nordirland)

Wenn Sie über Ihre **nationality** (nä-ssche-*nä*-li-tie; Nationalität) oder diejenige von anderen Personen sprechen, brauchen Sie im Deutschen ein **noun**. Im Englischen benutzen Sie in der Regel ein mit dem entsprechenden **noun** verwandtes **adjective** (*ä*-dschek-tiw; Adjektiv), das immer großgeschrieben wird:

- ✔ **I'm German.** (aim *dschör*-men; Ich bin Deutscher.)
- ✔ **Oh, you're Austrian?** (ou juhr *oohss*-tri-en; Oh, Sie sind Österreicher?)
- ✔ **No, I'm Swiss.** (nou aim ssuwiss; Nein, ich bin Schweizer.)
- ✔ **Sarah is American.** (*ssä*-ra is ä-*me*-ri-ken; Sarah ist Amerikanerin.)
- ✔ **Nigel is English.** (*nai*-dschel is *ing*-lissch; Nigel ist Engländer.)

Tabelle 4.3 gibt Ihnen einen Überblick über einige **countries** und **nationalities**.

Country	Person (Noun)	Nationality (Adjective)
Denmark (*den*-mark; Dänemark)	**a Dane** (ä däin; ein Däne, eine Dänin)	**Danish** (*däin*-issch; dänisch)
France (frähnss; Frankreich)	**a Frenchman, a Frenchwoman** (ä *frentssch*-men, ä *frentssch*-uwu-men; ein Franzose, eine Französin)	**French** (frentssch; französisch)
Belgium (*bel*-dschem; Belgien)	**a Belgian** (ä *bel*-dschen; ein Belgier, eine Belgierin)	**Belgian** (*bel*-dschen; belgisch)
Spain (sspäin; Spanien)	**a Spaniard** (ä *sspän*-jerd; ein Spanier, eine Spanierin)	**Spanish** (*sspän*-issch; spanisch)
Poland (*pou*-lend; Polen)	**a Pole** (ä poul; ein Pole, eine Polin)	**Polish** (*poul*-issch; polnisch)
Czech Republic (tsschek ri-*pab*-lik; Tschechische Republik)	**a Czech** (ä tsschek; ein Tscheche, eine Tschechin)	**Czech** (tsschek; tschechisch)
The Netherlands (thä *ne*-ther-lends; die Niederlande)	**a Dutchman, a Dutchwoman** (ä *datssch*-men, ä *datssch*-uwu-men; ein Niederländer, eine Niederländerin)	**Dutch** (datssch; niederländisch)
Italy (*i*-te-lie; Italien)	**an Italian** (än i-*täl*-jen; ein Italiener, eine Italienerin)	**Italian** (i-*täl*-jen; italienisch)

Tabelle 4.3: Weitere Ländernamen, ihre Bewohner und Nationalitäten

In ganzen Sätzen finden Sie die weiteren in Tabelle 4.3 vorgestellten Ländernamen, Personen und Nationalitäten dann zum Beispiel so wieder:

- ✔ **Sarah's grandparents originally came from Poland.** (*ssä*-ras *gränd*-pä-rentss o-*ri*-dsche-ne-lie käim from *pou*-lend; Sarahs Großeltern kamen ursprünglich aus Polen.)
- ✔ **Chuck went to the Czech Republic on a business trip last year.** (tsschak uwent tu thä tsschek ri-*pab*-lik on ä *bis*-ness trip lähsst jier; Chuck hat letztes Jahr eine Dienstreise in die Tschechische Republik gemacht.)
- ✔ **Rachel is going to marry a Belgian.** (*räi*-tsschel is *gou*-ing tu *mä*-rie ä *bel*-dschen; Rachel wird einen Belgier heiraten.)
- ✔ **Nigel's friend Luigi is Italian.** (*nai*-dschels frend lu-*ie*-dschie is i-*täl*-jen; Nigels Freund Luigi ist Italiener.)

Fun Facts: »Dane« und »Danish«

Wie nennen Sie das Land der Dänen? Richtig: **Denmark** (*den*-mark; Dänemark). Aber wie nennen Sie einen Dänen auf Englisch? Passen Sie auf, dass Sie dabei nicht in Schwierigkeiten geraten:

- ✔ **a Dane** (ä däin; ein Däne)
- ✔ **a Danish** (ä *däin*-issch; ein Kopenhagener, ein Gebäckstück)

Wenn Sie die Verwirrung noch weiter treiben wollen, können Sie auch noch dies ins Spiel bringen:

- ✔ **a Great Dane** (ä gräit däin; eine Dänische Dogge)

Hier geht es ja aber in erster Linie um die Menschen und das Land.

Fun Facts: »I'm a Dutchman!«

Glauben Sie alles, was man Ihnen erzählt? Nein? Gut so. Wenn Sie das im Englischen dann auch noch zum Ausdruck bringen wollen, versuchen Sie es doch einmal mit dem folgenden Satz:

- ✔ **If that's true, then I'm a Dutchman!** (if thätss truh then aim ä *datssch*-men; Das glaube ich nicht, *wörtlich:* Wenn das wahr ist, dann bin ich ein Niederländer.)

Passen Sie aber auf, dass Sie nicht zum **Flying Dutchman** (*flai*-ing *datssch*-men; Fliegender Holländer) werden.

Sprachen sprechen

Wenn Sie den vorangegangenen Abschnitt gelesen haben, kennen Sie sich jetzt bestens mit **countries** (*kan*-tries; Länder) und **nationalities** (nä-ssche-*nä*-li-ties; Nationalitäten) aus. Gut so! Denn dieses Wissen können Sie hier und jetzt einsetzen, wenn es um die Bezeichnungen für andere **languages** (*läng*-uwidsch-es; Sprachen) geht.

In der Regel gleicht die Bezeichnung einer **language** dem Adjektiv, das Sie schon für die **nationality** benutzt haben.

In den folgenden Sätzen finden Sie einige Beispiele dazu:

- ✔ **Otto speaks German.** (*o*-tou sspiekss *dschör*-men; Otto spricht Deutsch.)

- **Chuck has learned some Czech.** (tsschak häs lörnd ssam tsschek; Chuck hat etwas Tschechisch gelernt.)
- **Sarah's grandparents spoke Polish.** (*ssä*-ras *gränd*-pä-rentss sspouk *poul*-issch; Sarahs Großeltern sprachen Polnisch.)

Keine Regel ohne Ausnahme. Meistens benutzen Sie zum Bezeichnen einer Sprache das Adjektiv, das Sie schon für die **nationality** verwendet haben. Mehr dazu erfahren Sie weiter vorn in diesem Kapitel. Sehen Sie sich jedoch die folgenden Länder und ihre Sprachen einmal an:

- **Switzerland** (*ssuwit*-sser-lend; Schweiz):
  - **German** (*dschör*-men; Deutsch)
  - **French** (frentssch; Französisch)
  - **Italian** (i-*täl*-jen; Italienisch)
  - **Romansh** (rou-*mänssch*; Räto-Romanisch)
- **Belgium** (*bel*-dschem; Belgien)
  - **French** (frentssch; Französisch)
  - **Dutch** (datssch; Niederländisch)
  - **German** (*dschör*-men; Deutsch)
- **Brazil** (brä-*sil*; Brasilien)
  - **Portuguese** (*por*-tssche-gies; Portugiesisch)
- **Easter Island** (*iess*-ter *ai*-lend; Osterinsel)
  - **Rapa Nui** (*ra*-pa *nuh*-ie; Rapa Nui)

Wenn Ihnen sonst nichts mehr einfällt: Über das Wetter sprechen

Das **weather** (*uwe*-ther; Wetter) muss immer wieder herhalten. Jeder darf zu diesem Thema eine Meinung haben – ob diese jedoch eine Rolle spielt, ist eine ganz andere Frage. Das **weather** kann durchaus abendfüllenden Gesprächsstoff bieten. Aber nur, wenn Sie die folgenden Ausdrücke kennen, mit denen Sie – und natürlich auch der **weatherman** (*uwe*-ther-men; Wetteransager) oder das **weather girl** (*uwe*-ther görl; Wetteransagerin) – eine **weather forecast** (*uwe*-ther *fohr*-kähsst; Wettervorhersage) machen können:

- **cold** (kould; kalt)
- **hot** (hot; heiß)

- **sunny** (*ssan*-ie; sonnig)
- **rainy** (*räin*-ie; regnerisch)
- **windy** (*uwind*-ie; windig)
- **overcast** (*ou*-wer-kähsst; bewölkt)
- **humid** (*hjuh*-mid; schwül)

Diese Auswahl an Beschreibungen für das **weather** können Sie wie in den folgenden Sätzen anwenden:

- **Did you watch the weather forecast? Tomorrow will be overcast and rainy.** (did juh uwotssch thä *uwe*-ther *fohr*-kähsst tu-*mo*-rou uwil bie *ou*-wer-kähsst änd *räin*-ie; Haben Sie die Wettervorhersage gesehen? Morgen wird es bewölkt und regnerisch sein.)
- **With all this cold and windy weather, I need to go somewhere where it's hot, but not humid.** (uwith oohl thiss kould änd *uwind*-ie *uwe*-ther ai nied tu gou *ssam*-uwäir uwäir itss hot bat not *hjuh*-mid; Bei diesem ganzen kalten und windigen Wetter muss ich irgendwohin, wo es heiß, aber nicht schwül ist.)

Bisher haben Sie das Wetter nur mit **adjectives** beschrieben. Weitere Möglichkeiten haben Sie mit den folgenden **nouns**. Mehr zu Wortarten können Sie übrigens in Kapitel 2 erfahren. **Go outside** (gou aut-*ssaid;* Gehen Sie nach draußen) und stellen Sie fest, wie das **weather** bei Ihnen aussieht. Das können Sie dann so bezeichnen:

- **sunshine** (*ssan*-sschain; Sonnenschein)
- **rain** (räin; Regen)
- **snow** (ssnou; Schnee)
- **thunder and lightning** (*thhan*-der änd *lait*-ning; Donner und Blitz)
- **hurricane** (*hö*-ri-käin; Orkan)
- **tornado** (tor-*näi*-dou; Wirbelsturm)
- **monsoon** (mon-*ssuhn*; Monsun)

Zugegebenermaßen sind **tornados** und **monsoons** vielleicht etwas **exaggerated** (ig-*sä*-dsche-räit-ed; übertrieben). Aber man weiß ja nie – und als **globetrotter** (*gloub*-trot-er; Weltreisender) wollen Sie ja auch für alle Eventualitäten gerüstet sein. Mit den folgenden Beispielsätzen sind Sie das auch:

- **I love how the sunshine makes the snow sparkle.** (ai law hau thä *ssan*-sschain mäikss thä ssnou *sspar*-kel; Ich mag es, wie der Sonnenschein den Schnee zum Funkeln bringt.)
- **Thunder and lightning aren't so frightening.** (*thhan*-der änd *lait*-ning *ar*-ent ssou *frait*-ning; Donner und Blitz sind nicht so angsteinflößend.)
- **Hurricanes often bring a lot of rain.** (*hö*-ri-käins *ooh*-fen bring ä lot ow räin; Orkane bringen oft viel Regen.)

- ✔ **Do they have monsoon rains here in Kansas? No, Dorothy, only tornados.** (duh thäi häw mon-*ssuhn* räins hier in *kähn*-sess nou *do*-re-thhie *oun*-lie tor-*näi*-dous; Gibt es Monsunregen hier in Kansas? Nein, Dorothy, nur Wirbelstürme.)

False Friends: »mist« und »Mist«

So ein Mist. Es ist schon wieder neblig draußen. Passen Sie auf, dass Sie bei Ihrer Übersetzung ins Englische nicht ins Trudeln geraten:

- ✔ **mist** (misst; feiner Nebel)
- ✔ **manure** (me-*nuhr*; Mist)

Wenn Sie Abstand vom Misthaufen halten wollen, benutzen Sie doch einfach das folgende Wort:

- ✔ **fog** (fog; Nebel)

Temperaturen: Fahrenheit oder Celsius?

Was ist die Körpertemperatur eines gesunden Menschen? 98,6 Grad. Was, das erscheint Ihnen ein wenig hoch? Nicht jedoch für Amerikaner, denn diese messen die **temperature** (*tem*-pritsscher; Temperatur) in Grad Fahrenheit. Umgerechnet sind 98,6 **degrees Fahrenheit** (di-*gries fäh*-ren-hait; Grad Fahrenheit) 37 Grad Celsius. Also keine Angst – Ihr **thermometer** (thhör-*mo*-me-ter; Thermometer) ist völlig in Ordnung. Bei dieser Körpertemperatur müssen Sie nicht zum Arzt. Wenn Sie sich trotzdem nicht wohlfühlen, schlagen Sie doch einmal Kapitel 16 auf. Dort erfahren Sie, wie Sie mit Ihrem Arzt oder Apotheker reden können. Ganz generell ist es aber wichtig zu wissen, wie die Temperaturmessungen von Fahrenheit und Celsius im Vergleich aussehen. Das können Sie Abbildung 4.2 entnehmen.

Wenn Sie über die **temperature** reden möchten, können Sie das wie in den folgenden Beispielsätzen tun:

- ✔ **Don't you think it's hot today? It must be at least 90 degrees.** (dount juh thhink itss hot tu-*däi* it masst bie ät liesst *nain*-tie di-*gries*; Findest du es nicht auch heiß heute? Es sind bestimmt mindestens 90 Grad.)
- ✔ **I'm freezing. It can't be more than 20 degrees.** (aim *fries*-ing it kähnt bie mohr thän *tuwen*-tie di-*gries*; Ich friere. Es können nicht mehr als 20 Grad sein.)
- ✔ **In Death Valley, they sometimes measure 115 degrees.** (in dethh *wä*-lie thäi *ssam*-taims *me*-scher ä *han*-dred änd *fif*-tien di-*gries*; Im Death Valley werden manchmal 115 Grad gemessen.)

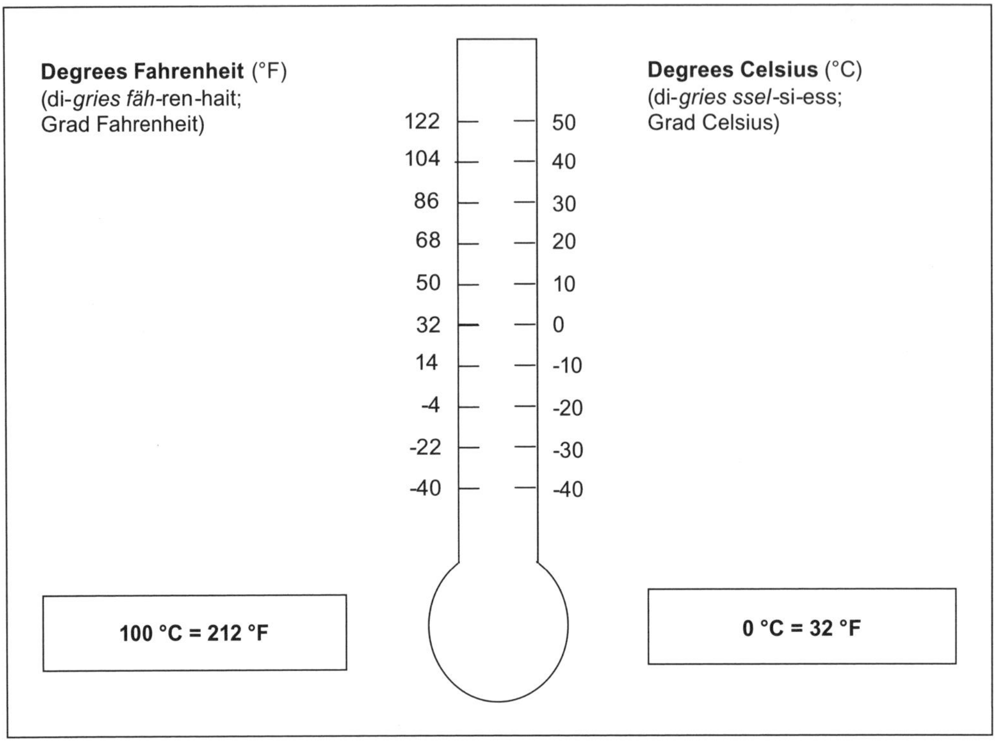

Abbildung 4.2: Temperaturen im Vergleich

Fun Facts: »windchill factor«

Ist Ihnen manchmal auch so kalt draußen, wenn das Thermometer vermeintlich warme Temperaturen anzeigt? Dann sind Sie bestens mit dem Begriff »gefühlte Temperatur« vertraut. Dieses Gefühl gibt es auch im Englischen:

- **windchill factor** (*uwind*-tsschil *fäk*-ter; Wind-Kälte-Faktor)

Ziehen Sie sich also warm an – der Wind weht eisig.

Spiel und Spaß

Benutzen Sie die folgenden Wörter, um die Sätze zu vervollständigen:

thunder and lightning, snow, hot, weather forecast, thermometer, weather, snowman

- ✔ **There is so much _______________! Let's build a _______________!**
- ✔ **It's very _______________ today. The _______________ says it's 98 °F.**
- ✔ **We always listen to the _______________ to know about the _______________.**
- ✔ **Finley isn't afraid of _______________.**

Lösung:

- ✔ **There is so much *snow*! Let's build a *snowman*!**
- ✔ **It's very *hot* today. The *thermometer* says it's 98 °F.**
- ✔ **We always listen to the *weather forecast* to know about the *weather*.**
- ✔ **Finley isn't afraid of *thunder and lightning*.**

Denken Sie schon wieder nur ans Essen?

5

In diesem Kapitel

- Über Hunger und Durst sprechen
- Allgemeines über Mahlzeiten
- Im Supermarkt einkaufen
- Auswärts essen ohne Probleme
- Gepflogenheiten bei Tisch

Wir alle müssen täglich essen. Ja, auch Sie! Manche essen in der **kitchen** (*ki*-tsschen; Küche), manche im **dining room** (*dain*-ing ruhm; Esszimmer), manche in der **cafeteria** (kä-fe-*tie*-ri-a; Cafeteria), in einem **diner** (*dain*-er; einfaches Restaurant) oder in einem **tea room** (tie ruhm; Café für Teetrinker). Wiederum andere dinieren ausschließlich beim Edel-Italiener, der auf der letzten Party so gelobt wurde. Wissen Sie was? Wo Sie essen, ist letztendlich egal. Wichtig ist, dass Sie das richtige Werkzeug benutzen. Damit sind nicht nur Messer, Gabel (Schere, Licht – nein, das ist ein anderes Thema) und Löffel gemeint, sondern auch die sprachlichen Werkzeuge, um über Ihren Hunger und Durst zu sprechen. Nach diesem Kapitel werden Sie mit Leichtigkeit über **meals** (miels; Mahlzeiten) reden, Sie werden sich in den endlosen **aisles** (*ai*-els; Gänge) im **grocery store** (*grou*-sse-rie sstohr; Lebensmittelladen) zurechtfinden und sogar beim Edel-Italiener nicht unangenehm auffallen. **Are you hungry now?** (ar juh *han*-grie nau; Haben Sie jetzt Hunger?) Gut – legen Sie los.

Ihrem Hunger und Durst Ausdruck verleihen

Haben Sie nicht auch manchmal dieses Gefühl? Es ist erst zehn Uhr und schon meldet sich Ihr **stomach** (*ssto*-mek; Magen) wieder bei Ihnen – bei wem sollte er sich auch sonst melden? Wo bleibt der Nachschub? Zunächst möchten Sie noch nicht nachgeben – aber dann werden die Rufe nach **food** (fuhd; Essen) und **beverages** (*bew*-ridsch-es; Getränke) immer lauter. Mit den folgenden Sätzen können Sie Ihren Hunger und Durst kundtun – und sich gleichzeitig mit Ihren Kollegen oder Freunden in die Pause verabschieden:

- ✔ **I'm hungry.** (aim *han*-grie; Ich habe Hunger.)
- ✔ **I'm thirsty.** (aim *thhörsst*-ie; Ich habe Durst.)
- ✔ **Let's have something to eat.** (letss häw *ssam*-thhing tu iet; Lass uns etwas essen.)
- ✔ **Let's have something to drink.** (letss häw *ssam*-thhing tu drink; Lass uns etwas trinken.)
- ✔ **Let's look in the fridge. Maybe there are sandwiches in there.** (letss luk in thä fridsch *mäi*-bie thäir ar *ssänd*-uwitssch-es in thäir; Lass uns in den Kühlschrank schauen. Vielleicht sind Sandwiches drin.)

Vergleichen Sie einmal die folgenden beiden Wörter:

- ✔ **fridge** (fridsch; Kühlschrank)
- ✔ **refrigerator** (ri-*fridsch*-e-räit-er; Kühlschrank)

Haben Sie auf die Rechtschreibung geachtet? Während sich in der Kurzform **fridge** ein **d** eingeschlichen hat, kommt das ursprüngliche Wort ohne dieses **d** aus. Das Ursprungswort kommt nämlich aus dem Lateinischen:

- ✔ frigus (kalt)

Kapitel 2 verrät Ihnen Grundlegendes über Kurzformen im Englischen, ohne dass Sie frieren müssen.

Fun Facts: »sandwich«

Manchmal brauchen Sie keine komplette Mahlzeit, sondern nur eine Kleinigkeit. Da bietet sich Folgendes an:

- ✔ **sandwich** (*ssänd*-uwitssch; Sandwich)

Das **sandwich** besteht aus zwei Scheiben Brot mit einem beliebigen Belag dazwischen und hat seinen Namen von einem englischen Aristokraten erhalten. Der Earl of Sandwich, der im 18. Jahrhundert lebte, war ein leidenschaftlicher Kartenspieler. Gleichzeitig wollte er aber auch nicht auf das Essen verzichten. So ließ er sich von seinem Butler Fleisch zwischen zwei Scheiben Brot bringen. Dies war die Geburtsstunde des **sandwich**. Daneben gibt es aber immer noch diese Variante:

- ✔ **open-faced sandwich** (*ou*-pen fäisst *ssänd*-uwitssch; belegtes Brot)

Dann fällt das **card game** (kahrd gäim; Kartenspiel) aber aus.

Track 6: Im Gespräch

Die Kollegen Chuck und Doug wollen in der Firma eine Pause machen.

Chuck: **Hi Doug. Don't you think it's time for a break? Let's have a snack.**

hai dag dount juh thhink itss taim for ä bräik letss häw ä ssnäk

Hallo Doug. Meinst du nicht auch, dass es Zeit für eine Pause ist? Lass uns eine Kleinigkeit essen.

Doug: **Yes, I'm really hungry, too. Why don't we check out the refrigerator.**

jess aim *rie*-lie *han*-grie tuh uwai dount uwie tsschek aut thä ri-*fridsch*-e-räit-er

Ja, ich bin auch richtig hungrig. Warum schauen wir nicht nach, was im Kühlschrank ist.

Chuck: **Sure. And I need my cup of coffee.**

sschuhr änd ai nied mai kap ow *ko*-fie

Klar. Und ich brauche meine Tasse Kaffee.

Doug: **Great idea! But I would like a glass of water. I'm very thirsty.**

gräit ai-*di*-a bat ai uwud laik ä glähss ow *uwooh*-ter aim *we*-rie *thhörsst*-ie

Großartige Idee! Aber ich möchte ein Glas Wasser. Ich bin sehr durstig.

Chuck: **Hey, look. Somebody left two ham and cheese sandwiches in the fridge. I wonder if they taste good.**

häi luk *ssam*-ba-die left tuh häm änd tsschies *ssänd*-uwitssch-es in thä fridsch ai *uwan*-der if thäi täisst gud

Guck mal. Irgendjemand hat zwei Sandwiches mit Schinken und Käse im Kühlschrank liegen lassen. Mal sehen, ob sie schmecken.

Doug: **Mmmmmh. This sandwich tastes delicious!**

mmmmmm thiss *ssänd*-uwitssch täisstss di-*li*-sschess

Mmmmmh. Dieses Sandwich schmeckt lecker!

Kleiner Wortschatz

Englisch	Aussprache	Deutsch
beverage	*bew*-ridsch	Getränk
to eat	tu iet	essen
to drink	tu drink	trinken
refrigerator	ri-*fridsch*-e-räit-er	Kühlschrank
hungry	*han*-grie	hungrig
thirsty	*thhörsst*-ie	durstig

Mahlzeit! Mehr oder weniger Kulinarisches

Dieser Abschnitt gibt Ihnen die Möglichkeit, mehr über die Vielfalt der **meals** und anderer Essenspausen – ja, eine Gelegenheit zum Essen findet sich immer – im englischsprachigen Raum zu erfahren. Ob **breakfast** (*brek*-fesst; Frühstück), **lunch** (lantssch; Mittagessen), **dinner** (*din*-er; Abendessen) oder einfach nur ein **snack** (ssnäk; Imbiss) zwischendurch: Hier wird Ihnen bei der Nahrungszufuhr geholfen.

As Time Goes By: Über die Uhrzeit sprechen

Was Sie zum Essen brauchen, ist **time** (taim; Zeit). Oder nein, warten Sie, DIE Zeit, denn in der Regel finden Mahlzeiten zu einer bestimmten Tages- oder Uhrzeit statt. Ausnahmen bestätigen natürlich die Regel – denken Sie nur an die nächtliche **refrigerator raid** (ri-*fridsch*-e-räit-er räid; Kühlschrankplünderung), die ab und an mal vorkommt. Dazu müssen Sie wissen, wie Sie über den Tag und die Zeit sprechen. Dabei hilft Ihnen in erster Linie eine **clock** (klok; Uhr). Hier finden Sie die Redewendungen, die Sie brauchen, um nach der Zeit zu fragen:

- ✔ **What time is it, please?** (uwot taim is it plies; Wie spät ist es, bitte?)
- ✔ **Do you have the time?** (duh juh häw thä taim; Wie spät ist es?)
- ✔ **Do you know what time it is?** (duh juh nou uwot taim it is; Können Sie mir sagen, wie spät es ist?)

Die **times** der **clocks A** bis **F** in Abbildung 5.1 lassen sich so ausdrücken:

- ✔ **Clock A: It's five o'clock.** (itss faiw ä-*klok*; Es ist fünf Uhr.)
- ✔ **Clock B: It's a quarter past six.** (itss ä *kuwort*-er pähsst ssikss; Es ist viertel nach sechs.)
- ✔ **Clock C: It's half past seven.** (itss hähf pähsst *sse*-wen; Es ist halb acht./Es ist sieben Uhr dreißig.)
- ✔ **Clock D: It's a quarter to nine.** (itss ä *kuwort*-er tu nain; Es ist viertel vor neun.)
- ✔ **Clock E: It's ten (minutes) past nine.** (itss ten *mi*-nitss pähsst nain; Es ist zehn Minuten nach neun.)
- ✔ **Clock F: It's twenty (minutes) to six.** (itss *tuwen*-tie *mi*-nitss tu ssikss; Es ist zwanzig Minuten vor sechs.)

Beim Anschauen all dieser Zeitausdrücke ist Ihnen die Zeit davongelaufen? Es gibt eine einfache Möglichkeit, die **time** kurz auszudrücken:

- ✔ **Clock B: It's a quarter past six.** wird zu **It's six fifteen.** (itss ssikss *fif*-tien; Es ist sechs Uhr fünfzehn.)
- ✔ **Clock D: It's a quarter to nine.** wird zu **It's eight forty-five.** (itss äit fohr-tie-*faiw*; Es ist acht Uhr fünfundvierzig.)

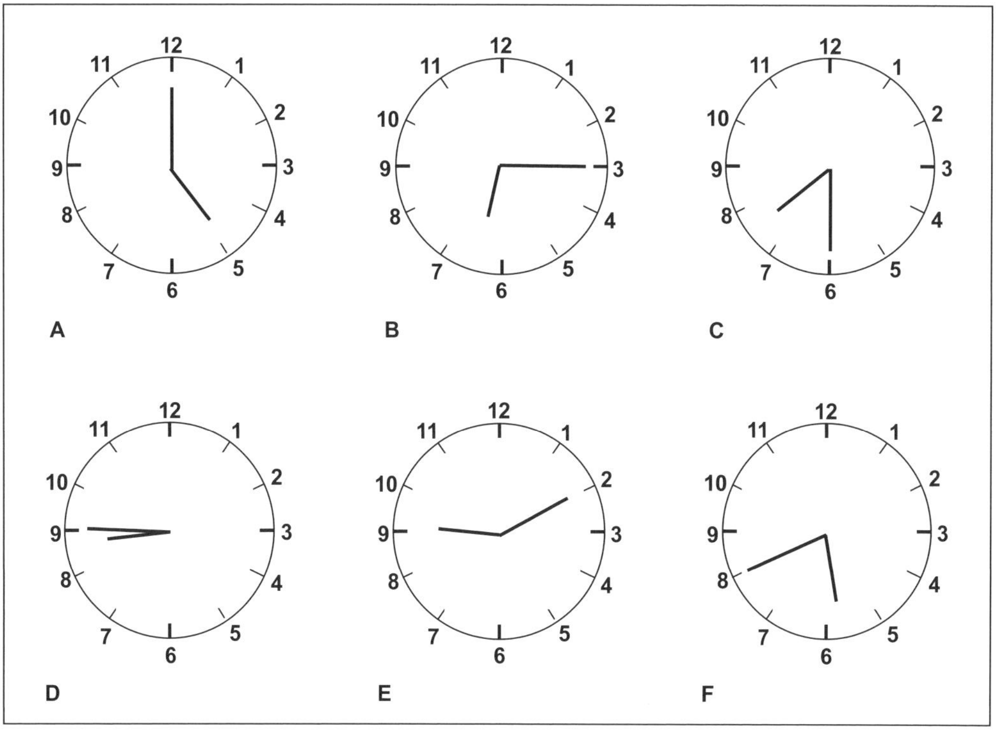

Abbildung 5.1: Verschiedene ***times*** *auf der* ***clock***

Die Angabe der **time** ist ganz einfach, denn Sie müssen nur bis zwölf zählen. Wie Sie das tun, können Sie in Kapitel 2 erfahren. Wieso nur bis zwölf, fragen Sie sich? Der Tag hat doch 24 Stunden! Das hat er – auch im englischsprachigen Raum. Während man im deutschsprachigen Raum aber in der Regel bis 24 zählt, schneiden die Engländer und Amerikaner die »Tagestorte« in zwei Hälften:

✔ **a.m.** (*äi*-em; vor dem Mittag)

✔ **p.m.** (*pie*-em; nach dem Mittag)

Dafür müssen Sie wieder einmal den Lateinprofessor bemühen: **a.m.** steht für »ante meridiem« (vor dem Mittag), **p.m.** für »post meridiem« (nach dem Mittag). Die ersten zwölf Stunden – ab Mitternacht bis zum **noon** (nuhn; Mittag) – werden also mit **a.m.** bezeichnet, die verbleibenden zwölf Stunden dann – ab Mittag bis **midnight** (*mid*-nait; Mitternacht) mit **p.m.**

Und denken Sie immer daran, **punctual** (*pank*-tsschel; pünktlich) zu sein, denn: Pünktlichkeit ist eine Zier ... Dann können Sie auch die folgenden Sätze getrost ganz schnell wieder vergessen:

✔ **I'm too early.** (aim tuh *ör*-lie; Ich bin zu früh.)

- **I'm early.** (aim *ör*-lie; Ich bin früh dran.)
- **I'm late.** (aim läit; Ich bin spät dran.)
- **I'm too late.** (aim tuh läit; Ich bin zu spät.)

Diese Sätze lassen sich natürlich auch mit anderen **personal pronouns** verwenden. Mehr über **personal pronouns** können Sie in Kapitel 2 nachlesen. Danach können Sie auch Kapitel 12 aufschlagen. Dort erfahren Sie noch mehr über Zeitangaben.

Night and Day and In Between: Tageszeiten

Die Uhr ist – und wir danken den Schweizern dafür – ein Präzisionsinstrument, mit dem wir die **time** ganz genau feststellen können. Wenn Sie den vorangegangen Abschnitt gelesen haben, wissen Sie, wie Sie das auf Englisch tun. Was jetzt aber kommt – nämlich die Tageszeiten –, können Sie etwas lässiger behandeln. Schließlich gestalten ja Sie Ihren Tag. Hier sind die Informationen, die Sie brauchen:

- **morning** (*mor*-ning; der Morgen)
- **afternoon** (ähf-ter-*nuhn*; der Nachmittag)
- **evening** (*iew*-ning; der Abend)
- **night** (nait; die Nacht)

In Sätzen können Sie diese Ausdrücke wie folgt verwenden:

- **I'm a morning person.** (aim ä *mor*-ning *pör*-ssen; Ich bin ein Morgenmensch.)
- **I like to go for a walk in the afternoon.** (ai laik tu gou for ä uwoohk in thie ähf-ter-*nuhn*; Ich gehe gern am Nachmittag spazieren.)
- **Don't forget to buy an evening paper. I like to read it after dinner.** (dount for-*get* tu bai än *iew*-ning *päi*-per ai laik tu ried it *ähf*-ter *din*-er; Vergiss nicht, eine Abendzeitung zu kaufen. Ich lese sie gern nach dem Abendessen.)
- **The stars come out at night.** (thä sstahrs kam aut ät nait; In der Nacht stehen die Sterne am Himmel.)

Die Tageszeiten können Sie auch mit dem Wort **good** (gud; gut) verbinden. So haben Sie immer die passende Begrüßung. Allerdings sollten Sie wissen, dass **»Good night!«** – genauso wie im Deutschen »Gute Nacht!« – eine Verabschiedung am Ende des Tages ist. Mehr über Begrüßungen und Verabschiedungen erfahren Sie in Kapitel 3.

The Right Start for the Day: Frühstück

Endlich geht es richtig ums Essen: Es ist **morning** (*mor*-ning; Morgen) und es ist Zeit für **breakfast** (*brek*-fesst; Frühstück) – so nennt man die erste Mahlzeit des Tages. Was Sie zu sich nehmen, ist letztlich Ihnen überlassen. Das Angebot in den englischsprachigen Ländern reicht, wie inzwischen auch in Deutschland, von **A** wie **apple** (*äp*-el; Apfel), über **P** wie **por-**

ridge (*pooh*-ridsch; Haferbrei) – der, den Ihre Großmutter Ihnen immer gekocht hat, wenn Sie krank waren – bis zu **Y** wie **yoghurt** (*jou*-gört; Joghurt). Zugegebenermaßen sind Sie jetzt noch nicht bis zu **Z** vorgedrungen. Das liegt daran, dass Sie Zwieback auf den **breakfast menus** (*brek*-fesst *men*-juhs; Frühstückskarten) in England oder den USA nicht finden. Dafür gibt es aber einige der folgenden Spezialitäten:

- ✔ **orange juice and fresh fruit** (*ooh*-rindsch dschuhss änd fressch fruht; Orangensaft und frisches Obst)
- ✔ **cereal** (*ssi*-rie-el; Frühstücksflocken)
- ✔ **hot oatmeal** (AE) (hot *out*-miel; Haferbrei)
- ✔ **porridge** (BE) (*pooh*-ridsch; Haferbrei)
- ✔ **pancakes with maple syrup** (*pän*-käikss uwith *mäi*-pel *ssi*-rep; Pfannkuchen mit Ahornsirup)
- ✔ **French toast** (frentssch tousst; »Arme Ritter«)
- ✔ **eggs with bacon and sausages** (egs uwith *bäi*-ken änd *ssooh*-ssidsch-es; Eier mit gebratenem Schinkenspeck und Würstchen)
- ✔ **bagels with cream cheese and lox** (*bäi*-gels uwith kriem tsschies änd lokss; Bagels mit Frischkäse und Räucherlachs)

Das gute alte gekochte Ei zum Frühstück finden Sie in den englischsprachigen Ländern eher selten. Dort werden Eier – nicht nur als Bestandteil Ihres **breakfast** – in vielfältiger Weise zubereitet:

- ✔ **fried eggs** (fraid egs; Spiegelei)
- ✔ **fried eggs »sunny side up«** (fraid egs *ssan*-ie ssaid ap; Spiegelei – das Ei wird nur von unten gebraten; das Eigelb ist sichtbar und weich)
- ✔ **fried eggs »over easy«** (fraid egs *ou*-wer *ie*-sie; Spiegelei – von beiden Seiten gebraten)
- ✔ **poached eggs** (poutsscht egs; verlorene Eier)
- ✔ **omelette** (*om*-let; Omelette)
- ✔ **Eggs Benedict** (egs *be*-ne-dikt; verlorenes Ei mit Kochschinken und Sauce Hollandaise auf Toast)

Wahnsinn. So viel Kreativität, und dabei haben Sie mit den Pfannkuchenvariationen noch nicht einmal angefangen. Dazu gehen Sie am besten in eines der vielen **breakfast places** (*brek*-fesst *pläiss*-es; Frühstücksrestaurants), die Sie besonders in den USA überall finden. Natürlich gibt es dort auch Ihr gutes altes Frühstücksei:

- ✔ **soft-boiled eggs** (ssoft beuld egs; weich gekochte Eier)
- ✔ **hard-boiled eggs** (hahrd beuld egs; hart gekochte Eier)

Selbstverständlich ist diese Frühstücksliste weit davon entfernt, vollständig zu sein. Sollten Sie einmal in einem Hotel frühstücken, wird Ihnen mitunter auch ein **continental breakfast** (kon-ti-*nent*-el *brek*-fesst; europäisches Frühstück) angeboten. Das kennen Sie dann schon – es ist ein Frühstück auf Sparflamme:

- ✔ **toast** (tousst; Toastbrot)
- ✔ **roll** (roul; Brötchen)
- ✔ **butter** (*ba*-ter; Butter)
- ✔ **jam** (dschähm; Marmelade)
- ✔ **coffee** (*ko*-fie; Kaffee)
- ✔ **tea** (tie; Tee)

Wenn Sie sich an den folgenden Sätzen orientieren, sind Ihrer Kreativität am Frühstückstisch kaum Grenzen gesetzt:

- ✔ **I always have a big breakfast with eggs, bacon, and coffee.** (ai *oohl*-uwäis häw ä big *brek*-fesst uwith egs *bäi*-ken änd *ko*-fie; Ich esse immer ein großes Frühstück mit Eiern, Frühstücksspeck und Kaffee.)
- ✔ **They only serve a continental breakfast here.** (thäi *oun*-lie ssörw ä kon-ti-*nent*-el *brek*-fesst hier; Es gibt hier nur europäisches Frühstück.)
- ✔ **I like the full English breakfast with eggs, sausages, baked beans, stewed tomatoes, and toast. It's England's finest contribution to dining.** (ai laik thä ful *ing*-lissch *brek*-fesst uwith egs *ssooh*-ssidsch-es bäikt biens sstuhd to-*mäi*-tous änd tousst itss *ing*-lends *fain*-esst kon-tri-*bjuh*-sschen tu *dain*-ing; Ich mag das komplette englische Frühstück mit Eiern, Würstchen, gebackenen Bohnen, gekochten Tomaten und Toast. Es ist Englands bester Beitrag zur Esskultur.)
- ✔ **New Yorkers have introduced bagels, cream cheese, and lox to the breakfast table.** (nuh *jork*-ers häw in-tro-*duhsst bäi*-gels kriem tsschies änd lokss tu thä *brek*-fesst *täi*-bel; Die New Yorker haben Bagels, Frischkäse und Räucherlachs an den Frühstückstisch gebracht, *wörtlich:* bekannt gemacht.)

Wenn Sie als Kaffeetrinker in den USA im Frühstücksrestaurant sitzen, wird es sicherlich passieren, dass Sie von der **server** (*ssörw*-er; Servicekraft) folgenden Satz hören:

- ✔ **Would you like a refill?** (uwud juh laik ä *rie*-fil; Möchten Sie noch eine Tasse Kaffee?)

Sie können getrost mit »ja« antworten, denn der **refill** ist im Preis der ersten Tasse inbegriffen. Ein Schlaraffenland für Kaffeetrinker ...

False Friends: »marmalade« und »Marmelade«

Wenn Sie sich schon auf Ihre geschmierten Brötchen freuen, denken Sie daran, dass Sie im Englischen zwischen den folgenden beiden Brotaufstrichen unterscheiden müssen:

- ✔ **marmalade** (*mar*-me-läid; Zitrusfruchtmarmelade)
- ✔ **jam** (dschähm; Marmelade)

Marmalade wird nur aus Zitrusfrüchten hergestellt und ist daher eher bitter. Wenn Sie etwas Süßes wollen, kaufen oder bestellen Sie **jam** – dann bekommen Sie süße Marmelade. So vermeiden Sie die böse Überraschung am Frühstückstisch.

Track 7: Im Gespräch

Die Kollegen Chuck und Nigel sind auf einer **business trip** (*bis*-ness trip; Geschäftsreise). Sie wollen im Hotel frühstücken.

Chuck: **Oh, I love the breakfast buffet in this hotel. It's much better than a continental breakfast.**

ou ai law thä *brek*-fesst be-*fäi* in thiss hou-*tel* itss matssch *bet*-er thän ä kon-ti-*nent*-el *brek*-fesst

Oh, ich liebe das Frühstücksbuffet in diesem Hotel. Es ist viel besser als ein europäisches Frühstück.

Nigel: **There's so much. I don't know what to choose. What do you suggest?**

thäirs ssou matssch ai dount nou uwot tu tsschuhs uwot duh juh sse-*dschesst*

Es gibt so viel. Ich weiß nicht, was ich nehmen soll. Was schlägst du vor?

Chuck: **Well, I'm going to start with a bowl of fresh fruit, followed by some muesli with yoghurt. Then, I think I'll have scrambled eggs with bacon and toast. After that, I'll have some waffles with whipped cream and strawberries. And coffee, of course.**

uwel aim *gou*-ing tu sstart uwith ä boul ow fressch fruht *fo*-loud bai ssam *mjuhs*-lie uwith *jou*-gört then ai thhink *ai*-el häw *sskräm*-beld egs uwith *bäi*-ken änd tousst *ähf*-ter thät *ai*-el häw ssam *uwo*-fels uwith uwipt kriem änd *sstrooh*-be-ries änd *ko*-fie ow korss

Nun, ich werde mit einer Schale frischem Obst anfangen, gefolgt von etwas Müsli mit Joghurt. Ich glaube, dann werde ich Rührei mit gebratenem Schinkenspeck und Toast nehmen. Danach werde ich ein paar Waffeln mit Schlagsahne und Erdbeeren essen. Und natürlich Kaffee.

Nigel: **Right, Chuck. I think I'll have half a grapefruit and some tea. That's enough for me.**

rait tsschak ai thhink *ai*-el häw hähf ä *gräip*-fruht änd ssam tie thätss i-*naf* for mie

Alles klar, Chuck. Ich denke, ich nehme eine halbe Pampelmuse und etwas Tee. Das ist genug für mich.

Kleiner Wortschatz

Englisch	Aussprache	Deutsch
menu	*men*-juh	Karte
to serve	tu ssörw	servieren
full	ful	voll, komplett
refill	*rie*-fil	Nachschlag
to choose	tu tsschuhs	auswählen, wählen
enough	i-*naf*	genug

Let's Have Lunch: Mittagessen

Sie haben den vorangegangenen Abschnitt gelesen und die Vielfalt des **breakfast** war überwältigend? Gut – im Essensplan gibt es für Sie jedoch heute keine Verschnaufpause. Es ist **noon time** (nuhn taim; Mittagszeit) und **lunch** (lantssch; Mittagessen) steht an. Dieses reicht von **sandwiches** über **salads** (*ssä*-leds; Salate) bis zu **soups** (ssuhpss; Suppen).

Sie vermissen Ihre mittägliche Roulade mit Kartoffeln und Rotkohl? Lassen Sie sich ein wenig Platz für **dinner** (*din*-er; Abendessen), die eigentliche Hauptmahlzeit des Tages in vielen Teilen der englischsprachigen Welt. Dazu aber mehr im Abschnitt *Benehmen Sie sich: Auswärts essen* weiter hinten in diesem Kapitel.

Egal, in welchen Essgewohnheiten Sie sich wiederfinden: Das **lunch** bietet Ihnen vielfältige Möglichkeiten, Ihren Hunger zu stillen. Probieren Sie es doch einfach mal mit:

- **sandwich** (*ssänd*-uwitssch; Sandwich)
- **French fries** (AE) (frentssch frais; Pommes frites)
- **chips** (BE) (tsschipss; Pommes frites)
- **soup** (ssuhp; Suppe)
- **chowder** (*tsschaud*-er; suppenartiger Eintopf)
- **coleslaw** (*koul*-sslooh; Farmersalat aus Weißkohl und Möhren)
- **sub** (ssab; Jumbosandwich)

Haben Sie sich über das Wort **sub** in dieser Liste gewundert? Denken Sie an das **yellow submarine** (je-*lou* ssab-me-*rien*; gelbes U-Boot) der Beatles? Zu Recht. Denn das **sub** ist ein Unterseeboot in Brotform. Sie nehmen ein Meterbrot und belegen es nach Herzenslust – entweder kalt oder warm. Diese Form des **sandwich** ist in den USA so beliebt, dass Sie es regional unter verschiedenen Bezeichnungen finden:

- ✔ **hero sandwich** (*hie*-rou *ssänd*-uwitssch; Jumbosandwich, *wörtlich:* Heldensandwich)
- ✔ **poor boy** (puhr beu; Jumbosandwich, *wörtlich:* armer Junge)
- ✔ **grinder** (*graind*-er; Jumbosandwich, *wörtlich:* Mühle)

Egal, wie es heißt: Es schmeckt köstlich!

Mit den folgenden Sätzen kommen Sie zu Ihrem **lunch**:

- ✔ **I'll have the soup of the day.** (*ai*-el häw thä ssuhp ow thä däi; Ich nehme die Tagessuppe.)
- ✔ **I'd like a grilled cheese sandwich, an order of French fries, and some coleslaw, please.** (aid laik ä grild tsschies *ssänd*-uwitssch än *or*-der ow frentssch frais änd ssam *koul*-sslooh plies; Ich hätte gern ein Grillkäsesandwich, eine Portion Pommes frites und etwas Farmersalat, bitte.)
- ✔ **I'll have the salad. No dressing, please.** (*ai*-el häw thä *ssä*-led nou *dress*-ing plies; Ich nehme den Salat. Ohne Salatsoße, bitte.)

Mögen Sie gern Muscheleintopf? Letztlich ist das unwichtig, denn das Augenmerk liegt im Folgenden auf der Grammatik. Vergleichen Sie einmal:

- ✔ **I would like the clam chowder.** (ai uwud laik thä kläm *tsschaud*-er; Ich hätte gern den Muscheleintopf.)
- ✔ **I'd like the clam chowder.** (aid laik thä kläm *tsschaud*-er; Ich hätte gern den Muscheleintopf.)

»**I'd**« ist eine der typischen **contractions** (kon-*träk*-sschens; Kurzformen), die Sie im Englischen verwenden. Schauen Sie sich hierzu auch Kapitel 2 an. Da geht es zwar nicht um Muscheleintopf, wohl aber um Kurzformen.

False Friends: »salad« und »Salat«

Da haben Sie den Salat. Im Englischen müssen Sie zwischen den beiden folgenden Begriffen unterscheiden:

- ✔ **salad** (*ssä*-led; Salat)
- ✔ **lettuce** (*le*-tess; Blattsalat)

Während **salad** das fertige, angemachte Produkt bezeichnet, ist **lettuce** der Blattsalat, wie er auf dem Feld wächst – ohne Dressing, ohne alles.

Die kleine Mahlzeit zwischendurch: Snacks

Als deutschsprachiger Europäer sind Sie eine gemütliche **coffee break** (*ko*-fie bräik; Kaffeepause) gewohnt. Denken Sie nur an die Vielfalt der Torten und Kuchen, die sich Ihnen in der Konditorei so verführerisch präsentieren. Während Sie in Großbritannien für solche kleinen Sünden **tea rooms** finden, werden Sie in den USA vergeblich nach dem klassischen Café suchen.

Coffee to go (*ko*-fie tu gou; Kaffee zum Mitnehmen) ist in den USA die Regel – und zwar in allen möglichen Variationen. Aber passen Sie in amerikanischen **coffee shops** (*ko*-fie sschopss; Cafés) auf:

- ✔ **regular coffee** (*re*-gje-ler *ko*-fie; schwarzer Kaffee)
- ✔ **regular coffee** (*re*-gje-ler *ko*-fie; in New York City: Kaffee mit Milch)

Übrigens: Sie können nicht nur den Kaffee mitnehmen. Viele Imbisslokale und Restaurants bieten **take out food** (täik aut fuhd; Essen zum Mitnehmen) an, das Sie dann überall verspeisen können. In Großbritannien heißt diese Variante **take away** (täik ä-*uwäi*).

Die englischsprachige Welt wird Ihnen zwar keine Schwarzwälder Kirschtorte anbieten. Nichtsdestotrotz finden Sie eine Vielzahl von **treats** (trietss; Leckereien), die Sie zur **coffee break** genießen können – ob Sie es dürfen, müssen Sie selbst entscheiden:

- ✔ **apple pie** (*äp*-el pai; flacher, runder Apfelkuchen)
- ✔ **pecan pie** (*pie*-kän pai; flacher, runder Pekannusskuchen)
- ✔ **doughnuts / donuts** (*dou*-natss; Donuts)
- ✔ **muffins** (*ma*-fins; Muffins)
- ✔ **cupcakes** (*kap*-käikss; Törtchen)

Verwechseln Sie **donuts** (*dou*-natss) nicht mit **bagels** (*bäi*-gels). Beide sind zwar rund und haben ein Loch in der Mitte, aber während **donuts** weich und süß sind, sind **bagels** fest und eher mit einem Brötchen vergleichbar. Schauen Sie sich hierzu auch den Abschnitt *The Right Start for the Day: Frühstück* weiter vorn in diesem Kapitel an. Übrigens – noch eine Verwechslung, die Sie vermeiden sollten: **beagles** (*bie*-gels; Beagles) sind Hunde ...

Die folgenden Sätze helfen Ihnen und anderen, zur Kaffeepause die richtige **treat** zu bekommen:

- ✔ **I'd like a slice of apple pie.** (aid laik ä sslaiss ow *äp*-el pai; Ich hätte gern ein Stück Apfelkuchen.)
- ✔ **Did you bake those muffins? They are delicious.** (did juh bäik thous *ma*-fins thäi ar di-*li*-sschess; Haben Sie diese Muffins gebacken? Sie sind lecker.)
- ✔ **I've brought donuts for everyone. Help yourselves!** (aiw brooht *dou*-natss for *ew*-rieuwan help juhr-*sselws*; Ich habe Donuts für alle mitgebracht. Greifen Sie zu!)
- ✔ **I always put a cupcake in my husband's lunch box.** (ai *oohl*-uwäis put ä *kap*-käik in mai *has*-bends lantssch bokss; Ich lege immer ein Törtchen in die Brotdose meines Mannes.)

Fun Facts: »apple pie order«

Der **apple pie** ist tief in der anglo-amerikanischen Kultur verwurzelt. Sehen Sie selbst:

- ✔ **in apple pie order** (in *äp*-el pai *or*-der; in bester Ordnung, *wörtlich:* in Apfelkuchenordnung)
- ✔ **as sweet as apple pie** (äs ssuwiet äs *äp*-el pai; ganz und gar süß, *wörtlich:* so süß wie Apfelkuchen)
- ✔ **as American as mom and apple pie** (äs ä-*me*-ri-ken äs mom änd *äp*-el pai; uramerikanisch, *wörtlich:* so amerikanisch wie Mutti und Apfelkuchen)

Jäger und Sammler: Jeder kann sich im Supermarkt zurechtfinden

Haben Ihnen die vorangegangenen Abschnitte über **meals** Appetit gemacht? Gut so! Wenn Sie zu Hause ein **dinner** vorbereiten wollen, sollten Sie sich zunächst um den Einkauf kümmern. Das können Sie in einem **grocery store** (*grou*-sse-rie sstohr; Lebensmittelladen) erledigen. Hier erhalten Sie einen Überblick über das Angebot – einiges kennen Sie vielleicht schon aus den vorangegangenen Abschnitten dieses Kapitels:

- ✔ **Aisle 1** (*ai*-el uwan; Gang 1)**: Fruits and vegetables** (fruhtss änd *wedsch*-te-bels; Obst und Gemüse)
  - **apples** (*äp*-els; Äpfel)
  - **pears** (päirs; Birnen)
  - **bananas** (be-*nä*-nes; Bananen)
  - **pineapples** (*pain*-äp-els; Ananas)
  - **potatoes** (pe-*täi*-tous; Kartoffeln)
  - **onions** (*an*-jens; Zwiebeln)
  - **carrots** (*kä*-retss; Mohrrüben)
  - **tomatoes** (AE: to-*mäi*-tous, BE: to-*mah*-tous; Tomaten)
- ✔ **Aisle 2** (*ai*-el tuh; Gang 2)**: Dairy products** (*däh*-rie *pro*-daktss; Milchprodukte)
  - **whole milk** (houl milk; Vollmilch)
  - **skim milk** (sskim milk; fettarme Milch)
  - **butter** (*ba*-ter; Butter)

- **yoghurt** (*jou*-gört; Joghurt)
- **cream** (kriem; Sahne)
- **cheddar cheese** (*tssched*-er tsschies; Cheddarkäse)
- **eggs** (egs; Eier)

Sie haben sicherlich auch schon das Wort **supermarket** (*ssuh*-per-mar-ket; Supermarkt) gehört. Ein **supermarket** ist der Wortbedeutung nach wirklich »super« – also die Mutter aller Lebensmittelgeschäfte, jedenfalls der Größe nach. Die zahllosen **aisles** (*ai*-els; Gänge) sind manchmal so breit, dass Sie problemlos mit Ihrem europäischen Kleinwagen durchfahren könnten. Dieses Szenario erinnert mit seinen unendlichen Weiten mitunter an die Reisen des Raumschiffs Enterprise. Der **grocery store** ist da größentechnisch eher von dieser Welt.

✔ **Aisle 3** (*ai*-el thhrie; Gang 3)**: Baked goods** (bäikt guds; Backwaren)

- **whole wheat bread** (houl uwiet bred; Vollkorn-Weizenbrot)
- **English muffins** (*in*-glissch *ma*-fins; Toasties)
- **rolls** (rouls; Brötchen)
- **French bread** (frentssch bred; Baguettebrot)
- **Italian bread** (i-*täl*-jen bred; Meterbrot)

Sie vermissen die Vielfalt des gewohnten deutschen Brotangebots? Pech gehabt! Im englischsprachigen Ausland werden Sie – außer in einer **family bakery around the corner** (*fä*-mi-lie *bäik*-e-rie ä-*raund* thä *kor*-ner; Familienbäckerei um die Ecke) – auf das kautechnisch anspruchsvolle Vollkorn- oder Schwarzbrot verzichten müssen. Brot kommt zumeist geschnitten und eingetütet und lässt sich durch leichten Druck auf mindestens die Hälfte des Umfangs reduzieren.

✔ **Aisle 4** (*ai*-el fohr; Gang 4)**: Meats and poultry** (mietss änd *poul*-trie; Fleisch und Geflügel)

- **beef** (bief; Rindfleisch)
- **veal** (wiel; Kalbfleisch)
- **pork** (pork; Schweinefleisch)
- **mutton** (*ma*-ten; Hammelfleisch)
- **ground beef** (AE) (graund bief; Rinderhackfleisch)
- **minced beef** (BE) (minsst bief; Rinderhackfleisch)
- **chicken** (*tsschi*-ken; Huhn)
- **turkey** (*tör*-kie; Pute)
- **cold cuts** (kould katss; Aufschnitt)

Für Ihren Besuch im **grocery store** sollten Sie sich einen **shopping list** (*sschop*-ing lisst; Einkaufszettel) schreiben. Angenommen, Sie möchten **Boston Baked Beans** (*boss*-ten bäikt biens; Bostoner gebackene Bohnen) zubereiten – zu Mikrowellenpizza und Spiegelei wäre das eine nette Abwechslung –, dann müssten Sie wie folgt vorgehen:

✔ **Shopping list:**

- **two cans of baked beans** (tuh kähns ow bäikt biens; zwei Dosen gebackene Bohnen)
- **four frankfurters** (fohr *fränk*-fert-ers; vier Wiener Würstchen)
- **lime jello** (laim *dsche*-lou; Wackelpudding mit Limettengeschmack)
- **wine** (uwain; Wein)

Als **dessert** gibt es also **jello** (*dsche*-lou; Wackelpudding) – die Speise der Götter, die Sie doch sicherlich auch seit Ihrer Kindheit lieben. Das hört sich dann doch schon fast nach einem kulinarischen Hochgenuss an – oder einem entsprechenden Supergau, je nach Ihrem persönlichen Geschmack.

Mit dem letzten Eintrag auf der **shopping list** werden Sie vielleicht Probleme bekommen, denn mit dem Alkohol ist das so eine Sache – besonders in den USA. In einem amerikanischen Supermarkt werden Sie vergeblich nach dem Wein- und Spirituosenregal suchen. Sie bekommen zwar **beer** (bier; Bier), aber für alle anderen **alcoholic beverages** (äl-ke-*ho*-lik *bew*-ridsch-es; alkoholischen Getränke) müssen Sie einen **liquor store** (*li*-ker sstohr; Spirituosenladen) aufsuchen. Das sollten Sie allerdings erst tun, wenn Sie mindestens 21 Jahre alt sind. Ohne entsprechenden Altersnachweis werden Sie nämlich scheitern.

Wenn Sie Ihren Einkauf zusammenhaben, schieben Sie Ihren **shopping cart** (*sschop*-ing kart; Einkaufswagen) zur **check-out line** (*tsschek*-aut lain; Kasse). Dort zücken Sie schnell Ihre **credit card** (*kre*-dit kahrd; Kreditkarte). Und schon sind Sie fertig. Mehr über das Bezahlen können Sie in Kapitel 6 erfahren. Alles über Geld und andere Zahlungsmittel lesen Sie in Kapitel 11 nach.

Fun Facts: »cheesy«

Die Chancen stehen gut, dass Sie einmal über die folgende Aussage stolpern werden:

✔ **That's cheesy!** (thätss *tsschies*-ie; Das ist schäbig, *wörtlich:* Das ist käsig!)

Mit dem Geruch oder Geschmack von Käse hat das eher nichts zu tun. Ein weiteres Beispiel für den Missbrauch von Lebensmitteln folgt auf dem Fuße:

✔ **That's fishy!** (thätss *fissch*-ie; Das ist verdächtig, *wörtlich:* Das ist fischig!)

Seien Sie also auf der Hut.

Fun Facts: »meat names«

Sie können Französisch? Gut, dann haben Sie einen großen Teil des englischen Wortschatzes schon gemeistert. Hatten Sie bei den verschiedenen **meat names** (miet näims; Fleischnamen) in diesem Abschnitt das Gefühl, in Frankreich zu sein? Sehen Sie selbst:

- »boeuf« wird zu **beef**
- »porc« wird zu **pork**
- »veau« wird zu **veal**
- »mouton« wird zu **mutton**
- »poularde« wird zu **poultry**

Sie liegen zwar geografisch völlig daneben, aber Ihr Sprachgefühl hat Sie nicht getäuscht. Schuld ist William der Eroberer, der 1066 bei der Eroberung Englands die französische Sprache mit im Gepäck hatte. Französisch wurde die Sprache des englischen Adels. Bei dem, was dieser auf den Tisch bekam, zeigt sich der französische Einfluss im englischen Wortschatz bis heute.

Benehmen Sie sich: Auswärts essen

Besonders in amerikanischen **restaurants** (*ress*-te-rahntss; Restaurants) funktionieren viele Dinge anders, als Sie es vielleicht gewohnt sind. Stellen Sie sich vor, Sie befinden sich mit Ihrer Begleitung im Eingangsbereich des zurzeit angesagten **restaurant**. Wenn Sie jetzt glauben, Sie können sich einfach einen **table** (*täi*-bel; Tisch) aussuchen und sich setzen, dann liegen Sie falsch.

Im englischsprachigen Raum werden Sie in der Regel von einem **maitre d'** (*mäi*-tre die; Empfangsperson) oder **host** (housst; Empfangsperson) zu einem bestimmten **table** geführt. Wenn Sie keine **reservation** (re-sör-*wäi*-sschen; Reservierung) haben, kann das unter Umständen zu einer langen Wartezeit führen.

In diesem Abschnitt erfahren Sie, wie Sie sich im **restaurant** zurechtfinden: im **foyer** (feu-*jäi*; Eingangsbereich), an der **bar** (bahr; Bar), am **table** und natürlich beim **meal** und beim **paying the check** (*päi*-ing thä tsschek; Bezahlen der Rechnung). Aber: **first things first** (försst thhings försst; Alles der Reihe nach, *wörtlich:* erste Sachen zuerst). Diese Fragen werden Ihnen vielleicht im **foyer** gestellt:

- **Have you reserved a table?** (häw juh ri-*sörwd* ä *täi*-bel; Haben Sie einen Tisch reserviert?)

- ✔ **Do you have a reservation?** (duh juh häw ä re-sör-*wäi*-sschen; Haben Sie eine Reservierung?)
- ✔ **A table for how many, please?** (ä *täi*-bel for hau *me*-nie plies; Für wie viele Personen brauchen Sie einen Tisch?)

Mögliche Antworten auf diese Fragen könnten diese sein:

- ✔ **Yes, I've reserved a table. My name is Casebeer.** (jess aiw ri-*sörwd* ä *täi*-bel mai näim is *käiss*-bier; Ja, ich habe einen Tisch reserviert. Mein Name ist Casebeer.)
- ✔ **No, I haven't. Do you have a table for two?** (nou ai *häw*-ent duh juh häw ä *täi*-bel for tuh; Nein, habe ich nicht. Haben Sie einen Tisch für zwei Personen?)
- ✔ **We would like a table for seven, please. Can you squeeze us in?** (uwie uwud laik ä *täi*-bel for *sse*-wen plies kän juh sskuwies ass in; Wir hätten gern einen Tisch für sieben Personen. Können Sie uns dazwischenschieben?)

Im Gespräch

Doug und Sarah sind im **foyer** eines **restaurant**. Doug spricht mit dem **host**, um noch einen **table** zu ergattern.

Host: **Good evening. Have you reserved a table?**

gud *iew*-ning häw juh ri-*sörwd* ä *täi*-bel

Guten Abend. Haben Sie einen Tisch reserviert?

Doug: **No, I'm afraid we haven't. Do you have a table for two?**

nou aim ä-*fräid* uwie *häw*-ent duh juh häw ä *täi*-bel for tuh

Nein, haben wir leider nicht. Haben Sie einen Tisch für zwei Personen?

Host: **Well, in about half an hour. In the meantime, would you like to go to the lounge and have a cocktail?**

uwel in ä-*baut* hähf än *au*-er in thä *mien*-taim uwud juh laik tu gou tu thä laundsch änd häw ä *kok*-täil

Nun, in ungefähr einer halben Stunde. Möchten Sie in der Zwischenzeit in die Lounge gehen und einen Cocktail trinken?

Doug: **Great idea. We'll do that. Thank you.**

gräit ai-*di*-a uwiel duh that thhänk juh

Großartige Idee. Das tun wir. Danke schön.

An der Bar

Es kann vorkommen, dass Sie im **restaurant** auf Ihren **table** warten müssen. Ein Aufenthalt in der **cocktail lounge** (*kok*-täil laundsch; Cocktailbar) oder **bar** gibt Ihnen die Gelegenheit, schon ein wenig mit Ihrer Begleitung zu plaudern. Über diese Art von mehr oder weniger gehaltvollem Geplauder können Sie mehr in Kapitel 4 erfahren. Dazu können Sie sich folgende **drinks** (drinkss; Getränke) bestellen, um die Stimmung etwas aufzulockern:

- ✔ **scotch on the rocks** (sskotsssch on thä rokss; Schottischer Whisky auf Eiswürfeln – für den Kenner eine Sünde)
- ✔ **margarita straight up** (mar-ge-*rie*-ta ssträit ap; Margarita ohne Eis)
- ✔ **tequila sunrise** (te-*kie*-la *ssan*-rais; Tequila mit Orangensaft)
- ✔ **martini – shaken, not stirred** (mar-*tie*-nie *sschäik*-en not sstörd; Martini – geschüttelt, nicht gerührt)
- ✔ **Cuba libre** (*kjuh*-ba *lie*-bräi; Rum mit Cola)

Generell sind Ihnen die folgenden Ausdrücke behilflich, wenn Sie einen **drink** oder **cocktail** bestellen wollen:

- ✔ **on the rocks** (on thä rokss; auf Eiswürfeln, *wörtlich:* auf den Steinen)
- ✔ **straight up** (ssträit ap; ohne Eis, *wörtlich:* aufrecht)
- ✔ **shaken** (*sschäik*-en; geschüttelt)
- ✔ **stirred** (sstörd; gerührt)

Mit den letzten beiden können Sie sogar **007** (*da*-bel ou *sse*-wen) Konkurrenz machen.

Ihr **drink** ist nicht dabei? Nun, natürlich ist die Vielfalt der **drinks** unendlich. Mehr über **drinks** und wie man sie bestellt, können Sie in Kapitel 7 erfahren.

»Ich schau dir in die Augen, Kleines«. So oder so ähnlich kennen Sie das aus dem Film *Casablanca*. Aber was sagen Sie eigentlich, wenn Sie Ihren **drink** in der Hand halten und Ihrer Begleitung zuprosten wollen? Da gibt es viele Möglichkeiten:

- ✔ **Cheers!** (tsschiers; Prost!)
- ✔ **To your health!** (tu juhr helthh; Zum Wohl!)
- ✔ **Chin-chin!** (tsschin-*tsschin*; Zum Wohl!)
- ✔ **Down the hatch!** (daun thä hätssch; Runter damit!)

Fühlen Sie sich aber nicht genötigt, überhaupt etwas vor dem Trinken sagen zu müssen. Dies ist im englischsprachigen Raum viel weniger üblich als im deutschsprachigen. Sie dürfen sich also dem Wesentlichen widmen – ob dies der **drink** oder das Gespräch ist, bleibt Ihnen selbst überlassen.

Am Tisch

Man sagt ja: **Time flies when you are having fun.** (taim flais uwen juh ar *häw*-ing fan; Die Zeit vergeht im Flug, wenn man Spaß hat). Und siehe da: Die Wartezeit ist vorbei und der **host** kommt, um Sie zu Ihrem Platz zu begleiten. Dort erwartet Sie schon ein wunderschön gedeckter **table**, auf den folgende Dinge gehören:

- ✔ **silverware** (AE) (*ssil*-wer-uwäir; Besteck)
- ✔ **cutlery** (BE) (*kat*-le-rie; Besteck)
- ✔ **fork** (fork; Gabel)
- ✔ **knife** (naif; Messer)
- ✔ **soup spoon** (ssuhp sspuhn; Esslöffel)
- ✔ **teaspoon** (*tie*-sspuhn; Teelöffel)
- ✔ **water glass** (*uwooh*-ter glähss; Wasserglas)
- ✔ **wine glass** (uwain glähss; Weinglas)
- ✔ **plate** (pläit; Teller)
- ✔ **napkin** (AE) (*näp*-kin; Serviette)
- ✔ **serviette** (BE) (ssö-wie-*et*; Serviette)

Essen von der Karte bestellen

Nachdem Sie sich an den Tisch gesetzt haben, beginnt der wirklich schwierige Teil. Sie dürfen die **menu** (*men*-juh; Speisekarte) durchforsten und sollen sich entscheiden.

Die Gerichte auf der **menu** können in folgende Kategorien eingeteilt werden:

- ✔ **starters** (*sstart*-ers; Vorspeisen) oder
- ✔ **appetizers** (*ä*-pe-tais-ers; Vorspeisen)
- ✔ **entrées** (on-*träis*; Hauptgänge) oder
- ✔ **main courses** (mäin *korss*-es; Hauptgänge)
- ✔ **desserts** (di-*sörtss*; Nachtisch)
- ✔ **beverages** (*bew*-ridsch-es; Getränke)

Ob genug Platz im Magen für alles vorhanden ist, ist eine andere Frage.

Auf einer **menu** im englischsprachigen Raum werden Sie sich relativ leicht zurechtfinden. Sie unterscheidet sich nicht wesentlich von der, die Sie aus deutschen Restaurants gewohnt sind. Sie sollten aber auf folgende Formulierungen achten:

- ✔ **a choice of** (ä tsscheuss ow; eine Auswahl von)

- **your choice of** (juhr tsscheuss ow; Ihre Auswahl von)
- **a selection of** (ä sse-*lek*-sschen ow; eine Auswahl von)

Alle diese Formulierungen weisen darauf hin, dass Sie eine Wahl treffen müssen – zum Beispiel zwischen sechs verschiedenen Zubereitungsformen **of the humble potato** (ow thä *ham*-bel pe-*täi*-tou; die gewöhnliche Kartoffel) oder zwischen zehn oder mehr verschiedenen **salad dressings** (*ssä*-led *dress*-ings; Salatdressings).

Während des Bestellvorgangs könnten Ihnen folgende Fragen im Restaurant begegnen:

- **Have you decided yet?** (häw juh di-*ssaid*-ed jet; Haben Sie sich schon entschieden?)
- **Are you ready to order?** (ar juh *re*-die tu *or*-der; Sind Sie bereit zu bestellen?)
- **Would you like to look at the wine list?** (uwud juh laik tu luk ät thä uwain lisst; Möchten Sie einen Blick auf die Weinkarte werfen?)
- **How would you like your steak?** (hau uwud juh laik juhr sstäik; Wie möchten Sie Ihr Steak?)
- **Can I get you anything else?** (kän ai get juh *ä*-nie-thhing elss; Darf ich Ihnen sonst noch etwas bringen?)

Während Sie auf Ihr Essen warten, sollten Sie sich schon einmal auf das vorbereiten, was Sie vor dem Essen zu Ihrer Begleitung sagen. Das »Guten Appetit!«, das Sie aus Deutschland kennen, können Sie in dieser Art und Weise getrost vergessen. Viele Menschen im englischsprachigen Raum sagen gar nichts – und machen damit auch nichts falsch. Andere wiederum sagen:

- **Enjoy your meal!** (en-*dscheu* juhr miel; Genießen Sie Ihr Essen!)

Wenn Sie möchten, können Sie das als Ersatz für »Guten Appetit!« sagen.

False Friends: »menu« und »Menü«

Erwarten Sie, wenn Sie **menu** lesen, ein Vier-Gänge-Menü? Weit gefehlt:

- **menu** (*men*-juh; Speisekarte)
- **multi-course meal** (*mal*-tie korss miel; Menü)

So ein **multi-course meal** können Sie vielleicht im **menu** finden. **Menu** selbst ist aber nur die Speisekarte.

False Friends: »crab« und »Krabbe«

Haben Sie Appetit auf Krabben? Dann ist es gut, wenn Sie zwischen den folgenden beiden Meeresbewohnern unterscheiden können:

✔ **crab** (kräb; Krebs)

✔ **shrimps** (sschrimpss; Krabben)

Das Meeresgetier birgt auch noch weitere Probleme:

✔ **shellfish** (*sschel*-fissch; Krustentiere)

✔ **haddock** (*hä*-dak; Schellfisch)

Track 8: Im Gespräch

Doug und Sarah haben etwas von der **menu** gewählt und bestellen ihr Essen.

Server: **Good evening. Have you decided yet?**

gud *iew*-ning häw juh di-*ssaid*-ed jet

Guten Abend. Haben Sie sich schon entschieden?

Doug: **I'm not sure. Is there anything special you could recommend?**

aim not sschuhr is thäir *ä*-nie-thhing *sspe*-sschel juh kud re-ke-*mend*

Ich bin mir nicht sicher. Gibt es etwas Besonderes, was Sie empfehlen könnten?

Server: **Of course. The salmon is in season. I can recommend that with new potatoes and drawn butter as well as the chef salad.**

ow korss thä *ssä*-men is in *ssie*-sen ai kän re-ke-*mend* thät uwith nuh pe-*täi*-tous änd droohn *ba*-ter äs uwel äs thä sschef *ssä*-led

Natürlich. Es ist Lachssaison. Den kann ich Ihnen mit Frühkartoffeln und zerlassener Butter zusammen mit dem Chefsalat empfehlen.

Sarah: **I'll have that, please.**

ai-el häw thät plies

Das hätte ich gern.

Server: **And you, sir?**

änd juh ssör

Und Sie, mein Herr?

Doug: **I'll have a T-bone steak. Rare, please.**

ai-el häw ä *tie*-boun sstäik räir plies

Ich nehme ein T-Bone-Steak. Blutig, bitte.

Server: **What would you like to go with that? You have a choice of baked potato, mashed potatoes, French fries, or rice. As a vegetable you can choose from broccoli, green beans, corn on the cob, or Brussels sprouts.**

uwot uwud juh laik tu gou uwith thät juh häw ä tsscheuss ow bäikt pe-*täi*-tou mässcht pe-*täi*-tous frentssch frais or raiss äs ä *wedsch*-te-bel juh kän tsschuhs from *bro*-ke-lie grien biens korn on thä kob or *bra*-ssels sspprautss

Was hätten Sie gern dazu? Sie haben die Wahl zwischen einer gebackenen Kartoffel, Kartoffelbrei, Pommes frites oder Reis. Als Gemüse können Sie zwischen Brokkoli, grünen Bohnen, Mais am Kolben oder Rosenkohl wählen.

Doug: **Great. I'll have the baked potato with sour cream and corn on the cob. Can I have a side order of creamed spinach?**

gräit *ai*-el häw thä bäikt pe-*täi*-tou uwith *ssau*-er kriem änd korn on thä kob kän ai häw ä ssaid *or*-der ow kriemd *sspi*-nidsch

Großartig. Ich nehme dazu eine gebackene Kartoffel mit Sauerrahm und Mais am Kolben. Kann ich dazu außerdem eine Portion Rahmspinat bekommen?

Server: **Of course, sir.**

ow korss ssör

Sehr wohl, mein Herr.

Kleiner Wortschatz

Englisch	Aussprache	Deutsch
choice	tsscheuss	Auswahl
selection	sse-*lek*-sschen	Auswahl
to decide	tu di-*ssaid*	sich entscheiden
to order	tu *or*-der	bestellen
to recommend	tu re-ke-*mend*	empfehlen
side order	ssaid *or*-der	Beilage

Beim Essen

Bis Ihr Essen serviert wird, können Sie sich über Ihre **hobbies** (*ho*-bies; Hobbys) und Ihre **preferences** (*pre*-fe-renss-es; Vorlieben) austauschen – dazu schauen Sie sich Kapitel 8 an. Aber auch während Sie mit dem Essen beschäftigt sind, gibt es einiges, was für Sie neu sein könnte. Möglicherweise kommt die Bedienung, um nachzuschauen, ob alles in Ordnung ist:

- ✔ **Is everything all right?** (is *ew*-rie-thhing oohl rait; Ist alles in Ordnung?)
- ✔ **Can I get you some more ... ?** (kän ai get juh ssam mohr; Kann ich Ihnen noch ... bringen?)

Sie können – je nach **quality** (*kuwooh*-li-tie; Qualität) und **quantity** (*kuwoohn*-ti-tie; Quantität) Ihres Essens – folgende Antworten geben:

- ✔ **Everything is fine. Thank you.** (*ew*-rie-thhing is fain thhänk juh; Alles ist bestens. Vielen Dank.)
- ✔ **I'd like some more gravy, please.** (aid laik ssam mohr *gräi*-wie plies; Ich hätte gern noch etwas Soße, bitte.)
- ✔ **Do you have any salt?** (duh juh häw *ä*-nie ssoohlt; Haben Sie etwas Salz?)
- ✔ **There's a hair in my soup.** (thäirs ä häir in mai ssuhp; Da ist ein Haar in meiner Suppe.)

Haben Sie alles brav aufgegessen oder ist von Ihrem **main course** noch etwas übriggeblieben? Ein altes englisches Sprichwort heißt:

- ✔ **Waste not, want not.** (uwäisst not uwont not; Wer nichts verschwendet, wird nicht Not leiden.)

Ganz nach diesem Motto ist es üblich, die **leftovers** (*left*-ou-wers; Essensreste) aus dem **restaurant** mitzunehmen. Die Bedienung fragt Sie dann, ob Sie ein **doggie bag** (*dog*-ie bäg; Restetüte, *wörtlich:* Hundetüte) oder eine **box-to-go** (bokss tu gou; Karton zum Mitnehmen) haben möchten.

Nach dem **main course** ist diese Frage typisch:

- ✔ **Would you like to see the dessert menu?** (uwud juh laik tu ssie thä di-*sört men*-juh; Möchten Sie die Dessertkarte sehen?)

Trocken und kahl? Sieht so ein Nachtisch aus? Nein, denn schauen Sie einmal:

- ✔ **dessert** (di-*sört*; Nachtisch)
- ✔ **desert** (*de*-sert; Wüste)

Und in die Letztere wollen Sie nicht geschickt werden. Passen Sie also auf, dass Sie die beiden nicht verwechseln.

Wundern Sie sich nicht. In deutschen Restaurants ist eine Bedienung häufig für sehr viele Tische zuständig und kommt daher eher selten vorbei. Besonders in den USA aber werden Sie etliche Servicekräfte finden, die ihren wenigen Tischen sehr viel Aufmerksamkeit schenken können. Darüber erfahren Sie mehr im Abschnitt *Ein guter Tip(p): Bezahlen und Trinkgeld* weiter hinten in diesem Kapitel.

Im Gespräch

Doug und Sarah sind am Tisch und essen. Der **server** erkundigt sich, ob alles in Ordnung ist.

Server: **Is everything all right or can I get you anything else?**

is *ew*-rie-thhing oohl rait or kän ai get juh *ä*-nie-thhing elss

Ist alles zu Ihrer Zufriedenheit oder darf ich Ihnen noch etwas bringen?

Doug: **Would you like anything else, Sarah? Should we order dessert?**

uwud juh laik *ä*-nie-thhing elss *ssä*-ra sschud uwie *or*-der di-*sört*

Möchtest du noch etwas, Sarah? Sollen wir etwas zum Nachtisch bestellen?

Sarah: **Oh, dessert would be lovely. I'll have a fruit salad.**

ou di-*sört* uwud bie *law*-lie *ai*-el häw ä fruht *ssä*-led

Oh, Nachtisch wäre sehr schön. Ich nehme einen Obstsalat.

Doug: **Okay. And I'll have a hot fudge sundae with an extra large portion of whipped cream.**

ou-käi änd *ai*-el häw ä hot fadsch *ssan*-däi uwith än *ekss*-tra lahrdsch *por*-sschen ow uwipt kriem

Okay. Und ich nehme einen Eisbecher mit Karamell- und Schokoladensauce mit einer extra großen Portion Schlagsahne.

Ein guter Tip(p): Bezahlen und Trinkgeld

Vielleicht sind Sie ja schon vom Lesen satt geworden. Bevor Sie sich nun aber aus dem **restaurant** verabschieden können, muss bezahlt werden. Dabei könnten Ihnen folgende Sätze behilflich sein:

- **Could I have the check, please?** (AE) (kud ai häw thä tsschek plies; Könnte ich bitte die Rechnung bekommen?)
- **May I have the bill, please?** (BE) (mäi ai häw thä bil plies; Könnte ich bitte die Rechnung bekommen?)
- **Which credit cards do you accept?** (uwitssch *kre*-dit kahrds duh juh äk-*ssept*; Welche Kreditkarten nehmen Sie?)

✔ **Can we have a doggie bag?** (kän uwie häw ä *dog*-ie bäg; Können wir die Reste mitnehmen?)

Wer bezahlt? Vielleicht hören Sie einmal die folgende Redewendung:

✔ **Let's go Dutch.** (letss gou datssch; Jeder bezahlt für sich, *wörtlich:* Lass es uns niederländisch machen.)

Das hat keinesfalls irgendetwas mit dem fliegenden Holländer zu tun. Vielmehr ist es ein Hinweis darauf, dass Sie das Essen getrennt bezahlen.

Bedenken Sie Folgendes beim **tip** (tip; Trinkgeld): Insbesondere in den USA leben Servicekräfte fast ausschließlich von dem Geld, das Sie zur **check** hinzufügen. Es ist durchaus angemessen, ungefähr 15 bis 20 Prozent des Rechnungsbetrags als Trinkgeld zu geben. Dies können Sie auf zwei Arten tun. Entweder Sie legen das **tip** beim Verlassen des Restaurants bar auf den Tisch oder Sie fügen es direkt zur Kreditkartenrechnung hinzu. Anders als in Deutschland ist es allerdings unüblich, bei Barzahlung den Rechnungsbetrag aufzurunden.

Nach so einem schönen Abend im **restaurant** und in diesem Kapitel dürfen Sie sicher sein, dass Sie nun über **meals** und **time** reden und im **grocery store** oder **supermarket** die Zutaten für Ihr Essen einkaufen können. Darüber hinaus werden Sie auch Verabredungen jeglicher Art – ob nun **business or pleasure** (*bis*-ness or *ple*-scher; geschäftlich oder privat) – erfolgreich meistern.

Spiel und Spaß

In jede Gruppe hat sich ein falsches Mitglied eingeschlichen. Finden Sie es:

- **banana**
- **pear**
- **carrot**
- **pineapple**
- **apple**

- **yoghurt**
- **cream**
- **butter**
- **egg**
- **milk**

- **veal**
- **muffin**
- **turkey**
- **pork**
- **mutton**

Lösung:

- **1: carrot**
- **2: egg**
- **3: muffin**

Shoppen bis zum Umfallen: Einkaufen

6

In diesem Kapitel

- Wann man wo einkaufen kann
- Sich im Einkaufszentrum zurechtfinden
- Um Hilfe bitten
- Die richtige Auswahl treffen
- Den Einkauf bezahlen

Alle Menschen gehen **shopping** (*sschop*-ing; einkaufen) – Sie doch auch, oder nicht? Es ist nicht immer **necessary** (*ne*-sse-ssä-rie; notwendig), aber doch häufig **gratifying** (*grä*-ti-fai-ing; genugtuend). Diese Genugtuung lässt sich durch einen Einkauf im englischsprachigen Ausland – wo es neue Herausforderungen für Ihren Drang nach Konsum gibt – noch potenzieren. Es kann ganz einfach sein, wenn Sie sich ein mit **cash** (kässch; Bargeld) oder **credit cards** (*kre*-dit kahrds; Kreditkarten) gefülltes **wallet** (*uwooh*-let; Herrenportemonnaie) oder **purse** (pörss; Damenportemonnaie) schnappen und zusätzlich vorab die folgenden Abschnitte lesen. Hier erfahren Sie mehr über die vier **Ws** des Einkaufens:

- ✔ **where** (uwäir; wo)
- ✔ **when** (uwen; wann)
- ✔ **how** (hau; wie – das hat auch ein **w**) und
- ✔ **what** (uwot; was)

Mehr über diese **question words** (*kuwess*-tsschen uwörds; Fragewörter) können Sie in Kapitel 4 nachlesen. Über das **why** (uwai; warum) müssen Sie sich allerdings selbst Gedanken machen.

Where: Wo Sie am besten einkaufen können

Egal, wie Sie sie nennen: Einkaufszentren gibt es schon lange und überall auf der Welt. Jedoch soll an dieser Stelle nicht von orientalischen Basaren die Rede sein, sondern es geht um britische **shopping centres** (*sschop*-ing *ssen*-ters; Einkaufszentren) und amerikanische **shopping malls** (*sschop*-ing moohls; Einkaufszentren). Danken dürfen Sie auf jeden Fall einem Österreicher, nämlich Victor Gruen, der die Idee der geschlossenen **mall** in den 1950ern in den USA perfektioniert hat.

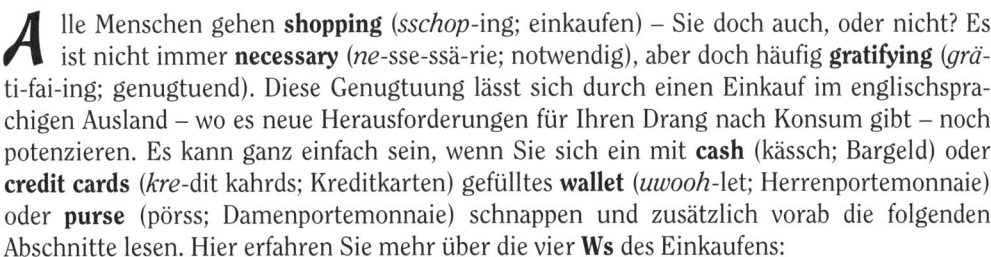

Mallrats: Im Einkaufszentrum

Where können Sie also einkaufen? Folgende **stores** (sstohrs; Geschäfte) finden Sie in einem typischen **mall**:

- ✔ **clothing store** (*klouth*-ing sstohr; Bekleidungsgeschäft)
- ✔ **shoe store** (sschuh sstohr; Schuhgeschäft)
- ✔ **electronics store** (e-lek-*tro*-nikss sstohr; Elektronikgeschäft)
- ✔ **bookstore** (*buk*-sstohr; Buchladen)
- ✔ **jewelry store** (*dschu*-el-rie sstohr; Juwelier)
- ✔ **toy store** (teu sstohr; Spielwarengeschäft)
- ✔ **leather goods store** (*le*-ther guds sstohr; Lederwarengeschäft)
- ✔ **stationery store** (*sstäi*-ssche-ne-rie sstohr; Schreibwarengeschäft)
- ✔ **sporting goods store** (*ssport*-ing guds sstohr; Sportwarengeschäft)

Natürlich sind diese **stores** und **shops** nicht nur den **malls** und **shopping centres** vorbehalten – aber nur hier finden Sie sie alle auf einem Fleck. Das herkömmliche – manche sagen auch **old-fashioned** (ould *fä*-sschend; altmodisch) – Einkaufserlebnis gibt es jedoch auch noch. Schlendern Sie einmal die **main streets** (mäin sstrietss; Hauptstraßen) der amerikanischen Städte oder die **high streets** (hai sstrietss; Hauptstraßen) der britischen Städte entlang. Auch dort werden Sie finden, was Sie meinen zu brauchen.

Wenn Sie Gefahr laufen, im **mall** verloren zu gehen, schlagen Sie doch einfach Kapitel 12 auf. Dort erfahren Sie, wie Sie nach dem Weg fragen.

Folgende Sätze könnten Ihnen im **shopping mall** behilflich sein:

- ✔ **Excuse me, where is the jewelry store?** (ikss-*kjuhs* mie uwäir is thä *dschu*-el-rie sstohr; Entschuldigen Sie, wo finde ich den Juwelier?)
- ✔ **There's a sale at the sporting goods store.** (thäirs ä ssäil ät thä *ssport*-ing guds sstohr; Im Sportwarengeschäft gibt es Sonderangebote.)
- ✔ **The kids are at the toy store again.** (thä kids ar ät thä teu sstohr ä-*gen*; Die Kinder sind schon wieder im Spielwarengeschäft.)
- ✔ **She spends hours in the shoe store.** (sschie sspends *au*-ers in thä sschuh sstohr; Sie verbringt Stunden im Schuhgeschäft.)

You shop in a store (juh sschop in ä sstohr; Man kauft in einem Geschäft ein). Zumindest tun Sie dies in den USA. In Großbritannien werden Sie keine **stores**, sondern **shops** (sschopss; Geschäfte) finden. Dort müsste der Satz also heißen: **You shop in a shop** (juh sschop in ä sschop; Man kauft in einem Geschäft ein). Egal, wie Sie das Geschäft nennen – Geld ausgeben werden Sie überall.

Fun Facts: »mallrats«

Eigentlich hat Ungeziefer in Einkaufszentren nichts zu suchen. Desto verwunderlicher ist es, dass eine besondere Spezies dort zuhauf zu finden ist:

✔ **mallrat** (*moohl*-rät; Einkaufszentrumsdauergast, *wörtlich:* Einkaufszentrumsratte)

Keine Angst – diese Ratten beißen nicht.

Im Gespräch

Doug, Chuck und Nigel sind an ihrem freien Tag im **mall**.

Doug: **Guys, look! The sports store has a spring sale. Maybe I can buy that new squash racket I've wanted for so long.**

gais luk thä ssportss sstohr häs ä sspring ssäil *mäi*-bie ai kän bai thät nuh ssku-wossch *rä*-ket aiw *uwont*-ed for ssou long

Jungs, schaut mal! Das Sportgeschäft hat Frühjahrssonderangebote. Vielleicht kann ich mir den neuen Squashschläger kaufen, den ich schon so lange haben wollte.

Chuck: **No sports for me. The electronics store here sells those new portable music players. I'm going to get myself one.**

nou ssportss for mie thie e-lek-*tro*-nikss sstohr hier sselss thous nuh *por*-te-bel *mjuh*-sik *pläi*-ers aim *gou*-ing tu get mai-*sself* uwan

Für mich keinen Sport. Das Elektronikgeschäft hier verkauft diese neuen tragbaren Musikgeräte. Ich werde mir so eines holen.

Nigel: **And I need a new tie. Let's meet at the food court in half an hour.**

änd ai nied ä nuh tai letss miet ät thä fuhd kohrt in hähf än *au*-er

Und ich brauche eine neue Krawatte. Wir treffen uns in einer halben Stunde im Gastronomiebereich.

Food Court: Essen im Einkaufszentrum

Sollten Sie während Ihres **shopping spree** (*sschop*-ing ssprie; Einkaufsbummel) Hunger oder Durst verspüren, werden Sie sicherlich einen **coffee shop** (*ko*-fie sschop; Café), **tearoom** (*tie*-ruhm; Teestube) oder ein **restaurant** (*ress*-te-rahnt; Restaurant) finden. Mehr hierzu können Sie in Kapitel 5 erfahren. Wenn Sie als Besucher eines **mall** ein ähnliches Bedürfnis nach Nahrungsaufnahme verspüren, haben Sie Glück: Nur hier finden Sie einen **food court** (fuhd kohrt; Gastronomiebereich). In den dortigen **restaurants** erwartet Sie die ganze Vielfalt der Köstlichkeiten dieser Welt. Das sieht so aus wie auf der folgenden Abbildung 6.1.

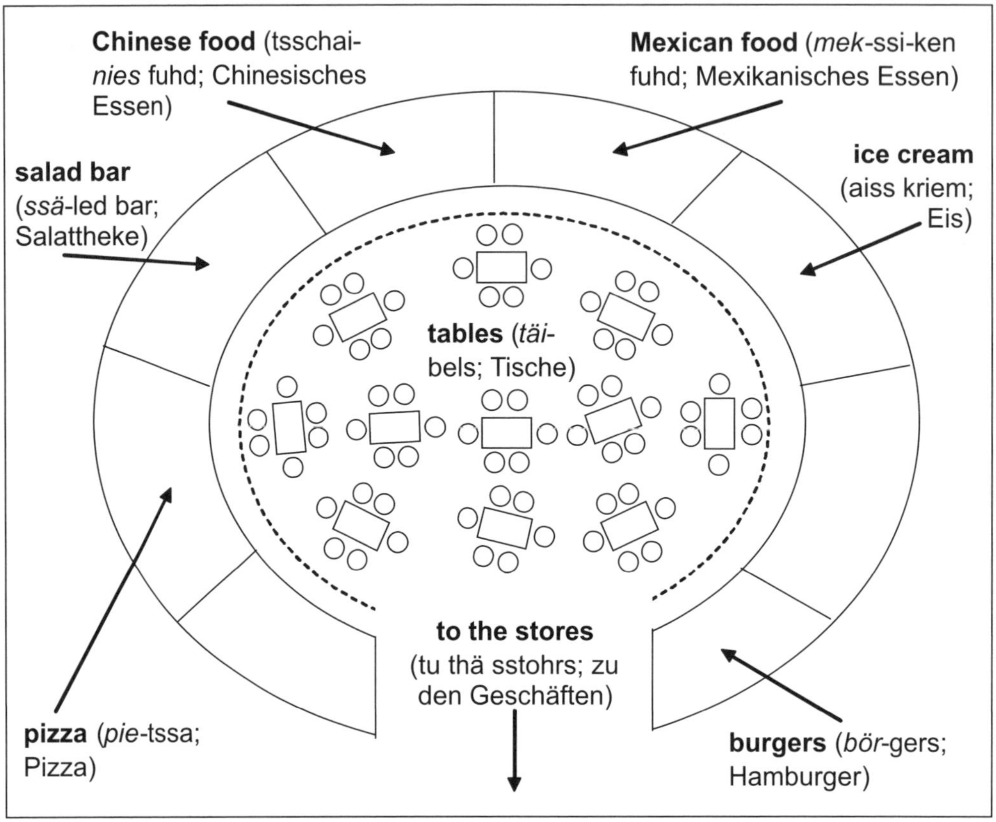

Abbildung 6.1: Ein amerikanischer ***food court***

Sie werden sich jetzt sicherlich fragen, wie ein **food court** funktioniert. Das ist ganz einfach. Rund um die **tables** (*täi*-bels; Tische) gibt es einen großen Bereich mit verschiedenen, offen zugänglichen Theken, an denen Sie sich Ihr **favorite food** (*fäi*-we-rit fuhd; Lieblingsessen) auswählen können. Sie zahlen sofort und dürfen dann selbst **server** (*ssörw*-er; Bedienung) spielen und sich an einen freien Tisch setzen. Ist das nicht großartig? Es wird keine Streitereien mit Ihrer Familie darüber geben, wo und vor allem was Sie essen wollen, denn in einem **food court** können Sie beispielsweise zwischen folgenden Optionen wählen:

- ✔ **Chinese food** (tsschai-*nies* fuhd; Chinesisches Essen)
- ✔ **Mexican food** (*mek*-ssi-ken fuhd; Mexikanisches Essen)
- ✔ **pizza** (*pie*-tssa; Pizza)
- ✔ **burgers** (*bör*-gers; Hamburger)
- ✔ **salad bar** (*ssä*-led bar; Salattheke)
- ✔ **ice cream** (aiss kriem; Speiseeis)

Was essen Sie zu Ihrem **burger** (*bör*-ger; Hamburger)? **French fries** (frentssch frais; Pommes frites), richtig? Nicht, wenn Sie Brite sind, denn dort heißen diese leckeren frittierten Kartoffelstreifen **chips** (tsschipss; Pommes frites). Sind Sie jetzt verwirrt, weil Sie **chips** (tsschipss; Kartoffelchips) jeden Abend vor dem Fernseher verputzen? Zu Recht, aber nur wenn Sie Amerikaner sind. Deswegen wird dieses Rätsel jetzt für Sie aufgelöst:

✔ **French fries** (AE) (frentssch frais; Pommes frites)

✔ **chips** (BE) (tsschipss; Pommes frites)

✔ **chips** (AE) (tsschipss; Kartoffelchips)

✔ **crisps** (BE) (krisspss; Kartoffelchips)

Eins ist jedenfalls sicher: Der **burger** bleibt überall auf der Welt ein **burger**.

Track 9: Im Gespräch

Die Kollegen Doug und Chuck treffen sich im **food court** des **mall** wieder. Sie sind vom Einkaufen hungrig geworden und suchen einen Tisch.

Chuck: **Man, I'm hungry. I could eat a horse. I think I'm going over to that burger place.**

män aim *han*-grie ai kud iet ä horss ai thhink aim *gou*-ing *ou*-wer tu thät *bör*-ger pläiss

Mann, hab ich einen Bärenhunger. Ich denke, ich werde zur Hamburgertheke rübergehen.

Doug: **It's Mexican food for me today. I'll go look what's on the menu.**

itss *mek*-ssi-ken fuhd for mie tu-*däi ai*-el gou luk uwotss on thä *men*-juh

Ich esse heute mexikanisch. Ich gehe mal rüber und gucke, was auf der Speisekarte steht.

Chuck: **Sure, go ahead. I'll find a table for us.**

sschuhr gou ä-*hed ai*-el faind ä *täi*-bel for ass

Na klar, mach das. Ich suche uns einen Tisch.

Chuck geht auf die Suche nach einem freien Tisch.

Chuck: **Excuse me. Are these seats taken?**

ikss-*kjuhs* mie ar thies ssietss *täik*-en

Entschuldigen Sie. Sind diese Plätze schon besetzt?

Woman: **You can have the whole table if you'd like. I was just leaving.**

juh kän häw thä houl *täi*-bel if juhd laik ai uwos dschasst *liew*-ing

Sie können den ganzen Tisch haben, wenn Sie möchten. Ich wollte gerade gehen.

Chuck: **Thank you very much! Doug, we have a table. Have you seen Nigel?**

thhänk juh *we*-rie matssch dag uwie häw ä *täi*-bel häw juh ssien *nai*-dschel

Vielen Dank! Doug, wir haben einen Tisch. Hast du Nigel gesehen?

Kleiner Wortschatz

Englisch	Aussprache	Deutsch
seat	ssiet	Sitzplatz
whole	houl	ganz
to leave	tu liew	verlassen, weggehen
table	*täi*-bel	Tisch
food	fuhd	Essen
server	*ssörw*-er	Bedienung

When: Wann Geschäfte geöffnet haben

Shop till you drop (sschop til juh drop; Einkaufen bis zum Umfallen). Wenn das ganz nach Ihrem Geschmack ist, dann haben Sie sowohl in Großbritannien als auch in den USA gute Chancen. Dort gilt überwiegend Folgendes:

- **24/7** (*tuwen*-tie fohr *sse*-wen; durchgehend geöffnet)

Das heißt: Vierundzwanzig Stunden am Tag und sieben Tage in der Woche – durchgehend eben. Wenn Sie also um vier Uhr morgens unbedingt **chocolate** (*tsschok*-let; Schokolade) haben wollen, dann ergibt sich sicherlich eine **possibility** (po-ssi-*bi*-li-tie; Möglichkeit). Aber nicht alle Geschäfte haben durchgehend geöffnet. So fragen Sie nach den **opening hours** (*ou*-pen-ing *au*-ers; Öffnungszeiten):

- **What are your opening hours?** (uwot ar juhr *ou*-pen-ing *au*-ers; Wie sind Ihre Öffnungszeiten?)
- **Are you open on Sundays, too?** (ar juh *ou*-pen on *ssan*-däis tuh; Haben Sie auch sonntags geöffnet?)
- **How late are you open in the evenings?** (hau läit ar juh *ou*-pen in thie *iew*-nings; Bis wann haben Sie abends geöffnet?)

- **When do you open in the mornings?** (uwen duh juh *ou*-pen in thä *mor*-nings; Wann öffnen Sie morgens?)

Mehr zu den **days of the week** (däis ow thä uwiek; Wochentagen) können Sie in Kapitel 15 erfahren. Über die **time** (taim; Uhrzeit) lesen Sie Weiteres in Kapitel 5.

Auch im englischsprachigen Ausland gibt es **holidays** (*ho*-li-däis; Feiertage). Praktisch ist jedoch, dass dort auch an diesen Tagen die **stores** und **shops** geöffnet haben. In den USA sind zwar am **Thanksgiving Day** (thhänkss-*giw*-ing däi; Erntedanktag) und am **Christmas Day** (*kriss*-mess däi; erster Weihnachtsfeiertag) die Geschäfte geschlossen – an den folgenden **holidays** können Sie aber nach Herzenslust einkaufen:

- **New Year's Day** (nuh jiers däi; Neujahrstag) – 1. Januar
- **Martin Luther King Day** (*mar*-tin *luh*-thher king däi; Martin-Luther-King-Tag) – dritter Montag im Januar
- **Presidents' Day** (*pre*-si-dentss däi; Präsidententag) – dritter Montag im Februar
- **Memorial Day** (me-*mooh*-rie-el däi; Tag der Erinnerung) – letzter Montag im Mai
- **Independence Day** (in-de-*pen*-denss däi; Unabhängigkeitstag) – 4. Juli
- **Labor Day** (*läi*-ber däi; Tag der Arbeit) – erster Montag im September
- **Columbus Day** (ke-*lam*-bess däi; Kolumbustag) – zweiter Montag im Oktober)
- **Veterans' Day** (*we*-te-rens däi; Tag der Veteranen) – 11. November

Natürlich gibt es auch in Großbritannien und Irland **holidays**: die so genannten **bank holidays** (bänk *ho*-li-däis; Feiertage). Bis auf den **New Year's Day** und den **Christmas Day** unterscheiden sich diese von den amerikanischen – und zwar wie folgt:

- **St. Patrick's Day** (ssäint *pä*-trikss däi; Tag des Schutzpatrons der Iren) – 17. März, nur in Nordirland und Irland
- **Good Friday** (gud *frai*-däi; Karfreitag) – Freitag vor Ostern
- **Easter Monday** (*iess*-ter *man*-däi; Ostermontag) – Montag nach Ostern
- **May Day** (mäi däi; Maitag) – erster Montag im Mai
- **Spring Bank Holiday** (sspring bänk *ho*-li-däi; Frühlingsfeiertag) – letzter Montag im Mai
- **Summer Bank Holiday** (*ssa*-mer bänk *ho*-li-däi; Sommerfeiertag) – letzter Montag im August

- **Boxing Day** (*bokss*-ing däi; zweiter Weihnachtsfeiertag) – 26. Dezember

Mehr zu den Top Ten der Feiertage erfahren Sie in Kapitel 21.

How and What: Wie Sie etwas einkaufen können

In den beiden vorangegangenen Abschnitten konnten Sie mehr darüber erfahren, **where** und **when** Sie Ihr Geld im **store** oder im **mall** lassen können. Jetzt geht es um das Wesentliche, nämlich **how** (hau; wie) und **for what** (for uwot; wofür) Sie dieses Geld ausgeben.

Bekleidung: Die Auswahl ist groß

Haben Sie Lust, etwas einzukaufen? Dann geht es jetzt auf in das **clothing store** (*klouth*-ing sstohr; Bekleidungsgeschäft). Dort können Sie die folgenden **garments** (*gar*-mentss; Bekleidungsstücke) – manche würden einfach **togs** (togs; Klamotten) sagen – erwerben. **Ladies first** (*läi*-dies försst; den Damen den Vortritt). Die **women's department** (*uwi*-mens di-*part*-ment; Damenabteilung) gibt Ihnen folgende Auswahl:

- **coat** (kout; Mantel)
- **cardigan** (*kar*-di-gen; Strickjacke)
- **blouse** (blauss; Bluse)
- **skirt** (sskört; Rock)
- **dress** (dress; Kleid)
- **pants** (AE) (pähntss; Hose)
- **trousers** (BE) (*trau*-sers; Hose)
- **lingerie** (lon-sche-*räi*; Damenunterwäsche)
- **bra** (brah; Büstenhalter)
- **pantyhose** (AE) (*pän*-tie-hous; Strumpfhose)
- **tights** (BE) (taitss; Strumpfhose)
- **nightgown** (*nait*-gaun; Nachthemd)

In der **men's department** (mens di-*part*-ment; Herrenabteilung) werden Sie bei diesen **articles of clothing** (*ar*-ti-kels ow *klouth*-ing; Bekleidungsstücke) fündig:

- **jacket** (*dschä*-ket; Jacke, Jackett)
- **suit** (ssuht; Anzug)
- **shirt** (sschört; Oberhemd)
- **tie** (tai; Krawatte)

- **sweater** (AE) (*ssuwet*-er; Pullover)
- **jumper** (BE) (*dschamp*-er; Pullover)
- **pants** (AE) (pähntss; Hose)
- **trousers** (BE) (*trau*-sers; Hose)
- **underwear** (*an*-der-uwäir; Unterwäsche)
- **socks** (ssokss; Socken)
- **pajamas** (AE) (pi-*dschah*-mes; Schlafanzug)
- **pyjamas** (BE) (pi-*dschah*-mes; Schlafanzug)

Fun Facts: »wardrobe malfunction«

Sie gehen durch die Straßen und alle starren Sie an? Wenn Sie George Clooney sind, ist das durchaus in Ordnung. Vielleicht müssen Sie sich aber auch Gedanken über Folgendes machen:

- **wardrobe malfunction** (*uwoohrd*-roub mäl-*fank*-sschen; Kleidungsmissgeschick)

Falls Ihnen darüber hinaus jemand noch »**XYZ!**« (ekss-uwai-*sie*; XYZ) zuruft, heißt das nichts Gutes. Warum? Darum:

- **eXamine Your Zipper!** (ig-*sä*-min juhr *sip*-er; Ihr Hosenstall ist offen, *wörtlich:* Prüfen Sie Ihren Reißverschluss!)

False Friends: »smoking« und »Smoking«

Vielerorts in der englischsprachigen Welt werden Sie folgendes Schild sehen:

- **No smoking!** (nou *ssmouk*-ing; Rauchen verboten!)

Das heißt keinesfalls, dass Sie auf Ihren gehobenen Anspruch bei der Abendgarderobe verzichten müssen:

- **smoking** (*ssmouk*-ing; Rauchen)
- **tuxedo** (tak-*ssie*-dou; Smoking)
- **dinner jacket** (*din*-er *dschä*-ket; Smoking)

Help! Bitten Sie um Hilfe

Je größer die **selection** (sse-*lek*-sschen; Auswahl) ist, desto größer ist auch die Qual der **choice** (tsscheuss; Wahl). Aber keine Angst, denn Hilfe naht in der Form eines **shop assistant** (sschop ä-*ssisst*-ent; Verkäufer/in). Dieser könnte Sie Folgendes fragen:

- ✔ **Do you need any assistance?** (duh juh nied *ä*-nie ä-*ssisst*-enss; Brauchen Sie Hilfe?)
- ✔ **Can I help you?** (kän ai help juh; Kann ich Ihnen behilflich sein?)
- ✔ **Are you looking for anything in particular?** (ar juh *luk*-ing for *ä*-nie-thhing in par-*ti*-kjeler; Suchen Sie etwas Bestimmtes?)

Auf diese Fragen können Sie so reagieren:

- ✔ **No, thank you. I'm just looking.** (nou thhänk juh aim dschasst *luk*-ing; Nein, danke. Ich schaue mich nur um.)
- ✔ **Yes, please.** (jess plies; Ja, bitte.)

Wenn Sie einen **shop assistant** ansprechen möchten, können Sie das so tun:

- ✔ **Excuse me. Are you free?** (ikss-*kjuhs* mie ar juh frie; Entschuldigung. Haben Sie Zeit?)
- ✔ **Could you help me, please?** (kud juh help mie plies; Können Sie mir bitte helfen?)
- ✔ **Could you tell me where the dressing rooms are?** (kud juh tel mie uwäir thä *dress*-ing ruhms ar; Können Sie mir sagen, wo die Umkleidekabinen sind?)
- ✔ **Do you have this in a different color?** (duh juh häw thiss in ä *dif*-rent *ka*-ler; Haben Sie das auch in einer anderen Farbe?)
- ✔ **Do you have this in my size?** (duh juh häw thiss in mai ssais; Haben Sie das auch in meiner Größe?)
- ✔ **Where can I pay for this?** (uwäir kän ai päi for thiss; Wo kann ich das bezahlen?)

Meistens braucht man bei der Kleiderauswahl eine **second opinion** (*sse*-kend o-*pin*-jen; zweite Meinung). Nehmen Sie dazu auch gern Ihre bessere Hälfte mit in die Kabine? Nun – in den USA ist der **dressing room** eine **gender specific** (*dschen*-der sspe-*ssi*-fik; geschlechtsspezifisch) Einrichtung. Der beratende Partner muss also – geduldig oder nicht – davor warten.

The Colors of the Rainbow: Alles über Farben

Bringen Sie etwas **color** (*ka*-ler; Farbe) in Ihr Leben. Damit Sie auch beim **shopping** im englischsprachigen Ausland stets in der aktuellen **in-color** (*in*-ka-ler; Modefarbe) gekleidet sind, sollten Sie die folgenden Farbbezeichnungen kennen:

- ✔ **black** (bläk; schwarz)
- ✔ **white** (uwait; weiß)

- **gray** (AE) (gräi; grau)
- **grey** (BE) (gräi; grau)
- **red** (red; rot)
- **orange** (*ooh*-rindsch; orange)
- **yellow** (*je*-lou; gelb)
- **blue** (bluh; blau)
- **green** (grien; grün)
- **brown** (braun; braun)
- **purple** (*pör*-pel; lila)

Alle **colors of the rainbow** (*ka*-lers ow thä *räin*-bou; Farben des Regenbogens) gibt es natürlich auch in **shades** (sschäids; Schattierungen). Die Bezeichnungen **light** (lait; hell) und **dark** (dark; dunkel) können Sie wie in den folgenden Beispielen für alle weiteren Farben verwenden:

- **light blue** (lait bluh; hellblau)
- **dark blue** (dark bluh; dunkelblau)

Wenn Ihnen die **colors** noch nicht genug sind, dürfen Sie auch gern nach einem **pattern** (*pä*-tern; Muster) verlangen. Fragen Sie ruhig nach:

- **stripes** (sstraipss; Streifen)
- **checks** (tsschekss; Karos)
- **polka dots** (*pou*-ke dotss; Punktmuster)
- **plaid** (AE) (plähd; Schottenmuster)
- **tartan** (BE) (*tar*-ten; Schottenmuster)
- **floral** (*flo*-rel; Blumenmuster)

Um Kleidungsstücke zu beschreiben, benötigen Sie **adjectives**. **Adjectives** für Muster können Sie aus den oben angegebenen **nouns** bilden. Das funktioniert so:

- **stripes** wird zu **striped** (sstraipt; gestreift)
- **checks** wird zu **checked** (tsschekt; kariert)
- **polka dots** wird zu **polka-dotted** (*pou*-ke-dot-ed; gepunktet)

Mehr über **nouns**, **adjectives** und weitere Wortarten können Sie in Kapitel 2 nachlesen.

Mit den folgenden Fragen können Sie einen **shop assistant** nach Ihrem gewünschten Kleidungsstück fragen:

- **I'm looking for a striped shirt. Do you have a blue one with yellow stripes?** (aim *luk*-ing for ä sstraipt sschört duh juh häw ä bluh uwan uwith *je*-lou sstraipss; Ich suche ein gestreiftes Hemd. Haben Sie ein blaues mit gelben Streifen?)
- **I like this dress, but the floral pattern makes me look fat. Do you have it in light green?** (ai laik thiss dress bat thä *flo*-rel *pä*-tern mäikss mie luk fät duh juh häw it in lait grien; Ich mag dieses Kleid, aber das Blumenmuster lässt mich dick aussehen. Haben Sie es in Hellgrün?)
- **This polka-dotted tie is just what I need for my husband. Can you gift-wrap it, please?** (thiss *pou*-ke-dot-ed tai is dschasst uwot ai nied for mai *has*-bend kän juh *gift*-räp it plies; Diese Krawatte mit Punktmuster ist genau, was ich für meinen Mann haben möchte. Können Sie sie bitte als Geschenk verpacken?)

Fun Facts: »pink«

Haben Sie auch schon gehört, dass »pink das neue Schwarz ist«? Aber was ist eigentlich pink? Nun, im Englischen ist **pink** (pink; rosa) eine sehr zarte, helle Farbe. Was Sie aber aus dem Deutschen als pink kennen, ist ziemlich schockierend:

- **shocking pink** (*sschok*-ing pink; pink)

Und wenn Sie das **shocking pink shirt** (*sscho*-king pink sschört; pinkfarbenes Hemd) oft genug waschen, wird es irgendwann unweigerlich rosa. Es gibt also keinen Grund zur Sorge.

Sizes: Die Größe spielt doch eine Rolle

Was nützt Ihnen die perfekte Farbwahl aus dem vorangegangenen Abschnitt, wenn die **size** (ssais; Größe) des gewünschten Kleidungsstücks nicht passt. Anders als bei den **colors** gibt es bei den **sizes** (*ssais*-es; Konfektionsgrößen) nämlich einige Klippen zu umschiffen. Um das Schiff nicht zum Sinken zu bringen – nein, es ist nicht von Ihrem **weight** (uwäit; Gewicht) die Rede –, werfen Sie einen Blick auf Tabelle 6.1, die die **women's clothing sizes** (*uwi*-mens *klouth*-ing *ssais*-es; Damenkonfektionsgrößen) in Deutschland, Großbritannien und den USA vergleicht. Tabelle 6.2 tut das Gleiche für die Herren der Schöpfung.

US-Größen	6	8	10	12	14	16	18	20
UK-Größen	8	10	12	14	16	18	20	22
D-Größen	34	36	38	40	42	44	46	48

Tabelle 6.1: Damenkonfektionsgrößen im Vergleich

US-Größen	36	38	40	42	44	46	48	50
UK-Größen	36	38	40	42	44	46	48	50
D-Größen	46	48	50	52	54	56	58	60

Tabelle 6.2: Herrenkonfektionsgrößen im Vergleich

Wenn Sie sich nach dem Studium dieser Tabellen immer noch unsicher sind, gibt es sozusagen als letzte Instanz die folgenden Größenangaben:

- ✔ **XS** (ekss ess) steht für **extra small** (*ekss*-tra ssmoohl; besonders klein)
- ✔ **S** (ess) steht für **small** (ssmoohl; klein)
- ✔ **M** (em) steht für **medium** (*mie*-die-jem; mittel)
- ✔ **L** (el) steht für **large** (lahrdsch; groß)
- ✔ **XL** (ekss el) steht für **extra large** (*ekss*-tra lahrdsch; besonders groß)

Die Anzahl der benötigten »X«-Anhängsel lässt sich besonders im Zusammenhang mit **large** x-beliebig erhöhen:

- ✔ **XXXXL** (ekss ekss ekss ekss el)

Mit diesem Wissen gewappnet, können Sie sich jetzt beruhigt ins Einkaufsgetümmel stürzen und bei Bedarf den **shop assistant** wie folgt um Rat bitten:

- ✔ **Excuse me, do you have this pink dress in a 12?** (ikss-*kjuhs* mie duh juh häw thiss pink dress in ä tuwelw; Entschuldigen Sie, haben Sie dieses rosa Kleid in Größe 40?)
- ✔ **This skirt is too tight. Do you have it in my size?** (thiss sskört is tuh tait duh juh häw it in mai ssais; Dieser Rock ist zu eng. Haben Sie ihn in meiner Größe?)
- ✔ **The sweater my husband is trying on is too loose. Can he try it on in L?** (thä *ssuwet*-er mai *has*-bend is *trai*-ing on is tuh luhss kän hie trai it on in el; Der Pullover, den mein Mann gerade anprobiert, ist zu groß. Kann er ihn in L anprobieren?)

Im Gespräch

Sarah und ihre Schwester Rachel sind in der **women's department** des **clothing store**.

Rachel: **Sarah, don't you think this dress would be perfect for your next date with Doug?**

ssä-ra dount juh thhink thiss dress uwud bie *pör*-fekt for juhr neksst däit uwith dag

Sarah, meinst du nicht, dass dieses Kleid für deine nächste Verabredung mit Doug perfekt wäre?

Sarah:	**Which one? The red dress or the black dress?** uwitssch uwan thä red dress or thä bläk dress Welches? Das rote Kleid oder das schwarze Kleid?
Rachel:	**Red suits you better. Why don't you try it on? I can hardly wait until I see you in it.** red ssuhtss juh *bet*-er uwai dount juh trai it on ai kän *hard*-lie uwäit an-*til* ai ssie juh in it Rot steht dir besser. Warum probierst du es nicht an? Ich kann es kaum erwarten, dich darin zu sehen.
Sarah:	**I don't know if it'll fit. It looks a bit big. Should we ask a shop assistant if it is available in other sizes?** ai dount nou if *it*-el fit it lukss ä bit big sschud uwie ähssk ä sschop ä-*ssisst*-ent if it is ä-*wäil*-e-bel in *a*-ther *ssais*-es Ich weiß nicht, ob es mir passen wird. Es sieht ein wenig groß aus. Sollen wir eine Verkäuferin fragen, ob es das auch in anderen Größen gibt?
Rachel:	**No. Just put this one on first. Look, the dressing rooms are right over there.** nou dschasst put thiss uwan on försst luk thä *dress*-ing ruhms ar rait *ou*-wer thäir Nein. Zieh dieses doch erstmal an. Guck mal, die Ankleidekabinen sind gleich da drüben.
Sarah:	**All right. I'll give it a shot. I sure hope it fits.** oohl rait *ai*-el giw it ä sschot ai sschuhr houp it fitss Na gut. Ich werde es mal versuchen. Ich hoffe doch, dass es passt.

Kleiner Wortschatz

Englisch	Aussprache	Deutsch
weight	uwäit	Gewicht
tight	tait	eng
loose	luhss	locker, zu groß
to try something on	tu trai *ssam*-thhing on	etwas anprobieren
to fit	tu fit	passen
available	ä-*wäil*-e-bel	verfügbar

Cheap, Cheaper, Cheapest: Vergleichen lohnt sich

Kennen Sie das auch? Sie nehmen ein oder zwei Kleidungsstücke voller Erwartung mit in die **dressing room** und dann kommt das dicke Ende. Zu klein, zu groß, zu bunt, zu teuer. Dieser Abschnitt hilft Ihnen dabei, **comparisons** (kom-*pä*-ri-ssens; Vergleiche) anzustellen.

Vergleichsmöglichkeiten, die Erste

Wenn Ihnen ein Kleidungsstück nicht passt oder nicht gefällt, bitten Sie einen **shop assistant** um Hilfe. Um dabei Vergleiche anzustellen, brauchen Sie **adjectives**.

Grundlegendes über **adjectives** konnten Sie bereits in Kapitel 2 erfahren. Jetzt sehen Sie, wie Sie **adjectives** für Vergleiche in Form bringen können:

- ✔ **comparative** (kom-*pä*-re-tiw; Komparativ)
- ✔ **superlative** (ssu-*pör*-le-tiw; Superlativ)

Die erste Möglichkeit, diese Formen zu bilden, sieht so aus:

- ✔ **comparative = adjective + -er**
- ✔ **superlative = adjective + -est**

Sehen Sie selbst:

- ✔ **big** (big; groß), **bigger** (*big*-er; größer), **biggest** (*big*-esst; am größten)
- ✔ **small** (ssmoohl; klein), **smaller** (*ssmoohl*-er; kleiner), **smallest** (*ssmoohl*-esst; am kleinsten)

Das funktioniert für alle einsilbigen **adjectives**. Die zweite Möglichkeit, diese Formen zu bilden, sieht so aus:

- ✔ **comparative = more** (mohr; mehr) **+ adjective**
- ✔ **superlative = most** (mousst; am meisten) **+ adjective**

Diese Variante wird meistens für **adjectives** mit drei oder mehr Silben benutzt. Sehen Sie selbst:

- ✔ **colorful** (*ka*-ler-ful; bunt), **more colorful** (mohr *ka*-ler-ful; bunter), **most colorful** (mousst *ka*-ler-ful; am buntesten)
- ✔ **beautiful** (*bjuh*-ti-ful; schön), **more beautiful** (mohr *bjuh*-ti-ful; schöner), **most beautiful** (mousst *bjuh*-ti-ful; am schönsten)

Diese Sätze können Sie im Gespräch mit dem **shop assistant** verwenden:

- ✔ **Do you have this blouse in a smaller size?** (duh juh häw thiss blauss in ä *ssmoohl*-er ssais; Haben Sie diese Bluse eine Nummer kleiner?)
- ✔ **I need these pants in a bigger size.** (ai nied thies pähntss in ä *big*-er ssais; Ich brauche diese Hose eine Nummer größer.)

- **Is this the warmest sweater you have?** (is thiss thä *uworm*-esst *ssuwet*-er juh häw; Ist das der wärmste Pullover, den Sie haben?)
- **This is the most beautiful scarf I've ever seen. It's a must-have.** (thiss is thä mousst *bjuh*-ti-ful sskarf aiw *e*-wer ssien itss ä masst-*häw*; Das ist der schönste Schal, den ich jemals gesehen habe. Ich muss ihn haben.)

Für alle **rules** (ruhls; Regeln) gibt es bekanntlich auch **exceptions** (ik-*ssep*-sschens; Ausnahmen). Gerade bei **adjectives**, die Ihnen relativ häufig über den Weg laufen, ist das so:

- **good** (gud; gut), **better** (*bet*-er; besser), **best** (besst; am besten)
- **bad** (bähd; schlecht), **worse** (uwörss; schlechter), **worst** (uwörsst; am schlechtesten)
- **much** (matssch; viel), **more** (mohr; mehr), **most** (mousst; am meisten)
- **little** (*li*-tel; wenig), **less** (less; weniger), **least** (liesst; am wenigsten)

Muss es wirklich immer größer, schneller oder weiter sein? Das entspricht zwar dem olympischen Gedanken – jedoch können Sie mit dem **comparative** und **superlative** von **little** dem Größenwahn entgegenwirken:

- **comparative = less** (less; weniger) **+ adjective**
- **superlative = least** (liesst; am wenigsten) **+ adjective**

In Sätzen ausgedrückt sieht das dann wie folgt aus:

- **Do you have anything less colorful?** (duh juh häw *ä*-nie-thhing less *ka*-lerful; Haben Sie etwas weniger Buntes?)
- **I need an outfit with less blue in it.** (ai nied än *aut*-fit uwith less bluh in it; Ich brauche eine Kombination mit weniger Blau.)
- **Is this the least expensive handbag you have?** (is thiss thä liesst ikss-*pen*-ssiw *hähnd*-bäg juh häw; Ist dies die günstigste Handtasche, die Sie haben?)

Fun Facts: »must have«

I need it. I want it. I must have it. (ai nied it ai uwont it ai masst häw it; Ich brauche es. Ich will es. Ich muss es haben.) Hegen Sie auch manchmal diesen Gedanken, wenn Sie etwas unbedingt haben wollen? Dann kommt Ihnen dieser Ausdruck sicherlich gerade recht:

- **a must-have** (ä masst-*häw*; etwas, das man haben muss)

Nach dem gleichen Muster funktionieren unter anderem auch diese Ausdrücke:

- **a must-see** (ä masst-*ssie*; etwas, das man gesehen haben muss)
- **a must-read** (ä masst-*ried*; etwas, das man gelesen haben muss)

Vergleichsmöglichkeiten, die Zweite

Stellen Sie sich vor, Sie möchten zwei Dinge direkt miteinander vergleichen. Dazu brauchen Sie die folgenden vier Phrasen:

- ✔ **as ... as** (äs äs; so ... wie)
- ✔ **not as ... as** (not äs äs; nicht so ... wie)
- ✔ **more ... than** (mohr thän; mehr ... als)
- ✔ **less ... than** (less thän; weniger ... als)

In den folgenden Sätzen können Sie diese Wendungen wiederfinden:

- ✔ **This jacket is as elegant as that jacket.** (thiss *dschä*-ket is äs *e*-le-gent äs thät *dschä*-ket; Diese Jacke ist so elegant wie jene Jacke.)
- ✔ **This tie is not as fashionable as the other tie.** (thiss tai is not äs *fä*-sschen-e-bel äs thie *a*-ther tai; Diese Krawatte ist nicht so modisch wie die andere Krawatte.)
- ✔ **A pair of pajamas is more comfortable than a negligée.** (ä päir ow pi-*dschah*-mes is mohr *komf*-te-bel thän ä neg-li-*schäi*; Ein Schlafanzug ist bequemer als ein Negligé.)
- ✔ **A polyester scarf is less expensive than a silk scarf.** (ä po-li-*ess*-ter sskarf is less ikss-*pen*-ssiw thän ä ssilk sskarf; Ein Schal aus Polyester ist billiger als ein Schal aus Seide.)

Es gibt noch eine weitere sehr einfache Möglichkeit: Die **adjectives**, die mit Hilfe von **-er** und **-est comparisons** bilden, kommen auch ohne **more** aus. Das funktioniert so:

- ✔ **The blue skirt is wider than the black skirt.** (thä bluh sskört is *uwaid*-er thän thä bläk sskört; Der blaue Rock ist weiter als der schwarze Rock.)
- ✔ **This hat is not older than that hat.** (thiss hät is not *ould*-er thän thät hät; Dieser Hut ist nicht älter als jener Hut.)

Mein Haus, mein Auto, mein Boot. Jetzt ist Gelegenheit dazu, Besitzstände ins Spiel zu bringen. Das tun Sie mit **possessive pronouns** (po-*se*-ssiw *prou*-nauns; Possessivpronomen). Tabelle 6.3 macht Sie mit diesen bekannt.

Singular	Plural
my (mai; mein, meine)	**our** (*au*-er; unser, unsere)
your (juhr; dein, deine)	**your** (juhr; euer, eure)
his, her, its (his, hör, itss; sein, ihr, sein, seine, ihre, seine)	**their** (thäir; ihr, ihre)

Tabelle 6.3: Englische ***possessive pronouns***

Diese **possessive pronouns** finden Sie in den folgenden Sätzen wieder:

- **An Englishman's home is his castle.** (än *ing*-lissch-mens houm is his *kähss*-el; Das Zuhause eines Engländers ist seine Burg.)
- **My country's skies are bluer than the ocean.** (mai *kan*-tries sskais ar *bluh*-er thän thie *ou*-sschen; Der Himmel über meinem Land ist blauer als der Ozean.)
- **Our goal is to learn English.** (*au*-er goul is tu lörn *ing*-lissch; Unser Ziel ist es, Englisch zu lernen.)

Mehr zu **pronouns** können Sie auch in Kapitel 2 erfahren.

Track 10: Im Gespräch

Sarah und Rachel bitten einen **shop assistant** um Hilfe bei der Auswahl eines Kleids.

Sarah: **I told you, Rachel. This is not the right size. The dress needs to be a little smaller. Can you get a shop assistant?**

ai tould juh *räi*-tsschel thiss is not thä rait ssais thä dress nieds tu bie ä *li*-tel *ssmoohl*-er kän juh get ä sschop ä-*ssisst*-ent

Ich habe es dir gesagt, Rachel. Das ist nicht die richtige Größe. Das Kleid muss ein wenig kleiner sein. Kannst du eine Verkäuferin holen?

Rachel: **Of course I can. Just a minute. I'll be right back.**

ow korss ai kän dschasst ä *mi*-nit *ai*-el bie rait bäk

Natürlich kann ich das. Einen Augenblick. Ich bin gleich wieder da.

Assistant: **How can I help you?**

hau kän ai help juh

Wie kann ich Ihnen helfen?

Sarah: **Do you have this dress a size smaller?**

duh juh häw thiss dress ä ssais *ssmoohl*-er

Haben Sie dieses Kleid eine Nummer kleiner?

Rachel: **I also think it's too dark. Do you have it in a lighter shade of red?**

ai *oohl*-ssou thhink itss tuh dark duh juh häw it in ä *lait*-er sschäid ow red

Ich finde es auch zu dunkel. Haben Sie es in einem helleren Rot?

Assistant: **Yes, we do. And I think it should be shorter, too.**

jess uwie duh änd ai think it sschud bie *sschort*-er tuh

Ja, haben wir. Und ich denke, dass es auch kürzer sein sollte.

Kleiner Wortschatz

Englisch	Aussprache	Deutsch
elegant	*e*-le-gent	elegant
fashionable	*fä*-sschen-e-bel	modisch
comfortable	*komf*-te-bel	bequem
wide	uwaid	weit, breit
old	ould	alt
short	sschort	kurz

Lassen Sie die Kasse klingeln: Bezahlen

Einkaufen macht Laune. Aber es ist, wie man sagt: **There are two sides to every coin** (thäir ar tuh ssaids tu *ew*-rie keun; Jede Medaille hat ihre Kehrseite). Nachdem Sie so nach Herzenslust eingekauft haben, müssen Sie Ihren Einkauf bezahlen. Folgende Begriffe helfen Ihnen beim Bezahlvorgang:

- ✔ **cashier's desk** (kä-*sschiers* dessk; Kasse)
- ✔ **to pay** (tu päi; bezahlen)
- ✔ **grand total** (grähnd *tou*-tel; Endsumme)

Die Schweißperlen auf Ihrer Stirn, wenn Sie die **grand total** dann wirklich sehen, wird dieser Abschnitt nicht verhindern. Vielleicht helfen Ihnen aber die folgenden Fragen:

- ✔ **Where is the nearest cashier's desk, please?** (uwäir is thä *nier*-esst kä-*sschiers* dessk plies; Wo ist bitte die nächste Kasse?)
- ✔ **Where can I pay for this?** (uwäir kän ai päi for thiss; Wo kann ich hierfür bezahlen?)

Mit dem »wo« ist es jedoch noch nicht getan. Es gibt auch noch die Frage nach dem »wie«. Mehr zu Geld und Bezahlmöglichkeiten erfahren Sie in Kapitel 11.

Spiel und Spaß

Bringen Sie die Buchstaben in die richtige Reihenfolge, um Farben zu erhalten:

- ✔ **tiewh**
- ✔ **naroeg**
- ✔ **wolely**
- ✔ **reuppl**
- ✔ **worbn**
- ✔ **ipkn**

Lösung:

- ✔ **white**
- ✔ **orange**
- ✔ **yellow**
- ✔ **purple**
- ✔ **brown**
- ✔ **pink**

Wieso die Amerikaner die Stadt rot anstreichen: Übers Ausgehen

7

In diesem Kapitel

- Sich auf einen Drink treffen
- Auf eine Feier gehen
- Ins Kino gehen
- Ins Theater oder in die Oper gehen
- Museen und andere kulturelle Einrichtungen besuchen

Henry David Thoreau, ein amerikanischer Schriftsteller und Philosoph, hat einmal gesagt:

✔ **Distrust any enterprise that requires new clothes.** (diss-*trasst* *ä*-nie *en*-ter-prais thät ri-*kuwai*-ers nuh klouths; Misstrauen Sie jedem Unterfangen, das neue Kleidung voraussetzt.)

Genau um solche Unterfangen geht es in diesem Kapitel. Wenn Sie auf einen **drink** (drink; Drink) ausgehen, brauchen Sie zwar nicht unbedingt eine **new outfit** (nuh *aut*-fit; neue Kleidung). Auf der **New Year's Eve Party** (nuh jiers iew *par*-tie; Silvesterparty), bei der **theater premiere** (*thhie*-e-ter pre-*mier*; Theaterpremiere) oder dem **night at the opera** (nait ät thie *o*-pe-ra; Opernbesuch) werden Sie aber wahrscheinlich über Ihre Garderobe nachdenken müssen. Beim Besuch im **museum** (mjuh-*sie*-em; Museum) oder **zoo** (suh; Zoo) stehen eher bequeme Schuhe und die Exponate oder Tiere im Vordergrund. Allen gemeinsam ist das Ausgehen – also nichts für **couch potatoes** (kautssch pe-*täi*-tous; Faulenzer). Wenn Sie es allerdings lieben, die Städte, die Menschen und die Kultur im englischsprachigen Ausland zu erkunden, sind die folgenden Abschnitte genau das Richtige für Sie.

Es gibt kein Bier auf Hawaii: Bars und andere Lokalitäten

Natürlich entspricht das, was Paul Kuhn in den 1960ern gesungen hat, nicht der Wahrheit. Es gibt nämlich doch Bier auf Hawaii. Aber Sie müssen nicht unbedingt bis in den fünfzigsten Bundesstaat der USA reisen, um ein **beer** (bier; Bier) zu trinken. **Alcoholic beverages** (äl-ke-*ho*-lik *bew*-ridsch-es; alkoholische Getränke) erhalten Sie zwar nicht überall, aber auf jeden Fall in den folgenden Lokalitäten:

✔ **bar** (AE) (bahr; Kneipe)

✔ **pub** (BE) (pab; Kneipe)

- **hotel cocktail lounge** (hou-*tel* *kok*-täil laundsch; Hotelbar)
- **cocktail bar** (*kok*-täil bahr; Cocktailbar)
- **nightclub** (*nait*-klab; Nachtklub)

Mehr zu Alkoholika und Trinkgewohnheiten erfahren Sie auch in Kapitel 5. Gehen Sie jetzt in eine typische **bar** – werden Sie dabei aber nicht gleich zum **barfly** (*bahr*-flai; Kneipenhocker). Zum einen finden Sie dort den bereits in Kapitel 5 erwähnten **bartender** (*bahr*-tender; Barmixer), der auch **barkeeper** (*bahr*-kiep-er; Barmixer) oder im britischen Englisch **barman** (*bahr*-män; Barmixer) genannt wird. Neben so vielen Wörtern, die mit **bar** beginnen, gibt es aber auch noch einige, die ohne diese drei Buchstaben auskommen. Trotzdem dürfen sie in keiner guten **bar** und keinem guten **pub** fehlen:

- **sports on TV** (ssportss on tie-*wie*; Sport im Fernsehen)
- **peanuts** (*pie*-natss; Erdnüsse)
- **jukebox** (*dschuhk*-bokss; Musikautomat)
- **dart board** (dart bohrd; Dartscheibe)
- **billiards table** (*bil*-jerds *täi*-bel; Billardtisch)

Mehr über die genannten Freizeitaktivitäten können Sie auch in Kapitel 8 erfahren. Haben Sie jetzt Lust auf einen Barbesuch bekommen? Dann versuchen Sie es doch einmal mit den folgenden Ausdrücken:

- **bar hopping** (AE) (bahr *hop*-ing; Kneipentour)
- **pub crawling** (BE) (pab *kroohl*-ing; Kneipentour)

Das nennt man im Allgemeinen dann **painting the town red** (*päint*-ing thä taun red; auf die Piste gehen, *wörtlich:* die Stadt rot anstreichen). Mehr zu Farben und den damit verbundenen Bedeutungen können Sie auch in Kapitel 6 erfahren. Ihre Freunde zu einer Kneipentour einladen und sie auf dieser zum Trinken animieren können Sie mit den folgenden Sätzen:

- **Are you in for a beer tonight? There's this new bar everybody's talking about.** (ar juh in for ä bier tu-*nait* thäirs thiss nuh bahr *ew*-rie-bo-dies *toohk*-ing ä-*baut*; Hast du Lust auf ein Bier heute Abend? Es gibt da diese neue Kneipe, über die alle reden.)
- **How about meeting me and the guys for a couple of drinks?** (hau ä-*baut* *miet*-ing mie änd thä gais for ä *ka*-pel ow drinkss; Willst du mit mir und den Jungs auf ein paar Drinks ausgehen?)
- **Let's celebrate my promotion. We can go to the pub. My treat.** (letss *sse*-le-bräit mai pro-*mou*-sschen uwie kän gou tu thä pab mai triet; Lasst uns meine Beförderung feiern. Wir können in die Kneipe gehen. Ich gebe einen aus.)
- **The next round is on me.** (thä neksst raund is on mie; Die nächste Runde geht auf mich.)
- **Barkeeper, give us one for the road.** (*bahr*-kiep-er giw ass uwan for thä roud; Barkeeper, gib uns noch einen Letzten.)

Auf Geschäftsreisen bietet es sich an, auch einmal die **cocktail lounge** Ihres Hotels aufzusuchen. Wenn Sie es bis dahin nicht mehr schaffen, gibt es für Sie als **couch potato on the go** (kautssch pe-*täi*-tou on thä gou; Faulenzer auf Reisen) zwar immer noch die **minibar** (*mi*-nie-bahr; Minibar) in Ihrem Hotelzimmer. Jedoch ist es auf jeden Fall geselliger, in der **lounge** Kontakte zu knüpfen:

- ✔ **Would you like to join me for a drink?** (uwud juh laik tu dscheun mie for ä drink; Darf ich Sie zu einem Drink einladen?)
- ✔ **Barkeeper, this hasn't been my day. Make it a double.** (*bahr*-kiep-er thiss *häs*-ent bin mai däi mäik it ä *da*-bel; Barkeeper, das war nicht mein Tag. Machen Sie mir einen Doppelten.)
- ✔ **Hello. Haven't I seen you somewhere before?** (he-*lou häw*-ent ai ssien juh *ssam*-uwäir bi-*fohr*; Hallo. Habe ich Sie nicht schon einmal irgendwo gesehen?)

False Friends: »promotion« und »Promotion«

Manchmal ist es für eine **promotion** förderlich, eine Promotion zu haben. Jedoch ist das deutsche Wort vom englischen Wort nicht abhängig:

- ✔ **promotion** (pro-*mou*-sschen; Beförderung)
- ✔ **doctorate** (*dok*-ter-et; Promotion)

Aber auch in nicht-akademischen Kreisen können Sie sich selbstverständlich über eine **promotion** freuen. Zu guter Letzt wird – wie so häufig – die Regel noch einmal unterbrochen, und zwar hierfür:

- ✔ **product promotion** (*pro*-dakt pro-*mou*-sschen; Produktwerbeaktion)

Jetzt aber zurück zum Programm.

Track 11: Im Gespräch

Chuck und Doug sitzen am Tresen in der **bar** um die Ecke und unterhalten sich. Sie wollen noch einen **drink** bestellen.

Chuck: **Pass me the peanuts, Doug.**

pähss mie thä *pie*-natss dag

Reich mir mal die Erdnüsse, Doug.

Doug: **Do you know how many people have touched these peanuts, Chuck?**

duh juh nou hau *mä*-nie *pie*-pel häw tatsscht thies *pie*-natss tsschak

Weißt du, wie viele Leute diese Erdnüsse angefasst haben, Chuck?

Chuck: **That's all right. The alcohol kills the germs. Speaking of alcohol – how about another drink?**

thätss oohl rait thie *äl*-ke-hol kils thä dschörms *sspiek*-ing ow *äl*-ke-hol hau ä-*baut* än-*a*-ther drink

Das ist schon in Ordnung. Der Alkohol tötet die Keime ab. Wo wir gerade von Alkohol reden – wie wäre es mit noch einem Drink?

Doug: **Sure, why not. This round is on me. Barkeeper, two more, please.**

sschuhr uwai not thiss raund is on mie *bahr*-kiep-er tuh mohr plies

Sicher, warum nicht. Diese Runde geht auf mich. Barkeeper, noch mal zwei, bitte.

Chuck: **And make them doubles, barkeeper.**

änd mäik them *da*-bels *bahr*-kiep-er

Und mach Doppelte daraus, Barkeeper.

Doug: **Great. Here come the drinks. To friendship. Down the hatch!**

gräit hier kam thä drinkss tu *frend*-sschip daun thä hätsssch

Großartig. Hier sind die Drinks. Auf die Freundschaft. Runter damit!

Chuck: **Hey barkeeper, the peanut bowl is empty. Could we have a refill over here?**

häi *bahr*-kiep-er thä *pie*-nat boul is *em*-tie kud uwie häw ä *rie*-fil *ou*-wer hier

Hey Barkeeper, die Erdnussschüssel ist leer. Können wir Nachschub bekommen?

Kleiner Wortschatz

Englisch	Aussprache	Deutsch
to celebrate	tu *sse*-le-bräit	feiern
round	raund	Runde
to touch	tu tatssch	berühren, anfassen
another	än-*a*-ther	noch ein, eine, einen
friendship	*frend*-sschip	Freundschaft
refill	*rie*-fil	Nachschub

It's My Party: Wie Sie in Gesellschaft feiern können

Ziehen Sie **that little black dress** (thät *li*-tel bläk dress; das kleine Schwarze) an und los geht's: Mit der **invitation** (in-wi-*täi*-sschen; Einladung) in der Hand können Sie und Ihre Begleitung sich jetzt zur **cocktail party** (*kok*-täil *par*-tie; Cocktailparty) aufmachen.

In den letzten Jahren sind **after-work parties** (ähf-ter-*uwörk par*-ties; After-Work-Partys) in Mode gekommen, die auch zur **cocktail party**-Zeit von 18 bis 21 Uhr veranstaltet werden.

Was erwartet Sie dort? Neben **small talk** (smoohl toohk; leichte Unterhaltung) zum Beispiel Folgendes:

- **cocktails** (*kok*-täils; Cocktails)
- **non-alcoholic beverages** (*non*-äl-ke-ho-lik *bew*-ridsch-es; nichtalkoholische Getränke)
- **finger food** (*fin*-ger fuhd; Fingerfood)
- **mingling** (*ming*-ling; unter die Leute gehen)
- **dancing** (*dähnss*-ing; tanzen)

RSVP. Diese vier Buchstaben stehen auf den meisten **invitations**. Aber wofür stehen sie denn überhaupt? Grundkenntnisse des Französischen sind in diesem Fall sehr nützlich:

- **Répondez s'il vous plaît.** (räi-pon-*däi* ssie wuh pläi; Um Antwort wird gebeten.)

Auf Englisch heißt dieser Satz dann:

- **Please answer.** (plies *ähn*-sser; Um Antwort wird gebeten.)

Das ist aber weder elegant noch lässt es sich mit vier Buchstaben abkürzen. Neuerdings findet man häufiger diese Floskel auf Einladungen:

- **RSVP – regrets only** (ar ess wie pie ri-*gretss oun*-lie; RSVP – nur bei Absagen)

Die Nachrichtenflut wird dadurch etwas gemindert – der Effekt ist derselbe.

In Kapitel 4 haben Sie schon viel über **small talk** gelernt. Hier sind noch einige Beispielsätze, die Sie verwenden können, um andere Menschen in ein Gespräch zu verwickeln:

- **This party is a blast. I haven't had so much fun in ages.** (thiss *par*-tie is ä blähsst ai *häw*-ent häd ssou matssch fan in *äidsch*-es; Diese Party ist ein Kracher. Ich habe seit Ewigkeiten nicht mehr so viel Spaß gehabt.)
- **This party is so dull. Let's leave.** (thiss *par*-tie is ssou dal letss liew; Diese Party ist so langweilig. Lass uns gehen.)

- **The canapés are delicious. I must have the caterer's name.** (thä *kä*-ne-päis ar di-*li*-sschess ai masst häw thä *käi*-ter-ers näim; Die Häppchen sind lecker. Ich muss den Namen des Partyservice haben.)
- **Do you see that dress over there? I think it's a bit risqué, don't you?** (duh juh ssie thät dress *ou*-wer thäir ai thhink itss ä bit riss-*käi* dount juh; Siehst du das Kleid dort drüben? Ich finde es ein wenig gewagt, oder nicht?)
- **Would you like to dance?** (uwud juh laik tu dähnss; Möchten Sie tanzen?)

BYOB. Noch einmal vier Buchstaben. Diese heißen im Langtext:

- **Bring your own bottle.** (bring juhr oun *bo*-tel; Getränke sind selbst mitzubringen.)

Manchmal wird das Wort **bottle** (*bo*-tel; Flasche) auch durch **booze** (buhs; ugs. Alkohol) ersetzt. Das Ergebnis ist allerdings identisch, denn es geht darum, seinen eigenen Alkohol mitzubringen. Wenn Sie mit einer Gruppe auf eine Party gehen und trinken wollen, legen Sie in der Regel vorher einen **designated driver** (*de*-sig-näit-ed *draiw*-er; festgelegter Fahrer, ugs. Sprudeldepp) fest. Denn das Motto sollte immer sein:

- **Don't drink and drive.** (dount drink änd draiw; Nicht trinken und fahren.)

Oder etwas lässiger:

- **Don't booze and cruise.** (dount buhs änd kruhs; Nicht saufen und fahren.)

The Silver Screen: Ins Kino gehen

Seit der Erfindung des Films vor ungefähr einhundert Jahren hat sich an der Faszination der amerikanischen **movie theaters** (*muh*-wie *thie*-e-ters; Kinos) und britischen **cinemas** (*ssi*-nemas; Kinos) nichts geändert. Auch wenn Ihr **home theater** (houm *thie*-e-ter; Heimkino) inzwischen mit DVDs und Blu-ray-Discs, die auf großen **flatscreens** (*flät*-sskriens; Flachbildschirme) wiedergegeben werden, ausgestattet ist: Das Flair des **silver screen** (*ssil*-wer sskrien; Kinoleinwand, *wörtlich:* silberne Leinwand) ist nach wie vor geblieben. Und wenn Sie einen Ort für ein **date** suchen, stehen die **back rows** (bäk rous; letzten Reihen) im Kinosaal immer noch hoch im Kurs. Zusätzlich gehören aber auch folgende Dinge zum **movie theater**:

- **popcorn** (*pop*-korn; Popcorn)
- **hot dogs** (hot dogs; Hot Dogs)
- **nachos** (na-*tsschous*; Nachos)
- **soda** (*ssou*-da; Limo)
- **candy** (AE) (*kähn*-die; Süßigkeiten)
- **sweets** (BE) (ssuwietss; Süßigkeiten)
- **main feature** (mäin *fie*-tsscher; Hauptfilm)

Im **movie theater** können Sie in eine andere Welt eintauchen. Dieses Gefühl bringen Sie mit folgenden Sätzen zum Ausdruck:

- ✔ **Let's go to the movies tonight. They're showing the latest *James Bond*.** (letss gou tu thä *muh*-wies tu-*nait* thäir *sschou*-ing thä *läit*-esst dschäims bond; Lass uns heute Abend ins Kino gehen. Der neueste James Bond läuft.)
- ✔ **Where would you like to sit?** (uwäir uwud juh laik tu ssit; Wo möchtest du gern sitzen?)
- ✔ **Do you want to share some popcorn? They have XXL buckets here.** (duh juh uwont tu sschäir ssam *pop*-korn thäi häw ekss-ekss-*el ba*-kitss hier; Möchtest du Popcorn mit mir teilen? Es gibt hier XXL-Eimer.)
- ✔ **Did you remember to turn off your cellphone?** (did juh ri-*mem*-ber tu törn of juhr *ssel*-foun; Hast du daran gedacht, dein Handy auszuschalten?)

Besonders in den USA gibt es eine Form des Kinos, die sich in den Sommermonaten großer Beliebtheit erfreut: das **drive-in** (*draiw*-in; Autokino). Hier müssen Sie sich um die Wahl der Sitzreihe keine Gedanken machen. Weil Sie mit Ihrem Auto vor die Leinwand fahren, haben Sie Ihren Sitz immer dabei. Nun noch schnell das obligatorische **popcorn** kaufen, das Radio einschalten und auf die richtige Frequenz einstellen. Schon kann das Kinovergnügen beginnen. Vergessen Sie dabei aber nicht, den Gang rauszunehmen und den Motor abzustellen ...

Fun Facts: »PDA«

PDA. In diesem Fall ist nicht Ihr **personal digital assistant** (*pör*-sse-nel *di*-dschi-tel ä-*ssisst*-ent; elektronischer Organizer) gemeint. Diesen sollten Sie im **movie theater** einfach abschalten. Mehr über Terminverwaltung können Sie in Kapitel 9 erfahren. **PDA** steht hier vielmehr für Folgendes:

- ✔ **public display of affection** (*pab*-lik diss-*pläi* ow ä-*fek*-sschen; Intimitäten in der Öffentlichkeit)

Es geht nicht um **holding hands** (*hould*-ing händs; Händchenhalten) oder **a peck on the cheek** (ä pek on thä tsschiek; Küsschen auf die Wange). Vielmehr sind Dinge gemeint, die Ihre Mitmenschen vielleicht nicht sehen sollen oder wollen. Denken Sie darüber nach, wenn Sie das nächste Mal in der **back row** (bäk rou; hinterste Reihe) im **movie theater** sitzen.

All the World's a Stage: Theater- und Opernbesuche

Schauspiel findet auch heutzutage nicht nur im **movie theater** statt, sondern wie eh und je **on the stage** (on thä sstäidsch; auf der Bühne). Ob **theater** (*thhie*-e-ter; Theater), **opera house** (*o*-pe-ra hauss; Opernhaus) oder **musical stage** (*mjuh*-sik-el sstäidsch; Musicalbühne): Ein Besuch einer dieser Einrichtungen ist ein kulturelles **highlight** (*hai*-lait; Höhepunkt). Wie oft haben Sie schon die Theaterstücke von William Shakespeare oder Tennessee Williams in der Originalsprache gesehen? Mit den folgenden Begriffen werden Sie bei einem **play** (pläi; Theaterstück) in London oder einem **musical** (*mjuh*-sik-el; Musical) auf dem New Yorker Broadway in Berührung kommen:

- **foyer** (feu-*jäi*; Foyer)
- **coat check** (kout tsschek; Garderobe)
- **mezzanine** (*me*-se-nien; erster Rang)
- **usher** (*a*-sscher; Platzanweiser)
- **playbill** (*pläi*-bil; Programmheft)
- **intermission** (in-ter-*mi*-sschen; Pause)
- **ticket** (*ti*-ket; Eintrittskarte)
- **discount ticket** (*diss*-kaunt *ti*-ket; reduzierte Eintrittskarte)

Wie Sie an **tickets** (*ti*-ketss; Eintrittskarten) kommen, können Sie übrigens in Kapitel 9 erfahren.

Neben **theater**, **opera** und **musicals** gibt es noch zahlreiche andere kulturelle Aufführungen. Dazu gehören unter anderem:

- **ballet** (AE: bä-*läi*; BE: *bä*-läi; Ballett)
- **operetta** (o-pe-*re*-ta; Operette)
- **piano recital** (pie-*ä*-nou ri-*ssait*-el; Soloklavierkonzert)
- **reading** (*ried*-ing; Lesung)
- **concert** (*kon*-ssört; Konzert)
- **rock concert** (rok *kon*-ssört; Rockkonzert)

Fühlen Sie sich nach dem Lesen der Begriffe schon, als wären Sie auf dem Broadway? Wenn Sie das nächste Mal die Lust verspüren, ein **play**, eine **opera** oder ein **musical** zu besuchen, drücken Sie das doch einfach mit den folgenden Sätzen aus:

- **I have two tickets for *Hamlet*. Would you like to join me next Tuesday for the evening performance?** (ai häw tuh *ti*-ketss for *häm*-let uwud juh laik tu dscheun mie neksst *tuhs*-däi for thie *iew*-ning pör-*form*-enss; Ich habe zwei Karten für *Hamlet*. Wollen Sie mich nächsten Dienstag zur Abendvorstellung begleiten?)
- **I love the atmosphere of a premiere at the opera house. Everyone is dressed up and it's so thrilling.** (ai law thie *ät*-mess-fier ow ä prim-*jier* ät thie *o*-pe-ra hauss *ew*-rie-uwan is dresst ap änd itss ssou *thhril*-ing; Ich liebe die Atmosphäre einer Premiere im Opernhaus. Alle haben sich chic gemacht und es ist so aufregend.)
- **The production of *Cats* was one of the longest running musicals on Broadway.** (thä pro-*dak*-sschen ow kätss uwos uwan ow thä *long*-esst *ran*-ing *mjuh*-sik-els on *broohd*-uwäi; Die Inszenierung von *Cats* ist eines der am längsten aufgeführten Musicals am Broadway gewesen.)

- **We saw *A Streetcar Named Desire* in summer stock and were impressed by the excellent performances.** (uwie ssooh ä *sstriet*-kahr näimd di-*sai*-er in *ssa*-mer sstok änd uwör im-*presst* bai thie *ek*-sse-lent pör-*form*-enss-es; Wir haben *Endstation Sehnsucht* im Sommertheater gesehen und waren von der herausragenden Schauspielkunst begeistert.)

Schauen Sie sich einmal die folgenden Wörter an:

- **Lincoln** (*lin*-ken; Lincoln)
- **palm** (pahm; Handfläche)
- **calm** (kahm; ruhig)
- **should** (sschud; sollen)
- **could** (kud; können)
- **would** (uwud; würden)

Wie Sie sicherlich in der Umschreibung gesehen haben, gibt es bei diesen Wörtern eine Gemeinsamkeit: Das **l** bleibt stumm. Deswegen heißt es auch **silent l** (*ssai*-lent el; stummes »l«).

Fun Facts: »dress code«

Es gibt einige **codes** (kouds; Codes), die Sie nicht vergessen dürfen:

- **pin code** (pin koud; Geheimzahl)
- **dress code** (dress koud; Kleiderordnung)

Halt. Der **dress code** hat mit Geheimzahlen nichts gemeinsam. Vielmehr geht es hier um eine Konvention bei der Wahl Ihrer Bekleidung. Wenn Sie den **dress code** nicht befolgen, kann es schnell passieren, dass Sie wie folgt erscheinen:

- **underdressed** (*an*-der-dresst; nicht angemessen angezogen)
- **overdressed** (*ou*-wer-dresst; übertrieben angezogen)

Beides ist nicht sehr vorteilhaft – es sei denn, Sie wollen unbedingt auffallen. Meistens ist die **golden mean** (*gould*-en mien; goldene Mitte) die beste Lösung.

Fun Facts: »matinée«

Waren Sie schon einmal bei einer **matinée** (mä-ti-*näi*; Nachmittagsvorführung) und haben sich über die Uhrzeit gewundert? Sie als Kenner der französischen Sprache wissen natürlich, dass »matin« »Morgen« bedeutet. Wer hat da an der Uhr gedreht? Es ist doch schon viel zu spät für **morning** (*mor*-ning; Morgen). Die **matinée** findet gewöhnlich zur Nachmittagszeit statt – am ausgedehnten Morgen also.

An guten wie an schlechten Tagen: Sonstiger Zeitvertreib drinnen und draußen

Auch wenn Sie sich bei den in den vorangegangenen Abschnitten erwähnten kulturellen Einrichtungen und Ereignissen noch nicht wiedergefunden haben:

- ✔ **While there's life, there's hope.** (uwail thäirs laif thäirs houp; Die Hoffnung stirbt zuletzt, *wörtlich:* Solange es Leben gibt, gibt es Hoffnung.)

Im Folgenden finden Sie ein Potpourri von Einrichtungen, in denen Sie Ihre Zeit drinnen und draußen – zugegebenermaßen mit mehr oder weniger kulturellem Inhalt – verbringen können. Da ist sicherlich auch etwas für Sie dabei.

Raindrops Keep Falling on My Head: Drinnen

Was machen Sie an **rainy days** (*räin*-ie däis; verregnete Tage) im englischsprachigen Ausland? Außer im Hotelbett zu bleiben, bieten sich zum Beispiel folgende **places to go** (*pläiss*-es tu gou; Ziele) an:

- ✔ **museum** (mjuh-*sie*-em; Museum)
- ✔ **art gallery** (art *gä*-le-rie; Kunstausstellung)
- ✔ **library** (*lai*-bre-rie; Bibliothek)
- ✔ **famous building** (*fäi*-mess *bild*-ing; berühmtes Gebäude)
- ✔ **department store** (di-*part*-ment sstohr; Kaufhaus)

Sie wollen unbedingt **sightseeing** (*ssait*-ssie-ing; Besichtigungen) machen, wissen aber nicht, wie Sie an **information** (in-for-*mäi*-sschen; Informationen) kommen oder wohin Sie gehen sollen? Im Zeitalter des Internets – mehr über das Internet als Kommunikationsmittel können Sie in Kapitel 9 erfahren – ist die erste Anlaufstelle eine Suchmaschine. Jede Stadt hat ihre eigene **website** (*uweb*-ssait; Website). Aber auch vor Ort können Sie sich informieren. Suchen Sie einfach ein **tourist information office** (*tuh*-risst in-for-*mäi*-sschen *ooh*-fiss; Touristeninformationsbüro) auf. Zusätzliche Informationsangebote gibt es an **train stations** (träin *sstäi*-sschens; Bahnhöfe). Sie können auch in Ihrem Hotel die **members of staff** (*mem*-bers ow sstähf; Mitarbeiter) fragen. Hier werden Sie geholfen ...

Wie motivieren Sie Ihre Mitreisenden, Sie an einem verregneten Tag zu begleiten, um die Stadt zu erkunden? Vielleicht so:

- ✔ **Today is the perfect day to go to the Museum of Natural History.** (tu-*däi* is thä *pör*-fekt däi tu gou tu thä mjuh-*sie*-em ow *nä*-tssche-rel *hiss*-te-rie; Heute ist der perfekte Tag, um in das Museum für Naturkunde zu gehen.)

✔ **There's a Warhol exhibition at the art gallery. Let's go there.** (thäirs ä *uwoohr*-hoohl ek-ssi-*bi*-sschen ät thie art *gä*-le-rie letss gou thäir; Es gibt eine Warhol-Ausstellung in der Kunstgalerie. Lasst uns dort hingehen.)

✔ **I've always wanted to see the famous staircase at Harrod's. We can have a look at it today.** (aiw *oohl*-uwäis *uwont*-ed tu ssie thä *fäi*-mess *sstäir*-käiss ät *hä*-reds uwie kän häw ä luk ät it tu-*däi;* Ich wollte schon immer mal das berühmte Treppenhaus bei Harrod's sehen. Wir könnten es uns heute anschauen.)

Was sagen Sie eigentlich im Englischen, wenn Sie jemandem etwas geben? Sie haben folgende Möglichkeiten:

✔ **Here you are.** (hier juh ar; Bitte schön, bitte sehr)

✔ **Here you go.** (hier juh gou; Bitte schön, bitte sehr)

Folgendes benutzen Sie jedoch nur, wenn Sie etwas haben möchten:

✔ **please** (plies; bitte)

Track 12: Im Gespräch

Nigel unterhält sich im **Metropolitan Museum of Art** (me-tre-*po*-li-ten mjuh-*sie*-em ow art) mit einem Mitarbeiter.

Nigel: **Good afternoon. How long are you open today?**

gud ähf-ter-*nuhn* hau long ar juh *ou*-pen tu-*däi*

Guten Tag. Wie lange haben Sie heute geöffnet?

Man: **Good afternoon, sir. Today we are open until 9 p.m.**

gud ähf-ter-*nuhn* ssör tu-*däi* uwie ar *ou*-pen an-*til* nain pie-*em*

Guten Tag. Heute haben wir bis 21 Uhr geöffnet.

Nigel: **Thank you. What is the price of admission, please?**

thhänk juh uwot is thä praiss ow äd-*mi*-sschen plies

Danke. Wie hoch ist der Eintrittspreis, bitte?

Man: **The recommended price is $20, sir.**

thä re-ke-*mend*-ed praiss is *tuwen*-tie *do*-lers ssör

Der empfohlene Preis ist 20 Dollar.

Nigel: **Does that include the special exhibition on the »Art of the Samurai«?**

das thät in-*kluhd* thä *sspe*-sschel ek-ssi-*bi*-sschen on thie art ow thä *ssä*-me-rai

Beinhaltet das die Sonderausstellung über die »Kunst der Samurai«?

Man: **It certainly does. How many tickets would you like?**

it *ssör*-ten-lie das hau *mä*-nie *ti*-ketss uwud juh laik

Natürlich. Wie viele Eintrittskarten möchten Sie haben?

Nigel: **Just one, please.**

dschasst uwan plies

Nur eine, bitte.

Man: **Here you go, sir. You can check your coat over there.**

hier juh gou ssör juh kän tsschek juhr kout *ou*-wer thäir

Bitte schön. Sie können Ihren Mantel dort drüben abgeben.

Nigel: **Thank you very much.**

thänk juh *we*-rie matssch

Vielen Dank.

Kleiner Wortschatz

Englisch	Aussprache	Deutsch
exhibition	ek-ssi-*bi*-sschen	Ausstellung
famous	*fäi*-mess	berühmt
open	*ou*-pen	geöffnet, offen
price of admission	praiss ow äd-*mi*-sschen	Eintrittspreis
to recommend	tu re-ke-*mend*	empfehlen, vorschlagen
to include	tu in-*kluhd*	beinhalten

Sunshine Reggae: Draußen

Wenn Sie reisen, scheint sicherlich die Sonne. Da wäre es doch schade, den ganzen Tag drinnen zu verbringen. Bei so hervorragendem Wetter bieten sich einige **outside activities** (*aut*-ssaid äk-*ti*-wi-ties; Freiluftaktivitäten) an:

- ✔ **zoo** (suh; Zoo)
- ✔ **botanical garden** (be-*tä*-ni-kel *gar*-den; Botanischer Garten)

- **aquarium** (ä-*kuwä*-rie-em; Aquarium)
- **amusement park** (ä-*mjuhs*-ment park; Freizeitpark)
- **open-air museum** (*ou*-pen äir mjuh-*sie*-em; Freilichtmuseum)
- **window shopping** (*uwin*-dou *sschop*-ing; Schaufensterbummeln)

Kennen Sie Flora und Fauna? Nein, es sind nicht die beiden Feen aus der Disney-Version von ***Sleeping Beauty*** (*ssliep*-ing *bjuh*-tie; Dornröschen) gemeint. Vielmehr geht es um **plants** (plähntss; Pflanzen) und **animals** (*ä*-ni-mels; Tiere) und ihre englischen Bezeichnungen. Nicht alle der Einträge in Tabelle 7.1 finden Sie im **zoo** oder **botanical garden** wieder. Dafür sind sie umso interessanter.

Plants and Trees (plähntss änd tries; Pflanzen und Bäume)	**Mammals** (*mä*-mels; Säugetiere)	**Birds** (börds; Vögel)	**Fish** (fissch; Fische)
grapevine (*gräip*-vain; Weinrebe)	**coyote** (ka-*jou*-tie; Kojote)	**road-runner** (*roud*-ran-er; Wegekuckuck)	**trout** (traut; Forelle)
poison ivy (*peu*-sen *ai*-wie; Giftefeu)	**gopher** (*gou*-fer; Erdhörnchen)	**bluejay** (*bluh*-dschäi; Blauhäher)	**salmon** (*ssä*-men; Lachs)
red clover (red *klou*-wer; Rotklee)	**raccoon** (rä-*kuhn*; Waschbär)	**woodpecker** (*uwud*-pek-er; Specht)	**herring** (*he*-ring; Hering)
mistletoe (*mi*-ssel-tou; Mistel)	**hedgehog** (*hedsch*-hog; Igel)	**eagle** (*ie*-gel; Adler)	**flounder** (*flaun*-der; Butt)
forget-me-not (for-*get*-mie-not; Vergißmeinnicht)	**skunk** (sskank; Stinktier)	**mockingbird** (*mok*-ing-börd; Spottdrossel)	**eel** (iel; Aal)
sequoia (sse-*kuweu*-a; Mammutbaum)	**groundhog** (*graund*-hog; Murmeltier)	**ostrich** (*o*-sstritssch; Strauß)	**clownfish** (*klaun*-fissch; Anemonenfisch)
oak (ouk; Eiche)	**badger** (*bä*-dscher; Dachs)	**seagull** (*ssie*-gal; Möwe)	**shark** (sschark; Hai)
chestnut (*tsschesst*-nat; Kastanie)	**porcupine** (*por*-kju-pain; Stachelschwein)	**robin** (*ro*-bin; Rotkehlchen)	**stingray** (*ssting*-räi; Stachelrochen)

Tabelle 7.1: Englische Flora und Fauna

Über die Möglichkeiten, zusammen etwas zu unternehmen, können Sie sich mit den folgenden Sätzen austauschen:

- **Why don't we go to the zoo today. I'd like to see the new baby elephant they showed on TV.** (uwai dount uwie gou tu thä suh tu-*däi* aid laik tu ssie thä nuh *bäi*-bie *e*-le-fent thäi sschoud on tie-*wie*; Lasst uns heute in den Zoo gehen. Ich würde gern das neue Elefantenbaby sehen, das sie im Fernsehen gezeigt haben.)

- **You can learn so much about the marine environment at the aquarium. Besides, it's fun to watch the antics of the orcas.** (juh kän lörn ssou matssch ä-*baut* thä mä-*rien* in-*wai*-ren-ment ät thie ä-*kuwä*-rie-em bi-*ssaids* itss fan tu uwotssch thie *än*-tikss ow thie *or*-kas; Man kann im Aquarium so viel über die Meereswelt lernen. Nebenbei macht es auch noch Spaß, den Mätzchen der Orkas zuzusehen.)
- **There's a basket weaving demonstration at the open air museum today. Would you like to go?** (thäirs ä *bähss*-ket *uwiew*-ing de-men-*ssträi*-sschen ät thie *ou*-pen äir mjuh-*sie*-em tu-*däi* uwud juh laik tu gou; Heute gibt es eine Korbflechtdemonstration im Freilicht-museum. Möchtest du hingehen?)
- **Did you know that most rollercoasters in American amusement parks are actually imported from Germany?** (did juh nou thät mousst *roul*-er-kousst-ers in ä-*me*-ri-ken ä-*mjuhs*-ment parkss ar *äk*-ssche-lie im-*port*-ed from *dschör*-me-nie; Wussten Sie, dass die meisten Achterbahnen in amerikanischen Freizeitparks eigentlich aus Deutschland importiert sind?)

Spiel und Spaß

Benutzen Sie die folgenden Wörter, um die Lücken in den Sätzen zu füllen:

museum, zoo, aquarium, amusement park, movie theater

- ✔ **Let's go to the __________. They have a new baby elephant.**
- ✔ **My girlfriend and I like to sit in the back row of the __________ and hold hands.**
- ✔ **The rollercoasters at the __________ are very high and very fast.**
- ✔ **There is an exhibition of ancient Japanese art at the __________.**
- ✔ **The orcas at the __________ are fun to watch.**

Lösung:

Die einzusetzenden Wörter sind kursiv gedruckt:

- ✔ **Let's go to the *zoo*. They have a new baby elephant.**
- ✔ **My girlfriend and I like to sit in the back row of the *movie theater* and hold hands.**
- ✔ **The rollercoasters at the *amusement park* are very high and very fast.**
- ✔ **There is an exhibition of ancient Japanese art at the *museum*.**
- ✔ **The orcas at the *aquarium* are fun to watch.**

Entspannen Sie sich endlich: Freizeit, Sport und Erholung

8

In diesem Kapitel

- Über Hobbys und Interessen sprechen
- Verschiedene Sportarten kennen lernen
- Die Natur zur Freizeitgestaltung entdecken
- Weitere Möglichkeiten der Entspannung finden

Das Leben besteht nicht nur aus Arbeit – das durften Sie bereits in Kapitel 7 erfahren. Aber neben dem Ausgehen gibt es noch weitere Möglichkeiten, Ihre **free time** (frie taim; Freizeit) zu gestalten. Wie die meisten Menschen haben auch Sie sicherlich ein **hobby** (*ho*-bie; Hobby). Ob Sie nun **stamps** (sstähmpss; Briefmarken) oder **antique chamber pots** (än-*tiek tsschäim*-ber potss; antike Nachttöpfe) sammeln, sich für **classical music** (*klä*-ssik-el *mjuh*-sik; klassische Musik) oder **heavy metal** (*he*-wie *me*-tel; Heavy Metal) interessieren oder einfach gern Zeit **in the great outdoors** (in the gräit aut-*dohrs*; in der Natur) verbringen: Dies ist das richtige Kapitel für Sie.

Von Jägern und Sammlern

Der Mensch als solcher sammelt gern. Das heißt nicht, dass Sie gleich zum **compulsive hoarder** (kom-*pal*-ssiw *hord*-er; Messie) werden müssen. Aber zu den klassischen **hobbies** gehört es, die verschiedensten Dinge zu sammeln:

- ✔ **stamps** (sstähmpss; Briefmarken)
- ✔ **coins** (keuns; Münzen)
- ✔ **model cars** (*mo*-del kahrs; Modellautos)
- ✔ **model trains** (*mo*-del träins; Modelleisenbahnen)
- ✔ **For Dummies books** (for *da*-mies bukss; Für-Dummies-Bücher)

Es ist so eine Sache mit der Mehrzahl. Nehmen Sie zum Beispiel das Wort **hobby**. Im Deutschen fügen Sie dem »Hobby« einfach ein »s« hinzu und haben somit die Mehrzahl gebildet: »Hobbys«. Im Englischen sieht es beim Plural dieses Wortes aber folgendermaßen aus:

- ✔ **hobby** (*ho*-bie; Hobby) wird zu **hobbies** (*ho*-bies; Hobbys)

Das Gleiche gilt auch für alle anderen **nouns**, die auf **y** enden, wie zum Beispiel:

- ✔ **baby** (*bäi*-bie; Baby) wird zu **babies** (*bäi*-bies; Babys)
- ✔ **party** (*par*-tie; Party) wird zu **parties** (*par*-ties; Partys)

Mehr über die Bildung des **plural** können Sie in Kapitel 2 erfahren.

Sie können – je nachdem, was Sie sammeln – folgende Sätze von sich sagen und damit gleichzeitig ein Gespräch beginnen:

- ✔ **I collect figurines. What do you do as a hobby?** (ai ke-*lekt* fi-gje-*riens* uwot duh juh duh äs ä *ho*-bie; Ich sammle kleine Figuren. Was haben Sie für ein Hobby?)
- ✔ **My hobby is collecting seashells. Would you like to see my collection?** (mai *ho*-bie is ke-*lekt*-ing *ssie*-sschels uwud juh laik tu ssie mai ke-*lek*-tsschen; Mein Hobby ist es, Muscheln zu sammeln. Möchten Sie meine Sammlung sehen?)

Music was My First Love: Musik machen

Nicht jeder hat einen ausgeprägten Sammeltrieb. Es gibt zum Glück ja noch zahlreiche weitere **pastimes** (*pähss*-taims; Zeitvertreibe). Wie wäre es denn damit, ein **musical instrument** (*mjuh*-sik-el *in*-sstre-ment; Musikinstrument) zu spielen? Einige dieser **instruments** sehen Sie hier:

- ✔ **keyboard instruments** (*kie*-bohrd *in*-sstre-mentss; Tasteninstrumente)
    - **piano** (pie-*ä*-nou; Klavier)
    - **grand piano** (grähnd pie-*ä*-nou; Flügel)
    - **harpsichord** (*harp*-ssi-kord; Cembalo)
- ✔ **string instruments** (sstring *in*-sstre-mentss; Saiteninstrumente)
    - **violin** (wai-e-*lin*; Geige)
    - **viola** (wie-*ou*-la; Bratsche)
    - **cello** (*tssche*-lou; Cello)
    - **bass** (bäiss; Kontrabass)
    - **harp** (harp; Harfe)
    - **guitar** (gi-*tahr*; Gitarre)
- ✔ **brass instruments** (brähss *in*-sstre-mentss; Blechblasinstrumente)
    - **trumpet** (*tram*-pet; Trompete)
    - **trombone** (trom-*boun*; Posaune)
    - **French horn** (frentssch horn; Waldhorn)

  - **tuba** (*tuh*-ba; Tuba)
- ✔ **woodwind instruments** (*uwud*-uwind *in*-sstre-mentss; Holzblasinstrumente)
  - **recorder** (ri-*kord*-er; Blockflöte)
  - **clarinet** (klä-ri-*net*; Klarinette)
  - **oboe** (*ou*-bou; Oboe)
  - **flute** (fluht; Querflöte)
  - **saxophone** (*ssäk*-sse-foun; Saxophon)
- ✔ **percussion instruments** (pör-*ka*-sschen *in*-sstre-mentss; Perkussionsinstrumente)
  - **drums** (drams; Schlagzeug)
  - **xylophone** (*sai*-le-foun; Xylophon)
  - **cymbals** (*ssim*-bels; Becken)

Was Sie spielen, können Sie Ihren Gesprächspartnern so mitteilen:

- ✔ **I play the organ.** (ai pläi thie *or*-gen; Ich spiele Orgel.)
- ✔ **I like playing the didgeridoo.** (ai laik *pläi*-ing the di-dsche-rie-*duh*; Ich spiele gern Didgeridoo.)
- ✔ **I'm learning to play the banjo.** (aim *lörn*-ing tu pläi the *bähn*-dschou; Ich lerne gerade, Banjo zu spielen.)

Egal, welches **musical instrument** es letztendlich ist: Achten Sie darauf, dass vor dem Instrument der **definite article** (*de*-fi-nit *ar*-ti-kel; bestimmter Artikel) **the** steht. Mehr über **articles** können Sie in Kapitel 2 erfahren.

Auch, wenn Sie kein Instrument spielen, tragen Sie dennoch jederzeit eines mit sich – Ihre **voice** (weuss; Stimme). Mit dieser können Sie nicht nur ins Gespräch kommen, sondern auch auf verschiedene Arten singen:

- ✔ **My friend and I sing in a choir.** (mai frend änd ai ssing in ä *kuwai*-er; Meine Freundin und ich singen in einem Chor.)
- ✔ **I usually sing in the shower.** (ai *juh*-schel-ie ssing in thä *sschau*-er; Ich singe normalerweise unter der Dusche.)
- ✔ **I used to sing in an a cappella boygroup.** (ai juhsd tu ssing in än ah ke-*pe*-la *beu*-gruhp; Ich habe in einer A-cappella-Männergruppe gesungen.)

Fun Facts: »recorder«

Auf Deutsch kann jeder einen »Rekorder« bedienen. Sie schieben eine Kassette ein und es ertönt Musik. In der englischen Sprache ist es mit dem Musikinstrument **recorder** schon etwas komplizierter:

- ✔ **recorder** (ri-*kord*-er; Blockflöte)

Handicrafts: Was man mit Fingerfertigkeit erreichen kann

Seien Sie nicht enttäuscht, wenn Sie Ihr **hobby** in den vorangegangenen Abschnitten nicht gefunden haben. Über alles, was Sie mit Ihren **hands** (hähnds; Händen) herstellen können, erfahren Sie in diesem Abschnitt Näheres. Die erste Gruppe umfasst insbesondere **handicrafts** (*hähnd*-ie-krähftss; Handarbeiten) mit **yarn** (jarn; Garn) und **material** (ma-*tie*-ri-el; Stoff):

- ✔ **sewing** (*ssou*-ing; Nähen)
- ✔ **knitting** (*nit*-ing; Stricken)
- ✔ **crocheting** (krou-*sschäi*-ing; Häkeln)
- ✔ **embroidering** (em-*breu*-der-ing; Sticken)
- ✔ **weaving** (*uwiew*-ing; Weben)

Passen Sie bei der Aussprache der folgenden Wörter auf. Es könnte sonst zu Verwirrungen kommen:

- ✔ **to sew** (tu ssou; nähen)
- ✔ **to sow** (tu ssou; säen)
- ✔ **sow** (ssau; Sau)
- ✔ **to sue** (tu ssuh; verklagen)

Und wenn Sie **sow** zu jemandem sagen, könnte das Letzte eintreten. Das bringt Sie in den **court room** (kohrt ruhm; Gerichtssaal). Ob Sie dorthin wollen, ist fraglich.

Wenn Sie sich mit einer dieser **handicrafts** beschäftigen, können Sie Folgendes von sich sagen:

- ✔ **I love sewing. I always sew my own clothing.** (ai law *ssou*-ing ai *oohl*-uwäis ssou mai oun *klouth*-ing; Ich nähe gern. Ich nähe mir immer meine eigene Kleidung.)

- ✔ **Knitting is my favorite pastime. Here's my latest woolen sweater.** (*nit*-ing is mai *fäi*-werit *pähss*-taim hiers mai *läit*-esst *uwul*-en *ssuwet*-er; Stricken ist mein Lieblingshobby. Hier ist mein neuester Wollpullover.)
- ✔ **I want to learn weaving. That's why I've bought a loom.** (ai uwont tu lörn *uwiew*-ing thätss uwai aiw booht ä luhm; Ich möchte lernen zu weben. Daher habe ich einen Webstuhl gekauft.)

Wissen Sie, was ein **sewing bee** (*ssou*-ing bie) ist? Nein, nicht dieses kleine summende und gelegentlich stechende Insekt. Bei einem **bee** dieser Art handelt es sich um ein Treffen von Gleichgesinnten, bei dem Handarbeitsprodukte hergestellt werden. Besonders beliebt in den USA sind auch **quilting bees** (*kuwilt*-ing bies), bei denen **quilts** (kuwiltss; bunte Steppdecken) oder andere **patchwork articles** (*pätssch*-uwörk *ar*-ti-kels; Patchworkartikel) in gemeinsamer Arbeit entstehen. Für Frauen in ländlichen Gegenden sind solche **bees** seit jeher auch eine willkommene Gelegenheit, sich über Land und Leute auszutauschen. Ganz nebenbei entsteht dabei ein **heirloom** (*äir*-luhm; Erbstück), das gern zu Hochzeiten oder Taufen verschenkt wird.

Um festere Stoffe geht es bei diesen Tätigkeiten:

- ✔ **basketweaving** (*bähss*-ket-uwiew-ing; Korbflechten)
- ✔ **woodwork** (BE) (*uwud*-uwörk; Holzarbeiten)
- ✔ **woodworking** (AE) (*uwud*-uwörk-ing; Holzarbeiten)
- ✔ **pottery** (*po*-te-rie; Töpfern)
- ✔ **metalwork** (*me*-tel-uwörk; Metallarbeiten)
- ✔ **sculpting** (*sskalpt*-ing; Bildhauerei)

Als Gesprächsaufhänger bieten sich somit folgende Sätze an:

- ✔ **I'm totally into basketweaving. It's amazing what you can do with reeds.** (aim *tou*-tel-ie *in*-tu *bähss*-ket-uwiew-ing itss ä-*mäis*-ing uwot juh kän duh uwith rieds; Ich gehe in Korbflechten voll auf. Es ist erstaunlich, was man mit Röhricht machen kann.)
- ✔ **I made the mug you're drinking out of myself. Pottery is my new hobby.** (ai mäid thä mag juhr *drink*-ing aut ow mai-*sself po*-te-rie is mai nuh *ho*-bie; Ich habe den Becher, aus dem du trinkst, selbst gemacht. Töpfern ist mein neues Hobby.)
- ✔ **The bust of Mozart on the grand piano is my latest sculpting creation. Do you like it?** (thä basst ow *mou*-tssahrt on thä grähnd pie-*ä*-nou is mai *läi*-tesst *sskalpt*-ing krie-*äi*-sschen duh juh laik it; Die Büste von Mozart auf dem Flügel ist meine neueste Bildhauerei-Kreation. Gefällt sie Ihnen?)

Natürlich können Sie mit Ihren Händen noch viele andere Dinge herstellen. Manche mögen zum Beispiel Malen. Natürlich können Sie dazu auch einen **paintbrush** (*päint*-brassch; Pinsel) zur Hilfe nehmen – Sie müssen sich nicht auf das **finger painting** (*fin*-ger *päint*-ing; Fingerfarbenmalen) beschränken. Mit Hilfsmitteln können Sie auf folgende Arten **works of art** (uwörkss ow art; Kunstwerke) kreieren:

- **watercolors** (*uwooh*-ter-ka-lers; Aquarelle)
- **oil paintings** (eul *päint*-ings; Ölgemälde)
- **pen and ink drawings** (pen änd ink *drooh*-ings; Federzeichnungen)
- **charcoal drawings** (*tsschahr*-koul *drooh*-ings; Kohlezeichnungen)
- **etchings** (*etssch*-ings; Radierungen)

Ihre neuesten Kunstwerke können Sie dann wie folgt anpreisen:

- **I made a watercolor of our garden in bloom. Look at the gorgeous colors.** (ai mäid ä *uwooh*-ter-ka-ler ow *au*-er *gar*-den in bluhm luk ät thä *gor*-dschess *ka*-lers; Ich habe ein Aquarell von unserem blühenden Garten gemalt. Schauen Sie sich die wunderbaren Farben an.)
- **That's my latest oil painting. I guess it's a bit abstract.** (thätss mai *läit*-esst eul *päint*-ing ai gess itss ä bit äb-*ssträkt*; Das ist mein neuestes Ölgemälde. Ich glaube, es ist ein wenig abstrakt.)
- **Would you like to see my etchings?** (uwud juh laik tu ssie mai *etssch*-ings; Möchtest du meine Radierungen sehen?)

Fun Facts: »Fruit of the Loom«

Haben Sie sich schon einmal über die Früchte auf Ihrer Kleidung gewundert? Hier ist die Erklärung:

- **loom** (luhm; Webstuhl)

Sie tragen also die Früchte der Arbeit am Webstuhl. Interessant, oder?

Fun Facts: Redewendungen mit »to paint«

Treiben Sie es doch einmal bunt. Im Englischen gibt es nämlich einige Redewendungen, die das Verb **to paint** (tu päint; malen) enthalten:

- **not to be as black as one is painted** (not tu bie äs bläk äs uwan is *päint*-ed; nicht so schlecht sein, wie gesagt wird, *wörtlich:* nicht so schwarz sein, wie man gemalt ist)
- **to paint oneself into a corner** (tu päint uwan-*sself in*-tu ä *kor*-ner; sich selbst in die Enge treiben, *wörtlich:* sich selbst in eine Ecke malen)

✔ **to be like watching paint dry** (tu bie laik *uwotssch*-ing päint drai; todlangweilig sein, *wörtlich:* so sein, als ob man Farbe beim Trocken zusähe)

✔ **to paint the town red** (tu päint thä taun red; ausgehen und Spaß haben, *wörtlich:* die Stadt rot anstreichen)

Über das Ausgehen und Spaß haben können Sie übrigens noch mehr in Kapitel 7 erfahren.

Volunteer Work: Freiwillig in der Freizeit arbeiten

Was? Arbeit in der **free time**? Ja, so etwas gibt es. Gerade im Bereich der **community service** (ko-*mjuh*-ni-tie *ssör*-wiss; gemeinnützige Arbeit) können Sie sich auch außerhalb Ihrer Arbeitszeit für andere einsetzen. Besonders in den USA spielt diese Art des Engagements für die **society** (sse-*ssai*-e-tie; Gesellschaft) eine große Rolle. Sie wird schon in der Schule mit **scholarships** (*ssko*-ler-sschipss; Stipendien) für Universitäten belohnt. Aber nicht nur deshalb ist **volunteer work** (wa-len-*tier* uwörk; freiwillige Arbeit) erstrebenswert. Sie leistet einen wichtigen Beitrag zum Zusammenhalt Ihrer Mitmenschen. Folgendes können Sie tun:

✔ **helping the elderly** (*help*-ing thie *el*-der-lie; älteren Menschen helfen)

✔ **collecting clothing for charity** (ke-*lekt*-ing *klouth*-ing for *tsschä*-ri-tie; Kleidung für die Wohlfahrt sammeln)

✔ **working in youth organizations** (*uwörk*-ing in juhthh or-gä-ni-*säi*-sschens; Mitarbeit in Jugendorganisationen)

✔ **helping in the public library** (*help*-ing in thä *pab*-lik *lai*-bre-rie; in der Stadtbücherei aushelfen)

✔ **cleaning parks and roads** (*klien*-ing parkss änd rouds; Parks und Straßen reinigen)

Am Rande vieler **highways** (*hai*-uwäis; Schnellstraßen) in den USA finden Sie folgendes Hinweisschild:

✔ **Adopt a road!** (ä-*dopt* ä roud; Adoptieren Sie eine Straße!)

Bei dieser Aufforderung geht es darum, die Verantwortung für das Sauberhalten des Straßenrands zu übernehmen. Dabei kümmern sich die **adoptive parents** (ä-*dopt*-iw *pä*-rentss; Adoptiveltern) mehrmals im Jahr um einen bestimmten Straßenabschnitt. Das fördert nicht nur die Sauberkeit der Straßen, sondern schont auch die **tax payers** (täkss *päi*-ers; Steuerzahler) und ist ein Ausdruck von **community pride** (ko-*mjuh*-ni-tie praid; Stolz, Mitglied einer Gemeinde zu sein). Mehr über das Verkehrssystem in den englischsprachigen Ländern können Sie übrigens in Kapitel 14 erfahren.

Bringen Sie Ihren **community pride** zum Ausdruck, indem Sie zum Beispiel Folgendes sagen:

- ✔ **Every second Tuesday, I help out in our public library.** (*ew*-rie *sse*-kend *tuhs*-däi ai help aut in *au*-er *pab*-lik *lai*-bre-rie; Jeden zweiten Dienstag helfe ich in unserer Stadtbücherei aus.)
- ✔ **I really enjoy taking the dogs from the animal shelter for a walk.** (ai *rie*-lie en-*dscheu täik*-ing thä dogs from thie *ä*-ni-mel *sschel*-ter for ä uwoohk; Ich genieße es sehr, die Hunde aus dem Tierheim auszuführen.)
- ✔ **I usually chaperone the band kids on their trips to the football games.** (ai *juh*-schel-ie *sschä*-pe-roun thä bähnd kids on thäir tripss tu thä *fut*-boohl gäims; Ich beaufsichtige normalerweise die Schüler aus der Big Band bei ihren Fahrten zu den American-Football-Spielen.)
- ✔ **It's my turn this week to go shopping for old Mrs. Fickle.** (itss mai törn thiss uwiek tu gou *sschop*-ing for ould *miss*-is *fi*-kel; Ich bin diese Woche an der Reihe, für die alte Frau Fickle einkaufen zu gehen.)

Track 13: Im Gespräch

Chuck hat Doug eingeladen, mit ihm Hunde aus dem **animal shelter** auszuführen. Es ergibt sich ein klitzekleines Problem.

Chuck: **Hey Doug, how about giving me a hand here? You could walk the Chihuahua.**

häi dag hau ä-*baut giw*-ing mie ä hähnd hier juh kud uwoohk thä sschie-*uwa*-uwa

Hey Doug, kannst du mir hier mal helfen? Du könntest den Chihuahua nehmen.

Doug: **I'd really rather take care of the Great Dane. You always get first choice.**

aid *rie*-lie *räh*-ther täik käir ow thä gräit däin juh *oohl*-uwäis get försst tsscheuss

Ich würde mich wirklich lieber um die Dänische Dogge kümmern. Du darfst dir immer zuerst einen Hund aussuchen.

Chuck: **You know that size doesn't matter, Doug. It's about doing community service, remember?**

juh nou thät ssais *das*-ent *mä*-ter dag itss ä-*baut duh*-ing ko-*mjuh*-nitie *ssör*-wiss ri-*mem*-ber

Du weißt doch, dass die Größe keine Rolle spielt, Doug. Es geht um gemeinnützige Arbeit, richtig?

Doug: **Oh, all right. But I feel awfully silly with this little bit of fur at the end of my leash. This would be a dog for Sarah.**

ou oohl rait bat ai fiel *ooh*-ful-ie *ssi*-lie uwith thiss *li*-tel bit ow för ät thie end ow mai liessch thiss uwud bie ä dog for *ssä*-ra

Na gut. Aber ich komme mir total albern mit diesem bisschen Fell am Ende der Leine vor. Das wäre ein Hund für Sarah.

Chuck: **But you told me that she's busy helping out at the Girl Scouts.**

bat juh tould mie thät sschies *bi*-sie *help*-ing aut ät thä görl sskautss

Aber du hast mir erzählt, dass sie gerade bei den Pfadfindermädchen aushilft.

Doug: **Yeah, she does that when she's not knitting woolen scarves for the senior citizens' home.**

jä-a sschie das thät uwen sschies not *nit*-ing *uwul*-en sskarws for thä *ssien*-jer *ssi*-ti-sens houm

Ja, das macht sie, wenn sie nicht gerade Wollschals für das Altersheim strickt.

Chuck: **If she's so good at that, maybe she should knit something for this tiny dog here. It could use it.**

if sschies ssou gud ät thät *mäi*-bie sschie sschud nit *ssam*-thhing for thiss *tai*-nie dog hier it kud juhs it

Wenn sie das so gut kann, sollte sie vielleicht etwas für diesen winzigen Hund hier stricken. Er könnte es gebrauchen.

Doug: **Oh, shut up.**

ou sschat ap

Ach, halt den Mund.

Kleiner Wortschatz

Englisch	Aussprache	Deutsch
community service	ko-*mjuh*-ni-tie *ssör*-wiss	gemeinnützige Arbeit
volunteer work	wa-len-*tier* uwörk	freiwillige Arbeit
to give somebody a hand	tu giw *ssam*-bo-die ä hähnd	jemandem helfen
to take care of	tu täik käir ow	sich kümmern, pflegen
leash	liessch	Hundeleine
to knit	tu nit	stricken

Sport ist Mord! Oder vielleicht doch nicht?

Egal, ob Sie ein **sports enthusiast** (ssportss en-*thhuh*-sie-ässt; Sportbegeisterter) sind oder es eher mit dem britischen **Prime Minister** (praim *mi*-niss-ter; Premierminister) Winston Churchill halten, der gesagt haben soll:

- ✔ **No sports!** (nou ssportss; Kein Sport!)

Es gibt sicherlich die eine oder andere Sportart, die Sie interessiert. Entweder Sie sind ein **active player** (*äk*-tiw *pläi*-er; aktiver Spieler) oder halt ein **couch potato** (kautssch pe-*täi*-tou; Faulenzer), der sich im **television** (*te*-le-wi-schen; Fernsehen) davon begeistern lässt. Sie finden sich in diesem Abschnitt also auf jeden Fall wieder. Ganz nebenbei erfahren Sie noch einiges über den Sport im anglo-amerikanischen Raum.

Are you a Team Player? Mannschaftssportarten

Sind Sie ein **team player** (tiem *pläi*-er; Mannschaftsspieler)? Die Sportarten in diesem Abschnitt fordern von Ihnen neben der **physical exercise** (*fi*-si-kel *ek*-sser-ssais; körperliche Betätigung) noch **team spirit** (tiem *sspi*-rit; Teamgeist). Für die **couch potatoes** reduziert sich die **physical exercise** auf den Gang zur Küche – denn für Nachschub an **potato chips** (pe-*täi*-tou tsschipss; Kartoffelchips) und **beer** (bier; Bier) soll ja gesorgt sein. Falls Sie unsicher sind, was Sie beim Sportfernsehen essen sollen, schauen Sie doch einfach in Kapitel 5 nach. Dort werden Sie sicherlich eine Anregung zur kulinarischen Begleitung der folgenden Sportarten finden:

- ✔ **baseball** (*bäiss*-boohl; Baseball)
- ✔ **softball** (*ssoft*-boohl; Softball)
- ✔ **cricket** (*kri*-ket; Cricket)
- ✔ **basketball** (*bähss*-ket-boohl; Basketball)
- ✔ **streetball** (*sstriet*-boohl; Straßenbasketball)
- ✔ **volleyball** (*wo*-lie-boohl; Volleyball)
- ✔ **hockey** (*ho*-kie; Eishockey)
- ✔ **field hockey** (field *ho*-kie; Feldhockey)
- ✔ **rugby** (*rag*-bie; Rugby)
- ✔ **polo** (*pou*-lou; Polo)

Sie vermissen König Fußball? Schauen Sie sich einmal die folgende Liste an:

- ✔ **football** (BE) (*fut*-boohl; Fußball)
- ✔ **soccer** (AE) (*sso*-ker; Fußball)
- ✔ **football** (AE) (*fut*-boohl; American football)

Jetzt verstehen Sie sicherlich, wieso der Fußball eine **special treatment** (*sspe*-sschel *triet*-ment; Sonderbehandlung) braucht. Zudem ist er zwar in Großbritannien von allergrößter sportlicher Wichtigkeit. In den USA allerdings spielt er nur eine Nebenrolle – zumindest bei den Herren der Schöpfung. Die amerikanischen Fußballdamen spielen dagegen in **a different league** (ä *dif*-rent lieg; eine andere Liga).

Folgende **verbs** könnten Ihnen beim Ausüben von Sportarten behilflich sein:

- ✔ **to practice** (tu *präk*-tiss; üben, trainieren)
- ✔ **to play** (tu pläi; spielen)
- ✔ **to score a goal** (tu sskohr ä goul; ein Tor machen)
- ✔ **to win** (tu uwin; gewinnen)
- ✔ **to lose** (tu luhs; verlieren)
- ✔ **to foul** (tu faul; foulen)

Wo Handball draufsteht, ist nicht immer Handball drin. Was Sie kennen, ist Folgendes:

- ✔ **European handball** (juh-re-*pie*-en *hähnd*-boohl; Handball)

Dieser ist ein rasanter Mannschaftssport. In den USA gibt es zwar eine Sportart, die **handball** heißt. Diese wird hingegen nur von zwei Spielern gespielt. Dabei wird ein kleiner Ball mit der Hand immer wieder gegen eine Wand geschlagen. Das war es dann aber auch schon – keine Mannschaft, keine Halle, keine Tore. Aber trotzdem Spaß.

Wo auch immer Sie sich mit Ihren Freunden und Bekannten über Sport unterhalten möchten – beim Bier in der Eckkneipe, während der Kaffeepause in Ihrer Firma oder beim Unfallchirurgenkongress – können Sie sich so ausdrücken:

- ✔ **Can you explain the offside rule in soccer to me? I still don't get it.** (kän juh ikss-*pläin* thie *oohf*-ssaid ruhl in *sso*-ker tu mie ai sstil dount get it; Kannst du mir die Abseits-Regel beim Fußball erklären? Ich verstehe sie immer noch nicht.)
- ✔ **Did you watch the Yankees game on TV last night?** (did juh uwotssch thä *jän*-kies gäim on tie-*wie* lähsst nait; Haben Sie gestern das Yankees-Spiel im Fernsehen gesehen?)
- ✔ **My boys play basketball whenever they get the chance.** (mai beus pläi *bähss*-ket-boohl uwen-*e*-wer thäi get thä tsschähnss; Meine Jungs spielen Basketball, wann immer sie können.)
- ✔ **If I could afford a pony, I'd take up polo.** (if ai kud ä-*fohrd* ä *pou*-nie aid täik ap *pou*-lou; Wenn ich mir ein Pony leisten könnte, würde ich anfangen, Polo zu spielen.)

Zum **soccer** gehört im amerikanischen Kulturkreis fast schon unzertrennlich die **soccer mom** (*sso*-ker mom; Fußballmutti). Nein, keine Angst, Mutti spielt nicht mit. Trotzdem ist eine **soccer mom** vielseitig einsetzbar. Sie fährt ihre Kinder zum **soccer training** (*sso*-ker *träin*-ing; Fußballtraining), zu den **piano lessons** (pie-*ä*-nou *le*-ssens; Klavierstunden) und auch zum **ballet practice** (bä-*läi präk*-tiss; Ballettunterricht). Es ist klar erkennbar, dass diese Mutter mitsamt ihrer Familie zur oberen Mittelschicht der Gesellschaft gehört. Dort finden sich nämlich die meisten fußballspielenden Kinder – ein Sport, der, wie bereits erwähnt, in den USA eher ungewöhnlich ist.

Fun Facts: »retronyms«

Wissen Sie, was ein **retronym** (*re*-trou-nim; Retronym) ist? Nein? Macht nichts, denn dann gehören Sie zur Mehrheit der Menschheit. **Retronyms** sind zum Beispiel die folgenden Wörter:

- **day baseball** (däi *bäiss*-boohl; Tages-Baseball)
- **fountain pen** (*faun*-ten pen; Füllfederhalter)
- **acoustic guitar** (ä-*kuhss*-tik gi-*tahr*; Akustikgitarre)

Die Bedeutung des jeweils zweiten Wortes (also **baseball**, **pen** und **guitar**) hat sich im Laufe der Zeit so verändert, dass die ursprüngliche Wortbedeutung nahezu verloren gegangen ist.

- **Baseball** wird nicht mehr tagsüber, sondern abends gespielt.
- Mit **pen** bezeichnet man heutzutage eher einen Kugelschreiber.
- Die **guitar** ist fast ausschließlich elektronisch.

Es bedarf also zusätzlicher Wörter, um die alte Bedeutung zu erfassen: **retronyms** eben, von dem griechischen Begriff **retro**, »zurück«, und **nym**, »Wort«.

Track 14: Im Gespräch

Sarah und Doug unterhalten sich über die Sportarten, denen sie während ihrer Schulzeit nachgegangen sind.

Doug: **I used to play baseball for my high school team.**

ai juhsd tu pläi *bäiss*-boohl for mai hai sskuhl tiem

Ich habe früher in der Baseball-Schulmannschaft gespielt.

Sarah: **No kidding. What position?**

nou *kid*-ing uwot po-*si*-sschen

Wirklich? Welche Position?

Doug: **Oh, I was the pitcher. But only until I dislocated my shoulder. I had to quit and then I joined the track and field team.**

ou ai uwos thä *pitssch*-er bat *oun*-lie an-*til* ai *diss*-lou-käit-ed mai *sschoul*-der ai häd tu kuwit änd then ai dscheund thä träk änd field tiem

Nun, ich war der Werfer. Aber nur, bis ich mir meine Schulter ausgerenkt habe. Ich musste aufhören und bin dann dem Leichtathletikteam beigetreten.

Sarah: **Really? What did you do there?**

rie-lie uwot did juh duh thäir

Wirklich? Was hast du da gemacht?

Doug: **Well, the discus throwing and the shot put were out because of my shoulder, so I went for hurdles. Shortly after that I dislocated both knees. Then I joined the chess club.**

uwel thä *diss*-kess *thhrou*-ing änd thä sschot put uwör aut bi-*koohs* ow mai *sschoul*-der ssou ai uwent for *hör*-dels *sschort*-lie *ähf*-ter thät ai *diss*-lou-käit-ed bouthh nies then ai dscheund thä tsschess klab

Also, Diskuswerfen und Kugelstoßen fielen wegen meiner Schulter weg. Da habe ich mich für den Hürdenlauf entschieden. Kurz danach habe ich mir beide Knie ausgerenkt. Dann bin ich dem Schachclub beigetreten.

Sarah: **I hope you didn't dislocate anything there, did you?**

ai houp juh *did*-ent *diss*-lou-käit *ä*-nie-thhing thäir did juh

Da hast du dir aber hoffentlich nichts ausgerenkt, oder?

Doug: **Oh come on. Did you do any sports at all?**

ou kam on did juh duh *ä*-nie ssportss ät oohl

Ach komm schon. Hast du überhaupt irgendeine Art von Sport gemacht?

Sarah: **In fact, I was on the cheerleading squad. We won the 1999 American Championships. I still have some of those muscles left. Maybe I'll show you some time.**

in fäkt ai uwos on thä *tsschier*-lied-ing sskuwod uwie uwon thä *nain*-tien *nain*-tie nain ä-*me*-ri-ken *tsschämp*-jen-sschipss ai sstil häw ssam ow thous *ma*-ssels left *mäi*-bie *ai*-el sschou juh ssam taim

Ich war sogar im Cheerleadingteam. 1999 haben wir die amerikanischen Meisterschaften gewonnen. Einige der Muskeln habe ich immer noch. Vielleicht zeige ich sie dir irgendwann mal.

Doug: **Wow. Should I be impressed or scared?**

uwau sschud ai bie im-*presst* or sskäird

Wow. Soll ich beeindruckt sein oder mich fürchten?

Sarah: **I'll leave that up to you, honey.**

ai-el liew thät ap tu juh *ha*-nie

Das überlasse ich dir, Schatz.

Kleiner Wortschatz

Englisch	Aussprache	Deutsch
physical exercise	*fi*-si-kel *ek*-sser-ssais	körperliche Betätigung
to explain	tu ikss-*pläin*	erklären
to dislocate	tu *diss*-lou-käit	ausrenken
muscle	*ma*-ssel	Muskel
impressed	im-*presst*	beeindruckt
couch potato	kautssch pe-*täi*-tou	Faulenzer

Indoor Sports: Was man drinnen spielen kann

Sie mögen Sport, aber zu viel **fresh air** (fressch äir; frische Luft) ist Ihnen suspekt? Auch für Sie gibt es diverse Möglichkeiten der körperlichen Ertüchtigung. Schauen Sie sich doch einfach einmal die Liste mit den folgenden Sportarten an:

- ✔ **bowling** (*boul*-ing; Bowling)
- ✔ **skittles** (*sski*-tels; Kegeln)
- ✔ **ping pong** (ping pong; Tischtennis)
- ✔ **squash** (sskuwossch; Squash)

- ✔ **ice skating** (aiss *sskäit*-ing; Eislaufen)
- ✔ **indoor skiing** (in-*dohr sskie*-ing; Hallenskilaufen)

Zugegebenermaßen ist der letzte Sport auf der Liste ein wenig exotisch. Es gibt ihn aber trotzdem – besonders in Großbritannien. In den USA fällt wohl genug Schnee, denn dort geht man zum Skilaufen weiterhin nach draußen.

Kennen Sie das einarmige Stemmen in der Halbliter-Klasse? Das Biertrinken ist derzeit weder als Sportart noch als olympische Disziplin anerkannt. In vielen **pubs** (pabs; Kneipen) können Sie sich aber trotzdem körperlich betätigen:

- ✔ **darts** (dartss; Dart)
- ✔ **billiards** (*bil*-jerds; Billard)

Das sind zwei Sportarten, die im Englischen ausschließlich im **plural** vorkommen. Vergessen Sie also nicht, das kleine **s** hinten anzuhängen. Mehr über die Bildung des **plural** können Sie in Kapitel 2 erfahren. Übrigens: Biertrinken und die Zielsicherheit beim **darts** beeinflussen sich gegenseitig.

Neben **billiards** kennen Sie vielleicht auch folgende Sportarten:

- ✔ **pool** (puhl; Poolbillard)
- ✔ **snooker** (*ssnuh*-ker; Snooker)

Die erste dieser beiden könnte man mit einer Gelegenheit zum Schwimmen verwechseln. **Billiards**, **pool** und **snooker** fallen unter folgenden Oberbegriff:

- ✔ **cue sports** (kjuh ssportss; Queuesportarten)

Allen gemeinsam sind der große grüne Tisch mit den sechs Löchern, die **cues** (kjuhs; Queues) und die **balls** (boohls; Billardkugeln). Unterschiedlich jedoch sind die Bemalung und Bezifferung der Kugeln sowie die Regeln des jeweiligen Spiels.

Ihre **indoor sports activities** (*in*-dohr ssportss äk-*ti*-wi-ties; Hallensportaktivitäten) können Sie so ins Gespräch einbringen:

- ✔ **Would you like to play a game of squash with me?** (uwud juh laik tu pläi ä gäim ow sskuwossch uwith mie; Möchten Sie eine Partie Squash mit mir spielen?)
- ✔ **I really enjoy ice skating. It's great that we have a skating rink in town.** (ai *rie*-lie en-*dscheu* aiss *sskäit*-ing itss gräit thät uwie häw ä *sskäit*-ing rink in taun; Ich mag sehr gerne eislaufen. Es ist großartig, dass wir eine Eislaufbahn in unserer Stadt haben.)
- ✔ **My husband and I are on the local bowling team.** (mai *has*-bend änd ai ar on thä *lou*-kel *bou*-ling tiem; Mein Mann und ich spielen im örtlichen Bowlingteam mit.)
- ✔ **Darts is often played in English pubs. I learned to play it when I was in Milton Keynes last summer.** (dartss is *ooh*-fen pläid in *ing*-lissch pabs ai lörnd tu pläi it uwen ai uwos in

mil-ten kiehns lähsst *ssa*-mer; Dart wird oft in englischen Kneipen gespielt. Ich habe es gelernt, als ich letzten Sommer in Milton Keynes war.)

Outdoor Sports: Was man draußen noch spielen kann

Brauchen Sie jetzt vielleicht doch etwas frische Luft? Dann auf nach draußen, denn es gibt genug **outdoor sports** (*aut*-dohr ssportss; Freiluftsportarten), denen Sie sich auch ohne Mannschaft widmen können. Versuchen Sie es doch mit:

- ✔ **tennis** (*te*-niss; Tennis)
- ✔ **badminton** (*bäd*-mi-ten; Badminton)
- ✔ **golf** (golf; Golf)
- ✔ **swimming** (*suwim* ing; Schwimmen)
- ✔ **cycling** (*ssaik*-ling; Fahrradfahren)
- ✔ **track and field** (träk änd field; Leichtathletik)
- ✔ **jogging** (*dschog*-ing; Joggen)

Mit den folgenden Sätzen kommen Sie ins Gespräch mit anderen, wenn Sie sich über die angeführten Sportarten unterhalten wollen:

- ✔ **I try to keep fit by jogging three times a week.** (ai trai tu kiep fit bai *dschog*-ing thhrie taims ä uwiek; Ich versuche mich fit zu halten, indem ich drei Mal pro Woche joggen gehe.)
- ✔ **I wish they had more bike paths so I could feel safer when I'm cycling.** (ai uwissch thäi häd mohr baik päthhs ssou ai kud fiel *ssäif*-er uwen aim *ssaik*-ling; Ich wünschte, es gäbe mehr Fahrradwege, so dass ich mich beim Radfahren sicherer fühlen könnte.)
- ✔ **Did you ever try swimming with fins? It's amazing how fast you are.** (did juh *e*-wer trai *ssuwim*-ing uwith fins itss ä-*mäis*-ing hau fähsst juh ar; Hast du schon einmal versucht, mit Schwimmflossen zu schwimmen? Es ist erstaunlich, wie schnell man ist.)
- ✔ **I've just joined the country club so I can start playing golf.** (aiw dschasst dscheund thä *kan*-trie klab ssou ai kän sstart *pläi*-ing golf; Ich bin vor Kurzem dem Country Club beigetreten, damit ich anfangen kann, Golf zu spielen.)

Sport zu treiben, ist einfach. Sie brauchen Begeisterung und idealerweise auch etwas Muskelkraft. Halt. Da war noch etwas: Sie brauchen die richtige **equipment** (i-*kuwip*-ment; Ausrüstung). In Tabelle 8.1 finden Sie einige Sportarten und die **major playing equipment** (*mäi*-dscher *pläi*-ing i-*kuwip*-ment; wesentliche Spielausrüstung), die Sie dafür benötigen.

Sports	Major Playing Equipment
baseball, softball	**baseball bat** (*bäiss*-boohl bät; Baseballschläger), **mitt** (mit; Baseball-handschuh)
cricket	**cricket bat** (*kri*-ket bät; Cricketschläger), **wicket** (*uwi*-ket; Crickettor)
hockey, field hockey	**stick** (sstik; Hockeyschläger), **puck** (pak; Puck)
polo	**pony** (*pou*-nie; Pony), **mallet** (*mä*-let; Poloschläger), **crop** (krop; Peitsche)
ping pong	**paddle** (*pä*-del; Tischtennisschläger)
squash, tennis	**squash racket** (sskuwossch *rä*-ket; Squashschläger), **tennis racket** (*te*-niss *rä*-ket; Tennisschläger)
badminton	**badminton racket** (*bäd*-mi-ten *rä*-ket; Badmintonschläger), **shuttlecock** (BE) (*sscha*-tel-kok; Federball), **birdie** (AE) (*börd*-ie; Federball)
ice skating	**ice skates** (aiss sskäitss; Schlittschuhe)
billiards	**cue** (kjuh; Queue), **chalk** (tsschoohk; Kreide)
golf	**golf clubs** (golf klabs; Golfschläger), **tee** (tie; Abschlag)
swimming	**arm floats** (arm floutss; Schwimmflügel), **fins** (fins; Schwimmflossen)

Tabelle 8.1: Einige Sportarten und ihre Ausrüstung

Fun Facts: »-a-thon«

Vom **marathon** (*mä*-re-thhon; Marathon) haben Sie bestimmt schon einmal etwas gehört: 42,2 Kilometer Dauerlauf. Kennen Sie aber auch die Folgenden:

- ✔ **read-a-thon** (*ried*-e-thhon; Dauerlesen)
- ✔ **talk-a-thon** (*toohk*-e-thhon; Dauerreden)

Prinzipiell können Sie aus allem einen **-a-thon** machen. Das ist eine Veranstaltung, bei der lange und intensiv eine bestimmte Tätigkeit ausgeübt wird. Versuchen Sie es doch selbst einmal.

The Great Outdoors: Draußen ist es am schönsten

Vielleicht sind Sie aber doch ein **fresh air fanatic** (fressch äir fe-*nä*-tik; Frischluftfanatiker)? Gut für Sie. Dieser Abschnitt ist prall gefüllt mit den Aktivitäten, die Sie **in the great outdoors** (in thä gräit aut-*dohrs*; in der freien Natur) unternehmen können. Natürlich sind die Möglichkeiten hier fast unbegrenzt. Die vielfältige Natur lädt Sie unter anderem zu diesen **out-**

door pursuits (*aut*-dohr pör-*ssuhtss*; Freiluftaktivitäten) ein – vielleicht ja sogar beim **camping** (*kähmp*-ing; Zelten):

- **mountain climbing** (*maun*-ten *klaim*-ing; Bergsteigen)
- **free climbing** (frie *klaim*-ing; Klettern)
- **hiking** (*haik*-ing; Wandern)
- **spelunking** (AE) (sspe-*lank*-ing; Höhlenerkunden)
- **caving** (BE) (*käiw*-ing; Höhlenerkunden)
- **sailing** (*ssäil*-ing; Segeln)
- **canoeing** (kä-*nuh*-ing; Kanufahren)
- **whitewater rafting** (uwait-*uwooh*-ter *rähft*-ing; Wildwasserkanufahren)
- **fishing** (*fissch*-ing; Angeln)
- **archery** (*ar*-tssche-rie; Bogenschießen)
- **cross-country skiing** (*kross*-kan-trie *sskie*-ing; Langlaufskifahren)
- **snowboarding** (*ssnou*-bohrd-ing; Snowboardfahren)
- **swimming** (*ssuwim*-ing; Schwimmen)

Passen Sie auf, dass Sie am Strand nicht unangenehm auffallen. Keiner wird sich über das Aussehen Ihrer Badebekleidung beschweren, sondern vielmehr über das mögliche Fehlen dieser. Die **nudity** (*nuh*-di-tie; Nacktheit) in der Öffentlichkeit ist verpönt und vielerorts in den USA sogar strafbar. Das gilt auch fürs Umziehen am Strand.

Ob über oder unter der Erde, ob zu Land oder zu Wasser: Die Möglichkeiten, sich zu beschäftigen, sind schier unbegrenzt. Daher bietet es sich auch an, über das, was Sie gern tun oder immer schon einmal ausprobieren wollten, zu reden:

- **I've always wanted to try free climbing – especially in the outdoors.** (aiw *oohl*-uwäis *uwont*-ed tu trai frie *klaim*-ing i-*sspe*-ssche-lie in thie aut-*doohrs*; Ich wollte schon immer Klettern gehen – besonders in der freien Natur.)
- **We go hiking every year in one of the national parks. We really feel like a part of nature there.** (uwie gou *haik*-ing *ew*-rie jier in uwan ow thä *nä*-ssche-nel parks uwie *rie*-lie fiel laik ä part ow *näi*-tsscher thäir; Wir gehen jedes Jahr in einem der Nationalparks wandern. Dort fühlen wir uns wirklich wie ein Teil der Natur.)
- **Our summer camp group is going canoeing on Squam Lake this month.** (aur *ssa*-mer kähmp gruhp is *gou*-ing kä-*nuh*-ing on sskuwom läik thiss manthh; Unsere Sommerlagergruppe geht diesen Monat auf dem Squam Lake Kanufahren.)
- **I'd rather go cross-country skiing than snowboarding any day.** (aid *räh*-ther gou *kross*-kan-trie *sskie*-ing thän *ssnou*-bohrd-ing *ä*-nie däi; Ich würde jederzeit eher Langlaufski fahren als Snowboard fahren.)

Schließen Sie die Augen. Stellen Sie sich vor, Sie sitzen gemütlich unter **pine trees** (pain tries; Nadelbäume) und über Ihnen ist nichts als der **star-spangled sky** (sstahr *sspän*-geld sskai; Sternenhimmel). Wenn Sie genau hinhören, können Sie das Knistern des **campfire** (*kähmp*-fai-er; Lagerfeuer) wahrnehmen. Sie riechen den Duft des brennenden Holzes. Ist diese Vorstellung nicht wunderbar? Was alles zu einem gelungenen **campfire evening** (*kähmp*-fai-er *iew*-ning; Lagerfeuerabend) gehört, erfahren Sie jetzt:

- ✔ **marshmallows** (*marssch*-me-lous; Marshmallows)
- ✔ **campfire songs** (*kähmp*-fai-er ssongs; Lagerfeuerlieder)
- ✔ **guitar** (gi-*tahr*; Gitarre)
- ✔ **hot dogs on a stick** (hot dogs on ä sstik; Würstchen am Stock)
- ✔ **friends** (frends; Freunde)

Im Gespräch

Nigel und Chuck sind immer noch auf der Zugfahrt zum Büro. Chuck hat inzwischen seinen Apfel aufgegessen. Die beiden Kollegen sprechen über ihre **free time**.

Chuck: **Do you have mountains in England? I mean, can you go hiking?**

du juh häw *maun*-tens in *ing*-lend ai mien kän juh gou *haik*-ing

Gibt es Berge in England? Ich meine: Kann man dort wandern gehen?

Nigel: **Of course you can go hiking in England. We call it hillwalking.**

ow korss juh kän gou *haik*-ing in *ing*-lend uwie koohl it *hil*-uwoohk-ing

Natürlich kann man in England wandern gehen. Wir nennen es »hillwalking«.

Chuck: **No kidding. The part that I like best are the campfires.**

nou *kid*-ing thä part thät ai laik besst ar thä *kähmp*-fai-ers

Wirklich? Am liebsten mag ich die Lagerfeuer.

Nigel: **Campfires are too dangerous. But what I find relaxing is cycling in the Lake District.**

kähmp-fai-ers ar tuh *däin*-dsche-ress bat uwot ai faind ri-*läkss*-ing is *ssaik*-ling in thä läik *diss*-trikt

Lagerfeuer sind zu gefährlich. Aber ich finde Radfahren an der Seenplatte entspannend.

Chuck: **What Lake District? Where is that?**

uwot läik *diss*-trikt uwäir is thät

Welche Seenplatte? Wo ist das?

Nigel: **It's in the northwest of England. The highest mountains and the biggest lake in England are located there.**

itss in thä northh-*uwesst* ow *ing*-lend thä *hai*-esst *maun*-tens änd thä *big*-esst läik in *ing*-lend ar *lou*-käit-ed thäir

Das ist im Nordwesten von England. Dort gibt es die höchsten Berge und den größten See Englands.

Chuck: **What's the typical food there, Nigel? Anything tasty?**

uwotss thä *ti*-pi-kel fuhd thäir *nai*-dschel *ä*-nie-thhing *täisst*-ie

Was ist das typische Essen dort, Nigel? Irgendetwas Leckeres?

Nigel: **All English food is tasty, Chuck.**

oohl *ing*-lissch fuhd is *täisst*-ie tsschak

Alles englische Essen ist lecker, Chuck.

Chuck: **Especially to a hungry hiker, I guess.**

i-*sspe*-ssche-lie tu ä *han*-grie *haik*-er ai gess

Besonders für einen hungrigen Wanderer, glaube ich.

Was vom Tage übrig blieb: Weitere Beschäftigungen

Wenn Sie Ihre Interessen in den vorangegangen Abschnitten noch nicht oder nicht vollständig wiedergefunden haben, ist dieser Abschnitt genau der richtige für Sie. Weitere Hobbys und Möglichkeiten, Ihre Freizeit zu gestalten, sind zum Beispiel die folgenden:

- **chess** (tschess; Schach)
- **board games** (bohrd gäims; Brettspiele)
- **computergames** (kom-*pjuht*-er gäims; Computerspiele)
- **card games** (kahrd gäims; Kartenspiele)
- **crossword puzzles** (*kross*-uwörd *pa*-sels; Kreuzworträtsel)
- **jigsaw puzzles** (*dschig*-ssooh *pa*-sels; Puzzle)

Um eine Unterhaltung über die genannten Freizeitaktivitäten zu beginnen, können Sie diese Sätze gebrauchen:

- **I think chess is a fascinating game. I wish I could play it better.** (ai thhink tsschess is ä *fä*-ssi-näit-ing gäim ai uwissch ai kud pläi it *bet*-er; Ich finde, dass Schach ein faszinierendes Spiel ist. Ich wünschte, ich könnte es besser spielen.)

- **Go with the flow. Everybody is playing poker these days.** (gou uwith thä flou *ew*-rie-badie is *pläi*-ing *pou*-ker thies däis; Geh mit der Zeit. Heutzutage spielt jeder Poker.)
- **Jigsaw puzzles with more than a thousand pieces are really a challenge. They take me weeks sometimes.** (*dschig*-ssooh *pa*-sels uwith mohr thän ä *thhau*-send *piess*-es ar *rie*-lie ä *tsschä*-lendsch thäi täik mie uwiekss *ssam*-taims; Puzzles mit mehr als tausend Teilen sind wirklich eine Herausforderung. Manchmal brauche ich dafür Wochen.)
- **After dinner, I either do a crossword puzzle or I take a nap.** (*ähf*-ter *din*-er ai *ie*-ther duh ä *kross*-uwörd *pa*-sel or ai täik ä näp; Nach dem Abendessen löse ich entweder ein Kreuzworträtsel oder ich mache ein Nickerchen.)

Fun Facts: »napping«

Nach den ganzen Aktivitäten, die Sie in diesem Kapitel kennen lernen konnten, haben Sie sich ein **nap** (näp; Nickerchen) wirklich verdient. Das Konzept des Erholungsschläfchens ist sogar so wichtig, dass es im Englischen vielfältige Möglichkeiten gibt, es zu umschreiben:

- **nap** (näp; Nickerchen)
- **catnap** (*kät*-näp; Nickerchen)
- **forty winks** (*fohr*-tie uwinkss; Nickerchen, *wörtlich:* vierzig Wimpernschläge)
- **snooze** (ssnuhs; Nickerchen)
- **zzz** (s...; Nickerchen)

Sind Sie schon müde? Sie haben es gleich geschafft. Das Kapitel ist fast zu Ende.

Spiel und Spaß

Lösen Sie mit Hilfe der folgenden Tipps das Kreuzworträtsel:

Across (ä-*kross*; waagerecht)

- ✔ 4: erstaunlich
- ✔ 6: wandern
- ✔ 7: albern
- ✔ 8: stricken
- ✔ 10: freie Natur
- ✔ 12: Muskeln
- ✔ 13: Hobby

Down (daun; senkrecht)

- ✔ 1: Spiel
- ✔ 2: Nickerchen
- ✔ 3: spielen
- ✔ 5: Instrument
- ✔ 9: sammeln
- ✔ 11: beschäftigt

Lösung:

Across:

- ✔ **4: amazing**
- ✔ **6: hike**
- ✔ **7: silly**
- ✔ **8: knit**
- ✔ **10: outdoors**
- ✔ **12: muscles**
- ✔ **13: hobby**

Down:

- ✔ **1: game**
- ✔ **2: nap**
- ✔ **3: play**
- ✔ **5: instrument**
- ✔ **9: collect**
- ✔ **11: busy**

Hallo Teilnehmer? Telekommunikation und Internet für Anfänger

9

In diesem Kapitel

- Auf Englisch telefonieren
- Eine Nachricht hinterlassen
- Termine machen
- E-Mails und das Internet
- Weitere Formen der Kommunikation

Können Sie sich ein Leben ohne **telephone** (*te*-le-foun; Telefon) – kurz auch gern **phone** (foun; Telefon) genannt – und ohne **internet** (*in*-ter-net; Internet) vorstellen? Wahrscheinlich nicht. Diese Formen der **communication** (ko-mjuh-ni-*käi*-sschen; Kommunikation) sind schon lange Teil des Alltags geworden. Und es ergeben sich kontinuierlich neue Möglichkeiten, mit Ihren Mitmenschen in Kontakt zu treten. Dieses Kapitel macht Sie mit den Gepflogenheiten der Kommunikation in der englischen Sprache vertraut. Sie können hier erfahren, wie Sie **telephone calls** (*te*-le-foun koohls; Telefongespräche) führen, **messages** (*me*-ssidsch-es; Nachrichten) hinterlassen, **appointments** (ä-*peunt*-mentss; Termine) absprechen und **e-mails** (*ie*-mäils; E-Mails) schreiben. Darüber hinaus bekommen Sie einen kleinen Einblick in weitere Formen der Kommunikation, zum Beispiel **faxing** (*fäkss*-ing; Faxen), **instant messaging** (*in*-sstent *me*-ssidsch-ing; Chatten) und **social utilities** (*ssou*-sschel juh-*ti*-li-ties; soziale Kommunikationsplattformen). Lesen Sie weiter nach dem Ton. Piep!

Keine Angst: Das Telefon beißt nicht!

Telefonieren können Sie ja schon. Ob **landline telephone** (*lähnd*-lain *te*-le-foun; Festnetztelefon), **pay phone** (päi foun; öffentliches Telefon) oder im amerikanischen Englisch das **cellphone** (*ssel*-foun; Handy), das im britischen Englisch **mobile phone** (*mou*-bail foun; Handy) heißt: Im Umgang mit Telefon und Gesprächspartnern sind Sie geübt. Wie dies in der englischen Sprache funktioniert, können Sie jetzt erfahren.

Ring My Bell: Eingehende Telefongespräche

Telefongespräche können eingehend sein. Damit ist gerade nicht die Qualität oder Quantität Ihrer Gespräche gemeint, sondern ganz einfach ein klingelndes Telefon. Hier sind Begriffe und Redewendungen, die Sie in Verbindung mit **incoming phone calls** (*in*-kam-ing foun koohls; eingehende Telefongespräche) benutzen können:

- **ringing telephone** (*ring*-ing *te*-le-foun; klingelndes Telefon)
- **to pick up the phone** (tu pik ap thä foun; den Hörer abnehmen)
- **to answer the phone** (tu *ähn*-sser thä foun; das Gespräch annehmen)

Aber was sagen Sie, wenn Sie den **receiver** (ri-*ssiew*-er; Hörer) erst einmal in der Hand halten? Achten Sie darauf, dass Sie sich nicht – wie Sie es vielleicht aus deutschsprachigen Ländern gewohnt sind – nur mit Ihrem Nachnamen melden. Stattdessen können Sie im privaten Bereich folgende Floskeln verwenden:

- **Hello!** (he-*lou*; Hallo!)
- **The Sockhole Family. This is Sarah speaking.** (thä *ssok*-houl *fä*-mi-lie thiss is *ssä*-ra *sspiek*-ing; Familie Sockhole. Sarah am Apparat.)
- **The Corkcastle residence.** (thä *kork*-kahss-el *re*-si-denss; Bei Corkcastle.)
- **Ware 843083.** (uwäir äit fohr thhrie ou äit thhrie; Ware 843083)

Wenn Sie beim Telefonieren mit der Zahl »0« konfrontiert werden, ist das in der geschriebenen Sprache weniger problematisch. In der gesprochenen Sprache müssen Sie wissen, dass die »0« als **O** (ou; O) bezeichnet wird. Neben dieser Bezeichnung hat die »0« noch viele weitere Gesichter. Schlagen Sie doch einmal Kapitel 2 auf, um mehr darüber zu erfahren.

Eingehende **business calls** (*bis*-ness koohls; berufliche Telefongespräche) können Sie so entgegennehmen:

- **ACME Technologies. How may I help you?** (*äk*-mie tek-*no*-le-dschies hau mäi ai help juh; ACME Technologies. Wie kann ich Ihnen helfen?)
- **English Department. Professor Polyseme's office.** (*ing*-lissch di-*part*-ment pro-*fess*-er *po*-li-ssiems *ooh*-fiss; Englisches Seminar. Professor Polysemes Büro.)

Eine Frage für Orthografie-Experten: Was ist richtig?

- **business** oder
- **busyness**?

Die Antwort ist so einfach wie überraschend: beides. Diese Begriffe werden nicht nur unterschiedlich geschrieben, sondern auch unterschiedlich ausgesprochen. Dazu haben sie noch unterschiedliche Bedeutungen. Es ist allerdings anzumerken, dass das Wort **busyness** (*bi*-sie-ness; Beschäftigtsein) wesentlich seltener vorkommt als das Wort **business** (*bis*-ness; Geschäft). Verbindungen zur Wortbedeutung spielen dabei aber trotz weitverbreiteter gegenläufiger Meinungen keine Rolle. Achten Sie also auf Rechtschreibung und Aussprache.

False Friends: »college« und »Kollege«

Es gibt sie immer wieder: Verwechslungen im Berufsalltag. Nicht, dass Ihnen unterstellt werden würde, dass Sie Ihre Kollegen durcheinanderbrächten. Nein, es geht vielmehr um folgende Wörter:

- ✔ **colleague** (*ko*-lieg; Kollege)
- ✔ **college** (*ko*-lidsch; Hochschule)

Auch bei diesen beiden im Berufsalltag gebräuchlichen Wörtern, die unterschiedlich betont werden, könnte es zu Verwechslungen kommen:

- ✔ **personnel** (pör-sse-*nel*; Personal)
- ✔ **personal** (*pör*-ssen-el; persönlich)

Seien Sie also auf der Hut.

Track 15: Im Gespräch

Sarah ist im Büro und nimmt ein Telefongespräch entgegen.

Sarah: **ACME Technologies. Human resources. This is Sarah Sockhole speaking. How can I help you?**

äk-mie tek-*no*-le-dschies *hjuh*-men *rie*-ssohrss-es thiss is *ssä*-ra *ssok*-houl *sspiek*-ing hau kän ai help juh

ACME Technologies. Personalabteilung. Sarah Sockhole am Apparat. Was kann ich für Sie tun?

Caller: **My name is Ned Gopherson. I'm calling in connection with your job offering in last week's paper. I've sent you an application together with my resumé and haven't heard from you yet.**

mai näim is ned *gou*-fer-ssen aim *koohl*-ing in ke-*nek*-sschen uwith juhr dschob *ooh*-fer-ing in lähsst uwiekss *päi*-per aiw ssent juh än ä-pli-*käi*-sschen tu-*ge*-ther uwith mai *re*-se-mäi änd *häw*-ent hörd from juh jet

Mein Name ist Ned Gopherson. Ich rufe wegen Ihrer Stellenanzeige in der Zeitung letzte Woche an. Ich habe Ihnen meine Bewerbung und meinen Lebenslauf geschickt und habe noch nichts von Ihnen gehört.

Sarah: **We're still in the process of viewing the applications for the position of facility manager. You'll hear from us as soon as we've reached a decision.**

uwier sstil in thä *pro*-ssess ow *wjuh*-ing thie ä-pli-*käi*-sschens for thä pe-*si*-sschen ow fe-*ssi*-li-tie *mä*-nidsch-er juhl hier from ass äs ssuhn äs uwiew rietsscht ä di-*ssi*-schen

Wir sind noch dabei, die Bewerbungen für den Posten des Hausmeisters zu sichten. Sie werden von uns hören, sobald eine Entscheidung gefallen ist.

Caller: **I think there must be a mistake. I applied for the opening in the research and development department.**

ai thhink thäir masst bie ä miss-*täik* ai ä-*plaid* for thie *ou*-pen-ing in thä *rie*-ssörtssch änd di-*we*-lep-ment di-*part*-ment

Ich denke, hier liegt eine Verwechslung vor. Ich habe mich für den offenen Posten in der Forschungs- und Entwicklungsabteilung beworben.

Sarah: **Oh, right. Please give my colleague Erin Hayneedle a call. Her extension is 4309.**

ou rait plies giw mai *ko*-lieg *e*-rin *häi*-nie-del ä koohl hör ikss-*ten*-sschen is fohr thhrie *sie*-rou nain

Oh, richtig. Rufen Sie bitte meine Kollegin Erin Hayneedle an. Ihre Durchwahl ist 4309.

Caller: **Let me write that down. That's Ms. Hayneedle, extension 4309.**

let mie rait thät daun thätss mis *häi*-nie-del ikss-*ten*-sschen fohr thhrie *sie*-rou nain

Lassen Sie mich das aufschreiben. Frau Hayneedle, Durchwahl 4309.

Goodbye, Ms. Sockhole. Have a nice day.

gud-*bai* mis *ssok*-houl häw ä naiss däi

Auf Wiederhören, Frau Sockhole. Einen schönen Tag noch.

Kleiner Wortschatz

Englisch	Aussprache	Deutsch
communication	ko-mjuh-ni-*käi*-sschen	Kommunikation
message	*me*-ssidsch	Nachricht
to speak	tu sspiek	sprechen
to help	tu help	helfen
to send	tu ssend	verschicken
to apply	tu ä-*plai*	sich bewerben

All You Have to Do is Call: Ausgehende Telefongespräche

Wer **incoming** (*in*-kam-ing; eingehend) sagt, muss auch **outgoing** (*aut*-gou-ing; ausgehend) sagen. Hierbei geht es natürlich immer noch um **telephone calls** – und zwar solche, die Sie selbst beginnen. Was müssen Sie dazu wissen? Nun, zum Beispiel Folgendes:

- ✔ **to wait for the dial tone** (AE) (tu uwäit for thä *dai*-el toun; auf das Freizeichen warten)
- ✔ **to wait for the dialling tone** (BE) (tu uwäit for thä *dai*-el-ing toun; auf das Freizeichen warten)
- ✔ **to dial a number** (tu *dai*-el ä *nam*-ber; eine Nummer wählen)
- ✔ **to determine whether the line is busy** (AE) (tu di-*tör*-min *uwe*-ther thä lain is *bi*-sie; feststellen, ob die Leitung besetzt ist)
- ✔ **to determine whether the line is engaged** (BE) (tu di-*tör*-min *uwe*-ther thä lain is en-*gäidschd*; feststellen, ob die Leitung besetzt ist)
- ✔ **to talk to the person on the other end of the line** (tu toohk tu thä *pör*-ssen on thie *a*-ther end ow thä lain; mit dem Gesprächspartner reden)
- ✔ **to hang up** (tu häng ap; auflegen)

Einen privaten Telefonanruf können Sie mit den folgenden Sätzen beginnen:

- ✔ **Hello, this is Doug calling.** (he-*lou* thiss is dag *koohl*-ing; Hallo. Doug hier.)
- ✔ **Good morning. My name is Nigel. Can I speak to Chuck, please?** (gud *mor*-ning mai näim is *nai*-dschel kän ai sspiek tu tsschak plies; Guten Morgen. Mein Name ist Nigel. Kann ich bitte mit Chuck sprechen?)
- ✔ **Hi, it's Rachel here. I've been trying to reach Sarah. Is she there?** (hai itss *räi*-tsschel hier aiw bin *trai*-ing tu rietssch *ssä*-ra is sschie thäir; Hallo, ich bin's, Rachel. Ich versuche, Sarah zu erreichen. Ist sie da?)

Für ein berufliches Telefongespräch benutzen Sie zum Beispiel diese Sätze:

- **This is Nigel Corkcastle speaking. I'd like to speak to the person in charge of sales, please.** (thiss is *nai*-dschel *kork*-kähss-el *sspiek*-ing aid laik tu sspiek tu thä *pör*-ssen in tsschahrdsch ow ssäils plies; Nigel Corkcastle am Apparat. Ich hätte gern den Verantwortlichen für den Verkauf gesprochen.)
- **Good morning. My name is Doug Casebeer with ACME Technologies. I'm calling in connection with your recent offering.** (gud *mor*-ning mai näim is dag *käiss*-bier uwith *äk*-mie tek-*no*-le-dschies aim *koohl*-ing in ke-*nek*-sschen uwith juhr *rie*-ssent *ooh*-fer-ing; Guten Morgen. Mein Name ist Doug Casebeer von ACME Technologies. Ich rufe wegen Ihres letzten Angebots an.)
- **Hi. This is Sarah Sockhole from ACME. Is Mr. Gopherson available?** (hai thiss is *ssä*-ra *ssok*-houl from *äk*-mie is *miss*-ter *gou*-fer-ssen ä-*wäi*-le-bel; Hallo. Hier spricht Sarah Sockhole von ACME. Ist Herr Gopherson zu sprechen?)

Die **telephone numbers** in den USA und Großbritannien werden wie auch in den deutschsprachigen Ländern nach einem bestimmten Muster gebildet. Dieses sieht in den USA so aus:

- **area code** (*ä*-rie-a koud; Vorwahl) + **local number** (*lou*-kel *nam*-ber; örtliche Nummer)

In Großbritannien ist es ähnlich:

- **dialling code** (*dai*-el-ing koud; Vorwahl) + **local number** (*lou*-kel *nam*-ber; örtliche Nummer)

In Ziffern ausgedrückt sieht eine **telephone number** dann so aus:

- **717-555-4309** (USA)
- **020 5555 4309** (UK)

Wenn Sie in den USA ein **long distance call** (long *diss*-tenss koohl; Ferngespräch) machen wollen, müssen Sie vor die **area code** übrigens noch eine »1« setzen. Somit ist das Standardformat einer **telephone number** dann wie folgt:

- **1-717-555-4309**

Und wenn Sie kein Geld haben, rufen Sie mit »0« die **operator** (*o*-pe-räit-er; Vermittlung) und fordern ein **collect call** (ke-*lekt* koohl; R-Gespräch) an.

Schon vor dem Zeitalter der SMS gab es **letters** (*le*-ters; Buchstaben) auf der Telefontastatur. Wieso eigentlich? Schauen Sie sich einmal Abbildung 9.1 an.

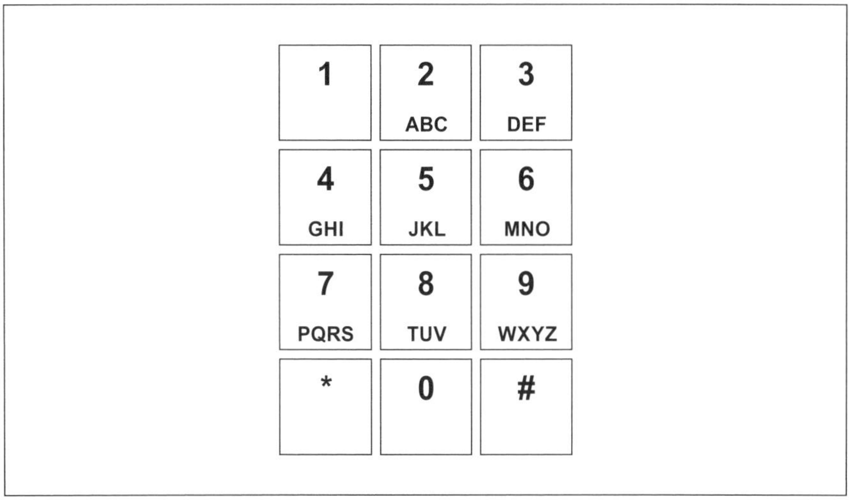

Abbildung 9.1: Typische Telefontastatur

Angefangen hat es damit, dass zunächst drei und dann zwei Buchstaben die Anfangsbuchstaben einer Telefonnummer waren:

✔ **PEnnsylvania 6-5000** (pen-ssil-*wäin*-ja ssikss faiw *thhau*-send; Pennsylvania 6-5000)

Fühlen Sie sich an einen Swing-Klassiker erinnert? Dieser ist eine gute Illustration des Musters, nach dem in den USA ursprünglich **telephone numbers** gebildet wurden. Die ersten beiden Buchstaben stehen für die so genannte **exchange** (ikss-*tsschäindsch*; Telefonvermittlung). Übersetzt in das moderne Format sieht diese **telephone number** dann so aus:

✔ **736-5000**

Das passt aber nicht so hübsch zum Lied.

Heute werden die Buchstaben in amerikanischen Telefonnummern oft zu Werbezwecken genutzt. Wählen Sie doch einfach einmal:

✔ **1-800-468-5865**

Richtig. **468-5865** ergibt **GOT-JUNK** (got dschank; Haben Sie Sperrmüll?) und lässt sich einfach merken. Wenn Sie also Sperrmüll abholen lassen wollen, sollten Sie es einmal mit dieser Nummer versuchen. Sie ist zudem, wie alle **1-800**-Nummern, kostenlos für den Anrufer. Ebenfalls kostenlos sind Notrufnummern wie die **911**. Mehr darüber können Sie in Kapitel 16 erfahren.

Fun Facts: »555«

Mit der Nummer »555« hat es eine ganz besondere Bewandtnis. Da diese Ziffernfolge die einzige ist, die in den USA nicht vergeben wird, findet sie in allen amerikanischen Filmproduktionen Verwendung. Achten Sie einmal darauf.

Telephone Talking: Während Sie sprechen

Auch während des **telephone call** ergeben sich manchmal Situationen, mit denen Sie umgehen müssen. Dazu gehören:

- ✔ **to dial the wrong number** (tu *dai*-el thä rong *nam*-ber; falsch verbunden sein)
- ✔ **to put somebody on hold** (tu put *ssam*-bo-die on hould; jemanden in die Warteschleife setzen)
- ✔ **to hold the line** (tu hould thä line; am Telefon warten)
- ✔ **to leave a message** (tu liew ä *me*-ssidsch; eine Nachricht hinterlassen)
- ✔ **to take a message** (tu täik ä *me*-ssidsch; eine Nachricht aufschreiben)

Talking to the Machine: Anrufbeantworter

Manchmal kann es passieren, dass Ihr Gesprächspartner eine Maschine ist, genauer gesagt ein **answering machine** (*ähn*-sser-ing mä-*sschien*; Anrufbeantworter). Von dem werden Sie zum Beispiel wie folgt begrüßt:

- ✔ **ACME Technologies. Unfortunately, you've reached us outside our regular business hours. These are Mondays to Fridays from 9 to 5. You may leave a message after the tone and we'll get back to you as soon as possible.** (*äk*-mie tek-*no*-le-dschies an-*for*-tsschen-et-lie juhw rietsscht ass aut-*ssaid* aur *re*-gje-ler *bis*-ness *au*-ers thies ar *man*-däis tu *frai*-däis from nain tu faiw juh mäi liew ä *me*-ssidsch *ähf*-ter the toun änd *uwie*-el get bäk tu juh äs ssuhn äs *po*-ssi-bel; ACME Technologies. Leider rufen Sie außerhalb unserer Geschäftszeiten an. Diese sind montags bis freitags von 9 bis 17 Uhr. Sie können nach dem Ton eine Nachricht hinterlassen. Wir werden uns so schnell wie möglich bei Ihnen melden.)
- ✔ **This is Chuck. I can't come to the phone right now. Just talk to the machine. I'll get back to you.** (thiss is tsschak ai kähnt kam tu thä foun rait nau dschasst toohk tu thä mä-*sschien* *ai*-el get bäk tu juh; Hier ist Chuck. Ich kann gerade nicht ans Telefon gehen. Redet einfach mit dem Anrufbeantworter. Ich melde mich bei euch.)
- ✔ **Hey, it's Doug. You know the deal. Talk after the ...** (häi itss dag juh nou thä diel toohk *ähf*-ter thä; Tag, Doug hier. Ihr kennt das schon. Sprecht nach dem ...)

Wrong Number and Other Problems: Verwählt, falsch verbunden oder beschäftigt

Es gibt beim Telefonieren eine Menge zu beachten. Vielleicht haben Sie sich verwählt, sind falsch verbunden worden oder haben ein anderweitiges Problem. Mit den folgenden Satzbausteinen wird der Umgang mit solchen Situationen für Sie zum Kinderspiel:

- ✔ **Sorry, wrong number.** (*sso*-rie rong *nam*-ber; Entschuldigung, ich habe mich verwählt.)
- ✔ **I think you've dialed the wrong number.** (ai thhink juhw *dai*-eld thä rong *nam*-ber; Ich glaube, Sie haben sich verwählt.)
- ✔ **There's somebody on the other line. Can I put you on hold for a minute?** (thäirs *ssam*-bo-die on thie *a*-ther lain kän ai put juh on hould for ä *mi*-nit; Da ist jemand auf der anderen Leitung. Kann ich Sie kurz in die Warteschleife setzen?)
- ✔ **Please hold the line while I check the details.** (plies hould thä lain uwail ai tsschek thä *die*-täils; Warten Sie bitte, während ich die Details überprüfe.)
- ✔ **I'm sorry, Mr. Corkcastle is not available at the moment. Can I take a message?** (aim *sso*-rie *miss*-ter *kork*-kähss-el is not ä-*wäil*-e-bel ät thä *mou*-ment kän ai täik ä *me*-ssidsch; Es tut mir leid, Herr Corkcastle ist im Augenblick nicht zu sprechen. Kann ich ihm eine Nachricht aufschreiben?)

Fun Facts: »retronyms«

Bestimmt kennen Sie diesen Hitchcock **classic movie** (*klä*-ssik *muh*-wie; Filmklassiker):

- ✔ ***Dial M for Murder*** (*dai*-el em for *mör*-der; *deutscher Titel:* Bei Anruf Mord)

Damals gab es nur das **dial telephone** (*dai*-el *te*-le-foun; Wählscheibentelefon). Daher hatte das Verb **to dial** (*dai*-el; wählen) auch noch einen Sinn, denn es ging darum, die runde **dial** (*dai*-el; Wählscheibe) im Kreis zu bewegen. Heute ist das **dial telephone** praktisch ausgestorben. Das Verb **to dial** wird aber immer noch benutzt, auch wenn Sie inzwischen Tasten drücken.

Track 16: Im Gespräch

Nigel versucht, bei seiner Verlobten Fiona in Schottland anzurufen. Er hat sich schon dreimal verwählt und ist daher ein wenig verzweifelt.

Mother: **Kildrummy 4309.**

kil-dra-mie fohr thhrie ou nain

Killdrummy 4309.

Nigel: **Is that you, Fiona?**

is thät juh fie-*ou*-na

Bist du es, Fiona?

Mother: **Who is speaking please?**

huh is *sspiek*-ing plies

Wer spricht dort, bitte?

Nigel: **It's me, Nigel. I've been trying to reach you for the last half hour. I've finally got the right number.**

itss mie *nai*-dschel aiw bin *trai*-ing tu rietssch juh for thä lähsst hähf *au*-er aiw *fai*-ne-lie got thä rait *nam*-ber

Ich bin es, Nigel. Ich versuche seit einer halben Stunde, dich zu erreichen. Jetzt habe ich endlich die richtige Nummer.

Mother: **I'm sorry, Nigel. This is Mrs. McTavish speaking. Fiona isn't here.**

aim *sso*-rie *nai*-dschel thiss is *miss*-is mäk-*tä*-wissch *sspiek*-ing fie-*ou*-na *is*-ent hier

Es tut mir leid, Nigel. Am Apparat ist Frau McTavish. Fiona ist nicht da.

Nigel: **Oh, what a shame. Where is she then?**

ou uwot ä sschäim uwäir is sschie then

Oh, wie schade. Wo ist sie denn?

Mother: **Fiona has gone to her bagpipe lesson. Is it important? Do you want to leave a message?**

fie-*ou*-na häs gon tu hör *bäg*-paip *le*-ssen is it im-*por*-tent duh juh uwont tu liew ä *me*-ssidsch

Fiona ist bei ihrer Dudelsackstunde. Ist es wichtig? Willst du eine Nachricht hinterlassen?

Nigel: **Not really. Could you please ask her to call me back, though? I haven't heard her voice in a while.**

not *rie*-lie kud juh plies ähssk hör tu koohl mie bäk thou ai *häw*-ent hörd hör weuss in ä uwail

Nicht wirklich. Könnten Sie sie trotzdem bitten, mich zurückzurufen? Ich habe ihre Stimme schon lange nicht mehr gehört.

Mother: **I'll do that, Nigel.**

ai-el du thät *nai*-dschel

Das mache ich, Nigel.

Nigel: **Thank you, Mrs. McTavish. Bye for now.**

thänk juh *miss*-is mäk-*tä*-wissch bai for nau

Danke, Frau McTavish. Auf Wiederhören.

Mother: **Goodbye, Nigel.**

gud-*bai* *nai*-dschel

Auf Wiederhören, Nigel.

Kleiner Wortschatz

Englisch	Aussprache	Deutsch
to dial	tu *dai*-el	wählen
wrong	rong	falsch
right	rait	richtig
to put on hold	tu put on hould	in die Warteschleife setzen
to reach	tu rietssch	erreichen
bagpipe	*bäg*-paip	Dudelsack

Berufliche und persönliche Termingeschäfte

Das Leben bietet Anlässe, die geplant werden müssen. Daher können Sie hier ein wenig von der **arrangement of dates and appointments** (ä-*räindsch*-ment ow däitss änd ä-*peunt*-mentss; Terminabsprache) im Englischen erfahren. Dazu sollten Sie unter anderem folgende Ausdrücke kennen:

- ✔ **to check your schedule** (tu tsschek juhr *sske*-dschul; Ihren Terminplan überprüfen)
- ✔ **to make an appointment** (tu mäik än ä-*peunt*-ment; einen Termin vereinbaren)
- ✔ **to reschedule an appointment** (tu rie-*sske*-dschul än ä-*peunt*-ment; einen Termin umlegen)
- ✔ **to cancel an appointment** (tu *kähn*-ssel än ä-*peunt*-ment; einen Termin absagen)

Aller guten Dinge sind drei. Schauen Sie sich einmal die folgenden drei Begriffe an:

- **appointment** (ä-*peunt*-ment; Termin)
- **date** (däit; Rendezvous)
- **date** (däit; Datum)

Passen Sie also auf, wann Sie welches Wort gebrauchen. Mit Ihrem Zahnarzt zum Beispiel haben Sie ein **appointment**. Oder? Warten Sie mal ...

Haben Sie Zeit? Wenn Sie nicht alle Termine in Ihrem **brain** (bräin; Gehirn) behalten können, ein **knot in your hanky** (not in juhr *hän*-kie; Knoten im Taschentuch) wenig wirksam ist oder an der **refrigerator door** (ri-*fridsch*-e-räit-er dohr; Kühlschranktür) schon zu viele Zettelchen kleben, brauchen Sie vielleicht eines der folgenden Hilfsmittel:

- **personal organizer** (AE) (*pör*-ssen-el or-ge-*nais*-er; Terminkalender)
- **diary** (BE) (*dai*-e-rie; Terminkalender)
- **filofax** (*fai*-lou-fäkss; Terminplaner)
- **desk calendar** (dessk *kä*-len-der; Schreibtischkalender)
- **PDA, Personal Digital Assistant** (pie-die-*äi*, *pör*-sse-nel *di*-dschi-tel ä-*ssisst*-ent; PDA, elektronischer Organizer)
- **smartphone** (*ssmart*-foun; Smartphone)

So oder so ähnlich beginnen Sie im amerikanischen Englisch einen Eintrag in Ihrem Tagebuch:

- **Dear diary ...** (dier *dai*-e-rie; Liebes Tagebuch ...)

Verwechseln Sie dieses amerikanische **diary** – das auch **journal** (*dschör*-nel; Tagebuch) genannt wird – nicht mit dem britischen **diary** (*dai*-e-rie; Terminkalender). Natürlich können Sie in Ihrem Tagebuch ebenfalls über **appointments** oder eher **dates** schreiben. Auch wenn Letztere manchmal eher zur **disappointment** (diss-ä-*peunt*-ment; Enttäuschung) werden ...

Mit diesen Ausdrücken lassen sich folgende Sätze bilden, die Sie in Gesprächen zur Terminvereinbarung nutzen können:

- **I'd like to make an appointment with Dr. Nockonwood for my annual check-up.** (aid laik tu mäik än ä-*peunt*-ment uwith *dok*-ter *nok*-on-uwud for mai *än*-ju-el *tsschek*-ap; Ich möchte gern einen Termin mit Dr. Nockonwood für meine jährliche Untersuchung vereinbaren.)
- **I've just checked my filofax. I need to reschedule my manicure appointment on Tuesday to another time.** (aiw dschasst tsschekt mai *fai*-lou-fäkss ai nied tu rie-*sske*-dschul mai *mä*-ni-kjuhr ä-*peunt*-ment on *tuhs*-däi tu än-*a*-ther taim; Ich habe gerade in meinen Terminplaner geschaut. Ich muss den Maniküretermin am Dienstag verlegen.)

- ✔ **My afternoon is free. My dentist has canceled our appointment.** (mai ähf-ter-*nuhn* is frie mai *den*-tisst häs *kähn*-sseld *au*-er ä-*peunt*-ment; Ich habe heute Nachmittag Zeit. Mein Zahnarzt hat den Termin abgesagt.)
- ✔ **With so many meetings, it's hard to do without my desk calender.** (uwith ssou *mä*-nie *miet*-ings itss hard tu duh uwith-*aut* mai dessk *kä*-len-der; Bei so vielen Besprechungen ist es schwer, ohne meinen Schreibtischkalender auszukommen.)

In Kapitel 2 konnten Sie unter den Möglichkeiten, die Zukunft auszudrücken, die **future progressive tense** (*fjuh*-tsscher pro-*gress*-iw tenss; Verlaufsform der Zukunft) kennen lernen. Wenn Sie über Termine sprechen, kann sie von Nutzen sein:

- ✔ **I will be having lunch at 12 o'clock.** (ai uwil bie *häw*-ing lantssch ät tuwelw ä klok; Ich werde um 12 Uhr Mittag essen.)
- ✔ **Sarah will be seeing Doug tomorrow night.** (*ssä*-ra uwil bie *ssie*-ing dag tu-*mo*-rou nait; Sarah wird sich morgen Abend mit Doug treffen.)
- ✔ **Doug and Chuck will be attending the staff meeting on Wednesday at 3 p.m.** (dag änd tsschak uwil bie ä-*tend*-ing thä sstähf *miet*-ing on *uwens*-däi ät thhrie pie-*em*; Doug und Chuck werden bei der Mitarbeiterbesprechung am Mittwoch um 15 Uhr anwesend sein.)

Die **future progressive tense** können Sie also immer dann gebrauchen, wenn Sie ausdrücken wollen, dass ein Ereignis zu einer bestimmten Zeit in der Zukunft stattfinden wird.

Einen Tisch reservieren oder Karten bestellen

Das Leben kann so viel Spaß machen – wenn Sie denn das Telefon benutzen können, um sich im Voraus ein **piece of the pie** (piess ow thä pai; Stück vom Kuchen) zu sichern. Hier sind ein paar Ausdrücke, die Ihnen dabei helfen können:

- ✔ **to reserve a table** (tu ri-*sörw* ä *täi*-bel; einen Tisch reservieren)
- ✔ **to make a reservation** (tu mäik ä re-sör-*wäi*-sschen; eine Reservierung machen)
- ✔ **to order tickets** (tu *or*-der *ti*-ketss; Karten bestellen)

Wenn Sie diese Dinge in Sätzen wie den folgenden verwenden, sind Sie den kulinarischen und kulturellen Genüssen ein Stück näher:

- ✔ **I'd like to make a reservation for Saturday evening. Do you have a table for two at 7 o'clock?** (aid laik tu mäik ä re-sör-*wäi*-sschen for *ssä*-ter-däi *iew*-ning duh juh häw ä *täi*-bel for tuh ät *sse*-wen ä-*klok*; Ich möchte eine Reservierung für Samstagabend machen. Haben Sie einen Tisch für zwei um 19 Uhr?)
- ✔ **I'm calling to order tickets for *Jersey Boys*. Do you have four tickets for the show tonight?** (aim *koohl*-ing tu *or*-der *ti*-ketss for *dschör*-sie beus duh juh häw fohr *ti*-ketss

for thä sschou tu-*nait*; Ich rufe an, um Karten für *Jersey Boys* zu bestellen. Haben Sie vier Karten für die Vorstellung heute Abend?)

Ausführliche Informationen über diese und ähnliche Freizeitvergnügungen können Sie in Kapitel 7 einholen.

Track 17: Im Gespräch

Doug möchte mit Sarah ausgehen. Er ruft im Restaurant an, um einen Tisch zu reservieren.

Person: **The New Town Eatery. What can I do for you?**

thä nuh taun *ie*-te-rie uwot kän ai duh for juh

The New Town Eatery. Was kann ich für Sie tun?

Doug: **I'd like to reserve a table.**

aid laik tu ri-*sörw* ä *täi*-bel

Ich würde gern einen Tisch reservieren.

Person: **What day were you thinking of?**

uwot däi uwör juh *thhink*-ing ow

An welchen Tag haben Sie gedacht?

Doug: **Well, actually tonight.**

uwel *äk*-sschel-ie tu-*nait*

Nun, eigentlich heute Abend.

Person: **I doubt that we have anything left. Let me check. Hold the line for a minute.**

ai daut thät uwie häw *ä*-nie-thhing left let mie tsschek hould thä lain for ä *mi*-nit

Ich bezweifle, dass wir noch etwas frei haben. Lassen Sie mich schauen. Warten Sie einen Moment.

Doug: **I just need a table for two.**

ai dschasst nied ä *täi*-bel for tuh

Ich brauche nur einen Tisch für zwei Personen.

Person: **Okay. What time then?**

ou-*käi* uwot taim then

Gut. Welche Uhrzeit?

Doug: **How about seven thirty? Do you have a table then?**

hau ä-*baut sse*-wen *thhör*-tie duh juh häw ä *täi*-bel then

Passt es um 19: 30 Uhr? Haben Sie dann einen Tisch?

Person: **Well, I guess we could squeeze you in. Under what name, please?**

uwel ai gess uwie kud sskuwies juh in *an*-der uwot näim plies

Nun, ich glaube, wir können Sie noch unterbringen. Auf welchen Namen, bitte?

Doug: **It's Casebeer. Thank you so much.**

itss *käiss*-bier thhänk juh ssou matssch

Casebeer. Herzlichen Dank.

Person: **No problem. Good-bye.**

nou *pro*-blem *gud*-bai

Kein Problem. Auf Wiederhören.

Doug: **Bye now.**

bai nau

Tschüss.

Kleiner Wortschatz

Englisch	Aussprache	Deutsch
to reserve	tu ri-*sörw*	reservieren
to call	tu koohl	anrufen, rufen
tonight	tu-*nait*	heute Abend
to doubt	tu daut	zweifeln, bezweifeln
to squeeze	tu sskuwies	quetschen

Unendliche Weiten: Das Internet, E-Mail und weitere Formen der elektronischen Kommunikation

Ein Großteil der zwischenmenschlichen Kommunikation findet heutzutage mit Hilfe des Computers statt. Dazu brauchen Sie – wer hätte es gedacht – einen **computer** (kom-*pjuht*-er; Computer) und dazu noch **internet access** (*in*-ter-net *äk*-ssess; Internetzugang). Schon kann es losgehen.

Kommunikation via Internet

Neben dem Klassiker **e-mail** (*ie*-mäil; E-Mail) stehen Ihnen auf der Basis des Mediums **internet** folgende Kommunikationsmöglichkeiten zur Verfügung:

- ✔ **instant messaging** (*in*-sstent *me*-ssidsch-ing; Chatten)
- ✔ **video calls** (*wi*-di-ou koohls; Bildtelefonie)
- ✔ **social utilities** (*ssou*-sschel juh-*ti*-li-ties; soziale Kommunikationsplattformen)
- ✔ **blogging** (*blog*-ing; Bloggen)
- ✔ **twittering** (*tuwit*-er-ing; Twittern, *wörtlich:* Zwitschern)

Seien Sie **up-to-date** (ap-tu-*däit*; auf der Höhe der Zeit) und probieren Sie diese neuen Möglichkeiten, mit Menschen **in touch** (in tatssch; in Verbindung) zu bleiben und sich im **internet** in Szene zu setzen, einfach einmal aus:

- ✔ **I'll write you an e-mail as soon as I know which date we're going to pick for our family reunion.** (*ai*-el rait juh än *ie*-mäil äs ssuhn äs ai nou uwitssch däit uwier *gou*-ing tu pik for *au*-er *fä*-mi-lie rie-*juhn*-jen; Ich schreibe dir eine E-Mail, sobald ich weiß, welches Datum wir für das Familientreffen ausgesucht haben.)
- ✔ **We like to read our favorite blogs to keep up-to-date with the latest political developments.** (uwie laik tu ried *au*-er *fäi*-we-rit blogs tu kiep ap-tu-*däit* uwith thä *läit*-esst po-*li*-ti-kel di-*we*-lop-mentss; Wir lesen gern unsere Lieblingsblogs, um über die neuesten politischen Entwicklungen Bescheid zu wissen.)
- ✔ **My boyfriend and I love to communicate with instant messages. It's so convenient.** (mai *beu*-frend änd ai law tu ko-*mjuh*-ni-käit uwith *in*-sstent *me*-ssidsch-es itss sou kon-*wien*-jent; Mein Freund und ich chatten gern. Es ist so praktisch.)
- ✔ **On Twitter, you're limited to 140 characters per tweet.** (on *tuwit*-er juhr *li*-mit-ed tu uwan *han*-dred änd *fohr*-tie *kä*-rek-ters pör tuwiet; Bei Twitter ist man auf 140 Zeichen pro »Zwitschernachricht« beschränkt.)
- ✔ **Those pictures of you and your sister on Facebook are fantastic.** (thous *pik*-tsschers ow juh änd juhr *ssiss*-ter on *fäiss*-buk ar fän-*täss*-tik; Die Bilder von dir und deiner Schwester auf Facebook sind fantastisch.)

Kommunikation via Handy

Auch Ihr **cellphone** bietet sich an, für andere Dinge als zum Telefonieren benutzt zu werden. Damit ist hier nicht das Fotografieren gemeint – es geht ja um **communication**. Versuchen Sie doch einmal Folgendes:

- ✔ **text messaging** (teksst *me*-ssidsch-ing; SMS schreiben)
- ✔ **push e-mailing** (pussch *ie*-mäil-ing; Sofort-E-Mails)

Die Möglichkeiten, die Ihnen Ihr Mobiltelefon bietet, können Sie so ausdrücken:

- ✔ **My cellphone has just buzzed. It's a text message from my girlfriend.** (mai *ssel*-foun häs dschasst basd itss ä teksst *me*-ssidsch from mai *görl*-frend; Mein Handy hat gerade gesummt. Es ist eine SMS von meiner Freundin.)
- ✔ **I depend on the push e-mails I get on my Blackberry. Otherwise I wouldn't survive on the stock market.** (ai di-*pend* on thä pussch *ie*-mäils ai get on mai *bläk*-be-rie *a*-ther-uwais ai *uwud*-ent ssör-*waiw* on thä sstok *mar*-ket; Ich brauche die Sofort-E-Mails, die ich auf meinem Blackberry empfange. Sonst würde ich an der Börse nicht überleben.)

False Friends: »handy« und »Handy«

Ein »Handy« kann ganz schön **handy** (*hän*-die; nützlich) sein. Das macht das Handy aber im Englischen noch lange nicht zum **handy**. Dieses Wort existiert nämlich nicht als Substantiv. Obwohl es im Deutschen ganz selbstverständlich für das Mobiltelefon gebraucht wird, werden Sie damit im englischsprachigen Ausland verständnislose Blicke ernten. Benutzen Sie stattdessen die folgenden Begriffe:

- ✔ **cellphone** (AE) (*ssel*-foun; Handy)
- ✔ **mobile phone** (BE) (*mou*-bail foun; Handy)

Damit sind Sie dann jederzeit und grenzenlos mobil.

Im Gespräch

Nigel und Doug unterhalten sich über die Möglichkeiten, mit ihren Freunden in aller Welt Kontakt zu halten.

Doug: **So, Nigel, how do you keep in touch with your friends and family in Britain?**

sou *nai*-dschel hau duh juh kiep in tatssch uwith juhr frends änd *fä*-mi-lie in *bri*-ten

Also, Nigel, wie bleibst du mit deinen Freunden und deiner Familie in Großbritannien in Kontakt?

Nigel: **In multifarious ways. It has become so easy and cheap to communicate worldwide.**

in mal-ti-*fäh*-rie-es uwais it häs bi-*kam* ssou *ie*-sie änd tsschiep tu ko-*mjuh*-ni-käit uwörld-*uwaid*

In vielfältiger Art und Weise. Es ist so einfach und billig geworden, weltweit zu kommunizieren.

Doug: **I know what you mean. I often make video calls to my cousin in Bismarck.**

ai nou uwot juh mien ai *ooh*-fen mäik *wi*-di-ou koohls tu mai *ka*-sin in *bis*-mark

Ich weiß, was du meinst. Ich mache häufig Videoanrufe bei meiner Cousine in Bismarck.

Nigel: **Where's that? In Germany?**

uwärs thät in *dschör*-men-ie

Wo ist das? In Deutschland?

Doug: **No. It's the capital of North Dakota. I also like browsing Facebook accounts. Do you have that in Britain?**

nou itss thä *kä*-pi-tel ow northh de-*kou*-ta ai *oohl*-ssou laik *braus*-ing *fäiss*-buk ä-*kauntss* duh juh häw thät in *bri*-ten

Nein. Das ist die Hauptstadt von North Dakota. Ich sehe mir auch gern verschiedene Facebook-Profile an. Habt ihr das in Großbritannien?

Nigel: **Certainly, Doug. Don't be silly. But do you know what I like? Twittering. It's a fast and convenient way to share short messages.**

ssör-ten-lie dag dount bie *ssi*-lie bat duh juh nou uwot ai laik *tuwit*-er-ing itss ä fähsst änd kon-*wien*-jent uwai tu sschäir sschort *me*-ssidsch-es

Natürlich, Doug. Sei nicht albern. Aber weißt du, was ich mag? Twittern. Das ist eine schnelle und praktische Art und Weise, um Kurznachrichten zu verschicken.

Doug: **Twittering. Right. But I prefer instant messaging. It's more private.**

tuwit-er-ing rait bat ai pri-*för* *in*-sstent *me*-ssidsch-ing itss mohr *prai*-wet

Twittern. Richtig. Aber ich bevorzuge Chatten. Es ist privater.

Nigel: **And of course there's always e-mail. Fiona and I write each other every day.**

änd ow korss thäirs *oohl*-uwais *ie*-mäil fi-*ou*-na änd ai rait ietssch *a*-ther *ew*-rie däi

Und natürlich gibt es immer noch E-Mail. Fiona und ich schreiben uns jeden Tag.

Vom Aussterben bedroht: Briefe und Faxe

Die Kommunikation über **e-mails** und **text messages** ist zwar schnell und einfach, aber seien Sie ehrlich mit sich selbst: Auch Sie würden gern einmal wieder einen handgeschriebenen **letter** (*le*-ter; Brief) erhalten. Stellen Sie sich das vor: **pretty stationery** (*pri*-tie *sstäi*-ssche-ne-rie; schönes Briefpapier), bisweilen auch **scented** (*ssent*-ed; parfümiert), die **personal touch** (*pör*-ssen-el tatssch; persönliche Note) der **handwriting** (*händ*-rait-ing; Handschrift) und dieses einmalige Gefühl, wenn Ihnen der amerikanische **mailman** (*mäil*-män; Postbote) oder der britische **postman** (*pousst*-män; Postbote) den Brief persönlich übergibt und Sie ihn öffnen dürfen.

Es ist leicht, die folgenden beiden Wörter zu verwechseln, denn sie sehen sich wirklich sehr ähnlich:

- **stationery** (*sstäi*-ssche-ne-rie; Briefpapier)
- **stationary** (*sstäi*-ssche-ne-rie; stationär)

Also: **Watch out!** (uwotssch aut; Passen Sie auf!)

Für diejenigen unter Ihnen, die **stamps** (sstähmpss; Briefmarken) sammeln – über diese und weitere Sammelleidenschaften erfahren Sie mehr in Kapitel 8 –, gibt es beim Briefeschreiben noch einen Extrabonus: eben die Briefmarken. Auch diese Ausdrücke könnten hilfreich sein:

- **envelope** (*on*-we-loup; Umschlag)
- **address** (*ä*-dress; Adresse, Anschrift)
- **postage** (*pousst*-idsch; Porto)
- **mail box** (AE) (mäil bokss; Briefkasten)
- **post box** (BE) (pousst bokss; Briefkasten)
- **to mail** (AE) (tu mäil; verschicken)
- **to post** (BE) (tu pousst; verschicken)

Zu guter Letzt soll das **fax** (fäkss; Fax) als Form des **written communication** (*rit*-en ko-mjuh-ni-*käi*-sschen; Schriftverkehr) nicht unerwähnt bleiben, obwohl seine Verbreitung, genauso wie die der Briefpost, seit Einführung der **e-mail** weit zurückgegangen ist.

Besonders wenn Sie deutscher Muttersprachler sind, sollten Sie mit der Aussprache von **fax** auf der Hut sein. Wenn Sie es so wie im Deutschen aussprechen, sind Sie sehr nah daran, in ein Fettnäpfchen zu treten. Das deutsche »Fax« hört sich nämlich fast genauso wie das verbotene **f-word** (*ef*-uwörd; F-Wort) an. Wenn Sie mehr über Schimpfwörter lernen möchten, schlagen Sie Kapitel 18 auf.

Spiel und Spaß

Finden Sie den Begriff, der nicht zu den anderen passt:

- **blog**
- **e-mail**
- **bagpipe**
- **snail mail**
- **letter**

- **co-worker**
- **colleague**
- **personnel**
- **manicure**
- **business**

- **recent**
- **pretty**
- **multifarious**
- **funny**
- **to squeeze**

Lösung:

- **1: bagpipe**
- **2: manicure**
- **3: to squeeze**

Finden Sie sich auf dem Wohnungsmarkt und im Bürodschungel zurecht

10

In diesem Kapitel

- Verschiedene Wohnmöglichkeiten
- Eine Bleibe anmieten oder kaufen
- Im Büroalltag überleben
- Alles über Besprechungen

Der **real estate market** (riel e-*sstäit mar*-ket; Immobilienmarkt) ist eine ganz eigene Welt. Aber der Bürodschungel ist auch nicht viel besser, denn dort gibt es genauso Klippen, die Sie geschickt umschiffen müssen. Wenn Sie jetzt noch den Faktor »Englisch« hinzufügen, brauchen Sie unter Umständen Hilfe. Ist dem so? Dann sind Sie in diesem Kapitel genau richtig, denn im Folgenden können Sie die wichtigsten Begriffe kennen lernen, die Sie benötigen, um verschiedene **dwellings** (*duwel*-ings; Wohnstätten) voneinander zu unterscheiden, sich bis zu einem **lease** (liess; Mietvertrag) oder **deed of purchase** (died ow *pör*-tsschess; Kaufvertrag) vorzukämpfen oder sich dem **law of the jungle** (looh ow thä *dschan*-gel; Gesetz des Dschungels) unterzuordnen – in diesem Fall dem des Bürodschungels. Darüber hinaus werden Sie sich bei **meetings** (*miet*-ings; Besprechungen) wie zu Hause fühlen.

Our House in the Middle of the Street: Wo man wohnen kann

Die Arten von **dwellings** für die Bewohner des westlichen Abendlandes sind Ihnen bekannt, denn Sie sind ein Teil dieser Bevölkerungsgruppe. Das heißt, Sie leben wahrscheinlich in einem der folgenden Wohnungstypen:

- ✔ **apartment** (AE) (ä-*part*-ment; Wohnung)
- ✔ **apartment building** (AE) (ä-*part*-ment *bild*-ing; Mehrfamilienhaus)
- ✔ **flat** (BE) (flät; Wohnung)
- ✔ **block of flats** (BE) (blok ow flätss; Mehrfamilienhaus)
- ✔ **single-family home** (*ssin*-gel *fä*-mi-lie houm; Einfamilienhaus)
- ✔ **bungalow** (*ban*-ge-lou; Bungalow)
- ✔ **semi-detached house** (*sse*-mie-die-tätsscht hauss; Doppelhaushälfte)

- **townhouse** (AE) (*taun*-hauss; Reihenhaus)
- **terraced house** (BE) (*te*-resst hauss; Reihenhaus)
- **teepee** (*tie*-pie; Tipi)

Das **teepee** mag Ihnen als Behausung zu schlicht sein – es hilft aber ungemein bei der Mobilität der Immobilie. Wie eine solche Immobilie normalerweise räumlich unterteilt ist, zeigt Ihnen der **floorplan** (*flohr*-plähn; Grundriss) eines typischen **apartment** in Abbildung 10.1.

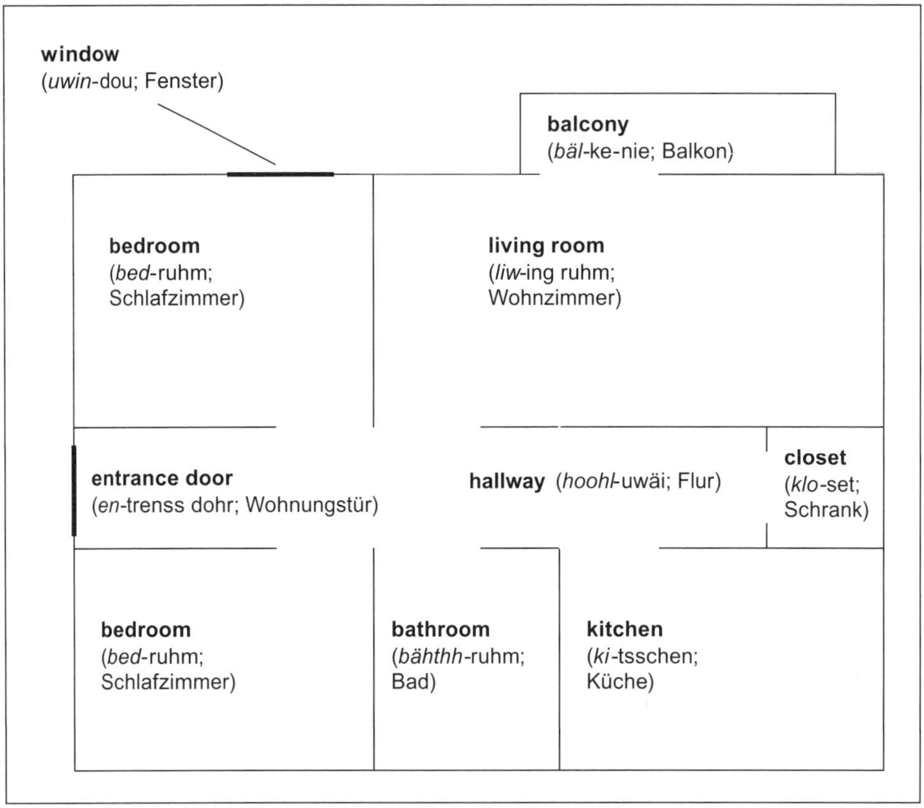

Abbildung 10.1: ***Floorplan*** *eines typischen* ***apartment***

Wollen Sie Ihren Gesprächspartnern berichten, in welcher Art von **dwelling** Sie leben? Dann benutzen Sie einen der folgenden Sätze, um eine Aussage darüber zu machen:

- **My family and I have recently moved into a bigger apartment with two bathrooms.** (mai *fä*-mi-lie änd ai häw *rie*-ssent-lie muhwd *in*-tu ä *big*-er ä-*part*-ment uwith tuh *bähthh*-ruhms; Meine Familie und ich sind gerade in eine größere Wohnung mit zwei Bädern gezogen.)
- **If I could afford a townhouse in the city, I'd buy one. But the prices are just too high right now.** (if ai kud ä-*ford* ä *taun*-hauss in thä *ssi*-tie aid bai uwan bat thä *praiss*-es ar

dschasst tuh hai rait nau; Wenn ich mir ein Reihenhaus in der Stadt leisten könnte, würde ich eins kaufen. Aber die Preise sind zurzeit einfach zu hoch.)

- ✔ **We're having a housewarming party next Saturday. Would you like to come and see our new house?** (uwier *häw*-ing ä *hauss*-uworm-ing *par*-tie neksst *ssä*-ter-däi uwud juh laik tu kam änd ssie *au*-er nuh hauss; Wir geben nächsten Samstag eine Einweihungsfeier. Möchtet ihr kommen und unser neues Haus anschauen?)
- ✔ **We're getting older, so my husband and I have decided to move into a bungalow before we can no longer go up the stairs in our house.** (uwier *get*-ing *ould*-er ssou mai *has*-bend änd ai häw di-*ssaid*-ed tu muhw *in*-tu ä *ban*-ge-lou bi-*fohr* uwie kän nou *long*-er gou ap thä sstäirs in *au*-er hauss; Da wir älter werden, haben mein Mann und ich uns dazu entschieden, in einen Bungalow zu ziehen, bevor wir die Treppen in unserem Haus nicht mehr hochkommen.)

Auch ein **house** (hauss; Haus) hat seine Besonderheiten. Einige Wörter, die Sie zur Beschreibung Ihres bestehenden Hauses oder Ihres Wunschtraums verwenden können, finden Sie in Abbildung 10.2.

Für viele ist der Garten eine Oase der Entspannung. Haben Sie auch einen **green thumb** (grien thham; grüner Daumen)? Dann ist der amerikanische **yard** (jahrd; Garten) oder der britische **garden** (*gar*-den; Garten) genau der richtige Aufenthaltsort für Sie. Besonders die Briten sind für ihre **gardens** mit wunderschönen **flowers** (*flau*-ers; Blumen) und anderen **plants** (plähntss; Gewächsen) berühmt. Vielerorts in Großbritannien kann man sie als **attraction** (ä-*träk*-sschen; Sehenswürdigkeit) besuchen. Mehr über Sehenswürdigkeiten erfahren Sie auch in Kapitel 7. Der amerikanische **yard** ist dagegen meistens unspektakulär. Er besteht häufig aus einer großen Fläche, dem **lawn** (loohn; Rasen). So finden Sie den berühmten englischen Rasen dann auch jenseits des Atlantiks wieder. Wenn Sie in einer britischen **flat** wohnen und trotzdem in Ihrer Freizeit **gardenwork** (*gar*-den-uwörk; Gartenarbeit) machen wollen, mieten Sie sich einen **allotment** (ä-*lot*-ment; Schrebergarten). Dort können Sie dann auch Ihre **garden gnomes** (*gar*-den noums; Gartenzwerge) aufstellen.

Wissen Sie, was der **thumb** (thham; Daumen) mit der Schauspielerin Angelina Jolie gemeinsam hat? Nun, sie hat sicherlich wie die Mehrheit der Menschheit zwei Daumen. Aber darum geht es hier nicht. Von viel größerer Bedeutung ist ihre Rolle als ***Tomb Raider*** (tuhm *räid*-er; Tomb Raider). Schauen Sie sich einmal die folgenden Wörter an, die alle einen **silent letter** (*ssai*-lent *le*-ter; stummer Buchstabe) enthalten – in diesem Fall das **b** am Ende:

- ✔ **thumb** (thham; Daumen)
- ✔ **tomb** (tuhm; Gruft)
- ✔ **comb** (koum; Kamm)
- ✔ **dumb** (dam; dumm)

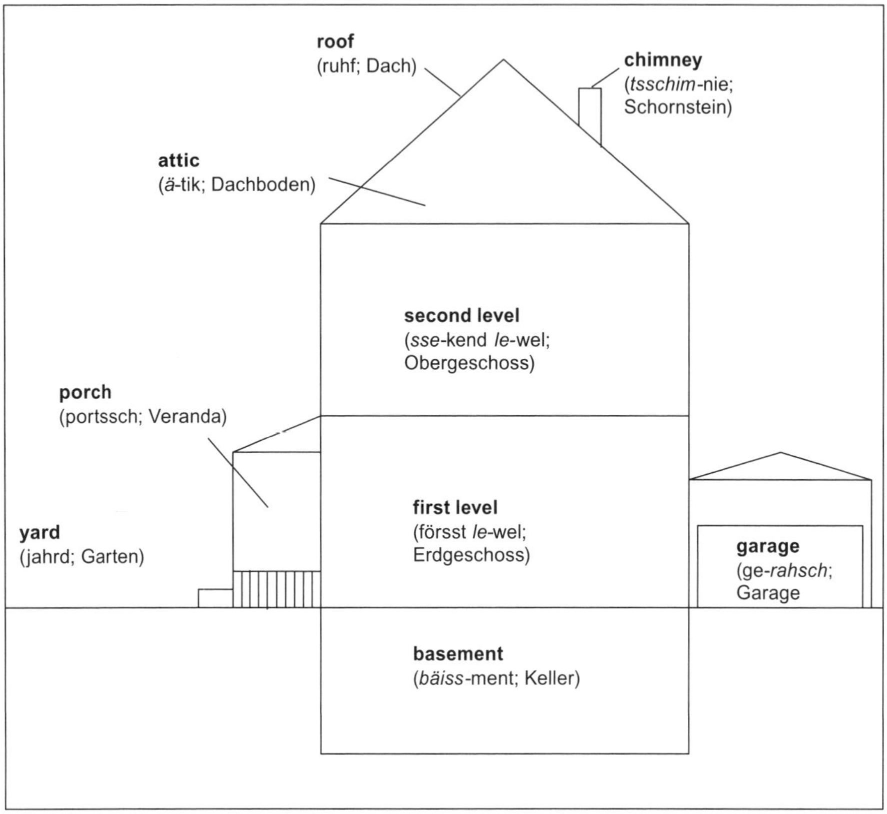

Abbildung 10.2: Ein typisches Haus

Fun Facts: »home«

Das Konzept des **home** (houm; Zuhause) ist in den englischsprachigen Kulturkreisen tief verwurzelt. Nicht zuletzt deshalb kennt jeder Amerikaner oder Engländer die folgenden Redewendungen:

- ✔ **My home is my castle.** (mai houm is mai *kähss*-el; Mein Zuhause ist meine Burg.)
- ✔ **Home is where the heart is.** (houm is uwäir thä hart is; Zuhause ist, wo das Herz ist.)
- ✔ **Home Sweet Home** (houm ssuwiet houm; Trautes Heim, Glück allein, *wörtlich:* Heim, süßes Heim)

Die letzte Redewendung findet man traditionsgemäß in Form eines Stickbildes über dem **chimney-piece** (*tsschim*-nie-piess; Kaminsims) im **living room** (*liw*-ing ruhm; Wohnzimmer).

Gimme Shelter: Eine geeignete Bleibe finden

Befinden Sie sich in der Situation, dass Sie im englischsprachigen Ausland eine Wohnmöglichkeit mieten oder kaufen wollen? Dafür sollten Sie einige Ausdrücke kennen, um in diesen Angelegenheiten erfolgreich zu sein. Sehen Sie sich einmal die folgende **real estate ad** (riel e-*sstäit* ähd; Wohnungsanzeige) im **classified section** (*kläss*-i-faid *ssek*-sschen; Anzeigenteil) einer amerikanischen Tageszeitung an:

- ✔ **For rent: Middle Village, APT, 1st fl, 2 BD, 1 BA, blt closets, CPT, A/C, d/w, REF, MWA, w/d in Bsmt, $2,000.**

Ja, das ist immer noch Englisch, allerdings in einer sehr verkürzten Form. Der geheime Code dieser **ad** (ähd; Anzeige) für eine Wohnung in **Middle Village, New York** (*mi*-del *wi*-lidsch nuh jork; Middle Village, New York) ist aber nicht schwer zu entschlüsseln, wenn Sie folgende Informationen parat haben:

- ✔ **for rent** (for rent; zur Miete)
- ✔ **APT = apartment** (ä-*part*-ment; Wohnung)
- ✔ **1st fl = first floor** (försst flohr; Erdgeschoss)
- ✔ **2 BD = 2 bedrooms** (tuh *bed*-ruhms; zwei Schlafzimmer)
- ✔ **1 BA = 1 bathroom** (uwan *bähthh*-ruhm; 1 Bad)
- ✔ **blt closets = built-in closets** (*bilt*-in *klo*-setss; Einbauschränke)
- ✔ **CPT = carpeting** (*kar*-pet-ing; Teppichboden)
- ✔ **A/C = air conditioning** (äir ken-*di*-sschen-ing; Klimaanlage)
- ✔ **d/w = dishwasher** (dissch-*uwossch*-er; Geschirrspüler)
- ✔ **REF = refrigerator** (ri-*fridsch*-e-räit-er; Kühlschrank)
- ✔ **MWA = microwave oven** (*mai*-krou-uwäiw *a*-wen; Mikrowellenofen)
- ✔ **w/d = washing machine and dryer** (*uwossch*-ing mä-*sschien* änd *drai*-er; Waschmaschine und Trockner)
- ✔ **Bsmt = basement** (*bäiss*-ment; Keller)
- ✔ **$2,000 = two thousand dollars per month** (tuh *thhau*-send *do*-lers pör manthh; zweitausend Dollar pro Monat)

Eine ganz normale Wohnung also. Die **rent** (rent; Miete), die in den **ads** angegeben wird, ist übrigens immer die **rent including heating** (rent in-*kluhd*-ing *hiet*-ing; Warmmiete). Das ist doch fast geschenkt! Mehr über Dinge, die Sie mieten können – zum Beispiel Autos – erfahren Sie in Kapitel 14. Es gibt im Internet unzählige Seiten, die sich mit dem Thema **real estate ads** beschäftigen – bemühen Sie einfach einmal Ihre Lieblingssuchmaschine.

In welchem Stock befindet sich Ihr **apartment**? Die Amerikaner und die Briten sind sich da nicht einig, denn was im amerikanischen Englisch der **first floor** (försst flohr; Erdgeschoss) ist, wird im britischen Englisch als **ground floor** (graund flohr; Erdgeschoss) bezeichnet. Dadurch verschieben sich natürlich alle weiteren Etagen:

- ✔ **1st floor** (BE) (försst flohr; erstes Stockwerk) wird zu **2nd floor** (AE) (*sse*-kend flohr; zweites Stockwerk)
- ✔ **2nd floor** (BE) (*sse*-kend flohr; zweites Stockwerk) wird zu **3rd floor** (AE) (thhörd flohr; drittes Stockwerk)

Mehr über Ordinalzahlen können Sie in Kapitel 2 erfahren.

Passen Sie auf, dass Sie diese beiden Wörter nicht verwechseln:

- ✔ **floor** (flohr; Stockwerk)
- ✔ **hallway** (*hoohl*-uwäi; Flur)

False Friends: »rent« und »Rente«

Was dem einen Freud, ist dem anderen Leid. So oder so ähnlich ist es auch mit diesen beiden Wörtern:

- ✔ **rent** (rent; Miete)
- ✔ **old-age pension** (*ould*-äidsch *pen*-sschen; Rente, Altersruhegeld)

Das erste, nämlich **rent**, müssen Sie monatlich an Ihren **landlord** (*länd*-lohrd; Vermieter) oder Ihre **landlady** (*länd*-läi-die; Vermieterin), wie im **lease** (liess; Mietvertrag) vereinbart, bezahlen. Das zweite bekommen Sie wohlverdient nach dem Ende eines hoffentlich langen Arbeitslebens. Wenn Sie dann einen **deed of purchase** (died ow *pör*-tsschess; Kaufvertrag) für eine **condominium** (kon-de-*mi*-ni-em; Eigentumswohnung) oder ein **house** abgeschlossen haben, müssen Sie nicht einmal mehr Miete bezahlen.

Track 18: Im Gespräch

Doug hat eine **real estate ad** gelesen und telefoniert mit dem **real estate agent** (riel e-*sstäit äi*-dschent; Immobilienmakler).

Doug: **Hi. I'm interested in an apartment you've advertised online.**

hai aim *in*-tresst-ed in än ä-*part*-ment juhw *äd*-wör-taisdon-*lain*

Hallo. Ich interessiere mich für eine Wohnung, die Sie online anbieten.

Man: **I'm sorry. That's already taken. But I have something similar in Brooklyn you might be interested in.**

aim *sso*-rie thätss oohl-*re*-die *täik*-en bat ai häw *ssam*-thhing *ssi*-miler in *bruk*-lin juh mait bie *in*-tresst-ed in

Tut mir leid. Die ist schon weg. Aber ich habe eine ähnliche in Brooklyn, an der Sie Interesse haben könnten.

Doug: **Brooklyn?**

bruk-lin

Brooklyn?

Man: **Don't you know that Brooklyn is the Manhattan of the other four boroughs? The apartment I mean has two bedrooms, two bathrooms, and at $2,500 it costs less than the one you wanted.**

dount juh nou thät *bruk*-lin is thä män-*hä*-ten ow thie *a*-ther fohr *bö*-rous thie ä-*part*-ment ai mien häs tuh *bed*-ruhms tuh *bähthh*-ruhms änd ät tuh *thhau*-send faiw *han*-dred it kosstss less thän thä uwan juh *uwont*-ed

Wissen Sie nicht, dass Brooklyn das Manhattan der anderen vier Stadtteile ist? Die Wohnung, die ich meine, hat zwei Schlafzimmer und zwei Bäder und kostet mit 2500 Dollar weniger als die, die Sie wollten.

Doug: **Is it near a subway station?**

is it nier ä *ssab*-uwäi *sstäi*-sschen

Ist sie in der Nähe einer U-Bahn-Station?

Man: **It certainly is. Would you like to look at it? I can have a colleague show it to you this afternoon.**

it *ssör*-ten-lie is uwud juh laik tu luk ät it ai kän häw ä *ko*-lieg sschou it tu juh thiss ähf-ter-*nuhn*

Natürlich. Möchten Sie sie anschauen? Ein Kollege könnte sie Ihnen heute Nachmittag zeigen.

Doug: **Yes, please. My name is Douglas Casebeer.**

jess plies mai näim is *dag*-less *käiss*-bier

Ja, bitte. Mein Name ist Douglas Casebeer.

Man:	**Thank you, Mr. Casebeer. I'll mail you the details. Good-bye.** thhänk juh *miss*-ter *käiss*-bier *ai*-el mäil juh thä *die*-täils gud-*bai* Danke, Herr Casebeer. Ich maile Ihnen die Details. Auf Wiederhören.
Doug:	**Good-bye.** gud-*bai* Auf Wiederhören.

Kleiner Wortschatz

Englisch	Aussprache	Deutsch
ad	ähd	Anzeige
rent	rent	Miete
heating	*hiet*-ing	Heizung
similar	*ssi*-mi-ler	ähnlich
to cost	tu kosst	kosten
near	nier	nahe

Interior Decorating: Ihre Bleibe einrichten

In Gedanken können Sie sich schon einmal ausmalen, wie eine eingerichtete **apartment** aussehen könnte. Die folgenden Listen zeigen einige Ausstattungsbeispiele auf:

- ✔ **living room** (*liw*-ing ruhm; Wohnzimmer)
  - **sofa** (*ssou*-fa; Sofa)
  - **armchair** (*arm*-tsschäir; Sessel)
  - **coffee table** (*ko*-fie *täi*-bel; Couchtisch)
  - **shelves** (sschelws; Regale)
  - **entertainment center** (en-ter-*täin*-ment *ssen*-ter; TV- und HiFi-Möbel)
- ✔ **bedroom** (*bed*-ruhm; Schlafzimmer)
  - **bed** (bed; Bett)
  - **chest of drawers** (tsschesst ow drohrs; Kommode)
  - **closet** (*klo*-set; Kleiderschrank)
  - **drapes** (dräipss; Übergardinen)
  - **home fitness trainer** (houm *fit*-ness *träin*-er; Heimtrainer)

✔ **kitchen** (*ki*-tsschen; Küche)
- **oven** (*a*-wen; Backofen)
- **stove** (sstouw; Herd)
- **refrigerator** (ri-*fridsch*-e-räit-er; Kühlschrank)
- **freezer** (*fries*-er; Gefrierschrank)
- **dishwasher** (*dissch*-uwossch-er; Spülmaschine)
- **coffee maker** (*ko*-fie *mäik*-er; Kaffeemaschine)
- **kitchen table** (*ki*-tsschen *täi*-bel; Küchentisch)
- **folding chair** (*fould*-ing tsschäir; Klappstuhl)
- **sink** (ssink; Spüle)
- **cockroaches** (*kok*-routssch-es; Kakerlaken)

✔ **bathroom** (*bähthh*-ruhm; Bad)
- **toilet** (*teu*-let; Toilette)
- **bathtub** (*bähthh*-tab; Badewanne)
- **shower** (*sschau*-er; Dusche)
- **sink** (ssink; Waschbecken)
- **scale** (sskäil; Waage)

✔ **hallway** (*hoohl*-uwäi; Flur)
- **shoe cabinet** (sschuh *kä*-bi-net; Schuhschrank)
- **coat rack** (kout räk; Garderobe)
- **umbrella stand** (am-*bre*-la sstähnd; Schirmständer)
- **mirror** (*mi*-rer; Spiegel)
- **dust balls** (dasst boohls; Wollmäuse)

Mit diesem Wissen versorgt können Sie folgende Sätze verwenden, um über Ihre jetzige oder zukünftige Wohnsituation zu sprechen:

✔ **I've browsed through the real estate section of today's newspaper. There's only one apartment that suits my needs. You know I want at least two bathrooms.** (aiw brausd thhruh thä riel e-*sstäit ssek*-sschen ow tu-*däis nuhs*-päi-per thäirs *oun*-lie uwan ä-*part*-ment thät ssuhtss mai nieds juh nou ai uwont ät liesst tuh *bähthh*-ruhms; Ich bin die Wohnungsanzeigen in der heutigen Zeitung durchgegangen. Es gibt nur eine Wohnung, die mir passt. Du weißt doch, dass ich mindestens zwei Bäder haben will.)

- **My current apartment has a walk-in closet. I wouldn't want to do without one if I ever got a new place.** (mai *kö*-rent ä-*part*-ment häs ä *uwoohk*-in *klo*-set ai *uwud*-ent uwont tu duh uwith-*aut* uwan if ai *e*-wer got ä nuh pläiss; Meine jetzige Wohnung hat einen begehbaren Kleiderschrank. Ich würde darauf nicht verzichten wollen, wenn ich einmal eine neue Wohnung haben sollte.)
- **A dishwasher in the kitchen is a must-have.** (ä *dissch*-uwossch-er in thä *ki*-tsschen is ä *masst*-häw; Ein Geschirrspüler in der Küche ist unverzichtbar.)
- **The apartment we looked at yesterday had hardwood floors. With my dust allergy, that's just perfect.** (thie ä-*part*-ment uwie lukt ät *jess*-ter-däi häd *hard*-uwud flohrs uwith mai dasst *ä*-ler-dschie thätss dschasst *pör*-fekt; Die Wohnung, die wir uns gestern angeschaut haben, hat einen Parkettfußboden. Für meine Hausstauballergie ist das einfach perfekt.)

False Friends: »closet« und »Klosett«

Suchen Sie das »Klosett« im **closet**? Da liegen Sie leider falsch:

- **toilet** (*teu*-let; Klosett)
- **closet** (*klo*-set; Kleiderschrank)

Besonders im amerikanischen Englisch ist **closet** als Bezeichnung für einen Wandschrank gebräuchlich. Die Briten benutzen, um ihre Kleidung aufzubewahren, üblicherweise das Folgende:

- **wardrobe** (*uwohrd*-roub; Kleiderschrank)

Welche Bezeichnung Sie auch immer verwenden: Weder im **closet** noch im **wardrobe** werden Sie eine Gelegenheit finden, Ihre Notdurft zu verrichten. Da ist es für Sie sicherlich von Interesse, mehr zu sanitären Einrichtungen zu erfahren. Das können Sie in Kapitel 18 tun.

Fun Facts: »pillow« und »cushion«

Wollen Sie eine Kissenschlacht veranstalten? Das ist ganz einfach – zumindest im Deutschen. Sie besorgen sich eine Menge Kissen. Im Englischen müssen Sie beim Sammeln etwas differenzieren:

- **pillow** (*pi*-lou; Kopfkissen)
- **cushion** (*ku*-sschen; Sofakissen)

Die ersten sind weicher und daher hervorragend für eine **pillow fight** (*pi*-lou fait; Kissenschlacht) geeignet.

Office Space: Sich am Arbeitsplatz zurechtfinden

Es ist mal wieder Montagmorgen und Sie sitzen mehr oder weniger vergnügt an Ihrem **workplace** (*uwörk*-pläiss; Arbeitsplatz). Was aber, wenn sich dieser in einem englischsprachigen Land befindet? Wie Sie Ihren Beruf bezeichnen, konnten Sie schon in Kapitel 4 erfahren. Dieser Abschnitt macht Sie mit dem Arbeitsalltag in einem typischen **office** (*ooh*-fiss; Büro) vertraut.

From Cubicle to Corner Office: So sieht ein Büro aus

Mit den folgenden Ausdrücken können Sie Ihren **workplace** näher beschreiben und Ihren **colleagues** mitteilen, dass Sie eine **promotion** (pro-*mou*-sschen; Beförderung) vom **cubicle** (*kjuh*-bi-kel; Arbeitsplatz im Großraumbüro) zum **corner office** (*kor*-ner *ooh*-fiss; Eckbüro) bekommen haben:

- ✔ **desk** (dessk; Schreibtisch)
- ✔ **swivel chair** (*ssuwi*-wel tsschäir; Drehstuhl)
- ✔ **white board** (uwait bohrd; Weißwandtafel)
- ✔ **documents** (*dok*-ju-mentss; Unterlagen)
- ✔ **folders** (*fould*-ers; Ordner)
- ✔ **filing cabinet** (*fail*-ing *kä*-bi-net; Aktenschrank)
- ✔ **Rolodex** (*rou*-lou-dekss; Rolodex)
- ✔ **waste paper basket** (uwäisst *päi*-per *bähss*-ket; Papierkorb)

Mit diesen Wörtern können Sie schon so einiges an Ihrem Arbeitsplatz in Bewegung bringen – wenn Sie wollen, denn von vielen wird der Büroschlaf immer noch als der gesündeste angesehen. Verwenden Sie diese Sätze:

- ✔ **I dislike having a cluttered desk. Every Friday afternoon, I put things into my filing cabinets.** (ai diss-*laik häw*-ing ä *kla*-terd dessk *ew*-rie *frai*-däi ähf-ter-*nuhn* ai put thhings *in*-tu mai *fail*-ing *kä*-bi-netss; Ich mag es nicht, einen unaufgeräumten Schreibtisch zu haben. Jeden Freitagnachmittag räume ich Sachen in meinen Aktenschrank.)
- ✔ **The documents my secretary has prepared for me and my co-workers need to be distributed before the meeting.** (thä *dok*-ju-mentss mai *sse*-kre-tä-rie häs pri-*päird* for mie änd mai *kou*-uwörk-ers nied tu bie diss-*trib*-jut-ed bi-*fohr* thä *miet*-ing; Die Unterlagen, die meine Sekretärin für mich und meine Kollegen vorbereitet hat, müssen vor der Besprechung verteilt werden.)
- ✔ **I often make notes on my white board. Otherwise I would forget many of my best ideas.** (ai *ooh*-fen mäik noutss on mai uwait bohrd *a*-ther-uwais ai uwud for-*get mä*-nie ow mai besst ai-*di*-as; Ich mache mir oft Notizen auf meiner Weißwandtafel. Sonst würde ich viele meiner besten Ideen vergessen.)

Um produktiv an Ihrem **desk** arbeiten zu können, benötigen Sie in der Regel auch noch folgende **office supplies** (*ooh*-fiss sse-*plais*; Büromaterialien):

- **stapler** (*sstäip*-ler; Tacker, Heftgerät)
- **paperclip** (*päi*-per-klip; Büroklammer)
- **thumbtack** (*thham*-täk; Reißzwecke)
- **scotch tape** (AE) (sskotssch täip; Tesafilm)
- **sellotape** (BE) (*sse*-lou täip; Tesafilm)
- **eraser** (AE) (i-*räi*-ssör; Radiergummi)
- **rubber** (BE) (*rab*-er; Radiergummi)
- **ruler** (*ruhl*-er; Lineal)
- **ballpoint pen** (*boohl*-peunt pen; Kugelschreiber)
- **pencil** (*pen*-ssil; Bleistift)
- **rubber stamp** (*rab*-er sstähmp; Stempel)

Gerade mit dem Radiergummi ist es so eine Sache. Aber darüber erfahren Sie mehr in Kapitel 18. Wie Sie mit den übrigen **office supplies** umgehen, wissen Sie ja wahrscheinlich. Trotzdem können Sie hier einige Sätze finden, die sich damit beschäftigen:

- **Lars prefers using a fountain pen rather than writing with a ballpoint pen.** (lahrs pri-*förs juhs*-ing ä *faun*-ten pen *räh*-ther thän *rait*-ing uwith ä *boohl*-peunt pen; Lars bevorzugt es, mit einem Füllfederhalter anstatt mit einem Kugelschreiber zu schreiben.)
- **I'm running out of paperclips, so I have to staple these pages together.** (aim *ran*-ing aut ow *päi*-per-klipss ssou ai häw tu *sstäi*-pel thies *päidsch*-es tu-*ge*-ther; Mir gehen die Büroklammern aus, also muss ich diese Seiten zusammentackern.)
- **I always stamp my name underneath my signature because it's so illegible.** (ai *oohl*-uwäis sstähmp mai näim an-der-*niethh* mai *ssig*-ni-tsscher bi-*koohs* itss ssou i-*ledsch*-i-bel; Ich stemple immer meinen Namen unter meine Unterschrift, weil sie so unleserlich ist.)
- **I stepped on a thumbtack the other day. That's why I'm limping.** (ai sstept on ä *thham*-täk thie *a*-ther däi thätss uwai aim *limp*-ing; Ich bin neulich auf eine Reißzwecke getreten. Daher hinke ich jetzt.)

Paychecks and Benefits: Geld verdienen

Worum geht es Ihnen beim Arbeiten in erster Linie? Geben Sie schon zu: Sie wollen am Ende des Monats eine **paycheck** (*päi*-tsschek; Gehaltszahlung) erhalten. Um zu diesem Punkt zu kommen, sollten Sie folgende Ausdrücke kennen:

- **pay** (päi; Bezahlung)
- **salary** (*ssä*-le-rie; Gehalt)

✔ **wages** (*uwäidsch*-es; Lohn)

✔ **earnings** (*örn*-ings; Verdienste)

✔ **income** (*in*-kam; Einkommen)

Folgende Verben lassen sich mit diesen Ausdrücken gut kombinieren:

✔ **to earn** (tu örn; verdienen, bekommen)

✔ **to get** (tu get; bekommen)

✔ **to receive** (tu ri-*ssiew*; erhalten)

In Sätzen ausgedrückt sieht das dann so aus:

✔ **I earn a good salary at ACME Technologies.** (ai örn ä gud *ssä*-le-rie ät *äk*-mie tek-*no*-le-dschies; Ich bekomme ein gutes Gehalt bei ACME Technologies.)

✔ **To supplement my income, I have decided to take on a second job.** (tu *ssap*-le-ment mai *in*-kam ai häw di-*ssaid*-ed tu täik on ä *sse*-kend dschob; Um mein Einkommen zu ergänzen, habe ich mich entschieden, eine zweite Arbeit anzunehmen.)

✔ **I get a high salary, but I'd like to increase my earnings somehow.** (ai get ä hai *ssä*-le-rie bat aid laik tu in-*kriess* mai *örn*-ings *ssam*-hau; Ich bekomme ein hohes Gehalt, aber ich möchte meine Verdienste irgendwie erhöhen.)

Es gibt Dinge, über die man nicht redet. Dazu gehört in erster Linie:

✔ **income** (*in*-kam; Einkommen)

Auch wenn Sie vielleicht ahnen oder sogar wissen, wie viel Ihr Nachbar, der **captain of industry** (*käp*-ten ow *in*-dess-trie; Großindustrieller), verdient, reden sollten Sie darüber besser nicht. Das wäre nicht die feine englische Art.

Viele Firmen möchten den Arbeitsalltag für ihre **employees** (em-pleu-*ies*; Angestellte) angenehmer gestalten. Das trägt wesentlich zur Motivation bei. Mehr Gehalt gibt es jedoch meistens nicht. Stattdessen sind so genannte **perks** (pörkss; Nebenleistungen) oder **benefits** (*be*-ni-fitss; Zusatzleistungen) eingeführt worden. Dazu gehören unter anderem:

✔ **discounted shopping** (*diss*-kaunt-ed *sschop*-ing; verbilligtes Einkaufen)

✔ **health plans** (helthh plähns; Krankenversicherungen)

✔ **child care plans** (tsschaild käir plähns; Kinderbetreuung)

✔ **movie, theater, and theme park tickets** (*muh*-wie *thhie*-e-ter änd thhiem park *ti*-ketss; Kino-, Theater- und Freizeitparkkarten)

✔ **wellness programs** (*uwel*-ness *prou*-gräms; Erholungsangebote)

✔ **casual dress Friday** (*kä*-schu-el dress *frai*-däi; legerer Freitag)

Nine (nain; neun) und **five** (faiw; fünf). Das sind zwei magische Zahlen. Sie stellen die Eckpfeiler eines typischen amerikanischen Arbeitstags dar. Daher ist folgender Ausdruck besonders im Büroumfeld ein Synonym für einen Vollzeitarbeitsplatz geworden:

- **nine to five job** (nain tu faiw dschob; geregelter Arbeitstag)

Das heißt nicht, dass alle **office workers** (*ooh*-fiss *uwörk*-ers; Büroangestellte) pünktlich um 17 Uhr Feierabend haben und die **office supplies** fallen lassen. Für gewöhnlich kann das aber passieren, damit sie auch noch Zeit für Freizeit – wie in Kapitel 7 und 8 beschrieben – oder zum Einkaufen – mehr darüber in Kapitel 6 – haben. Ein Nachteil von **nine to five** ist sicherlich, dass sie als **commuter** (ko-*mjuht*-er; Pendler) regelmäßig in die **rush hour** (rassch *au*-er; Hauptverkehrszeit) kommen. Wie Sie diese vielleicht umfahren können, lesen Sie in Kapitel 13.

Ihren Arbeitgeber können Sie dann mit folgenden Sätzen loben:

- **I love casual dress Friday. I think next Friday I'm going to wear my new Hawaiian shirt.** (ai law *kä*-schu-el dress *frai*-däi ai thhink neksst *frai*-däi aim *gou*-ing tu uwäir mai nuh hä-*uwai*-en sschört; Ich mag den legeren Freitag. Ich denke, nächsten Freitag werde ich mein neues Hawaiihemd tragen.)
- **Because of our company's excellent wellness program, I've managed to lose five pounds.** (bi-*koohs* ow *au*-er *kam*-pä-nies *ek*-sse-lent *uwel*-ness *prou*-gräm aiw *mä*-nidschd tu luhs faiw paunds; Dank des hervorragenden Erholungsangebots unserer Firma habe ich es geschafft, fünf Pfund abzunehmen.)
- **If it weren't for the child care program in this company, I would have looked for a job elsewhere.** (if it *uwör*-ent for thä tsschaild käir *prou*-gräm in thiss *kam*-pe-nie ai uwud häw lukt for ä dschob *elss*-uwäir; Gäbe es die Kinderbetreuung in dieser Firma nicht, hätte ich mich woanders nach Arbeit umgesehen.)

Fun Facts: »euphemisms«

Zugegebenermaßen ist dieser **fun fact** nicht mit sehr viel **fun** (fan; Spaß) verbunden. Denn gerade, wenn es darum geht, jemanden zu entlassen, finden sich sehr oft **euphemisms** (*juh*-fe-mi-sems; beschönigende Umschreibungen), die die Situation verharmlosen sollen. Darunter fallen diese Ausdrücke, die alle »entlassen werden« bedeuten:

- **to be made redundant** (tu bie mäid ri-*dan*-dent; überflüssig gemacht werden)
- **to get a pink slip** (tu get ä pink sslip; einen rosa Zettel bekommen)
- **to get two weeks' notice** (tu get tuh uwiekss *nou*-tiss; die Noch-Zwei-Wochen-Nachricht bekommen)
- **to let somebody go** (tu let *ssam*-ba-die gou; jemanden gehen lassen)

Im Gespräch

Chuck und Doug sind am **water cooler** (*uwooh*-ter *kuhl*-er; Wasserspender) im Büro und unterhalten sich über ihre Firma.

Chuck: **Gee, Doug. I like your polyester leisure suit. Is it comfortable?**

dschie dag ai laik juhr po-li-*ess*-ter *lie*-schör ssuht is it *komf*-te-bel

Mensch, Doug. Ich mag deinen Polyester-Freizeitanzug. Ist er bequem?

Doug: **Yes, of course, Chuck. I have to take advantage of casual dress Friday so I can dress down.**

jess of korss tsschak ai häw tu täik äd-*wähn*-tidsch ow *kä*-schu-el dress *frai*-däi ssou ai kän dress daun

Ja, na klar, Chuck. Ich muss den legeren Freitag ausnutzen, um mich bequem zu kleiden.

Chuck: **And you can wear it to the yoga class that's part of the company's wellness program.**

änd juh kän uwäir it tu thä *jou*-ga klähss thätss part ow thä*kam*-pe-nies *uwel*-ness *prou*-gräm

Und du kannst ihn zum Yoga-Unterricht tragen. Der gehört zum Erholungsangebot der Firma.

Doug: **Sure. Before you go back to your office, let's clear up the problem with the office supplies. We've been sent too many boxes of paperclips and not enough paper.**

sschuhr bi-*fohr* juh gou bäk tu juhr *ooh*-fiss letss klier ap thä *pro*-blem uwith thie *ooh*-fiss sse-*plais* uwiew bin ssenttuh *mä*-nie *bokss*-es ow *päi*-per-klipss änd not i-*naf päi*-per

Sicher. Bevor du wieder zurück in dein Büro gehst, lass uns das Problem mit dem Büromaterial lösen. Wir haben zu viele Schachteln mit Büroklammern bekommen und nicht genug Papier.

Chuck: **Well, we can't print anything without paper. That's a serious problem. Almost as serious as the fact that the vending machine is on the blink.**

uwel uwie kähnt print *ä*-nie-thhing uwith-*aut päi*-per thätss ä *ssie*-rie-ess *pro*-blem *oohl*-mousst äs *ssie*-rie-ess äs thä fäkt thät thä *wend*-ing mä-*sschien* is on thä blink

Nun, wir können ohne Papier nichts drucken. Das ist ein ernsthaftes Problem. Fast so ernsthaft wie die Tatsache, dass der Süßigkeitenautomat kaputt ist.

Doug: **I'll take care of the paper problem. You call the vending machine people.**

ai-el täik käir ow thä *päi*-per *pro*-blem juh koohl thä *wend*-ing mä-*sschien pie*-pel

Ich kümmere mich um das Papierproblem. Du rufst die Automatenleute an.

Chuck: **Will do. See you later, Doug.**

uwil duh ssie juh *läit*-er dag

Mach ich. Bis später, Doug.

The Minutes of the Meeting: Besprechungen

Egal, welche Rolle Sie einnehmen: An **meetings** (*miet*-ings; Besprechungen, Sitzungen) kommen Sie im Arbeitsalltag nicht vorbei. Wenn Sie **meetings** in englischer Sprache überleben möchten, sind die folgenden Ausdrücke Ihr Rettungsring:

- ✔ **agenda** (ä-*dschen*-da; Tagesordnung)
- ✔ **the minutes** (thä *mi*-nitss; Protokoll)
- ✔ **presentation** (pre-sen-*täi*-sschen; Präsentation)
- ✔ **handout** (*hähnd*-aut; Tischvorlage)
- ✔ **agreement** (ä-*grie*-ment; Übereinkunft)
- ✔ **coffee break** (*ko*-fie bräik; Kaffeepause)

Auch diese Ausdrücke brauchen Sie vielleicht:

- ✔ **to plan a meeting** (tu plähn ä *miet*-ing; eine Besprechung planen)
- ✔ **to chair a meeting** (tu tsschäir ä *miet*-ing; eine Besprechung leiten)
- ✔ **to take the minutes** (tu täik thä *mi*-nitss; Protokoll führen)
- ✔ **to call a meeting to order** (tu koohl ä *miet*-ing tu *or*-der; zur Ruhe aufrufen)
- ✔ **to discuss a matter** (tu diss-*kass* ä *mä*-ter; eine Angelegenheit besprechen)
- ✔ **to reach an agreement** (tu rietssch än ä-*grie*-ment; eine Einigung erzielen)
- ✔ **to make a decision** (tu mäik ä di-*ssi*-schen; eine Entscheidung treffen)

Gesprächsbeiträge zu einem **meeting** könnten die folgenden sein:

- ✔ **Who is taking the minutes of today's meeting?** (huh is *täik*-ing thä *mi*-nitss ow tu-*däis* *miet*-ing; Wer führt das Protokoll der heutigen Sitzung?)
- ✔ **You have all received the agenda, so we can begin the meeting.** (juh häw oohl ri-*ssiewd* thie ä-*dschen*-da ssou uwie kän bi-*gin* thä *miet*-ing; Sie haben alle die Tagesordnung erhalten, so dass wir nun mit der Besprechung beginnen können.)
- ✔ **I'd like to call this meeting to order. Let's continue.** (aid laik tu koohl thiss *miet*-ing tu *or*-der letss kon-*tin*-juh; Ich möchte zur Ruhe in dieser Sitzung aufrufen. Lassen Sie uns fortfahren.)
- ✔ **Let's reach an agreement now about when to have a coffee break.** (letss rietssch än ä-*grie*-ment nau ä-*baut* uwen tu häw ä *ko*-fie bräik; Lassen Sie uns jetzt eine Entscheidung treffen, wann wir eine Kaffeepause machen.)

Fun Facts: »doodad«

Wie hieß es doch gleich? Sie wissen schon. Das Dingsbums, von dem Sie gestern noch gesprochen haben. Wenn Ihnen der Name jetzt nicht mehr einfällt, versuchen Sie es alternativ mit diesen Ausdrücken:

- ✔ **doodad** (*duh*-dähd; Dingsbums, Dingens)
- ✔ **thingamajig** (thhing-ä-mä-*dschig*; Dingsbums, Dingens)
- ✔ **thingamabob** (thhing-ä-mä-*bob*; Dingsbums, Dingens)
- ✔ **thingummy** (*thing*-ga-mie; Dingsbums, Dingens)

Track 19: Im Gespräch

Als **Head of Sales** (hed ow ssäils; Leiter der Verkaufsabteilung) leitet Doug eine Sitzung bei ACME Technologies.

Doug: **Good afternoon, ladies and gentlemen. Welcome to today's meeting. I believe everyone has received the agenda.**

gud ähf-ter-*nuhn läi*-dies änd *dschen*-tel-men *uwel*-kam tu tu-*däis miet*-ing ai bi-*liew ew*-rie-uwan häs ri-*ssiewd* thie ä-*dschen*-da

Guten Tagen, meine Damen und Herren. Willkommen zur heutigen Sitzung. Ich gehe davon aus, dass jeder die Tagesordnung erhalten hat.

Chuck: **Excuse me, I didn't get one.**

ikss-*kjuhs* mie ai *did*-ent get uwan

Entschuldigung, ich habe keine erhalten.

Doug: **That was an oversight. Here is an extra copy.**

thät uwos än *ou*-wer-ssait hier is än *ekss*-tra *ko*-pie

Das war ein Versehen. Hier ist noch ein Exemplar.

Chuck: **Thank you. I notice you haven't put in a coffee break.**

thhänk juh ai *nou*-tiss juh *häw*-ent put in ä *ko*-fie bräik

Danke. Ich sehe, dass du keine Kaffeepause vorgesehen hast.

Doug: **Let's start the meeting first. As you all know, our new product is going to be introduced to the market soon.**

letss sstart thä *miet*-ing försst äs juh oohl nou *au*-er nuh *pro*-dakt is *gou*-ing tu bie in-tro-*duhsst* tu thä *mar*-ket ssuhn

Wir sollten zunächst die Sitzung beginnen. Wie Sie alle wissen, wird unser neues Produkt demnächst auf den Markt gebracht.

Chuck: **What new product is that again?**

uwot nuh *pro*-dakt is thät ä-*gen*

Welches neue Produkt war das nochmal?

Doug: **You know, the XL2000. You read the memo, didn't you?**

juh nou thie ekss-*el* tuh *thhau*-send juh red thä *me*-mou *did*-ent juh

Du weißt schon, der XL2000. Du hast das Memo gelesen, nicht wahr?

Chuck: **That doodad. Now I remember. It's going to sell like hotcakes. We've already sent out samples to our preferred customers.**

thät *duh*-dähd nau ai ri-*mem*-ber itss *gou*-ing tu ssel laik *hot*-käikss uwiew oohl-*re*-die ssent aut *ssäm*-pels tu *au*-er pri-*förd kass*-te-mers

Das Dingens. Jetzt erinnere ich mich. Es wird sich wie warme Semmeln verkaufen. Wir haben bereits Demonstrationsexemplare an unsere Vorzugskunden verschickt.

Doug: **Chuck, could you take the minutes today? Then we can start.**

tsschak kud juh täik thä *mi*-nitss tu-*däi* then uwie kän sstart

Chuck, führst du heute das Protokoll? Dann können wir anfangen.

Chuck: **I'd be glad to.**

aid bie gläd tu

Das mache ich gern.

Kleiner Wortschatz

Englisch	Aussprache	Deutsch
to receive	tu ri-*ssiew*	erhalten, bekommen
to begin	tu bi-*gin*	anfangen, beginnen
to continue	tu kon-*tin*-juh	fortfahren, fortsetzen
to believe	tu bi-*liew*	glauben, ausgehen von
to notice	tu *nou*-tiss	bemerken, sehen
to sell	tu ssel	verkaufen

Spiel und Spaß

Bringen Sie die Buchstaben in die richtige Reihenfolge, um Wörter zu erhalten:

- ✔ **broardew**
- ✔ **maachirr**
- ✔ **rrroim**
- ✔ **whassdeihr**
- ✔ **rutegisna**
- ✔ **ginnsaer**

Lösung:

- ✔ **wardrobe**
- ✔ **armchair**
- ✔ **mirror**
- ✔ **dishwasher**
- ✔ **signature**
- ✔ **earnings**

Teil III:

Englisch »on the go«

The 5th Wave By Rich Tennant

*"This looks like a good spot to camp. The ground is flat, we're protected by trees, and this is as far as the extension cord on the DVD player streches from the RV." **

In diesem Teil ...

Bleiben Sie in Bewegung. Mit Teil III ist das kein Problem, denn hier erfahren Sie nützliche, interessante und manchmal auch lustige Dinge über alle Situationen, die auf Sie zukommen könnten, wenn Sie auf Reisen sind. Bevor Sie zu einer solchen Reise aufbrechen, gibt dieser Teil Ihnen Tipps für Ihre Urlaubsplanung und Sie erhalten Informationen über das Geld, das Sie im englischsprachigen Ausland benötigen. Nach dem Lesen der Kapitel in diesem Teil werden Sie außerdem problemlos durch die Straßen navigieren, sich bestens mit fahrbaren Untersätzen aller Art fortbewegen und auch in Unterkünften aller Art einkehren können. Zu guter Letzt geht es darum, mit kleinen und größeren Missgeschicken souverän umzugehen. Nach dem Lesen dieses Teils heißt es also für Sie: **Get going!** (get *gou*-ing; Machen Sie sich auf die Socken!) Vielleicht ziehen Sie aber doch besser Schuhe an.

* »Das sieht wie ein guter Platz zum Zelten aus. Der Boden ist eben, wir werden von Bäumen geschützt und außerdem reicht die Verlängerungsschnur des DVD-Spielers vom Wohnmobil bis hier.«

Money, Money, Money

11

In diesem Kapitel

- Mit Bargeld und anderen Zahlungsmitteln umgehen
- Einen Geldautomaten bedienen
- Sich in einer Bank oder Wechselstube zurechtfinden

Es ist überliefert, dass die Ureinwohner Manhattans ihr Land vor vielen Jahren gegen **24 dollars' worth of beads and trinkets** (*tuwen*-tie-fohr *do*-lers uwörth ow bieds änd *trin*-ketss; Kinkerlitzchen im Wert von 24 Dollar) an die Niederländer getauscht haben. So eine Art von Tauschgeschäft findet heutzutage eher selten statt – und schon gar nicht so preiswert. Es ist vielmehr so, dass Sie um eine Tatsache nicht herumkommen: Überall, wo Sie sich hinbegeben, brauchen Sie **money** (*ma*-nie; Geld). Mal weniger, mal mehr. Mal **cash** (kässch; Bargeld), mal **plastic** (*pläss*-tik; Plastik). Darüber hinaus geht es in diesem Kapitel darum:

- ✔ wie Sie Ihre **bills** (bils; Rechnungen) begleichen
- ✔ wie Sie sich in einer **bank** (bänk; Bank) zurechtfinden
- ✔ wie Sie Geld in einer **exchange office** (ikss-*tsschäindsch ooh*-fiss; Wechselstube) wechseln
- ✔ wie Sie in den USA einen **ATM** (äi-tie-*em*), kurz für **automated teller machine**, (*ooh*-toumäit-ed *tel*-er mä-*sschien*; Geldautomat) bedienen
- ✔ wie Sie in Großbritannien einen **cash machine** (kässch mä-*sschien*; Geldautomat) bedienen

Damit der Automat allerdings nicht bei der dritten Fehlbedienung Ihre Karte schluckt, sollten Sie jetzt einfach anfangen, dieses Kapitel zu lesen.

Paying Cash: Mit Bargeld bezahlen

Es gibt es noch: das gute alte **cash**. In einem der englischsprachigen Länder können Sie sogar mit **euros** (*ju*-rous; Euro) bezahlen: der **Republic of Ireland** (ri-*pab*-lik ow *ei*-er-lend). In Großbritannien dagegen heißen die Werte der **currency** (*kö*-ren-ssie; Währung):

- ✔ **pounds** (paunds; Pfund)
- ✔ **pence** (penss; Pence)

In den USA bezahlen Sie mit:

- ✔ **dollars** (*do*-lers; Dollar)

- **cents** (ssentss; Cent)

Was Sie sonst noch über das **cash** in Ihrem **wallet** (*uwooh*-let; Herrenportemonnaie) oder Ihrer **purse** (pörss; Damenportemonnaie) wissen sollten, finden Sie hier:

- **bill** (AE) (bil; Banknote)
- **note** (BE) (nout; Banknote)
- **coin** (keun; Münze)
- **change** (tsschäindsch; Wechselgeld)

Was machen Sie mit Ihrem **change**? Stecken Sie es in ein Sparschwein, schmelzen Sie es ein oder stopfen Sie es für schlechte Zeiten in einen Strumpf? Völlig egal, was Sie tun – hier gibt es noch ein paar Möglichkeiten, wie Sie es bezeichnen können:

- **small change** (ssmoohl tsschäindsch; Münzen mit niedrigem Wert)
- **loose change** (luhss tsschäindsch; Kleingeld in der Hosentasche)
- **spare change** (sspäir tsschäindsch; Kleingeld zum Verschenken)
- **spare change for Dummies authors** (sspäir tsschäindsch for *da*-mies *ooh*-thhers; Kleingeld für Dummies-Autoren, Kontonummer am Ende des Buches)

Wir alle lieben das Geld. Und den Dingen, die wir lieben, geben wir gern besondere Namen. So ist es auch mit dem Geld in den USA. Hier werden Sie unter anderem folgende Bezeichnungen hören:

- **buck** (bak; Dollar)
- **greenback** (*grien*-bäk; Dollarschein)
- **penny** (*pe*-nie; 1-Cent-Münze)
- **nickel** (*ni*-kel; 5-Cent-Münze)
- **dime** (daim; 10-Cent-Münze)
- **quarter** (*kuwort*-er; 25-Cent-Münze)

Über Geld redet man nicht. Wenn Sie es aber dennoch tun müssen, gibt es zum Beispiel folgende Sätze, um Belange, die das Bargeld betreffen, auszudrücken:

- **Do you have change of a five dollar bill?** (duh juh häw tsschäindsch ow ä faiw *do*-ler bil; Können Sie einen Fünf-Dollar-Schein wechseln?)
- **Let me check whether I have enough cash on me.** (let mie tsschek *uwe*-ther ai häw i-*naf* kässch on mie; Lassen Sie mich nachschauen, ob ich genug Bargeld dabeihabe.)

- **I seem to have misplaced my wallet, but I have enough loose change in my pockets to pay for the bus.** (ai ssiem tu häw miss-*pläisst* mai *uwooh*-let bat ai häw i-*naf* luhss tsschäindsch in mai *po*-ketss tu päi for thä bass; Es scheint, dass ich mein Portemonnaie verlegt habe, aber ich habe genug Kleingeld in den Taschen, um die Busfahrt zu bezahlen.)
- **Brother, can you spare a dime?** (*bra*-ther kän juh sspäir ä daim; Bruder, kannst du zehn Cent entbehren?)

Wie weit Sie mit zehn Cent heutzutage noch kommen, ist fraglich. Während der **Great Depression** (gräit di-*pre*-sschen; Weltwirtschaftskrise) der 1930er-Jahre allerdings war dieser Satz in den USA sehr häufig zu hören. Wonach **panhandlers** (*pän*-händ-lers; Bettler) im 21. Jahrhundert fragen, können Sie der folgenden Tabelle 11.1 entnehmen, die die US-amerikanischen **bills** und ihre Bezeichnungen enthält.

Value	President	Nickname of Banknote
$1, one dollar (uwan *do*-ler; 1 Dollar)	**George Washington**	**gwop** (George Washington on paper; dschohrdsch *uwooh*-ssching-ten on *päi*-per; George Washington auf Papier)
$5, five dollars (faiw *do*-lers; 5 Dollar)	**Abraham Lincoln**	**fin** (fin; 5 Dollar)
$10, ten dollars (ten *do*-lers; 10 Dollar)	**Alexander Hamilton**	**sawbuck** (*ssooh*-bak; Sägebock, wegen X = römisch 10)
$20, twenty dollars (*tuwen*-tie *do*-lers; 20 Dollar)	**Andrew Jackson**	**double sawbuck** (*da*-bel *ssoh*-bak; doppelter Sägebock)
$50, fifty dollars (*fif*-tie *do*-lers; 50 Dollar)	**Ulysses S. Grant**	
$100, one hundred dollars (uwan *han*-dred *do*-lers; 100 Dollar)	**Benjamin Franklin**	**Benjamin** (*ben*-dsche-min; Benjamin), **C-note** (*ssie*-nout; C-Note, wegen C = römisch 100)
$100,000, one hundred thousand dollars (uwan *han*-dred *thhau*-send *do*-lers; 100.000 Dollar)	**Woodrow Wilson**	

Tabelle 11.1: US-amerikanische ***banknotes***

Auch wenn die in Tabelle 11.1 aufgeführten 100.000-Dollar-Scheine nie wirklich in Umlauf gebracht wurden, bekommen die Sätze wie »Liebling, hast du mein Portemonnaie gesehen? Es scheint, ich habe es irgendwie verloren« doch gleich eine ganz andere Wertigkeit, oder? So große Scheine hat es bei den Briten noch nie gegeben. Zudem ist die wichtigste Person auf den britischen **notes** immer dieselbe: Queen Elizabeth II. Dazu kommen auf den Rückseten wechselnde Persönlichkeiten vor. Die Werte der **current banknotes** (*kö*-rent *bänk*-noutss; aktuelle Geldscheine) sind wie folgt:

- **£5, five pounds** (fäiw paunds; 5 Pfund)
- **£10, ten pounds** (ten paunds; 10 Pfund)
- **£20, twenty pounds** (*tuwen*-tie paunds; 20 Pfund)
- **£50, fifty pounds** (*fif*-tie paunds; 50 Pfund)
- **£100, one hundred pounds** (uwan *hand*-dred paunds; 100 Pfund)

Die 100-Pfund-Note wird allerdings nur von der schottischen Landesbank ausgegeben. Dabei sollen die Schotten doch sprichwörtlich so geizig sein.

Fun Facts: »bill«

Kennen Sie Bill? Nein, es sind nicht der ehemalige Präsident Bill Clinton oder irgendwelche anderen Williams gemeint. Mehr zu Vornamen und ihren Kurzformen können Sie übrigens in Kapitel 3 erfahren. Sehen Sie sich die **bills** in den folgenden Sätzen einmal genauer an:

- **The lights just went out. Have you paid the electricity bill?** (thä laitss dschasst uwent aut häw juh päid thie e-lek-*tri*-ssi-tie bil; Das Licht ist gerade ausgegangen. Hast du die Stromrechnung bezahlt?)
- **Waiter, bill please!** (BE) (*uwäit*-er bil plies; Herr Ober, die Rechnung bitte!)
- **The Senate has passed a new environmental protection bill.** (the *sse*-net häs pähsst ä nuh in-wai-ren-*men*-tel pro-*tek*-sschen bil; Der Senat hat einen neuen Gesetzesentwurf zum Umweltschutz verabschiedet.)
- **My new baseball cap has a big bill. It keeps the sunlight out of my eyes.** (mai nuh *bäiss*-boohl käp häs ä big bil it kiepss thä *ssan*-lait aut ow mai ais; Meine neue Baseballmütze hat einen großen Schirm. Er schützt meine Augen vor Sonnenlicht.)
- **Post no bills.** (pousst nou bils; Plakatieren verboten.)
- **Some birds have beaks; ducks have bills.** (ssam börds häw biekss dakss häw bils; Einige Vögel haben Schnäbel – Enten auch.)

Na ja. Die Übersetzung des letzten Satzes bringt den Unterschied nicht wirklich gut hervor. Aber nach solch einer Liste wissen Sie schon, was gemeint ist ...

Press that Button: Geld am Automaten abheben

Sie sind überall. Nein, Sie müssen sich jetzt nicht beobachtet fühlen, denn es geht hier um amerikanische **ATMs** und britische **cash machines**. Diese sind sehr nützlich, um immer und überall an **cash** zu gelangen. Besonders in den USA kann man an manchen **ATMs** auch **cash** oder **checks** (tsschekss; Schecks) einzahlen. Um dies zu tun oder Geld abzuheben, brauchen Sie eine **bank card** (bänk kahrd; Bankkarte) oder eine **credit card** (*kre*-dit kahrd; Kreditkarte) und die folgenden Wörter:

- **withdrawal** (uwith-*drooh*-el; Abhebung)
- **deposit** (di-*po*-sit; Einzahlung)
- **amount** (ä-*maunt*; Summe)
- **pin code** (pin koud; Geheimzahl)
- **transaction** (träns-*äk*-sschen; Vorgang)

Die folgenden Nachrichten erwarten Sie am Bildschirm eines **ATM** oder **cash machine**:

- **Select Deposit or Withdrawal** (sse-*lekt* di-*po*-sit or uwith-*drooh*-el; Wählen Sie Einzahlung oder Abhebung)
- **Select Amount** (sse-*lekt* ä-*maunt*; Wählen Sie die Summe)
- **Press CORRECT/ENTER** (press ke-*rekt* *en*-ter; Drücken Sie RICHTIG/EINGABE)
- **Please wait** (plies uwäit; Bitte warten)
- **Would you like another transaction?** (uwud juh laik än-*a*-ther träns-*äk*-sschen; Möchten Sie einen weiteren Vorgang starten?)
- **Press YES/NO** (press jess nou; Drücken Sie JA/NEIN)
- **Transaction in progress** (träns-*äk*-sschen in *pro*-gress; Vorgang wird bearbeitet)
- **CANCEL** (*kähn*-ssel; ABBRUCH)
- **CORRECTION** (ke-*rek*-sschen; KORREKTUR)
- **CORRECT/ENTER** (ke-*rekt* *en*-ter; RICHTIG/EINGABE)

Um einem **ATM** in den USA Geld zu entlocken, brauchen Sie in der Regel eine **credit card**. Manchmal reicht aber – wie in Großbritannien und Irland – Ihre EC-Karte aus. Nach einem Geldautomaten fragen können Sie so:

- **Could you please tell me where the nearest ATM is?** (kud juh plies tel mie uwäir thä *nier*-esst äi-tie-*em* is; Können Sie mir bitte sagen, wo der nächste Geldautomat ist?)
- **Do you know whether there's a cash machine in this building?** (duh juh nou *uwe*-ther thäirs ä kässch mä-*sschien* in thiss *bild*-ing; Wissen Sie, ob es in diesem Gebäude einen Geldautomaten gibt?)

- **I need cash. Is there an ATM nearby?** (ai nied kässch is thäir än äi-tie-*em* nier-*bai*; Ich brauche Bargeld. Gibt es hier in der Nähe einen Geldautomaten?)

Fun Facts: »machine«

Maschinen und Automaten: Ihre Freunde und Helfer. Denken Sie einmal darüber nach, wie viele Aufgaben mittlerweile von Automaten übernommen werden. Sie werden schnell merken, dass diese **machines** (mä-*sschiens*; Maschinen, Automaten) Ihnen immer wieder aus der Patsche helfen:

- **candy vending machine** (*kähn*-die *wend*-ing mä-*sschien*; Süßigkeitenautomat)
- **newspaper vending machine** (*nuhs*-päi-per *wend*-ing mä-*sschien*; Zeitungsautomat)
- **photo booth** (*fou*-tou buhthh; Passbildautomat)
- **instant-noodles vending machine** (*in*-sstent *nuh*-dels *wend*-ing mä-*sschien*; Instant-nudelautomat)

Letzterer befindet sich ausschließlich in Japan. Die Idee dahinter ist aber dieselbe wie bei den anderen Automaten.

False Friends: »spend« und »spenden«

Mit Geld ausgeben kann man bekanntlich viel Zeit verbringen. Da ist es praktisch, dass im Englischen für beide Tätigkeiten dasselbe Verb gebraucht wird:

- **to spend money** (tu sspend *ma*-nie; Geld ausgeben)
- **to spend time** (tu sspend taim; Zeit verbringen)

Verwechseln Sie dieses Wort aber nicht mit dem deutschen »spenden«. Dieses heißt auf Englisch nämlich:

- **to donate** (tu *dou*-näit; spenden)

Track 20: Im Gespräch

Sarah und Rachel sind im **shopping mall**. Vor einem Geschäft findet eine **charity event** (*tsschä*-ri-tie i-*went*; Wohltätigkeitsveranstaltung) statt. Sarah möchte gern Geld spenden.

Sarah: **Rachel, look. They're asking for contributions for the annual children's summer camp drive. They send disadvantaged children to summer camp.**

räi-tsschel luk thäir *ähssk*-ing for kon-tri-*bjuh*-sschens for thie *än*-ju-el *tsschil*-drens *ssa*-mer kähmp draiw thäi ssend diss-äd-*wähn*-tidschd *tsschil*-dren tu *ssa*-mer kähmp

Rachel, guck mal. Sie bitten wie in jedem Jahr um Spenden für das Kindersommerlager. Damit wird benachteiligten Kindern ein Besuch im Sommerlager ermöglicht.

Rachel: **Okay. Let's give them some money. I'm all out of cash. Can you lend me some?**

ou-*käi* letss giw them ssam *ma*-nie aim oohl out ow kässch kän juh lend mie ssam

Okay. Lass uns ihnen etwas geben. Ich habe kein Bargeld mehr. Kannst du mir welches leihen?

Sarah: **Oh my. My purse is empty, too. Let's try to find an ATM.**

ou mai mai pörss is *em*-tie tuh letss trai tu faind än äi-tie-*em*

Oh je. Mein Portemonnaie ist auch leer. Lass uns versuchen, einen Geldautomaten zu finden.

Rachel: **I think I saw one on the second floor next to that shoe store we were in. Remember?**

ai thhink ai ssooh uwan on thä *sse*-kend flohr neksst tu thät sschuh sstohr uwie uwör in ri-*mem*-ber

Ich glaube, ich habe einen im ersten Stock neben dem Schuhladen gesehen, in dem wir waren. Erinnerst du dich?

Sarah: **I think you're right. And that'll give me a chance to have a second look at that pair of shoes I liked so much.**

ai thhink juhr rait änd *thät*-el giw mie ä tsschähnss tu häw ä *sse*-kend luk ät thät päir ow sschuhs ai laikt ssou matssch

Ich glaube, du hast recht. Und das gibt mir die Gelegenheit, noch einen zweiten Blick auf die Schuhe zu werfen, die mir so gefallen haben.

Rachel: **That's what I call killing two birds with one stone. Let's go.**

thätss uwot ai koohl *kil*-ing tuh börds uwith uwan sstoun letss gou

Das nenne ich zwei Fliegen mit einer Klappe schlagen. Gehen wir?

Kleiner Wortschatz

Englisch	Aussprache	Deutsch
building	*bild*-ing	Gebäude
to lend	tu lend	verleihen
next to	neksst tu	neben
right	rait	richtig
chance	tschähnss	Chance
instant noodles	*in*-sstent *nuh*-dels	Instantnudeln

Plastic is Fantastic: Kreditkarten verwenden

Nehmen Sie sich einmal die Zeit und öffnen Sie Ihr **wallet** oder Ihr **purse**. Haben Sie noch einen Überblick über die verschiedenen **bank cards** darin oder geht es Ihnen wie den meisten Amerikanern und Briten heutzutage? Die geraten nämlich in Gefahr, den Überblick über die verschiedenen Arten und die Anzahl dieser Karten zu verlieren. Im Großen und Ganzen gibt es drei verschiedene Kartentypen:

- ✔ **debit card** (*de*-bit kahrd; EC-Karte)
- ✔ **charge card** (tsschahrdsch kahrd; Kreditkarte)
- ✔ **credit card** (*kre*-dit kahrd; Kreditkarte)

Die **debit card** funktioniert ganz ähnlich wie Ihre EC- beziehungsweise Giro-Karte. Bezahlvorgänge werden direkt von Ihrem **checking account** (*tsschek*-ing ä-*kaunt*; Girokonto) abgebucht. Das funktioniert, bis Ihr **overdraft limit** (*ou*-wer-drähft *li*-mit; Dispositionskredit) erschöpft ist. Danach bietet es sich für Sie dann an, die **charge card** zu zücken. Für Bezahlvorgänge mit dieser Karte erhalten Sie am Monatsende eine **bill** (bil; Rechnung), die dann als Ganzes bezahlt werden muss. Das ist Ihnen noch nicht risikoreich genug? Dann versuchen Sie es doch zusätzlich mit einer oder mehreren **credit cards**. Bei amerikanischen und britischen **credit cards** können Sie Geld ausgeben **as if there were no tomorrow** (äs if thäir uwör nou tu-*mo*-rou; als wenn es kein Morgen gäbe). Aber Obacht – Morgen kommt. Und der monatliche Rückzahlbetrag, der zudem mit 14 bis 20 Prozent **interest per year** (*in*-tresst pör jier; jährliche Zinsen) belastet wird, auch. Das kann dann ganz schön wehtun.

Warum überhaupt Kreditkarten, wenn sie so gefährlich sind? In vielen Situationen ist eine **credit card** für Sie als Reisender unerlässlich. Es geht dabei nicht nur um das zügellose Einkaufen – darüber können Sie mehr in Kapitel 6 erfahren –, sondern um ganz andere Dinge. Sie haben mit einer **credit card** folgende Vorteile:

✔ **guaranteed room reservation at motels and hotels** (gä-ren-*tied* ruhm re-sör-*wäi*-sschen ät mou-*tels* änd hou-*tels*; garantierte Zimmerreservierung in Motels und Hotels)

✔ **no cash deposit when you rent a car** (nou kässch di-*po*-sit uwen juh rent ä kahr; kein Bargeldpfand, wenn Sie ein Auto mieten)

✔ **payment of medical bills** (*päi*-ment ow *me*-di-kel bils; Bezahlung von Arzt- und Krankenhausrechnungen)

Natürlich wünschen Sie sich, dass der dritte Fall niemals eintreten wird. Allerdings könnte es sein, dass Sie im Urlaub einmal einen Arzt oder ein Krankenhaus aufsuchen müssen. Der erste Satz, den Sie dann hören, ist wahrscheinlich:

✔ **How are you going to pay?** (hau ar juh *gou*-ing tu päi; Wie werden Sie bezahlen?)

Gut, dass Sie die gefährliche **credit card** dabeihaben. Wenn Sie dann noch Kapitel 16 lesen, kann nichts mehr schiefgehen.

Sind Sie in Laune, etwas Geld auszugeben? Schöpfen Sie doch Ihr **credit card limit** (*kre*-dit kahrd *li*-mit; Kreditkartenlimit) mal wieder voll aus. Auf Ihrer nächsten **shopping spree** (*sschop*-ing ssprie; Einkaufstour) hören Sie dann sicherlich Folgendes:

✔ **Will that be cash or plastic**? (uwil thät bie kässch or *pläss*-tik; Bezahlen Sie bar oder mit Karte?)

✔ **Debit or credit?** (*de*-bit or *kre*-dit; EC-Karte oder Kreditkarte?)

✔ **Excuse me. It seems there is a slight problem with your card. Let me swipe it again.** (*ikss*-kjuhs mie it ssiems thäir is ä sslait *pro*-blem uwith juhr kahrd let mie ssuwaip it ä-*gen*; Entschuldigen Sie bitte. Es scheint ein kleines Problem mit Ihrer Karte zu geben. Lassen Sie mich sie noch einmal durchziehen.)

✔ **I'm sorry. I can't take this card. We only accept Master Card, Visa, and Diners Club.** (aim *sso*-rie ai kähnt täik thiss kahrd uwie *oun*-lie äk-*ssept mähss*-ter kahrd *wie*-sa änd *dain*-ers klab; Es tut mir leid. Ich kann diese Karte nicht nehmen. Wir akzeptieren nur Master Card, Visa und Diners Club.)

Erinnern Sie sich an diese kleinen, rechteckigen, bläulichen Zettel? Richtig, die Rede ist vom »Euroscheck«, der Anfang 2002 aus dem Zahlungsverkehr verschwand. Diese beiden sind in den USA und Großbritannien noch ein gebräuchliches Zahlungsmittel:

✔ **personal check** (AE) (*pör*-ssen-el tsschek; persönlicher Scheck)

- ✔ **cheque** (BE) (tsschek; Scheck)

Darüber hinaus kann der **personal check** zum Ausdruck persönlicher Vorlieben benutzt werden, denn Sie können ihn in unzähligen verschiedenen Designs bestellen. Tippen Sie in der Suchmaschine auf Ihrem Computer einmal Folgendes ein:

- ✔ **designer checks** (di-*sain*-er tsschekss; individuelle Schecks)

Eine Art von Schecks, die für Sie im englischsprachigen Ausland von Bedeutung sein könnte, sind **traveler's checks** (*trä*-wel-ers tsschekss; Reiseschecks). Diese erhalten Sie in der Regel von Ihrer Bank und können sie dann vor Ort hier einlösen:

- ✔ **banks** (bänkss; Banken)
- ✔ **hotels** (hou-*tels*; Hotels)
- ✔ **stores** (sstohrs; Geschäfte)
- ✔ **casinos** (ke-*ssie*-nous; Kasinos)

Alternativ können Sie im letztgenannten Etablissement auch Ihre **watch** (uwotssch; Armbanduhr) versetzen.

False Friends: »sensible« und »sensibel«

Seien Sie doch nicht so sensibel. Allerdings macht es gar nichts, wenn Sie ein wenig **sensible** sind. Das ist nämlich gut. Was für ein Durcheinander. Deshalb jetzt noch einmal der Reihe nach:

- ✔ **sensible** (*ssen*-ssi-bel; vernünftig)
- ✔ **sensitive** (*ssen*-ssi-tiw; sensibel)

Alles klar? Dann kann es ja weitergehen ...

Basic Banking: Banken und Wechselstuben

Häufig erledigen Sie die für Ihren Auslandsaufenthalt wichtigen Bankgeschäfte im Voraus: Sie tauschen Ihr **money** gegen **foreign currency** (*for*-in *kö*-ren-ssie; fremde Währung) ein, bestellen eventuell **traveler's checks** oder beantragen eine **credit card**. Damit ausgerüstet müssen Sie im Regelfall eine **bank** oder eine **exchange office** im englischsprachigen Ausland nicht mehr betreten. Wenn Sie sich jedoch länger in den USA oder Großbritannien aufhalten, sind Sie mit dem folgenden Vokabular, das Sie in einer Bank benötigen könnten, bestens gerüstet:

- ✔ **window** (*uwin*-dou; Bankschalter)

- **teller** (*tel*-er; Mitarbeiter am Schalter)
- **checking account** (*tsschek*-ing ä-*kaunt*; Girokonto)
- **savings account** (*ssäiw*-ings ä-*kaunt*; Sparkonto)
- **receipt** (ri-*ssiet*; Beleg)
- **balance** (*bä*-lenss; Kontostand)
- **statement** (*sstäit*-ment; Kontoauszug)

Während Sie einen **receipt** in der Bank wohl häufiger bekommen, hat das **recipe** dort nichts zu suchen. Verwechseln Sie die beiden, könnten Sie für Verwirrung sorgen – es sei denn, der **teller** hat gerade ein gutes Rezept, zum Beispiel für **blueberry muffins** (*bluh*-be-rie *ma*-fins; Blaubeertörtchen), parat. Also:

- **receipt** (ri-*ssiet*; Beleg)
- **recipe** (*re*-ssi-pie; Kochrezept)

Damit ist das Verwirrungspotenzial aber noch nicht vollständig ausgeschöpft, denn Rezepte gibt es zweierlei. Waren Sie in letzter Zeit beim Arzt? Dann haben Sie vielleicht ein Rezept erhalten – mehr darüber erfahren Sie übrigens in Kapitel 16. Dort können Sie auch Folgendes nachlesen:

- **prescription** (pri-*sskrip*-sschen; Arztrezept)

Zu diesem Grundstock an Bankvokabular gesellen sich noch einige typische Vorgänge:

- **to open an account** (tu *ou*-pen än ä-*kaunt*; ein Konto eröffnen)
- **to deposit money** (tu di-*po*-sit *ma*-nie; Geld einzahlen)
- **to withdraw money** (tu uwith-*drooh ma*-nie; Geld abheben)
- **to transfer money** (tu *trähns*-fer *ma*-nie; Geld überweisen)
- **to cash a check** (tu kässch ä tsschek; einen Scheck einlösen)

Es gibt unzählige Möglichkeiten, Bankvokabular in Sätzen zu verwenden. Hier sind ein paar davon:

- **I'd like to open a checking account, please.** (aid laik tu *ou*-pen ä *tsschek*-ing ä-*kaunt* plies; Ich möchte bitte ein Girokonto eröffnen.)
- **Is it possible for me to transfer money abroad here?** (is it *po*-ssi-bel for mie tu *träns*-fer *ma*-nie ä-*broohd* hier; Kann ich hier Geld ins Ausland überweisen?)
- **Can I cash a traveler's check here?** (kän ai kässch ä *trä*-wel-ers tsschek hier; Kann ich hier einen Reisescheck einlösen?)
- **I've forgotten my account number. Could you find it out for me?** (aiw for-*got*-en mai ä-*kaunt nam*-ber kud juh faind it aut for mie; Ich habe meine Kontonummer vergessen. Können Sie sie für mich herausfinden?)

Kennen Sie dieses Sprichwort?

- **Neither a borrower nor a lender be.** (*nie*-ther ä *bo*-rou-er nor ä *lend*-er bie; Sei weder Schuldner noch Verleiher.)

Die folgenden beiden Verben sollten Sie jedoch schon auseinanderhalten:

- **to borrow** (tu *bo*-rou; sich leihen)
- **to lend** (tu lend; verleihen)

Die gute alte **exchange office** verliert im Zeitalter der **credit card** immer mehr an Bedeutung. In der Regel gehen Sie mit Ihrer Karte zum **ATM** oder **cash machine** und erhalten auf diese Weise den gewünschten Betrag an **cash** – auch im Ausland. Wie Sie dies tun, können Sie im Abschnitt *Press that Button: Geld am Automaten abheben* weiter vorn in diesem Kapitel erfahren. Sollten Sie jedoch trotzdem in die Verlegenheit kommen, Ihr mitgebrachtes Bargeld in der **exchange office** am **airport** (*äir*-port; Flughafen) oder **main train station** (mäin träin *sstäi*-sschen; Hauptbahnhof) einwechseln zu müssen, sind die folgenden Begriffe nützlich:

- **to exchange money** (tu ikss-*tsschäindsch ma*-nie; Geld wechseln)
- **exchange rate** (ikss-*tsschäindsch* räit; Wechselkurs)
- **exchange fee** (ikss-*tsschäindsch* fie; Wechselgebühr)

Mit den folgenden Sätzen können Sie Ihrem Wunsch, **foreign currency** in die örtliche Währung zu konvertieren, Ausdruck verleihen:

- **I'd like to exchange euros for dollars**. (aid laik tu ikss-*tsschäindsch ju*-rous for *do*-lers; Ich würde gern Euro in Dollar umtauschen.)
- **What is the current exchange rate?** (uwot is thä *kö*-rent ikss-*tsschäindsch* räit; Wie ist der aktuelle Umtauschkurs?)
- **Is there an exchange fee?** (is thäir än ikss-*tsschäindsch* fie; Gibt es eine Umtauschgebühr?)

Fun Facts: »IOU«

Wenn Sie schnell jemandem eine Notiz über Ihre Geldschulden geben wollen, schreiben Sie doch einfach:

- **IOU** (ai ou juh)

Das bedeutet:

- **I owe you** (ai ou juh; Ich schulde dir ...)

Spiel und Spaß

Lösen Sie mit Hilfe der folgenden Tipps das Kreuzworträtsel:

Across (ä-*kross*; waagerecht)

- ✔ 2: Gebäude
- ✔ 3: morgen
- ✔ 10: garantiert
- ✔ 13: Damenportemonnaie
- ✔ 14: Einzahlung

Down (daun; senkrecht)

- ✔ 1: benachteiligt
- ✔ 2: sich leihen
- ✔ 4: verlegen
- ✔ 5: Beleg
- ✔ 6: Herrenportemonnaie
- ✔ 7: wichtig
- ✔ 8: teuer
- ✔ 9: ins Ausland
- ✔ 11: leer
- ✔ 12: verleihen

Lösung:

Across:

- ✔ **2: building**
- ✔ **3: tomorrow**
- ✔ **10: guaranteed**
- ✔ **13: purse**
- ✔ **14: deposit**

Down:

- ✔ **1: disadvantaged**
- ✔ **2: borrow**
- ✔ **4: misplace**
- ✔ **5: receipt**
- ✔ **6: wallet**
- ✔ **7: important**
- ✔ **8: expensive**
- ✔ **9: abroad**
- ✔ **11: empty**
- ✔ **12: lend**

Where is Grand Central Station? Orte und Richtungen

12

In diesem Kapitel

- Sich fortbewegen
- Zeitangaben und Entfernungen verstehen
- Im Zweifelsfall nach dem Weg fragen
- Karten richtig lesen

Egal, ob Sie sich nun **on foot** (on fut; zu Fuß) in einer neuen Stadt zurechtfinden müssen oder auf einer Überlandreise die Aufgabe des **navigator** (*nä*-wi-gäit-er; Navigator) übernommen haben: Es gibt einige grundsätzliche Dinge, die Sie sowohl auf kleiner als auch auf großer Fahrt beachten sollten. Dieses Kapitel erleichtert es Ihnen, nach **directions** (di-*rek*-sschens; Wegbeschreibung) zu fragen und lässt Sie Zeitangaben sowie **distances** (*diss*-tenss-es; Entfernungen) in für Sie vielleicht fremden Maßeinheiten verstehen und benutzen. Darüber hinaus können Sie am Ende dieses Kapitels **maps** (mäpss; Karten) lesen. Und das kann das Konfliktpotenzial zwischen Ihnen und Ihren nicht kartenlesenden Mitreisenden gehörig verringern.

I Like to Move it! Jetzt geht es los

Es gibt viele Arten, sich fortzubewegen. Wenn Sie dies mit **vehicles** (*wie*-i-kels; Fahrzeuge) tun wollen, sollten Sie vielleicht Kapitel 13 aufschlagen. Aber Sie können auch anders vorankommen, wie Ihnen die folgenden **movement verbs** (*muhw*-ment wörbs; Bewegungsverben) zeigen:

- ✔ **to go** (tu gou; gehen)
- ✔ **to travel** (tu *trä*-wel; reisen)
- ✔ **to fly** (tu flai; fliegen)
- ✔ **to walk** (tu uwoohk; zu Fuß gehen)
- ✔ **to run** (tu ran; rennen)
- ✔ **to jump** (tu dschamp; hüpfen)

Na ja. Hüpfenderweise werden Sie sich eher nicht fortbewegen. Aber es gibt die Redewendung

- ✔ **»Jump for joy!«** (dschamp for dscheu; vor Freude hüpfen)

Das können Sie ja einmal ausprobieren, wenn Ihnen keiner zuguckt.

Wenn Sie das Verb **to drive** (tu draiw; fahren) verwenden, achten Sie darauf, dass Sie auch einen **driver's license** (*draiw*-ers *lai*-ssenss; Führerschein) besitzen. Denn nur, wenn Sie selbst am Lenkrad sitzen, dürfen Sie **to drive** benutzen. Alle anderen Menschen müssen **to go by car** (tu gou bai kahr; mit dem Auto fahren) sagen. Wenn Ihr fahrbarer Untersatz nur zwei Räder hat, brauchen Sie das Verb **to ride** (tu raid; fahren). Zusammenfassend lässt sich Folgendes sagen:

- **to drive a car** (tu draiw ä kahr; als Fahrer ein Auto steuern)
- **to go by car** (tu gou bai kahr; als Fahrer oder Mitfahrer mit dem Auto fahren)
- **to ride a bike** (tu raid ä baik; Fahrrad fahren)
- **to ride a motorcycle** (tu raid ä *mou*-ter-ssai-kel; Motorrad fahren)
- **to ride a horse** (tu raid ä horss; auf einem Pferd reiten)

Wie Sie oben sehen können, funktioniert **to ride** auch bei Vierbeinern.

Zu den **movement verbs** gesellen sich gern diese **trips** (tripss; Reisen):

- **daytrip** (BE) (*däi*-trip; Tagesausflug)
- **trip** (trip; Ausflug, Reise)
- **excursion** (ikss-*kör*-schen; Exkursion)
- **field trip** (field trip; Schulausflug)
- **journey** (*dschör*-nie; Reise)
- **expedition** (ekss-pe-*di*-sschen; Expedition)

Von Ihrer letzten Expedition in die **wilderness** (*wil*-der-ness; Wildnis) und anderen **trips** können Sie mit den folgenden Sätzen berichten:

- **On our field trip to the Susquehanna River, we went by bus.** (on *au*-er field trip tu thä ssass-kwe-*hä*-na *ri*-wer uwie uwent bai bass; Für unseren Schulausflug zum Susquehanna haben wir den Bus benutzt.)
- **When you're in New York, consider a daytrip to Atlantic City. It's like Las Vegas, but on the east coast.** (uwen juhr in nuh jork kon-*ssi*-der ä *däi*-trip tu ät-*lähn*-tik *ssi*-tie itss laik lahss *wäi*-gass bat on thie iesst kousst; Wenn Sie in New York sind, machen Sie doch einen Tagesausflug nach Atlantic City. Es ist wie Las Vegas, nur an der Ostküste.)
- **On my journeys through the west, I sometimes rode a horse.** (on mai *dschör*-nies thhruh thä uwesst ai *ssam*-taims roud ä horss; Auf meinen Reisen durch den Westen bin ich manchmal auf einem Pferd geritten.)
- **My buddies and I flew to Australia and traveled through the outback by motorbike.** (mai *ba*-dies änd ai fluh tu oohss-*träil*-ja änd *trä*-weld thhruh thie *aut*-bäk bai *mou*-ter-baik; Meine Kumpels und ich sind nach Australien geflogen und mit dem Motorrad durch den Outback gereist.)

Fun Facts: »bowel movement«

Alles ist in Bewegung. Da bleibt es nicht aus, dass das Wort **movement** nicht nur für Ihre Füße gebraucht wird. Es gibt auch noch andere Teile Ihres Körpers, in denen sich etwas fortbewegt:

- ✔ **bowel movement** (*bau*-el *muhw*-ment; Stuhlgang)

Es bewegt sich also etwas – und um niemanden in Verlegenheit zu bringen, wird das meistens so abgekürzt:

- ✔ **BM** (bie-*em*; Stuhlgang)

Bleiben Sie in Bewegung!

Fun Facts: »Take a hike!«

Freuen Sie sich nicht zu früh über den anstehenden **hike** (haik; Wanderausflug), wenn Sie von jemandem diesen Satz hören:

- ✔ **Take a hike!** (täik ä haik; Geh auf Wanderschaft!)

Das ist vielmehr eine Aufforderung, zu verschwinden. Ob Sie dieser Folge leisten, ist Ihre Sache. Ähnlich verhält es sich mit:

- ✔ **Get lost!** (get losst; Verzieh' dich, *wörtlich:* Verlaufe dich!)
- ✔ **Go jump in a lake!** (gou dschamp in ä läik; *wörtlich:* Geh in einen See springen!)
- ✔ **Take a long walk off a short pier!** (täik ä long uwoohk of ä sschort pier; *wörtlich:* Mach einen langen Spaziergang auf einem kurzen Steg!)

Miles and More: Entfernungen und Zeitangaben

Gehören Sie zu der Gruppe von Menschen, denen das Schätzen von **distances** (*diss*-tenss-es; Entfernungen) leicht fällt? Dann sollten Sie diesen Abschnitt trotzdem lesen, denn gerade in den USA werden andere **measurement units** (*me*-scher-ment *juh*-nitss; Maßeinheiten) verwendet. Nur die Uhren ticken alle gleich – wenn denn vernachlässigt werden kann, dass es verschiedene **time zones** (taim souns; Zeitzonen) gibt. Wie dem auch sei: Dieser Abschnitt bringt Sie auf die Höhe der Zeit. Zusätzlich können Sie auch etwas über die **duration** (du-*räi*-sschen; Dauer) von Reisen aller Art erfahren.

From a Distance: Entfernungsangaben verstehen

Die Welt ist egozentrisch aufgebaut. Der Nachteil davon, dass Sie im Mittelpunkt stehen, besteht darin, dass alles andere mehr oder weniger weit von Ihnen entfernt ist. Um dies auszudrücken, brauchen Sie in den USA die **measurement units** zusammen mit ihren **equivalents** (i-*kuwi*-we-lentss; Entsprechungen) und **metric conversions** (*me*-trik kon-*wör*-schens; metrische Umrechnungen) in Tabelle 12.1. In Großbritannien bleibt für Sie einiges beim Alten. Dort verbreitet sich das **metric system** (*me*-trik *ssiss*-tem; metrisches System) mehr und mehr.

Measurement Unit	Equivalent	Metric Conversion
one inch (uwan intssch; ein Zoll)		**2.54 centimeters** (tuh peunt *fif*-tie fohr *ssen*-ti-mie-ters; 2,54 Zentimeter)
one foot (uwan fut; ein Fuß)	**twelve inches** (tuwelw *intssch*-es; zwölf Zoll)	**30.48 centimeters** (*thhör*-tie peunt *fohr*-tie äit *ssen*-ti-mie-ters; 30,48 Zentimeter)
one yard (uwan jahrd; ein Yard)	**three feet** (thhrie fiet; drei Fuß)	**91.44 centimeters** (*nain*-tie uwan peunt *fohr*-tie fohr *ssen*-ti-mie-ters; 91,44 Zentimeter)
one mile (uwan mail; eine Meile)	**1,760 yards** (uwan *thhau*-send *sse*-wen *han*-dred änd *ssikss*-tie jahrds; 1760 Yard)	**1,609 meters** (uwan *thhau*-send ssikss *han*-dred änd nain *mie*-ters; 1.609 Meter)

Tabelle 12.1: US-amerikanische Längenmaßeinheiten

Die britischen Maßeinheiten, die auch **imperial measurement units** (im-*pie*-ri-el *me*-scherment *juh*-nitss; imperiale Maßeinheiten) genannt werden, entsprechen ungefähr den amerikanischen. Wie bereits erwähnt, finden Sie aber in Großbritannien mehr und mehr metrische Einheiten. In der **Republic of Ireland** gibt es die metrischen Einheiten schon seit Längerem.

Die in Tabelle 12.1 angegebenen **measurement units** können Sie wie in den folgenden Sätzen verwenden:

- ✔ **Atlantic City is only 128 miles away from New York City.** (ät-*län*-tik *ssi*-tie is *oun*-lie uwan *han*-dred änd *tuwen*-tie äit mails ä-*wäi* from nuh jork *ssi*-tie; Atlantic City ist nur 128 Meilen von New York City entfernt.)
- ✔ **Nowadays, most track and field running distances are no longer measured in yards.** (*nau*-ä-däis mousst träk änd field *ran*-ing *diss*-tenss-es ar nou *long*-er *me*-scherd in jahrds; Heutzutage werden die meisten Leichtathletiklaufstrecken nicht mehr in Yard angegeben.)
- ✔ **How high can you jump? My highest jump was six feet seven inches. That's about two meters.** (hau hai kän juh dschamp mai *hai*-esst dschamp uwos ssikss fiet *sse*-wen *intssch*-

es thätss ä-*baut* tuh *mie*-ters; Wie hoch kannst du springen? Mein höchster Sprung war sechs Fuß, sieben Zoll hoch. Das sind ungefähr zwei Meter.)

- **From this distance, the Statue of Liberty is only two inches high.** (from thiss *diss*-tenss thä *sstä*-tsschuh ow *li*-ber-tie is *oun*-lie tuh *intssch*-es hai; Aus dieser Entfernung ist die Freiheitsstatue nur zwei Zoll hoch.)

Fun Facts: Umrechnung von »miles« in »Kilometer«

Sie sind Hunderte von Meilen mit dem Auto durch die USA gefahren, wollen aber wissen, wie viele Kilometer das nun eigentlich waren? Kein Problem. Mit dieser einfachen Formel haben Sie die **conversion** (kon-*wör*-schen; Umrechnung) im Griff:

- (Meilen × 8) / 5 = Kilometer

Umgekehrt sieht das so aus:

- (Kilometer × 5) / 8 = Meilen

Wenn Sie also 250 Meilen gefahren sind, multiplizieren Sie diesen Wert mit 8 und teilen das Ergebnis durch 5. Das ergibt dann, dass 250 Meilen ungefähr 400 Kilometer sind.

30 Minuten bis Buffalo: Zeitangaben verstehen

Um mit **time expressions** (taim ikss-*pre*-sschens; Zeitangaben) umgehen zu können, sollten Sie ein Verständnis für Zahlen haben. Natürlich können Sie zählen, aber wenn Sie die englischen **numbers** (*nam*-bers; Zahlen) noch einmal wiederholen wollen, können Sie dies problemlos in Kapitel 2 tun. Ebenfalls hilft es Ihnen, wenn Sie mit der **time** (taim; Uhrzeit) umgehen können. Schlagen Sie dazu Kapitel 5 auf. Damit ausgestattet fügen Sie noch folgende Elemente hinzu, um Zeitangaben auszudrücken:

- **it takes ...** (it täikss; es dauert ...)
- **just** (dschasst; nur)
- **only** (*oun*-lie; nur)
- **about** (ä-*baut*; ungefähr)
- **approximately** (ä-*prok*-ssi-met-lie; ungefähr)
- **not more than** (not mohr thän; nicht mehr als)
- **at least** (ät liesst; mindestens)
- **at the most** (ät thä mousst; höchstens)

Auf manchen Informationstafeln auf Flughäfen, Bahnhöfen und inzwischen sogar an Bushaltestellen werden Ankunftszeiten angegeben. Fürchten Sie sich nicht, wenn Sie neben diesen Zeiten die drei Buchstaben **ETA** sehen. Es geht weder um eine Terrorgruppe noch um ETs großen Bruder. **ETA** ist eine Abkürzung, und zwar für:

- **estimated time of arrival** (*ess*-ti-mäit-ed taim ow ä-*rai*-wel; geschätzte Ankunftszeit)

Mit diesen Elementen lassen sich Zeitangaben ganz leicht verstehen und ausdrücken:

- **It will take you just twenty minutes on foot to get from the train station to the ferry terminal.** (it uwil täik juh dschasst *tuwen*-tie *mi*-nitss on fut tu get from thä träin *sstäi*-sschen tu thä *fe*-rie *tör*-mi-nel; Man braucht nur zwanzig Minuten zu Fuß, um vom Bahnhof zum Fähranleger zu gelangen.)
- **It usually takes approximately half an hour to walk six city blocks.** (it *juh*-schel-ie täikss ä-*prok*-ssi-met-lie hähf än *au*-er tu uwoohk ssikss *ssi*-tie blokss; Es dauert normalerweise ungefähr eine halbe Stunde, zu Fuß sechs Häuserblocks weit zu gehen.)
- **To travel from Stansted Airport to central London, you need at least 50 minutes by coach.** (tu *trä*-wel from *sstän*-ssted *äir*-port tu *ssen*-trel *lan*-den juh nied ät liesst *fif*-tie *mi*-nitss bai koutssch; Um vom Flughafen Stansted in die Stadtmitte Londons zu gelangen, brauchen Sie mit dem Reisebus mindestens 50 Minuten.)
- **Is it too far to walk from here to my hotel?** (is it tuh fahr tu woohk from hier tu mai hou-*tel*; Ist es zu weit, um von hier aus zu meinem Hotel zu laufen?)

Wenn Sie an der Ostküste der USA fernsehen, werden Sie bei Programmankündigungen häufig merkwürdige Zahlen sehen:

- **8/7c** (äit *sse*-wen ssie; acht/sieben c)

Es geht nicht um Kleider- oder Schuhgrößen. Darüber können Sie mehr in Kapitel 6 erfahren. Tatsächlich ist das eine Zeitangabe. In den USA gibt es aufgrund der Größe des Landes verschiedene Zeitzonen, die wie fast überall auf der Welt jeweils eine Stunde versetzt sind:

- **Eastern Time** (*iess*-tern taim; östliche Zeit)
- **Central Time** (*ssen*-trel taim; zentrale Zeit)
- **Mountain Time** (*maun*-ten taim; Bergzeit)
- **Pacific Time** (pä-*ssi*-fik taim; pazifische Zeit)

Damit lässt sich die oben angegebene Zahlenfolge so interpretieren:

- **8 p.m. Eastern Time / 7 p.m. Central Time** (äit pie-*em iess*-tern taim *sse*-wen pie-*em ssen*-trel taim; 20 Uhr östliche Zeit / 19 Uhr zentrale Zeit)

Wenn Sie mit der Uhrzeit unsicher sind, schlagen Sie noch einmal Kapitel 5 auf. In Großbritannien gibt es nur eine Zeitzone:

✔ **Greenwich Mean Time** (*gre*-nitssch mien taim; Greenwich-Zeit), kurz **GMT** (dschie-em-*tie*)

Diese hinkt der Zeit in den deutschsprachigen Ländern nur eine läppische Stunde hinterher. Beim nächsten Telefonat mit Ihrer Erbtante oder Ihrem Geschäftspartner in den USA sollten Sie aber daran denken, dass diese vielleicht noch im Bett liegen. Zehn Uhr morgens europäischer Zeit ist nämlich erst vier Uhr morgens an der Ostküste der USA. Und wer will schon die Erbtante oder den Geschäftspartner verärgern?

Fun Facts: »signs«

Kennen Sie das auch? Sie stehen vor einer verschlossenen Tür und Ihnen strahlt ein kleines **sign** (ssain; Schild) entgegen, das besagt, dass die erhoffte Person kurz abwesend ist. So könnte diese Botschaft aussehen:

✔ **Back in a minute!** (bäk in ä *mi*-nit; Gleich zurück, *wörtlich:* Zurück in einer Minute!)

Natürlich haben Sie jetzt eine ungefähre Vorstellung davon, wie lange Sie warten müssen. Ganz genau können Sie aber auch nicht sagen, wann dieses Schild aufgehängt wurde, oder? Da reicht es doch eigentlich, eines dieser Schilder aufzuhängen:

✔ **Out to lunch.** (aut tu lantssch; Bin zum Mittagessen.)

✔ **Gone fishing.** (gon *fissch*-ing; Bin angeln.)

Fun Facts: »spring forward« und »fall back«

Mit der **time** ist es so eine Sache. Nicht nur, dass es über die Welt verteilt verschiedene **time zones** gibt. Hinzu kommt noch, dass zweimal jährlich die Uhr umgestellt wird, nämlich zwischen:

✔ **standard time** (*sstän*-derd taim; Standardzeit)

✔ **daylight saving time** (AE) (*däi*-lait *ssäiw*-ing taim; Sommerzeit)

✔ **summer time** (BE) (*ssa*-mer taim; Sommerzeit)

Können Sie sich auch nie merken, in welche Richtung die Uhr umgestellt wird? Im Englischen gibt es dafür eine praktische **mnemonic device** (ne-*mo*-nik di-*waiss*; Eselsbrücke, *wörtlich:* Gedächtnisunterstützungsmittel):

✔ **spring forward and fall back** (sspring *fohr*-uwerd änd foohl bäk; im Frühling vor und im Herbst zurück, *wörtlich:* vorwärtsspringen und zurückfallen)

Track 21: Im Gespräch

Nigel fragt in einem **tourist information office** (*tuh*-risst in-for-*mäi*-sschen *ooh*-fiss; Touristeninformationsbüro) in New York City nach dem Weg.

Nigel: **Could you tell me how to get to the Brooklyn Bridge from here?**

kud juh tel mie hau tu get tu thä *bruk*-lin bridsch from hier

Können Sie mir sagen, wie ich von hier aus zur Brooklyn Bridge komme?

Man: **Of course, sir. You could take the bus or the subway.**

ow korss ssör juh kud täik thä bass or thä *ssab*-uwäi

Natürlich. Sie können den Bus oder die U-Bahn nehmen.

Nigel: **Is it too far to walk?**

is it tuh fahr tu uwoohk

Ist es zu weit zum Laufen?

Man: **It's about twenty blocks from here. That would take you at least two hours. I recommend going by subway. That's the fastest route.**

itss ä-*baut tuwen*-tie blokss from hier thät uwud täik juh ät liesst tuh *au*-ers ai re-ke-*mend gou*-ing bai *ssab*-uwäi thätss thä *fähsst*-esst ruht

Es ist ungefähr zwanzig Blocks von hier. Das würde mindestens zwei Stunden dauern. Ich empfehle Ihnen, die U-Bahn zu nehmen. Das geht am schnellsten.

Nigel: **How long will it take?**

hau long uwil it täik

Wie lange dauert das?

Man: **Approximately half an hour.**

ä-*prok*-ssi-met-lie hähf än *au*-er

Ungefähr eine halbe Stunde.

Nigel: **Fine. Is there a subway station nearby?**

fain is thäir ä *ssab*-uwäi *sstäi*-sschen nier-*bai*

In Ordnung. Gibt es hier in der Nähe eine U-Bahn-Station?

Man: **It's just one block away. Wait, I'll give you a subway map. Take the 6 downtown and get off at the stop called Brooklyn Bridge/City Hall. Then you only have to walk towards the river.**

itss dschasst uwan blok ä-*uwäi* uwäit *ai*-el giw juh ä *ssab*-uwäi mäp täik thä ssikss *daun*-taun änd get oohf ät thä sstop koohld *bruk*-lin bridsch *ssi*-tie hoohl then juh *oun*-lie häw tu uwoohk tu-*uwords* thä *ri*-wer

Sie ist nur einen Block entfernt. Warten Sie, ich gebe Ihnen einen U-Bahn-Plan. Nehmen Sie die 6 in Richtung Süden und steigen Sie an der Haltestelle Brooklyn Bridge/City Hall aus. Dann müssen Sie nur zum Fluss laufen.

Nigel: **Thank you very much. Good bye.**

thhänk juh *we*-rie matssch gud bai

Vielen Dank. Auf Wiedersehen.

Kleiner Wortschatz

Englisch	Aussprache	Deutsch
approximately	ä-*prok*-ssi-met-lie	ungefähr
to walk	tu uwoohk	gehen
sign	ssain	Schild
block	blok	Häuserblock
map	mäp	Landkarte, Straßenkarte
mnemonic device	ne-*mo*-nik di-*waiss*	Eselsbrücke

Navigation light: Wegbeschreibungen verstehen

Scheuen Sie sich, nach dem Weg zu fragen, auch wenn Sie sich so fühlen, als wären Sie **in the middle of nowhere** (in thä *mi*-del ow *nou*-uwäir; am Ende der Welt, *wörtlich:* in der Mitte von Nirgendwo) oder **in the back of beyond** (in thä bäk ow bi-*jond*; wo sich Fuchs und Hase gute Nacht sagen, *wörtlich:* im hinteren Teil von weit weg)? Was soll dann erst passieren, wenn Sie mitten in der Stadt **directions** (di-*rek*-sschens; Wegbeschreibung) folgen müssen? Dieser Abschnitt hilft Ihnen mit einigen wichtigen Ausdrücken weiter, die für Sie in solchen Situationen nützlich sein könnten:

- ✔ **intersection** (*in*-ter-ssek-sschen; Kreuzung)
- ✔ **crossing** (*kross*-ing; Kreuzung)
- ✔ **crosswalk** (*kross*-uwoohk; Fußgängerüberweg)

- **corner** (*kor*-ner; Ecke)
- **block** (blok; Häuserblock)
- **traffic light** (*trä*-fik lait; Ampel)

Geben Sie auf den kleinen Unterschied zwischen den folgenden beiden Wörtern Acht:

- **direction** (di-*rek*-sschen; Richtung)
- **directions** (di-*rek*-sschens; Wegbeschreibung, Anweisung)

Zu den angegebenen Orientierungspunkten gesellen sich bei **directions** notwendigerweise auch einige wichtige Präpositionen und andere kleine Wörter:

- **next to** (neksst tu; neben)
- **across from** (ä-*kross* from; gegenüber)
- **opposite** (*o*-pe-ssit; gegenüber)
- **in front of** (in front ow; vor)
- **behind** (bi-*haind*; hinter)
- **at** (ät; an, bei)
- **around** (ä-*raund*; um ... herum)
- **near** (nier; nahe)
- **far** (fahr; weit)
- **too far** (tuh fahr; zu weit)
- **past** (pähsst; vorbei an)

Grundlegendes über Präpositionen können Sie übrigens auch in Kapitel 2 erfahren.

»Das ist ganz in der Nähe!« Sicherlich haben Sie diesen Satz im Deutschen schon einmal verwendet. Allerdings sollten Sie ihn niemals wörtlich ins Englische übersetzen. Stattdessen werden folgende Konstruktionen verwendet:

- **The church is near the city center.** (thä tsschörtssch is nier thä *ssi*-tie *ssen*-ter; Die Kirche ist in der Nähe der Orts-/Stadtmitte.)
- **The hospital is close to the cemetary.** (thä *hoss*-pi-tel is klouss tu thä *sse*-me-te-rie; Das Krankenhaus ist in der Nähe des Friedhofs.)
- **The gas station is nearby.** (thä gähss *sstäi*-sschen is nier-*bai*; Die Tankstelle ist ganz in der Nähe.)

Um sich dann letztendlich fortzubewegen, kommen Sie um **movement verbs** nicht herum. Einige **movement verbs** konnten Sie schon weiter vorn in diesem Kapitel kennen lernen. Für **directions** sind auch die folgenden Ausdrücke von Nutzen:

- **to turn left** (tu törn left; links abbiegen)
- **to turn right** (tu törn rait; rechts abbiegen)
- **to turn back** (tu törn bäk; umkehren)
- **to double back** (tu *da*-bel bäk; auf derselben Strecke zurückfahren)
- **to cross** (tu kross; überqueren)
- **to go up** (tu gou ap; entlanggehen)
- **to go down** (tu gou daun; hinuntergehen)
- **to go straight ahead** (tu gou ssträit ä-*hed*; geradeaus gehen)
- **to head** (tu hed; sich in Richtung ... bewegen)

Denken Sie daran, dass im Englischen das Verb **to go** nicht nur auf Ihre Füße beschränkt ist:

- **to go** (tu gou; gehen, fahren)

Aus allen vorangegangenen Ausdrücken dieses Abschnitts können dann die folgenden Sätze konstruiert werden, die als Wegbeschreibungen dienen:

- **If you want to go to the shopping mall, you have to make a left turn at the traffic light and then go straight ahead for two miles.** (if juh uwont tu gou tu thä *sschop*-ing moohl juh häw tu mäik ä left törn ät thä *trä*-fik lait änd then gou ssträit ä-*hed* for tuh mails; Wenn Sie zum Einkaufszentrum wollen, müssen Sie an der Ampel links abbiegen und dann zwei Meilen geradeaus weiterfahren.)
- **Cross this intersection, turn right at the next corner, and you will see the tourist information office on the opposite side of the street.** (kross thiss *in*-ter-ssek-sschen törn rait ät thä neksst *kor*-ner änd juh uwil ssie thä *tuh*-risst in-for-*mäi*-ssschen *ooh*-fiss on thie *o*-pe-ssit ssaid ow thä sstriet; Überqueren Sie die Kreuzung, biegen Sie an der nächsten Ecke rechts ab und Sie werden das Touristeninformationsbüro auf der gegenüberliegenden Straßenseite sehen.)
- **You have to turn back. The place you're looking for was three blocks down the street.** (juh häw tu törn bäk thä pläiss juhr *luk*-ing for uwos thhrie blokss daun thä sstriet; Sie müssen umkehren. Der Ort, den Sie suchen, ist drei Blocks die Straße hinunter.)
- **If you want to see the Plaza Hotel, you have to head north on Fifth Avenue until you see the corner of Central Park.** (if juh uwont tu ssie thä *plah*-sa hou-*tel* juh häw tu hed northh on fifthh *ä*-wen-juh an-*til* juh ssie thä *kor*-ner ow *ssen*-trel park; Wenn Sie das Plaza Hotel sehen wollen, müssen Sie auf der Fifth Avenue Richtung Norden gehen, bis Sie die Ecke des Central Park sehen.)

Schauen Sie sich den letzen Satz noch einmal genau an. Er beginnt mit dem kleinen Wörtchen **if** (if; wenn). Dahinter verbirgt sich eine zu Unrecht gefürchtete Konstruktion, die sich **conditional sentence** (kon-*di*-sschen-el *ssen*-tenss; Konditionalsatz) nennt. Es ist viel einfacher, als Sie denken. Es gibt drei ganz schlichte Regeln, die Sie beim Bilden eines **conditional sentence** befolgen sollten. Was Sie dazu brauchen, sind die folgenden Ausdrücke:

- ✔ **conditional type** (kon-*di*-sschen-el taip; Art des Konditionalsatzes)
- ✔ **if-clause tense** (*if*-kloohs tenss; Zeitform im if-Nebensatz)
- ✔ **main clause tense** (mäin kloohs tenss; Zeitform im Hauptsatz)

Tabelle 12.2 gibt Ihnen einen Überblick über **conditional sentences**.

Conditional Type	If-Clause Tense	Main Clause Tense
Probable Condition (*pro*-be-bel kon-*di*-sschen; wahrscheinlicher Zustand)	**Present Tense**	**Will-Future**
Improbable Condition (*im*-pro-be-bel kon-*di*-sschen; unwahrscheinlicher Zustand)	**Simple Past Tense**	**would + Verb**
Impossible Condition (im-*po*-ssi-bel kon-*di*-sschen; unmöglicher Zustand)	**Past Perfect Tense**	**would + Present Perfect**

Tabelle 12.2: Arten von Konditionalsätzen

Wenn Sie sich mit den in Tabelle 12.2 angegebenen Zeitformen unsicher fühlen, schlagen Sie noch einmal Kapitel 2 auf. Dort werden Sie Grundlegendes über **tenses** finden. Die folgenden Sätze sind Beispiele für die drei **conditional types**:

- ✔ **Probable Condition:**

  If you drive too fast, you will get a ticket. (if juh draiw tuh fähsst juh uwil get ä *ti*-ket; Wenn Sie zu schnell fahren, bekommen Sie einen Strafzettel.)

- ✔ **Improbable Condition:**

  If I had a hammer, I would hammer in the morning. (if ai häd ä *hä*-mer ai uwud *hä*-mer in thä *mor*-ning; Wenn ich einen Hammer hätte, würde ich morgens hämmern.)

- ✔ **Impossible Condition:**

  If I had spent less money on shoes, I would have bought another *Dummies* book. (if ai häd sspent less *ma*-nie on sschuhs ai uwud häw booht än-*a*-ther *da*-mies buk; Wenn ich weniger Geld für Schuhe ausgegeben hätte, hätte ich noch ein *Dummies*-Buch gekauft.)

Fun Facts: »pelican crossing«

Denken Sie bei **pelican crossing** (*pe*-li-ken *kross*-ing; Fußgängerbedarfsampel) auch an Vögel? Weit gefehlt. Der offizielle Name für diese britische Einrichtung lautet nämlich:

✔ **pedestrian light controlled crossing** (pe-*dess*-tri-en lait kon-*trould* *kross*-ing; Fußgängerbedarfsampel)

Abgekürzt ist das dann:

✔ **pelicon crossing** (*pe*-li-ken *kross*-ing; Fußgängerbedarfsampel)

Da ist es zum Wasservogel **pelican** (*pe*-li-ken; Pelikan) nicht mehr weit.

Fun Facts: »kitty-corner«

Katzen sind Einzelgänger. Zwar treffen sie sich des Nachts sicherlich häufiger auf der Straße, aber dazu brauchen sie keine **kitty-corner** (*kit*-ie-kor-ner; schräg gegenüber, *wörtlich*: Katzenecke). Vielmehr ist **kitty-corner** eine Richtungsangabe:

✔ **The pharmacy is kitty-corner from the newspaper stand.** (thä *far*-me-ssie is *kit*-ie-kor-ner from thä *nuhs*-päi-per sständ; Die Apotheke ist schräg gegenüber vom Zeitungsstand.)

Manchmal sieht man auch die Variante **catty-corner** (*kät*-ie-kor-ner; schräg gegenüber), die genauso wenig mit Katzen zu tun hat.

Track 22: Im Gespräch

Nigel ist aus der U-Bahn gestiegen und weiß nun nicht mehr weiter. Er fragt eine Passantin nach dem Weg.

Nigel: **Excuse me, I'm trying to get to the Brooklyn Bridge. Could you point me in the right direction?**

ikss-*kjuhs* mie aim *trai*-ing tu get tu thä *bruk*-lin bridsch kud juh peunt mie in thä rait di-*rek*-sschen

Entschuldigen Sie, ich versuche, zur Brooklyn Bridge zu gelangen. Können Sie mir den Weg zeigen?

Woman: **Do you see the traffic light at the next intersection? Make a right turn there and then walk straight ahead for five blocks. You will see the bridge then.**

duh juh ssie thä *trä*-fik lait ät thä neksst *in*-ter-ssek-sschen mäik ä rait törn thäir änd then uwoohk ssträit ä-*hed* for faiw blokss juh uwil ssie thä bridsch then

Sehen Sie die Ampel an der nächsten Kreuzung? Biegen Sie dort rechts ab und laufen Sie dann fünf Blocks lang geradeaus. Dann sehen Sie die Brücke.

Nigel: **Five blocks? How long do you think that will take?**

faiw blokss hau long duh juh thhink thät uwil täik

Fünf Blocks? Wie lange wird das Ihrer Meinung nach dauern?

Woman: **Well, it's pretty far. You could always take a cab, you know.**

uwel itss *pri*-tie fahr juh kud *oohl*-uwäis täik ä kähb juh nou

Na ja, es ist ziemlich weit. Sie könnten natürlich ein Taxi nehmen.

Nigel: **The weather's fine. I'll walk.**

thä *uwe*-thers fain *ai*-el uwoohk

Das Wetter ist gut. Ich werde laufen.

Woman: **I guess it'll take you about half an hour.**

ai gess *it*-el täik juh ä-*baut* hähf än *au*-er

Ich denke, Sie werden ungefähr eine halbe Stunde brauchen.

Nigel: **Thanks for your help.**

thhänkss for juhr help

Danke für Ihre Hilfe.

Woman: **Sure thing. Have a nice day!**

sschuhr thhing häw ä naiss däi

Kein Problem. Einen schönen Tag noch!

Kleiner Wortschatz

Englisch	Aussprache	Deutsch
traffic light	*trä*-fik lait	Ampel
direction	di-*rek*-sschen	Richtung
directions	di-*rek*-sschens	Wegbeschreibung, Anweisung
opposite	*o*-pe-ssit	gegenüberliegend
to try	tu trai	versuchen
to point	tu peunt	zeigen

North by Northwest: Kartenlesen leicht gemacht

Stellen Sie sich vor, Sie haben gerade **directions** bekommen, um irgendwo hinzugelangen. Nun wollen Sie diese auf Ihrer **road map** (roud mäp; Straßenkarte) nachvollziehen. Nichts einfacher als das, denken Sie? Die besten **maps** (mäpss; Landkarten) nützen nichts, wenn man sie nicht lesen kann. Nach diesem Abschnitt können Sie das nagelneue **navigation system** (nä-wi-*gäi*-sschen *ssiss*-tem; Navigationssystem), das Sie aus purer Verzweiflung gekauft haben, getrost wieder einpacken. Schauen Sie sich zunächst die **points of the compass** (peuntss ow thä *kom*-pess; Himmelsrichtungen) an:

- ✔ **north** (northh; Norden)
- ✔ **east** (iesst; Osten)
- ✔ **south** (ssauthh; Süden)
- ✔ **west** (uwesst; Westen)

Selbstverständlich können Sie diese **points of the compass** auch miteinander kombinieren, so wie der Regisseur Alfred Hitchcock, als er einem seiner Filme den Titel ***North by Northwest*** (northh bai northh-*uwesst*; deutscher Titel: *Der unsichtbare Dritte*) gab.

Zu den **points of the compass** gesellen sich beim Kartenlesen im größeren Maßstab noch die folgenden beiden Konzepte:

- ✔ **longitude** (*lon*-dsche-tuhd; Längengrad)
- ✔ **latitude** (*lä*-ti-tuhd; Breitengrad)

Damit können Sie besonders Ihren amerikanischen Gesprächspartnern mit Leichtigkeit erklären, wo Sie herkommen:

- ✔ **Munich is almost on the same latitude as Seattle, Washington.** (*mjuh*-nik is *oohl*-mousst on thä ssäim *lä*-ti-tuhd äs ssie-*ä*-tel *uwooh*-ssching-ten; München ist fast auf demselben Breitengrad wie Seattle, Washington.)

- **Did you know that New York City is practically on the same latitude as Naples, Italy?** (did juh nou thät nuh jork *ssi*-tie is *präk*-tik-lie on thä ssäim *lä*-ti-tuhd äs *näi*-pels *i*-te-lie; Wussten Sie, dass New York City praktisch auf demselben Breitengrad wie Neapel liegt?)

Um auszudrücken, dass Sie sich auf einer **map** und auch in Realität in eine bestimmte **direction** (di-*rek*-sschen; Richtung) bewegen, sind Wörter mit **bound** (baund; in Richtung) nützlich:

- **northbound** (*northh*-baund; in Richtung Norden)
- **eastbound** (*iesst*-baund; in Richtung Osten)
- **inbound** (*in*-baund; in ... hinein)
- **outbound** (*aut*-baund; aus ... heraus)
- **homeward bound** (*houm*-uwerd baund; nach Hause)

There's no place like home. (thäirs no pläiss laik houm; Kein Ort ist wie Zuhause). Um auszudrücken, wo Ihr Zuhause und andere Orte sind, brauchen Sie vielleicht die folgenden Straßenbezeichnungen mit ihren Abkürzungen:

- **street / St.** (sstriet; Straße)
- **road / Rd.** (roud; Straße)
- **avenue / Ave.** (*ä*-wen-juh; Chaussee)
- **boulevard / Blvd.** (*bu*-le-ward; Boulevard)

Als Bestandteil von Straßennamen finden Sie auch die folgenden Ausdrücke und deren Abkürzungen:

- **drive / Dr.** (draiw; Straße)
- **circle / Cir.** (*ssör*-kel; Ring)
- **crescent / Cres.** (*kre*-ssent; Halbring)
- **court / Ct.** (kohrt; Hof)
- **lane / Ln.** (läin; Weg)

Jetzt haben Sie sicherlich keine Schwierigkeiten mehr, auf einer **map** die folgenden Anweisungen nachzuverfolgen:

- **You have to make a right turn from Fishburn Road into Hartley Road. Then make a left turn into Somerset Drive.** (juh häw tu mäik ä rait törn from *fissch*-börn roud *in*-tu *hart*-lie roud then mäik ä left törn *in*-tu *ssa*-mer-sset draiw; Sie müssen von der Fishburn Road rechts in die Hartley Road abbiegen. Dann biegen Sie links in den Somerset Drive ein.)
- **To get to Juniper Valley Park, turn right off Woodhaven Boulevard at Dry Harbor Road and drive up half a mile.** (tu get tu *dschu*-ni-per *wä*-lie park törn rait oohf *uwud*-häi-wen *bu*-le-ward ät drai *har*-ber roud änd draiw ap hähf ä mail; Um zum Juniper Valley Park zu gelangen, biegen Sie vom Woodhaven Boulevard bei der Dry Harbor Road rechts ab und fahren diese eine halbe Meile entlang.)

- **Go northbound on interstate 93. Then take the exit to route 132 northbound and pick up route 25 until you reach Holderness.** (gou *north*-baund on *in*-ter-sstäit *nain*-tie thhrie then täik thie *eg*-sit tu ruht uwan *thhör*-tie tuh *northh*-baund änd pik ap ruht *tuwen*-tie faiw an-*til* juh rietssch *houl*-der-ness; Fahren Sie in Richtung Norden auf der Interstate 93. Dann nehmen Sie die Ausfahrt zur Route 132 in Richtung Norden und fahren auf der Route 25 weiter, bis Sie Holderness erreichen.)

Wenn Sie Ihre Landkartenlesefähigkeiten perfektionieren wollen, können Sie mehr zum Straßensystem in den USA und Großbritannien in Kapitel 13 erfahren.

Fun Facts: Städtenamen auf Englisch

This is Vienna calling. Germany zero points. (thiss is wi-*e*-na *koohl*-ing *dschör*-men-ie *sie*-rou peuntss; Hier ist Wien am Apparat. Deutschland null Punkte.) So oder so ähnlich haben Sie diesen Satz vielleicht schon öfter gehört. Das Einzige, was daran bemerkenswert ist, ist der Fakt, dass deutschsprachige Städtenamen im Englischen oft ganz anders heißen. Hier einige Beispiele:

- Wien wird zu **Vienna** (wi-*e*-na)
- München wird zu **Munich** (*mjuh*-nik)
- Köln wird zu **Cologne** (ke-*loun*)
- Genf wird zu **Geneva** (dsche-*nie*-wa)

False Friends: »map« und »Mappe«

Haben Sie eine **map** in Ihrer Reisemappe? Sie ahnen es – schon wieder eine potenzielle Sprachfalle:

- **map** (mäp; Land- oder Straßenkarte)
- **folder** (*fould*-er; Mappe)

Fun Facts: »points of the compass«

Schon wieder eine **mnemonic device** (ne-*mo*-nik di-*waiss*; Eselsbrücke). Wenn Sie sich die Reihenfolge der Himmelsrichtungen im Uhrzeigersinn nicht merken können, versuchen Sie es mit den Anfangsbuchstaben der Wörter in den folgenden Sätzen:

- **Never eat shredded wheat.** (*ne*-wer iet *sschred*-ed uwiet; Essen Sie niemals geschroteten Weizen.)

- ✔ **Never eat slimy worms.** (*ne*-wer iet *sslaim*-ie uwörms; Essen Sie niemals glibberige Würmer.)

Alles klar?

Spiel und Spaß

Benutzen Sie die folgenden Wörter, um die Lücken in den Sätzen zu füllen:

to walk, to fly, jump, to drive a car, ride a horse

- ✔ **You need a driver's license if you want __________.**
- ✔ **To travel a long distance it is best __________.**
- ✔ **I like __________ along Main Street and look at the shop windows.**
- ✔ **I am so happy I could __________ for joy.**
- ✔ **To be a cowboy you must __________.**

Lösung:

Die einzusetzenden Wörter sind kursiv gedruckt:

- ✔ **You need a driver's license if you want *to drive a car*.**
- ✔ **To travel a long distance, it is best *to fly*.**
- ✔ **I like *to walk* along Main Street and look at the shop windows.**
- ✔ **I am so happy I could*jump* for joy.**
- ✔ **To be a cowboy you must *ride a horse*.**

Fahrbare Untersätze aller Art

13

In diesem Kapitel

- Sich am Flughafen und im Flugzeug zurechtfinden
- Sicher Auto fahren
- Auf der Schiene reisen
- Überlandfahrten mit dem Reisebus unternehmen
- Die Stadt mit Bus oder Taxi durchqueren

Sind Sie wasserscheu? Keine Angst, es geht in diesem Kapitel nicht darum, wann Sie sich zuletzt gewaschen haben. Vielmehr ist es notwendig, das Wasser zu überqueren, wenn Sie in ein englischsprachiges Land reisen wollen. Wenn Sie zum Beispiel nicht 5.572 Kilometer durch den Atlantik schwimmen wollen, um die USA zu erreichen, müssen Sie sich etwas anderes einfallen lassen. Die einfachste und schnellste Möglichkeit ist die Reise mit einem **airplane** (*äir*-pläin; Flugzeug). Mehr über das Buchen einer solchen Reise und alle damit verbundenen Formalitäten können Sie in Kapitel 15 lesen. In diesem Kapitel erfahren Sie, wie Sie sich am **airport** (*äir*-port; Flughafen) und im **airplane** zurechtfinden. Darüber hinaus lernen Sie – wenn Sie es nicht sowieso schon können – ein **car** (kahr; Auto) zu bedienen und sicher zu fahren. Aber Vorsicht – einen Führerschein sollten Sie trotzdem haben. Vielleicht wollen Sie das Auto aber einmal stehen lassen. Dafür gewährt Ihnen dieses Kapitel einen Einblick in das Reisen auf Schienen – sowohl auf der Erdoberfläche mit **trains** (träins; Züge) als auch unterirdisch mit **subway trains** (*ssab*-uwäi träins; U-Bahnen). Schließlich geht es zurück auf die Straße – dieses Mal jedoch mit Reisebussen, Bussen und Taxis. Um Rohstoffe zu schonen, könnten Sie zwar auch mit einem **donkey** (*don*-kie; Esel) oder **camel** (*kä*-mel; Kamel) reisen. Diese beiden Fortbewegungsmittel haben jedoch in diesem Kapitel leider keinen Platz mehr gefunden.

Leaving on a Jet Plane: Mit dem Flugzeug reisen

Sie haben Ihre Reise geplant und gebucht. Jetzt ist es endlich so weit. Wenn Sie mit dem Auto zum **airport** angereist sind, steht Ihr Wagen bereits sicher auf dem **long term parking lot** (long törm *park*-ing lot; Langzeitparkplatz). Voller Vorfreude erreichen Sie mit Sack und Pack – natürlich sind Ihre schicken, neuen Koffer gemeint – das **terminal** (*tör*-mi-nel; Flughafengebäude). Was Sie an Ausdrücken, Redewendungen und Hintergrundwissen bis zur sicheren Landung am Zielflughafen kennen sollten, erfahren Sie in den folgenden Abschnitten.

Terminal: Im Flughafengebäude

Kennen Sie einen **airport**, kennen Sie alle. Auch wenn sich das wie ein Klischee liest – ein Quäntchen Wahrheit ist in diesem Satz enthalten. Dieses entspringt der Tatsache, dass zu jedem **airport** einige Einrichtungen gehören:

- **check-in counter** (*tsschek*-in *kaunt*-er; Abfertigungsschalter)
- **carry-on luggage** (*kä*-rie-on *la*-gidsch; Bordgepäck)
- **shuttle bus** (*sscha*-tel bass; Pendelbus)
- **airport security checkpoint** (*äir*-port sse-*kjuh*-ri-tie *tsschek*-peunt; Flughafensicherheitskontrolle)
- **gate** (gäit; Flugsteig)
- **arrivals gate** (ä-*raiw*-els gäit; Ankunftsflugsteig)
- **baggage claim** (AE) (*bä*-gidsch kläim; Gepäckausgabe)
- **baggage reclaim** (BE) (*bä*-gidsch *rie*-kläim; Gepäckausgabe)
- **customs and immigration** (*kass*-tems änd i-mi-*gräi*-sschen; Zoll und Einwanderungsstelle)
- **duty free shopping** (*duh*-tie frie *sschop*-ing; zollfreier Einkauf)
- **news agent and bookstore** (nuhs *äi*-dschent änd *buk*-sstohr; Zeitungs- und Buchladen)
- **restaurant and café** (*ress*-te-rahnt änd kä-*fäi*; Restaurant und Café)
- **bar** (bahr; Kneipe)

Sie wundern sich vielleicht über die **bar** am **airport**. Vielen Menschen fällt der Flug nach einem Besuch dieser für Flughäfen typischen Lokalität leichter. Leichter wird es für Sie aber auch, wenn Sie die folgenden Sätze, die Sie oft am Flughafen hören können, verstehen:

- **You are allowed only one piece of carry-on luggage. The rest needs to be checked in.** (juh ar ä-*laud oun*-lie uwan piess ow *kä*-rie-on *la*-gidsch thä resst nieds tu bie tsschekt in; Sie dürfen nur ein Stück Bordgepäck mitnehmen. Der Rest muss aufgegeben werden.)
- **Would you like a window seat or an aisle seat?** (uwud juh laik ä *uwin*-dou ssiet or än *ai*-el ssiet; Möchten Sie einen Fensterplatz oder einen Gangplatz?)
- **Your flight is departing from terminal A, gate 23. There will be a shuttle bus waiting for you.** (juhr flait is di-*part*-ing from *tör*-mi-nel äi gäit *tuwen*-tie thhrie thäir uwil bie ä *sscha*-tel bass *uwäit*-ing for juh; Ihr Flug startet von Flugsteig 23 in Flughafengebäude A. Ein Pendelbus erwartet Sie.)
- **Please be ready to present your boarding pass before you go through the security check.** (plies bie *re*-die tu pri-*sent* juhr *bohrd*-ing pähss bi-*fohr* juh gou thhruh thä sse-*kjuh*-ri-tie tsschek; Bitte halten Sie Ihre Bordkarte bereit, bevor Sie durch die Sicherheitskontrolle gehen.)

Wenn Sie sagen wollen, dass Sie mit dem **airplane** fliegen, müssen Sie im Englischen die Präposition **by** (bai) verwenden. Mehr über Präpositionen können Sie in Kapitel 2 erfahren. **By** verwenden Sie aber nicht nur für Flugzeuge, sondern auch für alle anderen fahr- oder fliegbaren Untersätze:

- ✔ **I am going ...** (ai äm *gou*-ing; Ich fahre ...)
  - **by car** (bai kahr; mit dem Auto)
  - **by train** (bai träin; mit dem Zug)
  - **by bus** (bai bass; mit dem Bus)
  - **by boat** (bai bout; mit dem Boot)
  - **by helicopter** (bai *he*-li-kop-ter; mit dem Hubschrauber)
  - **by rickshaw** (bai rik-*sschooh*; mit der Rikscha)

Eine Ausnahme bilden Ihre Füße – die sind ja auch nicht befahrbar:

- ✔ **I came on foot.** (ai käim on fut; Ich bin zu Fuß gekommen.)

Fun Fact: »homophones«

Nein, **homophones** stehen nicht im Gegensatz zu **heterophones**. Die gibt es nämlich gar nicht. **Homophones** (*ho*-me-founs; Homophone) sind vielmehr Wörter, die zwar verschieden geschrieben werden, sich aber gleich anhören. Dazu gehören zum Beispiel:

- ✔ **aisle** (*ai*-el; Gang)
- ✔ **isle** (*ai*-el; Insel)
- ✔ **I'll** (*ai*-el; ich werde)

Da hilft selbst genaues Hinhören nicht. Diese Wörter müssen Sie immer im Kontext verstehen.

Paging: Durchsagen verstehen

Zusätzlich sollten Sie auch die Informationstafeln und Durchsagen am Flughafen beachten. Dort erhalten Sie wichtige Hinweise zu **arrival** (ä-*raiw*-el; Ankunft) und **departure** (di-*part*-sscher; Abflug) von Flügen. Diese könnten wie folgt lauten:

- ✔ **Flight LH 402 has been delayed.** (flait el-*äitssch* fohr ou tuh häs bin di-*läid*; Flug LH 402 verspätet sich.)
- ✔ **Flight BA 165 has been canceled.** (flait bie-*äi* uwan ssikss faiw häs bin *kähn*-sseld; Flug BA 165 wurde gestrichen.)

- **Passengers of flight LH 402 are requested to proceed to gate 7 C.** (*pä*-ssen-dschers ow flait el-*äitssch* fohr ou tuh ar ri-*kuwesst*-ed tu pro-*ssied* tu gäit *sse*-wen ssie; Die Passagiere des Flugs LH 402 werden gebeten, sich zum Flugsteig 7 C zu begeben.)
- **Flight LH 402 is now checking in at gate 7 C.** (flait el-*äitssch* fohr ou tuh is nau *tsschek*-ing in ät gäit *sse*-wen ssie; Flug LH 402 wird nun an Flugsteig 7 C abgefertigt.)
- **Flight LH 402 is boarding at this time.** (flait el-*äitssch* fohr ou tuh is *bohrd*-ing ät thiss taim; Flug LH 402 wird jetzt durchgelassen.)

Werden Sie gesucht? Dies ist der Fall, wenn Sie die folgenden Lautsprecherdurchsagen hören – vorausgesetzt, Sie können die Aussprache Ihres Namens verstehen:

- **Passenger Mr. Horsthuber is requested to come to the information desk.** (*pä*-ssen-dscher *miss*-ter *horsst*-huh-ber is ri-*kuwesst*-ed tu kam tu thie in-for-*mäi*-sschen dessk; Passagier Herr Horsthuber wird zum Informationsschalter gebeten.)
- **Final call for Mr. Horsthuber.** (*fai*-nel koohl for *miss*-ter *horsst*-huh-ber; Letzter Aufruf für Herrn Horsthuber.)

Ups. Wenn Sie jetzt ein Flugzeug abheben sehen, ist es wahrscheinlich zu spät für Sie, Herr Horsthuber.

Diese Durchsage werden Sie am häufigsten hören:

- **For security reasons, please do not leave your luggage unattended. Thank you for your compliance.** (for sse-*kjuh*-ri-tie *rie*-sens plies duh not liew juhr *la*-gidsch an-ä-*tend*-ed thhänk juh for juhr kom-*plai*-enss; Aus Sicherheitsgründen lassen Sie Ihr Gepäck bitte nicht unbeaufsichtigt. Vielen Dank für Ihr Verständnis.)

Das Hören und Verstehen von Durchsagen im **terminal** ist allerdings nur **one side of the coin** (uwan ssaid ow thä keun; eine Seite der Medaille). Sie sollten auch einige praktische Sätze parat haben, um im Fall der Fälle nachfragen zu können:

- **How do I get to the international departures building?** (hau duh ai get tu thie in-ter-*nä*-sschen-el di-*part*-sschers *bild*-ing; Wie komme ich zum Gebäude für internationale Abflüge?)
- **Could you tell me where gate 23 is?** (kud juh tel mie uwäir gäit *tuwen*-tie thhrie is; Können Sie mir sagen, wo Flugsteig 23 ist?)
- **I'd like an aisle seat, please.** (aid laik än *ai*-el ssiet plies; Ich hätte gern einen Gangplatz, bitte.)
- **Where is the lost luggage claim counter?** (uwäir is thä losst *la*-gidsch kläim *kaunt*-er; Wo ist der Schalter, an dem man verloren gegangenes Gepäck wiederbekommt?)
- **Is there a special offer on any perfume this week?** (is thäir ä *sspe*-sschel *ooh*-fer on *ä*-nie pör-*fjuhm* thiss uwiek; Gibt es diese Woche ein Sonderangebot für irgendein Parfüm?)

Im Jahr 1620 sind die **Pilgrims** (*pil*-grims; Pilgerväter) mit Flug BA 402 in Plymouth Rock, Massachusetts, gelandet. Warten Sie – was ist an diesem Satz falsch? Nun, über Jahrhunderte war die einzige Passage in die USA der Seeweg. Auch heute noch können Sie mit dem Schiff in die USA reisen. Es ist zudem vielleicht die eleganteste – ganz bestimmt aber die teuerste und zeitaufwändigste – Art, dieses Land zu erreichen. Auf jeden Fall ist es jedoch spektakulär, mit einem **cruise ship** (kruhs sschip; Kreuzfahrtschiff) in den Hafen von New York City einzufahren und die **Statue of Liberty** (*sstä*-tsschuh ow *li*-ber-tie; Freiheitsstatue) zu erblicken. Wenn Sie also einmal eine Woche Zeit haben, können Sie es den **Pilgrims** nachmachen. Diese haben allerdings 66 Tage für die Überfahrt gebraucht.

Fun Facts: »Flughafenkürzel«

Sie kennen doch diese **luggage tags** (*la*-gidsch tägs; Gepäckaufkleber), die bei der **check-in** (*tsschek*-in; Abfertigung) immer um die Griffe Ihres **suitcase** (*ssuht*-käiss; Koffer) geklebt werden. Haben Sie sich schon einmal gefragt, was die drei Buchstaben darauf bedeuten? Auf einem Flughafen in den USA tat eine etwas beleibtere Dame genau dies. Sie hatte bemerkt, dass auf ihrem **luggage tag** die drei Buchstaben **FAT** vermerkt waren und empfand das als Diskriminierung. Warum?

✔ **fat** (fät; dick)

Aber weit gefehlt. Niemals würden **airlines** (*äir*-lains; Fluggesellschaften) ihre **passengers** (*pä*-ssen-dschers; Passagiere) so behandeln. Die drei Buchstaben sind lediglich Abkürzungen für die **airports**, in denen das Gepäck ankommen soll. Hier ein paar Kürzel:

✔ **FAT** steht für **Fresno, USA**

✔ **JFK** steht für **John F. Kennedy International Airport, New York City, USA**

✔ **LHR** steht für **London-Heathrow Airport, Großbritannien**

✔ **HAM** steht für **Hamburg, Deutschland**

✔ **MDT** steht für **Harrisburg International Airport, USA** (der ist nämlich in Middletown, Pennsylvania)

Viele Flughäfen legen auf den Zusatz **international** (in-ter-*nä*-sschen-el; international) großen Wert. Auch wenn es in den USA häufig nur bedeutet, dass auch Flüge nach Kanada oder Mexiko gehen.

Track 23: Im Gespräch

Sarah und Doug wollen für ein verlängertes Wochenende nach Las Vegas fliegen. Sie sind am **check-in counter**.

Sarah: **Look, Doug! Here is our check-in counter. These bags are awfully heavy.**

luk dag hier is *au*-er *tsschek*-in *kaun*-ter thies bägs ar *ooh*-ful-ie *he*-wie

Schau, Doug! Hier ist unser Abfertigungsschalter. Diese Taschen sind fürchterlich schwer.

Doug: **It's good that we have a luggage cart. That's a lot of luggage for one weekend, Sarah.**

itss gud thät uwie häw ä *la*-gidsch kart thätss ä lot ow *la*-gidsch for uwan *uwiek*-end *ssä*-ra

Gut, dass wir einen Kofferkuli haben. Das ist eine Menge Gepäck für ein Wochenende, Sarah.

Sarah: **Well, you never know what the weather will be like.**

uwel juh *ne*-wer nou uwot thä *uwe*-ther uwil bie laik

Na ja, man weiß ja nie, wie das Wetter wird.

Doug: **It's Las Vegas. It's in the desert. Would you prefer the window or the aisle seat?**

itss lahss *wäi*-gass itss in thä *de*-sört uwud juh pri-*för* thä *uwin*-dou or thie *ai*-el ssiet

Es ist Las Vegas. Das ist in der Wüste. Möchtest du den Fenster- oder den Gangplatz?

Sarah: **I'd like the window seat so I can see the approach to Las Vegas.**

aid laik thä *uwin*-dou ssiet ssou ai kän ssie thie ä-*proutssch* tu lahss *wäi*-gass

Ich hätte gern den Fensterplatz, damit ich den Anflug auf Las Vegas sehen kann.

Man: **May I have your tickets and IDs please? And put your luggage right here.**

mäi ai häw juhr *ti*-ketss änd ai-*dies* plies änd put juhr *la*-gidsch rait hier

Ihre Tickets und Ausweise bitte. Und stellen Sie Ihr Gepäck hier hin.

Doug: **Here you go. We have two pieces of carry-on luggage in addition.**

hier juh gou uwie häw tuh *piess*-es ow *kä*-rie-on *la*-gidsch in ä-*di*-sschen

Bitte schön. Wir haben zusätzlich zwei Taschen als Bordgepäck.

Man: **You've exceeded the weight limit, sir. I'll have to charge you extra.**

juhw ik-*ssied*-ed thä uwäit *li*-mit ssör *ai*-el häw tu tsschahrdsch juh *ekss*-tra

Sie haben die Gewichtsgrenze überschritten. Ich muss Ihnen das extra berechnen.

Doug: **That's no problem. How much?**

thätss nou *pro*-blem hau matssch

Das ist kein Problem. Wie viel?

Man: **That will be fifty dollars, please. And here are your boarding passes. Please proceed to gate A23.**

thät uwil bie *fif*-tie *do*-lers plies änd hier ar juhr *bohrd*-ing *pähss*-es plies pro-*ssied* tu gäit äi *tuwen*-tie thhrie

Das macht 50 Dollar, bitte. Und hier sind Ihre Bordkarten. Bitte gehen Sie zu Flugsteig A23.

Sarah: **Do we still have time to browse through the duty-free shops?**

duh uwie sstil häw taim tu braus thhruh thä duh-tie-*frie* sschopss

Haben wir noch Zeit, die zollfreien Läden zu durchstöbern?

Doug: **Sure, honey. Go right ahead.**

sschuhr *ha*-nie gou rait ä-*hed*

Klar, mein Schatz. Nur zu.

Kleiner Wortschatz

Englisch	Aussprache	Deutsch
to depart	tu di-*part*	abheben, aufbrechen
to present	tu pri-*sent*	vorzeigen, präsentieren, bereithalten
to be delayed	tu bie di-*läid*	verspätet sein
to cancel	tu *kähn*-ssel	streichen
to board	tu bohrd	an Bord gehen
desert	*de*-sört	Wüste

Über den Wolken: Im Flugzeug

Grenzenlose Freiheit – im Rahmen der **aircraft cabin** (*äir*-krähft *kä*-bin; Flugzeugkabine) werden Ihre Beine von dieser Freiheit leider gleich wieder ausgeschlossen. Wenn Sie zu denjenigen Menschen gehören, für die jeder Flug eine neue Herausforderung für ihren Mut darstellt, ist es sicherlich beruhigend, sich im Inneren des Flugzeugs ein wenig auszukennen. Damit ist nicht die Flugzeugtechnik gemeint – diese wird von den **aircraft mechanics** (*äir*-krähft me-*kä*-nikss; Flugzeugmechaniker) gewartet. Im Folgenden geht es vielmehr um die eingangs erwähnte **cabin**, in der Sie diese Dinge wiederfinden:

- ✔ **cockpit** (*kok*-pit; Pilotenkanzel)
- ✔ **cabin door** (*kä*-bin dohr; Kabinentür)
- ✔ **overhead bin** (*ou*-wer-hed bin; Gepäckfach über den Sitzen)
- ✔ **call light** (koohl lait; Ruflicht)
- ✔ **seatbelt** (*ssiet*-belt; Sicherheitsgurt)
- ✔ **life vest** (laif wesst; Rettungsweste)
- ✔ **oxygen mask** (*ok*-ssi-dschen mähssk; Sauerstoffmaske)
- ✔ **blanket** (*blän*-ket; Decke)
- ✔ **pillow** (*pi*-lou; Kopfkissen)
- ✔ **barf bag** (barf bäg; Kotztüte)

Natürlich wünscht sich keiner, dass es jemals so viel **turbulence** (*törb*-je-lenss; Turbulenzen) gibt, dass die **barf bag** benutzt werden muss, aber man weiß ja nie. Wenn Sie darüber hinaus bei guten Flugbedingungen Wünsche haben, wenden Sie sich an die **cabin crew** (*kä*-bin kruh; Flugbegleitpersonal). Ein **flight attendant** (flait ä-*ten*-dent; Flugbegleiter/in) kann Ihnen sicherlich weiterhelfen – auch beim Ausfüllen der Formulare, die zur Einreise in die USA notwendig sind. Mehr darüber erfahren Sie in Kapitel 15.

Die **flight attendants** sind eine Erscheinung der **political correctness** (po-*li*-ti-kel ko-*rekt*-ness; politische Korrektheit). Bis in die 1970er-Jahre hießen diese Mitglieder der **cabin crew** noch offiziell so:

- ✔ **steward** (*sstu*-erd; Flugbegleiter)
- ✔ **stewardess** (sstu-erd-*ess*; Flugbegleiterin)

Im Zuge der Bewegung hin zu **gender neutrality** (*dschen*-der nuh-*trä*-li-tie; Geschlechtergleichbehandlung) wurden geschlechtsspezifische Berufsbezeichnungen aber mehr und mehr durch **gender neutral terms** (*dschen*-der *nuh*-trel törms; geschlechtsneutrale Bezeichnungen) ersetzt. Mehr dazu erfahren Sie auch in Kapitel 4.

Wenn Sie am **airport** sind, ist ein **aircraft** meistens nicht genug. Im Gegenteil – Sie werden überall **aircraft** sehen. Nein, das ist jetzt kein Druckfehler. Bei manchen Wörtern lässt sich die Pluralform nicht von der Singularform unterscheiden:

- ✔ **aircraft** (*äir*-krähft; Flugzeug) bleibt **aircraft** (*äir*-krähft; Flugzeuge)
- ✔ **spacecraft** (*sspäiss*-krähft; Raumschiff) bleibt **spacecraft** (*sspäiss*-krähft; Raumschiffe)
- ✔ **deer** (dier; Reh) bleibt **deer** (dier; Rehe)
- ✔ **sheep** (sschiep; Schaf) bleibt **sheep** (sschiep; Schafe)

Also: ein **sheep**, zwei **sheep**, drei **sheep**. Und wenn Sie jetzt noch nicht eingeschlafen sind, können Sie mehr zum Plural in Kapitel 2 erfahren.

Zugegebenermaßen fühlt sich **jet lag** (dschet läg; Jetlag) nach **lack of sleep** (läk ow ssliep; Schlafmangel) an. Die Aussprache dieser beiden Ausdrücke sollten Sie aber nicht verwechseln:

- ✔ **lag** (läg; Verschiebung)
- ✔ **lack** (läk; Mangel)

Zur Aussprache von Konsonanten wie **g** und **k** in der Endposition eines Wortes können Sie Grundlegendes in Kapitel 1 nachlesen.

Wenn Sie während des Fluges von der **cabin crew** angesprochen werden, ist es vielleicht hilfreich, dass Sie folgende Sätze schon einmal gehört haben:

- ✔ **Please put your seats in an upright position.** (plies put juhr ssietss in än *ap*-rait po-*si*-sschen; Bitte bringen Sie Ihre Sitze in eine aufrechte Position.)
- ✔ **Please fasten your seatbelts.** (plies *fäh*-ssen juhr *ssiet*-beltss; Bitte schnallen Sie sich an.)
- ✔ **What would you like to drink?** (uwot uwud juh laik tu drink; Was möchten Sie trinken?)
- ✔ **Would you like the Seafood Surprise or the chicken?** (uwud juh laik thä *ssie*-fuhd ssör-*prais* or thä *tsschi*-ken; Möchten Sie die Meeresfrüchteüberraschung oder das Hühnchen?)

Ihre Wünsche gegenüber der **cabin crew** oder dem Sitznachbarn können Sie wie folgt zum Ausdruck bringen:

- ✔ **Excuse me. I think that's my seat.** (ikss-*kjuhs* mie ai thhink thätss mai ssiet; Entschuldigen Sie bitte. Ich glaube, das ist mein Sitzplatz.)
- ✔ **Could I have a blanket, please? And a pillow, too.** (kud ai häw ä *blän*-ket plies änd ä *pi*-lou tuh; Könnte ich bitte eine Decke bekommen? Und auch ein Kissen?)
- ✔ **May I have another tomato juice?** (mäi ai häw än-*a*-ther to-*mäi*-tou dschuhss; Kann ich noch einen Tomatensaft bekommen?)

- **My earphones don't work. Can I have another set?** (mai *ier*-founs dount uwörk kän ai häw än-*a*-ther sset; Meine Kopfhörer funktionieren nicht. Kann ich ein anderes Paar bekommen?)

Fun Facts: »virgin drinks«

Dies ist nicht der Platz für Cocktailrezepte. Aber Sie wissen wahrscheinlich, dass eine **Bloody Mary** mit **vodka** (*wod*-ka; Wodka) zubereitet wird. Wenn Sie zwar den Drink, nicht aber den Alkohol darin mögen, bestellen Sie doch einfach eine **Virgin Mary**. Nein, nicht die Jungfrau Maria, aber irgendwie schon ein bisschen unbefleckt, denn in diesem Drink fehlt der **vodka**. Genauso verhält es sich mit den folgenden Drinks:

- **virgin margarita** (*wör*-dschin mar-ge-*rie*-ta; alkoholfreier Margarita)
- **virgin pina colada** (*wör*-dschin *pie*-na ke-*lah*-da; alkoholfreie Pina Colada)
- **virgin sex on the beach** (*wör*-dschin ssekss on thä bietssch; alkoholfreier Sex on the Beach)

Über den letzten Drink sollten Sie einmal nachdenken. Während Sie dies tun, können Sie bereits Kapitel 5 aufschlagen. Dort erfahren Sie mehr über **drinks** (drinkss; Getränke).

Baby, You Can Drive my Car: Mit dem Auto unterwegs sein

Kennen Sie sich mit Autos aus? Anders als beim **airplane** sollten Sie als Autofahrer die grundlegenden Teile und Funktionen Ihres **car** (kahr; Auto) kennen. Dieser Abschnitt macht Sie zwar nicht zum **car mechanic** (kahr me-*kä*-nik; Automechaniker), aber Sie können hier erfahren, wie die wichtigsten **car parts** (kahr partss; Autoteile) heißen und wie Sie sich im englischsprachigen Ausland mit Ihrem Auto auf der Straße richtig verhalten. Besonders in Großbritannien sollten Sie zudem über die Straßenseite, auf der Sie fahren, nachdenken. Außerdem können Sie nachlesen, was für Sie von Bedeutung ist, wenn es darum geht, ein Auto zu mieten. Also, steigen Sie ein, drehen Sie den Schlüssel um und **put the pedal to the metal** (put thä *pe*-del tu thä *me*-tel; drücken Sie das Gaspedal auf den Boden, *wörtlich:* drücken Sie das Pedal auf das Metall).

Till Daddy Takes the T-Bird Away: Ihr Auto im Überblick

Gehören Sie auch zu den Menschen, die jeden Tag in ihr Auto steigen und sich keine Gedanken darüber machen, wie es funktioniert? Es fährt und fährt und fährt ... Darüber sind sich Briten und Amerikaner vielleicht noch einig. Wenn es um Autoteile geht, sind die beiden Völker jedoch durch ein Weltmeer getrennt. Halt – das sind sie sowieso. Aber gerade beim

Anschauen der folgenden Auswahl von Autoteilen könnte man meinen, dass in Großbritannien und in den USA verschiedene Sprachen gesprochen werden:

✔ **front of the car** (front ow thä kahr; Fahrzeugfront)

- **windshield** (AE) (*uwind*-sschield; Windschutzscheibe)
- **windscreen** (BE) (*uwind*-sskrien; Windschutzscheibe)
- **windshield wiper** (AE) (*uwind*-sschield *uwaip*-er; Scheibenwischer)
- **windscreen wiper** (BE) (*uwind*-sskrien *uwaip*-er; Scheibenwischer)
- **hood** (AE) (hud; Motorhaube)
- **bonnet** (BE) (*bo*-net; Motorhaube)

Passen Sie auf:

✔ **bonnet** (*bo*-net; altmodischer Damenhut)

- **headlights** (*hed*-laitss; Scheinwerfer)
- **turn signal** (AE) (törn *ssig*-nel; Blinker)
- **indicator** (BE) (*in*-di-käit-er; Blinker)
- **license plate** (AE) (*lai*-ssenss pläit; Nummernschild)
- **number plate** (BE) (*nam*-ber pläit; Nummernschild)
- **two tires** (AE) (tuh *tai*-ers; zwei Reifen)

✔ **back of the car** (bäk ow thä kahr; Fahrzeugheck)

- **rear window** (rier *uwin*-dou; Heckscheibe)
- **tail light** (täil lait; Rücklicht)
- **brake light** (bräik läit; Bremslicht)
- **trunk** (AE) (trank; Kofferraum)
- **boot** (BE) (buht; Kofferraum)
- **bumper** (*bamp*-er; Stoßstange)
- **two tyres** (BE) (tuh *tai*-ers; zwei Reifen)

Die **bumper** eines Autos dient nicht nur dazu, einen Aufprall abzuschwächen. Sie kann vielmehr großflächig mit speziellen Aufklebern, den **bumperstickers** (*bamp*-er-sstik-ers; Stoßstangenaufkleber), beklebt werden. Besonders in den USA dienen **bumperstickers** dazu, persönliche, politische oder einfach nur spaßige Botschaften zu verbreiten. So könnten die **bumperstickers** aussehen, die an vielen amerikanischen Autos kleben:

  - **My son is an honor student at Hershey High School.** (mai ssan is än *o*-ner *sstuh*-dent ät *hör*-sschie hai sskuhl; Mein Sohn ist ein herausragender Schüler an der Hershey High School.)
  - **Women for Obama '08** (*uwi*-men for o-*bah*-ma ou-*äit*; Frauen für Obama in 2008)
  - **If you can read this, thank a teacher!** (if juh kän ried thiss thhänk ä *tietssch*-er; Wenn Sie das lesen können, danken Sie einem Lehrer!)
- **cockpit** (*kok*-pit; Fahrerkanzel)
  - **steering wheel** (*sstier*-ing uwiel; Lenkrad)
  - **clutch** (klatssch; Kupplungspedal)
  - **brake** (bräik; Bremspedal)
  - **gas pedal** (gähss *ped*-el; Gaspedal)
  - **ignition** (ig-*ni*-sschen; Zündschloss)
  - **stick shift** (AE) (sstik sschift; Ganghebel)
  - **gear stick** (BE) (gier sstik; Ganghebel)
  - **dashboard** (*dässch*-bohrd; Armaturenbrett)
  - **glove compartment** (glaw kom-*part*-ment; Handschuhfach)
  - **rearview mirror** (*rier*-uwjuh *mi*-rer; Rückspiegel)

Der britische **driving licence** (*draiw*-ing *lai*-ssenss; Führerschein) unterscheidet sich nicht wesentlich von dem aus Ihrem deutschsprachigen Heimatland, denn Großbritannien ist Teil der Europäischen Union. Dagegen gibt es 50 verschiedene Versionen des amerikanischen **driver's license** (*draiw*-ers *lai*-ssenss; Führerschein). Das sind genauso viele, wie es Bundesstaaten in den USA gibt. Dort wird dieses Dokument anstelle eines Personalausweises verwendet, denn einen solchen gibt es dort nicht. Dafür müssen Sie alle fünf Jahre einen neuen **driver's license** beantragen. Keine Angst – die Prüfung müssen Sie nicht erneut ablegen, denn es geht nur um ein aktuelles Foto von Ihnen. Wenn Sie es ganz genau wissen wollen, geben Sie doch einmal zusätzlich zu **driver's license** den gewünschten Bundesstaat in Ihre Lieblingssuchmaschine ein. Dann erhalten Sie die wichtigsten Informationen auf Knopfdruck. Wenn Sie erfahren möchten, mit welchem **driver's license** Sie in den USA fahren dürfen, lesen Sie den Abschnitt *Rent-a-Car: Ein Auto mieten* weiter hinten in diesem Kapitel.

Wenn Sie gern über Automobile sprechen, können Sie die folgenden Sätze als Anhaltspunkte nehmen:

- **I prefer driving a stickshift over an automatic. It's so much more fun on the road.** (ai pri-*för draiw*-ing ä *sstik*-sschift *ou*-wer än ooh-tou-*mä*-tik itss sou matssch mohr fan on thä roud; Ich fahre lieber Schaltgetriebe als Automatik. Es macht viel mehr Spaß auf der Straße.)

- **If we buy a new car one day, it must have air conditioning.** (if uwie bai ä nuh kahr uwan däi it masst häw äir kon-*di*-sschen-ing; Wenn wir eines Tages ein neues Auto kaufen, muss es eine Klimaanlage haben.)
- **I'd be lost without my navigation system.** (aid bie losst uwith-*aut* mai nä-wi-*gäi*-sschen *ssiss*-tem; Ohne mein Navigationsgerät wäre ich verloren.)
- **I think my car's speedometer is not working correctly. I've been stopped twice for speeding.** (ai thhink mai kahrs sspi-*do*-mi-ter is not *uwörk*-ing ko-*rekt*-lie aiw bin sstopt tuwaiss for *sspied*-ing; Ich glaube, mein Tachometer funktioniert nicht richtig. Ich wurde schon zweimal wegen Geschwindigkeitsüberschreitung angehalten.)
- **Don't you find it annoying when approaching cars don't turn off their high beams?** (dount juh faind it ä-*neu*-ing uwen ä-*proutssch*-ing kahrs dount törn oohf thäir hai biems; Findest du es nicht ärgerlich, wenn entgegenkommende Autos ihr Fernlicht nicht ausschalten?)

Es ist nur in einigen Staaten der USA verpflichtend, ein **license plate** auch vorn am Auto zu montieren. Es gibt **vanity plates** (*wä*-ni-tie pläitss; Wunschkennzeichen), die Ausdruck der Persönlichkeit des Fahrers sind. Doug Casebeers **vanity plate** ist zum Beispiel:

- **4SIXPAX = four sixpacks** (fohr *ssikss*-päkss; Vier Sechserträger)

Fun Facts: »license plates«

Das britische **number plate** (*nam*-ber pläit; Nummernschild) besteht überwiegend aus – richtig, Buchstaben. Diese Buchstabenfolge enthält einen **area code** (*ä*-rie-a koud; Regionskürzel) und **random letters** (*rän*-dem *le*-ters; zufällige Buchstaben). Unterbrochen werden diese beiden Einheiten durch einen **age identifier** (äidsch ai-*den*-ti-fai-er; Alterskennzeichnung). Endlich ein paar **numbers** (*nam*-bers; Nummern), aber zum Glück nicht das Alter des Fahrers, sondern das Jahr der Erstzulassung.

Dagegen hat jeder der 50 Bundesstaaten in den USA seine eigenen **license plates** (*lai*-ssenss pläitss; Nummernschilder). Diese enthalten in der Regel folgende Informationen:

- **state name** (sstäit näim; Name des Bundesstaats)
- **vehicle registration code** (*wie*-i-kel re-dschiss-*träi*-sschen koud; Fahrzeugregistrationsnummer)
- **slogan** (*sslou*-gen; Spruch)
- **website** (*uweb*-ssait; Internetseite)

Bei den **slogans** hilft Ihnen wieder Ihre Lieblingssuchmaschine weiter. Drei seien an dieser Stelle genannt:

- **New Hampshire: Live free or die** (nuh *häm*-sschör liw frie or dai; New Hampshire: Lebe in Freiheit oder stirb)
- **New York: The Empire State** (nuh jork thie *em*-pai-er sstäit; New York: der Empire State)
- **Idaho: Famous Potatoes** (*ai*-de-hou *fäi*-mess pe-*täi*-tous; Idaho: Berühmte Kartoffeln)

Fun Facts: »trunk«

Wie viele **trunks** kennen Sie? Es gibt zum Beispiel:

- **trunk** (AE) (trank; Kofferraum)
- **trunk** (trank; Elefantenrüssel)
- **trunk** (trank; Baumstamm)
- **trunk** (trank; Rumpf)
- **trunk** (trank; Schrankkoffer)

Zu guter Letzt tragen Sie sogar manchmal welche:

- **trunks** (trankss; Badehose)

Rent-a-Car: Ein Auto mieten

Wenn Sie den vorangegangen Abschnitt gelesen haben, wissen Sie das Wichtigste über **cars**. Von der grauen Theorie geht es jetzt zur Praxis. Bei einer Reise nach Großbritannien bietet es sich an, Ihren eigenen Wagen mitzunehmen. Wenn Sie allerdings in die USA oder sogar nach Australien oder Neuseeland reisen, müssten Sie Ihr Auto verschiffen lassen. Das dauert. Als Alternative könnten Sie einfach ein Auto mieten. Das dauert nicht so lange, wenn Sie denn wissen, wie Sie es anstellen. Hierzu brauchen Sie folgende Begriffe:

- **return date** (ri-*törn* däit; Rückgabedatum)
- **agreed return location** (ä-*gried* ri-*törn* lou-*käi*-sschen; vereinbarter Rückgabeort)
- **refueling service charge** (rie-*fjuhl*-ing *ssör*-wiss tsschahrdsch; Auftankgebühr)
- **additional driver** (ä-*di*-ssche-nel *draiw*-er; zusätzlicher Fahrer)

- ✔ **collision coverage** (ko-*li*-schen *kaw*-ridsch; Unfallversicherung)
- ✔ **accident report form** (*äk*-ssi-dent ri-*port* form; Unfallberichtsformular)

Das Wichtigste beim Mieten des Autos fehlt aber noch: der **rental car** (*ren*-tel kahr; Mietwagen) selbst. Die meisten **car rental companies** (kahr *ren*-tel *kam*-pe-nies; Mietwagenfirmen) bieten beispielsweise folgende Autotypen an:

- ✔ **subcompact** (*ssab*-kom-päkt; kleines Auto)
- ✔ **compact** (*kom*-päkt; Kompaktklasse)
- ✔ **full size** (ful ssais; obere Mittelklasse)
- ✔ **luxury** (*lag*-sche-rie; Oberklasse)
- ✔ **SUV** (ess-juh-*wie*; Geländewagen)
- ✔ **minivan** (*mi*-nie-wän; Minivan)
- ✔ **convertible** (kon-*wör*-ti-bel; Cabriolet)
- ✔ **specialty** (*sspe*-sschel-tie; Sonderklasse)

Was die **specialty** ist, hängt ganz von der **car rental company** ab. Solange es keine **rickshaw** ist, werden Sie mit allen **vehicles** (*wie*-i-kels; Fahrzeuge) gut vorankommen und hoffentlich nie ein **accident report form** ausfüllen müssen.

Innerhalb der Europäischen Union gilt Ihr europäischer **driver's license**. Wenn Sie in andere Länder dieser Welt reisen und dort Auto fahren möchten, brauchen Sie möglicherweise diesen Führerschein:

- ✔ **international driver's license** (in-ter-*nä*-sschen-el *draiw*-ers *lai*-ssenss; internationaler Führerschein)

Wo Sie diesen bekommen und was er kostet, erfahren Sie bei Ihrem Straßenverkehrsamt. In den USA gelten mal wieder für jeden Bundesstaat unterschiedliche Regeln. Während Sie in den meisten Bundesstaaten mit Ihrem europäischen **driver's license** fahren dürfen, brauchen Sie zum Beispiel in Georgia seit Kurzem einen **international driver's license**.

On the Road Again: Auf der Straße

Ausgerüstet mit Ihrem eigenen **car** oder einem **rental car** geht es jetzt ab auf die Straße. In einem fremden Land kann das ein aufregendes, vielleicht sogar beängstigendes Erlebnis werden. Um Ihnen ein wenig den Weg zu ebnen, gibt dieser Abschnitt eine Einführung in das Leben auf den amerikanischen und britischen Straßen. Aber was für **roads** (rouds; Straßen) gibt es überhaupt? Neben den **country roads** (*kan*-trie rouds; Landstraßen) und **city streets** (*ssi*-tie sstrietss; Stadtstraßen) noch folgende:

- ✔ **motorway** (BE) (*mou*-ter-uwäi; Autobahn)

- **dual carriageway** (BE) (*du*-el *kä*-ridsch-uwäi; doppelspurige Schnellstraße)
- **highway** (AE) (*hai*-uwäi; Schnellstraße)
- **freeway** (AE) (*frie*-uwäi; Schnellstraße)
- **parkway** (AE) (*park*-uwäi; Schnellstraße)
- **divided highway** (AE) (di-*wäid*-ed *hai*-uwäi; doppelspurige Schnellstraße)
- **interstate** (AE) (*in*-ter-sstäit; Fernstraße)

Na toll. Für manche Verkehrswege muss man bezahlen, und zwar **toll** (toul; Maut):

- **turnpike** (*törn*-paik; Mautstraße)
- **bridge** (bridsch; Brücke)
- **tunnel** (*ta*-nel; Tunnel)
- **causeway** (*koohs*-uwäi; Dammstraße)

Wie Sie sich mit dem Auto auf der Straße zurechtfinden, konnten Sie bereits in Kapitel 12 erfahren. In Kapitel 16 geht es unter anderem darum, wie Sie im Fall der Fälle mit der Verkehrspolizei sprechen. An dieser Stelle gibt es ein paar Sätze, die Ihnen bei der Straßenwahl behilflich sein könnten:

- **If you want to get to New Jersey from New York City, you can take the Lincoln Tunnel or the Holland Tunnel from Manhattan.** (if juh uwont tu get tu nuh *dschör*-sie from nuh jork *ssi*-tie juh kän täik thä *lin*-ken *ta*-nel or the *ho*-lend *ta*-nel from män-*hä*-ten; Wenn Sie von New York City nach New Jersey wollen, können Sie von Manhattan aus den Lincoln Tunnel oder den Holland Tunnel nehmen.)
- **The Pennsylvania Turnpike is a vital link in the road network of the eastern United States.** (thä *pen*-ssil-wäin-ja *törn*-paik is ä *wai*-tel link in thä roud *net*-uwörk ow thie *iess*-tern ju-*nait*-ed sstäitss; Die Pennsylvania Turnpike ist eine wichtige Verbindung im Straßennetz der östlichen Vereinigten Staaten.)
- **The M1, connecting London with Leeds, is a major north-south motorway in England.** (thie em uwan ke-*nekt*-ing *lan*-den uwith lieds is ä *mäi*-dscher northh ssauthh *mou*-ter-uwäi in *ing*-lend; Die M1, die London mit Leeds verbindet, ist eine große Nord-Süd-Autobahn in England.)
- **London Bridge is falling down, my fair lady.** (*lan*-den bridsch is *foohl*-ing daun mai fäir *läi*-die; Die London Bridge stürzt ein, meine schöne Dame.)

Die alte **London Bridge** befindet sich übrigens derzeit in Lake Havasu City, Arizona. Das ist kein Scherz – bemühen Sie einfach einmal Ihre Lieblingssuchmaschine. Dies können Sie auch tun, um eine Übersicht der aktuellen **road signs** (roud ssains; Verkehrszeichen) zu bekommen. Während die britischen **road signs** denen in den deutschsprachigen Ländern noch ähneln, wird in den USA häufig auf Piktogramme verzichtet. Hier bietet es sich an, folgende Dinge schon einmal gelesen zu haben:

- ✔ **yield** (jield; Vorfahrt gewähren)
- ✔ **do not enter** (duh not *en*-ter; Einfahrt verboten)
- ✔ **no u-turn** (nou *juh*-törn; Wenden verboten)
- ✔ **speed limit** (sspied *li*-mit; Geschwindigkeitsbegrenzung)
- ✔ **restricted lane ahead** (ri-*sstrikt*-ed läin ä-*hed*; Spur mit eingeschränkter Nutzung kommt)
- ✔ **do not pass** (duh not pähss; Überholen verboten)
- ✔ **dip** (dip; Senkung in der Straße)

Sie dachten beim letzten Verkehrszeichen schon wieder ans Essen, oder? Dazu können Sie mehr in Kapitel 5 nachlesen. Hier geht es jedoch um den Straßenverkehr. Um Ihr **car** zu bewegen, benötigen Sie Benzin:

- ✔ **gasoline** (AE) (gäss-e-*lien*; Benzin)
- ✔ **gas** (AE) (gähss; *abgekürzt:* Benzin)
- ✔ **petrol** (BE) (*pe*-trel; Benzin)

Hier folgen einige Ausdrücke, um auch den richtigen Kraftstoff zu bekommen:

- ✔ **gas station** (AE) (gähss *sstäi*-sschen; Tankstelle)
- ✔ **petrol station** (BE) (*pe*-trel *sstäi*-sschen; Tankstelle)
- ✔ **gas pump** (AE) (gähss pamp; Zapfsäule)
- ✔ **petrol pump** (BE) (*pe*-trel pamp; Zapfsäule)
- ✔ **to fill up the tank** (tu fil ap thä tänk; volltanken)
- ✔ **unleaded** (an-*led*-ed; bleifrei)
- ✔ **regular** (*reg*-je-ler; Normalbenzin)
- ✔ **premium** (*prie*-mi-em; Superbenzin)
- ✔ **diesel fuel** (*die*-sel fjuhl; Diesel)

Innerhalb der Europäischen Union haben die Briten eine Sonderstellung. Sie dürfen eine alte Maßeinheit für Flüssigkeiten behalten: die **pints** (paintss; Pints) für das Bier im **pub** (pab; Kneipe). An der anderen Tankstelle gilt dort – wie im Rest von Europa – der Liter als Maßeinheit. In den USA werden Flüssigkeiten aller Art nach wie vor in den folgenden Maßeinheiten abgefüllt:

- ✔ **fluid ounce** (*flu*-id aunss; flüssige Unze = 29,57 Milliliter)

- **pint** (paint; Pint = 0,47 Liter)
- **quart** (kuwohrt; Quart = 0,95 Liter)
- **gallon** (*gä*-len; Gallone = 3,78 Liter)

Für Ihren **gas guzzler** (gähss *gas*-ler; Spritfresser) an der **gas station** sind die **gallons** von Bedeutung. Bevor Sie mit dem Tanken beginnen, sollten Sie vielerorts nicht vergessen, Ihre **credit card** in die **gas pump** zu stecken. Mehr zu Bezahlvorgängen und **credit cards** erfahren Sie in Kapitel 6 und 11.

An der Tankstelle können Sie folgende Sätze benutzen, um mit dem Personal zu kommunizieren:

- **Fill her up with 30 dollars worth of premium, please.** (fil hör ap uwith *thhör*-tie *do*-lers uwörthh ow *prie*-mi-em plies; Bitte betanken Sie das Auto mit Superbenzin für 30 Dollar.)
- **Where can I check the tire pressure?** (uwäir kän ai tsschek thä *tai*-er *pre*-sscher; Wo kann ich den Reifendruck überprüfen?)
- **I have a flat tire. Can I pump up my spare tire here?** (ai häw ä flät *tai*-er kän ai pamp ap mai sspäir *tai*-er hier; Ich habe einen platten Reifen. Kann ich hier meinen Ersatzreifen aufpumpen?)
- **I'd like a bag of potato chips, a soda, and a chocolate bar.** (aid laik ä bäg ow pe-*täi*-tou tsschipss ä *ssou*-da änd ä *tsschok*-let bahr; Ich hätte gern eine Tüte Kartoffelchips, eine Limonade und eine Tafel Schokolade.)

Sie haben vollgetankt, ihre **soda** ist im **cupholder** und Sie fahren frohen Mutes die Straße entlang. Alles könnte so schön sein, wären da nicht diese Zeitgenossen mit **road rage** (roud räidsch; aggressive Fahrweise). Also nehmen Sie sich zusammen, beißen Sie, wenn es sein muss, ins **steering wheel**, atmen Sie noch einmal tief durch und fahren Sie entspannt weiter. Alles wird gut!

Fun Facts: »interstate highway system«

Das **interstate highway system** (*in*-ter-sstäit *hai*-uwäi *ssiss*-tem; Fernstraßensystem) haben die Amerikaner ihrem Präsidenten Dwight D. Eisenhower zu verdanken. Seit den 1950ern wurden vermehrt **super highways** (*ssuh*-per *hai*-uwäis; Superfernstraßen) gebaut, um die Bundesstaaten miteinander zu verbinden. Das Nummernsystem folgt strengen Regeln:

- **two digit even numbers** (tuh *di*-dschit *ie*-wen *nam*-bers; zweistellige gerade Zahlen)
  - **from east to west** (from iesst tu uwesst; Ost-West-Verlauf)

- **two digit odd numbers** (tuh *di*-dschit od *nam*-bers; zweistellige ungerade Zahlen)
  - **from north to south** (from northh tu ssauthh; Nord-Süd-Verlauf)
- **three digit numbers** (thhrie *di*-dschit *nam*-bers; dreistellige Zahlen)
  - **access around, through, or to major cities** (*äk*-ssess ä-*raund* thhruh or tu *mäi*-dscher *ssi*-ties; Umgehungsstraßen, Durchfahrtsstraßen und Zufahrtsstraßen bei größeren Städten)

Fun Facts: »Hit the road, Jack«

Der gute alte Jack ist ein sehr hilfreicher und vielseitiger Zeitgenosse. Das liegt vor allem daran, dass Sie ihm in allen möglichen Situationen begegnen:

- **jack** (dschäk; Wagenheber)
- **jack** (dschäk; Bube im Kartenspiel)
- **Jack Frost** (dschäk frosst; Väterchen Frost)
- **jack-in-the-box** (*dschäk*-in-thä-bokss; Springteufel)
- **jack-o'-lantern** (dschäk-ou-*län*-törn; Kürbislaterne)

Zu guter Letzt noch der Jack, den jeder gern hätte:

- **jackpot** (*dschäk*-pot; Hauptgewinn)

Fix it Again, Tony: Bei Autopannen die Ruhe bewahren

Auch das schönste und neueste Auto kann leider einmal kaputtgehen. Bei vielen kleineren Defekten können Sie sich vielleicht selbst helfen. Bei anderen öffnen Sie die **hood** und merken schnell, dass Sie es einem **car mechanic** überlassen sollten, das Problem zu beheben. Welche Arten von **car trouble** (kahr *tra*-bel; Autoprobleme) es gibt und wie Sie an Hilfe kommen, verraten Ihnen folgende Begriffe:

- **flat tire** (flät *tai*-er; Plattfuß)
- **empty battery** (*em*-tie *bä*-te-rie; leere Batterie)
- **empty gas tank** (*em*-tie gähss tänk; leerer Benzintank)
- **overheated radiator** (ou-wer-*hiet*-ed *räi*-die-äit-er; überhitzter Kühler)
- **engine trouble** (*en*-dschin *tra*-bel; Motorstörung)
- **brake fluid leak** (bräik *flu*-id liek; Bremsflüssigkeitsverlust)

- **transmission fault** (träns-*mi*-sschen foohlt; Getriebedefekt)
- **jump start** (dschamp sstart; Fremdstarten)
- **tow truck** (tou trak; Abschleppwagen)
- **automobile club** (ooh-tou-mo-*biel* klab; Automobilklub)
- **garage** (ge-*rahsch*; Autowerkstatt)
- **car shop** (kahr sschop; Autowerkstatt)

Genauso wie es in Deutschland die gelben Engel – also den ADAC – gibt, finden Sie auch in den englischsprachigen Ländern Automobilklubs:

- **AAA** (*tri*-pel äi; AAA)
  - **American Automobile Association** (ä-*me*-ri-ken ooh-tou-mo-*biel* ä-ssou-ssie-*äi*-sschen; Amerikanische Automobilvereinigung)
- **RAC** (ar äi ssie; RAC)
  - **Royal Automobile Club** (*reu*-el ooh-tou-mo-*biel* klab; Königlicher Automobilklub)

Bevor Sie in die USA oder nach Großbritannien reisen, vergessen Sie nicht, bei Ihrem Automobilklub nach Partnerschaften mit den englischsprachigen Pendants zu fragen. Sie können vielleicht eine **membership card** (*mem*-ber-sschip kahrd; Mitgliedsausweis) erhalten, um vielerorts **discounts** (*diss*-kauntss; Ermäßigungen) zu bekommen.

Da es gerade in den USA üblicherweise kein **advance warning triangle** (äd-*wähnss uworn*-ing *trai*-än-gel; Warndreieck) gibt – zumindest nennen es die Briten so –, sollten Sie bei Pannen ein **white hanky** (uwait *hän*-kie; weißes Taschentuch) entweder an Ihre **antenna** (än-*te*-na; Antenne) oder Ihren **door handle** knoten. Für Benutzer von Papiertaschentüchern empfiehlt es sich, einfach die **hood** zu öffnen. Folgende Sätze könnten bei **car trouble** für Sie hilfreich sein:

- **My car broke down. Could you send me a tow truck?** (mai kahr brouk daun kud juh ssend mie ä tou trak; Mein Auto ist liegen geblieben. Können Sie mir einen Abschleppwagen schicken?)
- **I think my battery is dead. Can you give me a jump start?** (ai thhink mai *bä*-te-rie is ded kän juh giw mie ä dschamp sstart; Ich glaube, meine Batterie ist leer. Können Sie mir Starthilfe geben?)
- **We're out of gas. Could you give me a lift to the nearest gas station?** (uwier aut ow gähss kud juh giw mie ä lift tu thä *nier*-esst gähss *sstäi*-sschen; Unser Benzin ist alle. Können Sie mich zur nächsten Tankstelle mitnehmen?)
- **I have a flat tire and I need a jack. Do you have a four-way lug wrench, too?** (ai häw ä flät *tai*-er änd ai nied ä dschäk duh juh häw ä *fohr*-uwäi lag rentssch tuh; Ich habe einen Platten und brauche einen Wagenheber. Haben Sie auch einen Kreuzschlüssel?)

Natürlich gehört der **four-way lug wrench** zur Grundausstattung eines jeden Autos. Sie haben doch auch einen, oder?

Im Gespräch

Nigel und Chuck sind mit Chucks altem Auto auf der **interstate** unterwegs. Plötzlich ergibt sich ein Problem.

Nigel: **Chuck, what's that noise and why is steam coming out of the bonnet?**

tsschak uwotss thät neus änd uwai is sstiem *kam*-ing aut ow thä *bo*-net

Chuck, was ist das für ein Geräusch und warum kommt Dampf aus der Motorhaube?

Chuck: **What bonnet? I don't have a bonnet in my car.**

uwot *bo*-net ai dount häw ä *bo*-net in mai kahr

Welcher Hut? Ich habe keinen Hut in meinem Auto.

Nigel: **I believe you say hood, Chuck. Now pull over.**

ai bi-*liew* juh ssäi hud tsschak nau pul *ou*-wer

Ich glaube, du sagst dazu Haube, Chuck. Jetzt fahr rechts ran.

Chuck: **Oh-oh. I think it's the radiator again. Let me have a quick look. I might be able to fix it myself. Pass me a bottle of water from the back seat.**

o-*ou* ai thhink itss thä *räi*-die-äit-er ä-*gen* let mie häw ä kuwik luk ai mait bie *äi*-bel tu fikss it mai-*sself* pähss mie ä *bo*-tel ow *uwooh*-ter from thä bäk ssiet

Oh oh. Ich glaube, es ist wieder der Kühler. Lass mich kurz nachsehen. Vielleicht kann ich es selbst reparieren. Gib mir eine Flasche Wasser von der Rückbank.

Nigel: **I think I see a bottle under the bags of crisps and pretzels. Here you go.**

ai thhink ai ssie ä *bo*-tel *an*-der thä bägs ow krisspss änd *pret*-ssels hier juh gou

Ich glaube, ich sehe eine Flasche unter den Chips- und Brezeltüten. Bitte schön.

Chuck: **Thanks, buddy. Let me have a pretzel while you're at it.**

thhänkss *ba*-die let mie häw ä *pret*-ssel uwail juhr ät it

Danke, Kumpel. Gib mir mal eine Brezel, wo du schon dabei bist.

Nigel: **Can you fix it?**

kän juh fikss it

Kannst du es reparieren?

Chuck: **The pretzel? No. And the radiator's not working either. I think we need a mechanic. I'll call AAA on my cell.**

thä *pret*-ssel nou änd thä *räi*-die-äit-ers not *uwörk*-ing *ie*-ther ai thhink uwie nied ä me-*kä*-nik *ai*-el koohl *tri*-pel äi on mai ssel

Die Brezel? Nein. Und der Kühler funktioniert auch nicht. Ich glaube, wir brauchen einen Mechaniker. Ich rufe AAA von meinem Handy aus an.

I'm a Train: Mit dem Zug oder der U-Bahn fahren

Der Transport auf der Schiene gehört zu den ältesten Fortbewegungsarten der Neuzeit. Auch wenn die Bedeutung von **trains** (träins; Züge) für **long distance travel** (long *diss*-tenss *trä*-wel; Fernreisen) in den letzten Jahrzehnten stark zurückgegangen ist, bieten sich **commuter trains** (ko-*mjuht*-er träins; Pendlerzüge) oder **subway trains** (*ssab*-uwäi träins; U-Bahnen) für **short distance travel** (sschort *diss*-tenss *trä*-wel; Kurzstreckenverkehr) an. Dieser Abschnitt macht Sie mit den wichtigsten Begrifflichkeiten, die für das Fahren auf Schienen nützlich sind, vertraut.

All Aboard: Am Bahnhof

Im Getümmel eines **train station** (träin *sstäi*-sschen; Bahnhof) können Sie leicht die Übersicht verlieren. Beugen Sie vor, indem Sie sich mit folgenden Ausdrücken vertraut machen:

- ✔ **track** (träk; Gleis)
- ✔ **platform** (*plät*-form; Bahnsteig)
- ✔ **ticket booth** (*ti*-ket buhthh; Fahrkartenschalter)
- ✔ **train fare** (träin fäir; Fahrpreis)
- ✔ **information desk** (in-for-*mäi*-sschen dessk; Informationsschalter)
- ✔ **waiting area** (*uwäit*-ing *ä*-rie-a; Wartebereich)

Im **train station** könnten Ihnen auch folgende Redewendungen für Ihre **train ride** (träin raid; Zugfahrt) weiterhelfen:

- ✔ **to catch a train** (tu kätssch ä träin; einen Zug erwischen)
- ✔ **to get on a train** (tu get on ä träin; in einen Zug steigen)
- ✔ **to get off a train** (tu get oohf ä träin; aus einem Zug steigen)
- ✔ **to get into the car** (AE) (tu get *in*-tu thä kahr; in den Waggon einsteigen)
- ✔ **to get into the carriage** (BE) (tu get *in*-tu thä *kä*-ridsch; in den Waggon einsteigen)
- ✔ **to wait for a train** (tu uwäit for ä träin; auf einen Zug warten)
- ✔ **to miss a train** (tu miss ä träin; einen Zug verpassen)

Wenn Sie meinen, dass Sie kein **single ticket** (*ssin*-gel *ti*-ket; einfache Fahrkarte) kaufen können, da Sie ja verheiratet sind, sind die folgenden Informationen über Fahrkarten genau die richtigen für Sie. Aber auch sonst könnten Sie diese Begriffe interessieren:

- ✔ **one-way ticket** (AE) (*uwan*-uwäi *ti*-ket; einfache Fahrkarte)
- ✔ **single ticket** (BE) (*ssin*-gel *ti*-ket; einfache Fahrkarte)
- ✔ **round-trip ticket** (AE) (*raund*-trip *ti*-ket; Rückfahrkarte)
- ✔ **return ticket** (BE) (ri-*törn* *ti*-ket; Rückfahrkarte)

Passen Sie auf, dass Sie nicht an den **point of no return** (peunt ow nou ri-*törn*; kein Zurück mehr) gelangen. Dort hilft Ihnen Ihr **ticket** nämlich auch nicht mehr weiter.

Wenn Sie am **train station** eine Fahrkarte kaufen möchten oder nach Hilfe fragen wollen, können Sie dazu folgende Sätze verwenden:

- ✔ **I would like a round-trip ticket to Baltimore, Maryland.** (ai uwud laik ä *raund*-trip *ti*-ket tu *boohl*-ti-mohr *mä*-ri-lend; Ich hätte gern eine Rückfahrkarte nach Baltimore, Maryland.)
- ✔ **Is this the right track for the 8:30 commuter train to Newark?** (is thiss thä rait träk for thä äit *thhör*-tie ko-*mjuht*-er träin tu *nuh*-örk; Ist das der richtige Bahnsteig für den 8.30-Uhr-Pendlerzug nach Newark?)
- ✔ **Excuse me, could you tell me where the waiting area is?** (ikss-*kjuhs* mie kud juh tel mie uwäir thä *uwäit*-ing *ä*-rie-a is; Entschuldigung, können Sie mir sagen, wo der Wartebereich ist?)
- ✔ **When does the train to Nome, Alaska, leave?** (uwen das thä träin tu noum ä-*läss*-ka liew; Wann fährt der Zug nach Nome, Alaska, ab?)

Nome, sweet Nome (noum ssuwiet noum; Nome, trautes Nome). Halt. Warten Sie. **Home, sweet home** (houm ssuwiet houm; Trautes Heim, Glück allein, *wörtlich:* Heim, süßes Heim). Ob das nun unbedingt in Nome, Alaska, sein muss, ist eine andere Frage. Aber solange Sie sich auf Englisch eine **train ticket** kaufen können, haben Sie in diesem Abschnitt alles richtig gemacht. Mehr über das Kaufen von **tickets** erfahren Sie auch in Kapitel 7.

Take the A-Train: Mit der U-Bahn untertage

Millionen von Menschen fahren seit 1863 – in dem Jahr wurde die Londoner **underground** (*an*-der-graund; U-Bahn) eröffnet – jeden Tag mit **subway trains** (*ssab*-uwäi träins; U-Bahn-Züge). Wenn Sie dazugehören wollen, verinnerlichen Sie doch einfach einige der folgenden Begriffe:

- ✔ **subway station** (*ssab*-uwäi *sstäi*-sschen; U-Bahnhof)
- ✔ **subway fare** (*ssab*-uwäi fäir; Fahrpreis in der U-Bahn)
- ✔ **turnstile** (*törn*-sstail; Drehkreuz)

- **metrocard reader** (*me*-trou-kahrd *ried*-er; Fahrkartenlesegerät)
- **station agent** (*sstäi*-sschen *äi*-dschent; U-Bahnhofsvorsteher)
- **conductor** (kon-*dakt*-er; Schaffner)

Zusätzlich sollten Sie folgende Sätze schon einmal gehört haben:

- **Mind the gap!** (maind thä gäp; Passen Sie auf den Spalt (zwischen Bahnsteig und Zug) auf!)
- **Stand clear of the closing doors!** (sstähnd klier ow thä *klous*-ing dohrs; Treten Sie von den schließenden Türen zurück!)

Mit diesem Material ausgerüstet, können Sie sich beherzt in die Londoner **tube** (tjuhb; U-Bahn), die Washingtoner **metro** (*me*-trou; U-Bahn) oder die New Yorker **subway** (*ssab*-uwäi; U-Bahn) aufmachen. Die Fragen, die Sie dort stellen können, ähneln denen in einer **train station** sehr. Schlagen Sie dazu den vorangegangen Abschnitt *All Aboard: Am Bahnhof* auf, wenn Sie diesen nicht sowieso schon gelesen haben.

Wenn Sie sich in Großbritannien aufhalten, können Sie dort durchaus auch auf **subways** stoßen. Sehen Sie selbst:

- **subway** (BE) (*ssab*-uwäi; Fußgängerunterführung)

Das ist in diesem Fall kein Verkehrsmittel, sondern eine Straßenunterführung für Fußgänger. Diese wird im amerikanischen Englisch so genannt:

- **pedestrian underpass** (pe-*dess*-tri-en *an*-der-pähss; Fußgängerunterführung)

Cross Country: Überlandfahrten mit dem Reisebus

Sie dauert etwas länger, ist aber auf jeden Fall eine günstige Alternative zur Reise mit dem Flugzeug oder Zug: die **overland drive** (*ou*-wer-länd draiw; Überlandfahrt) mit dem **coach** (koutssch; Reisebus). Finden Sie sich am **bus terminal** (bass *tör*-mi-nel; Busbahnhof) ein und gehen Sie mit folgenden Sätzen auf die Reise:

- **Is this the Greyhound line to Boston, Massachusetts?** (is thiss thä *gräi*-haund lain tu *boss*-ten *mä*-sse-tsschuh-ssetss; Ist das die Greyhound-Linie nach Boston, Massachusetts?)
- **I would like a one-way ticket on the Concord Trailways route to Center Harbor, New Hampshire.** (ai uwud laik ä *uwan*-uwäi *ti*-ket on thä *kon*-kerd *träil*-uwäis ruht tu *ssen*-ter *har*-ber nuh *häm*-sschör; Ich hätte gern eine einfache Fahrkarte auf der Concord-Trailways-Route nach Center Harbor, New Hampshire.)
- **We usually travel to Scotland by coach.** (uwie *juh*-schel-ie *trä*-wel tu *sskot*-lend bai koutssch; Nach Schottland reisen wir normalerweise mit dem Reisebus.)

- **It takes three days to travel overland from the east coast to the west coast.** (it täikss thhrie däis tu *trä*-wel *ou*-wer-länd from thie iesst kousst tu thä uwesst kousst; Eine Überlandfahrt von der Ostküste zur Westküste dauert drei Tage.)
- **Is the bus to Harrisburg, Pennsylvania running on schedule?** (is thä bass tu *hä*-riss-börg pen-ssil-*wäin*-ja *ran*-ing on *sske*-dschul; Fährt der Bus nach Harrisburg, Pennsylvania nach Plan?)

Of Bus Stops and Taxi Stands: Mit Bus und Taxi durch die Stadt

Nicht jede Stadt hat ein **subway system** (*ssab*-uwäi *ssiss*-tem; U-Bahn-Netz) oder **commuter trains**. Was Sie aber überall finden werden, sind ein **bus** oder ein **taxi** (*täk*-ssie; Taxi). Zugegebenermaßen sind diese beiden Transportmittel nicht unbedingt miteinander zu vergleichen. Beide verfolgen jedoch das gleiche Ziel: Sie wollen Sie von Punkt A zu Punkt B befördern. Es bringt Sie voran, wenn Sie die folgenden Ausdrücke kennen:

- **bus stop** (bass sstop; Bushaltestelle)
- **bus route** (bass ruht; Busstrecke)
- **bus line** (bass lain; Buslinie)
- **bus fare** (bass fäir; Busfahrpreis)
- **express bus** (ekss-*press* bass; Schnellbus)
- **taxi stand** (*täk*-ssie sstähnd; Taxistand)
- **taxi meter** (*täk*-ssie *mie*-ter; Taxameter)
- **dispatcher** (diss-*pätssch*-er; Taxizuteiler)
- **flat fare** (flät fäir; Festpreis)
- **cabbie** (*käb*-ie; Taxifahrer)

Welcher der drei folgenden Begriffe ist denn nun das Taxi? Sehen Sie selbst:

- **taxi** (*täk*-ssie; Taxi)
- **cab** (kähb; Taxi)
- **taxicab** (*täk*-ssie-kähb; Taxi)

Also: Alles geht.

Besonders in den USA werden Sie an den Bushaltestellen vergeblich nach **timetables** (*taim*-täi-bels; Fahrpläne) suchen. Sie steigen einfach in den **bus** ein, wenn er kommt. Das können Sie auch in London tun. Dort gibt es die berühmten roten **double decker buses** (*da*-bel *dek*-er *bass*-es; Doppeldeckerbusse), die Sie auch für eine Stadtrundfahrt benutzen können. Für die Fahrt mit dem **taxi** sind darüber hinaus diese Redewendungen nützlich:

- ✔ **to hail a cab** (tu häil ä kähb; ein Taxi rufen)
- ✔ **to take a taxi** (tu täik ä *täk*-ssie; mit dem Taxi fahren)
- ✔ **to call a cab** (tu koohl ä kähb; ein Taxi bestellen)

In Sätzen ausgedrückt sieht das dann so aus:

- ✔ **You can hail a cab by raising your hand or shouting »Taxi!«** (juh kän häil ä kähb bai *räis*-ing juhr hähnd or *sschaut*-ing *täk*-ssie; Sie können ein Taxi rufen, indem Sie Ihre Hand heben oder »Taxi!« rufen.)
- ✔ **Sometimes it's quicker to take a cab than to go by bus.** (*ssam*-taims itss *kuwik*-er tu täik ä kähb thän tu gou bai bass; Manchmal ist es schneller, ein Taxi zu nehmen, als mit dem Bus zu fahren.)
- ✔ **Could you please call me a cab? I need to go to the airport.** (kud juh plies koohl mie ä kähb ai nied tu gou tu thie *äir*-port; Können Sie mir ein Taxi rufen? Ich muss zum Flughafen.)

Spiel und Spaß

Lösen Sie mit Hilfe der folgenden Tipps das Kreuzworträtsel:

Across (ä-*kross*; waagerecht)

- ✔ 4: süß
- ✔ 6: nervös
- ✔ 7: gestrichen
- ✔ 8: schwer
- ✔ 10: Fahrplan
- ✔ 11: werfen
- ✔ 13: Umleitung

Down (daun; senkrecht)

- ✔ 1: Gang
- ✔ 2: Decke
- ✔ 3: Hubschrauber
- ✔ 5: Stoßstange
- ✔ 9: anschnallen
- ✔ 12: Geräusch

Lösung:

Across:

- **4: sweet**
- **6: nervous**
- **7: canceled**
- **8: heavy**
- **10: timetable**
- **11: throw**
- **13: detour**

Down:

- **1: aisle**
- **2: blanket**
- **3: helicopter**
- **5: bumper**
- **9: fasten**
- **12: noise**

Und es war Raum in der Herberge

14

In diesem Kapitel

- Die richtige Unterkunft aussuchen
- Eine Reservierung vornehmen
- An- und Abreise im Hotel organisieren
- Sich im Hotel zurechtfinden

Sobald Sie sich in ein englischsprachiges Land aufmachen, lassen Sie zwangsläufig Ihr **home** (houm; Zuhause) zurück. Und wenn Sie keine Tanten haben, bei denen Sie wohnen können, müssen Sie nach geeigneten **accommodations** (ä-ko-me-*däi*-sschens; Unterkünfte) Ausschau halten. Dieses Kapitel macht Sie mit verschiedenen **accommodations** vertraut und gibt Ihnen nützliche Tipps, wie Sie eine Reservierung vornehmen und sich im Hotel an- und abmelden können. Zwischen der **check-in** (*tsschek*-in; Anmeldung) und der **check-out** (*tsschek*-aut; Abmeldung) finden Sie sich darüber hinaus nach dem Lesen dieses Kapitels bestens in **hotels** (hou-*tels*; Hotels) und anderen **lodgings** (*lodsch*-ings; Unterkünfte) zurecht.

Putting on the Ritz: Wo man übernachten kann

Es muss natürlich nicht unbedingt das mondäne Hotel Ritz sein. Zahlreiche andere – und vielleicht auch etwas erschwinglichere – Möglichkeiten bieten sich zur Übernachtung im englischsprachigen Ausland an. Wenn Sie nicht gerade als **backpacker** (*bäk*-päk-er; Rucksacktourist) mit Ihrem **tent** (tent; Zelt) unterwegs sind, können Sie es neben dem **hotel** auch einmal mit den folgenden Unterkünften versuchen:

- ✔ **motel** (mou-*tel*; Motel)
- ✔ **bed and breakfast** (bed änd *brek*-fesst; Unterkunft mit Bett und Frühstück)
- ✔ **youth hostel** (juhthh *hoss*-tel; Jugendherberge)
- ✔ **campground** (AE) (*kämp*-graund; Campingplatz)
- ✔ **campsite** (BE) (*kämp*-ssait; Campingplatz)
- ✔ **ranch** (rähntssch; Viehfarm)
- ✔ **RV / recreational vehicle** (ar-*wie* / re-krie-*äi*-sschen-el *wie*-i-kel; Wohnmobil)

Können Sie sich noch an dieses Lied erinnern?

- ✔ **It's fun to stay at the YMCA** (itss fan tu sstäi ät thä *uwai*-em-ssie-äi; Es macht Spaß, im YMCA zu sein.)

Wenn Sie eine günstige Übernachtungsmöglichkeit suchen, probieren Sie es doch einfach einmal mit dem **Young Men's Christian Association** (jang mens *kriss*-tsschen ä-ssou-ssie-*äi*-sschen; Christlicher Verein Junger Männer). Dort können sowohl Männer als auch Frauen Unterschlupf finden (deshalb heißt es in Deutschland mittlerweile auch Christlicher Verein Junger Menschen). Ausschließlich Frauen vorbehalten sind dagegen Einrichtungen des **YWCA** (uwai-*da*-bel-juh-ssie-äi):

- ✔ **Young Women's Christian Association** (jang *uwi*-mens *kriss*-tsschen ä-ssou-ssie-*äi*-sschen; Christlicher Verein Junger Frauen)

Nach Ihrer Religionszugehörigkeit fragt heute übrigens keiner mehr.

Während die meisten **accommodations** Immobilien sind, ist das **RV** von Natur aus sehr mobil. Es kann aber auch sehr eng sein. Wenn Sie Platzangst haben, erkundigen Sie sich mit den folgenden Sätzen über andere für Sie geeignetere Unterkünfte:

- ✔ **We're looking for the Cactus Lodge Inn Resort. Could you tell us how to get there?** (uwier *luk*-ing for thä *käk*-tess lodsch in ri-*sort* kud juh tel ass hau tu get thäir; Wir suchen das Cactus Lodge Inn Resort. Können Sie uns sagen, wie wir dorthin kommen?)
- ✔ **Is there a campground nearby?** (is thäir ä *kämp*-graund nier-*bai*; Gibt es hier in der Nähe einen Campingplatz?)
- ✔ **Could you recommend a romantic hotel for our honeymoon?** (kud juh re-ke-*mend* ä ro-*män*-tik hou-*tel* for *au*-er *ha*-nie-muhn; Können Sie uns ein romantisches Hotel für unsere Flitterwochen empfehlen?)

Wenn Sie von Ihren Lieblingsunterkünften erzählen wollen, können Sie sich an diesen Sätzen orientieren:

- ✔ **I prefer to stay in a bed and breakfast place. It's more personal than the average motel.** (ai pri-*för* tu sstäi in ä bed änd *brek*-fesst pläiss itss mohr *pör*-ssen-el thän thie *ä*-weridsch mou-*tel*; Ich bevorzuge es, in einer Unterkunft mit Bett und Frühstück zu übernachten. Es ist persönlicher als in einem durchschnittlichen Motel.)
- ✔ **Whenever we're traveling on Route 66, we stay at the Wigwam Motel.** (uwen-*e*-wer wier *trä*-wel-ing on ruht ssikss-tie-*ssikss* uwie sstäi ät thä *uwig*-uwam mou-*tel*; Immer, wenn wir auf der Route 66 reisen, übernachten wir im Wigwam Motel.)

Die Wahrscheinlichkeit, dass Sie schon einmal in einem **wigwam** übernachtet haben, ist nicht groß. Da ist es schon wahrscheinlicher, dass Sie im Laufe Ihres Lebens einmal in einem **motel** absteigen. Dieser Ausdruck ist eine Verschmelzung der folgenden beiden Wörter:

- ✔ **motor** (*mou*-ter; Motor)

- **hotel** (hou-*tel*; Hotel)

Hand in Hand mit dem Ausbau des **interstate highway system** in den USA – dazu erfahren Sie mehr in Kapitel 13 – sind seit den 1950er-Jahren **motels** sprichwörtlich wie Pilze aus dem Boden geschossen. Für Autofahrer sind **motels** durch ihr Parkplatzangebot direkt vor der Zimmertür praktisch. Zudem bieten sie zumeist eine günstige Alternative zum herkömmlichen **hotel room** (hou-*tel* ruhm; Hotelzimmer).

Fun Facts: »dude ranches«

Hey dude! (häi duhd; Hallo Kumpel!) So oder so ähnlich könnten Sie Ihren Kumpel begrüßen. Wenn Sie auf einer **dude ranch** (duhd rähntssch; Ferienviehfarm) sind, müssen Sie aber nicht unbedingt alle Ihre Kumpels in den Urlaub mitnehmen. Das Wort **dude** hat nämlich mehrere Bedeutungen:

- **dude** (duhd; Kumpel)
- **dude** (duhd; Typ, Kerl)
- **dude** (duhd; Stadtmensch, der eine Farm besucht)

A Room with a View: Eine Reservierung vornehmen

Fahren Sie in den Urlaub oder auf eine Geschäftsreise, ohne vorher ein Zimmer zu reservieren? Dann brauchen Sie starke Nerven und gute Augen, um nach den folgenden Schildern Ausschau zu halten:

- **vacancy** (*wäi*-ken-ssie; Zimmer frei)
- **no vacancy** (nou *wäi*-ken-ssie; Zimmer belegt)
- **sorry** (*sso*-rie; Zimmer belegt, *wörtlich:* Entschuldigung)

Wenn Sie **on vacation** (on wäi-*käi*-sschen; im Urlaub) sind, brauchen Sie ein **vacant room** (*wäi*-kent ruhm; freies Zimmer) in einem Hotel oder einer anderen Bleibe. Passen Sie auf, dass Sie nicht nach einem **free room** (frie ruhm; kostenloses Zimmer) fragen. Amüsierte Blicke sind Ihnen garantiert:

- **vacation** (wäi-*käi*-sschen; Urlaub)
- **vacant** (*wäi*-kent; frei)
- **free** (frie; kostenlos)

Für die Reservierung einer Bleibe – ob im Internet oder am Telefon – könnten die folgenden Redewendungen für Sie hilfreich sein:

- **to reserve a room** (tu ri-*sörw* ä ruhm; ein Zimmer reservieren)

- **to book a room** (tu buk ä ruhm; ein Zimmer buchen)
- **to cancel a reservation** (tu *kähn*-ssel ä re-sör-*wäi*-sschen; eine Reservierung stornieren)
- **arrival date** (ä-*raiw*-el däit; Ankunftsdatum)
- **departure date** (di-*part*-sscher däit; Abreisedatum)
- **rate per night** (räit pör nait; Preis pro Nacht)
- **extra charge** (*ekss*-tra tsschahrdsch; Zusatzgebühr)
- **special offer** (*sspe*-sschel *ooh*-fer; Sonderangebot)
- **discount** (*diss*-kaunt; Rabatt)

Ausgestattet mit diesem Vokabular können Sie am Telefon die folgenden Sätze benutzen:

- **I'd like to book a room from July 5th to July 7th.** (aid laik tu buk ä ruhm from dsche-*lai* fifthh tu dsche-*lai* *sse*-wenthh; Ich würde gern ein Zimmer vom 5. Juli bis zum 7. Juli buchen.)
- **How much is the honeymoon suite per night?** (hau matssch is thä *ha*-nie-muhn ssuwiet pör nait; Wie viel kostet die Flitterwochensuite pro Nacht?)
- **Is there an additional person charge?** (is thäir än ä-*di*-sschen-el *pör*-ssen tsschahrdsch; Gibt es eine Gebühr für eine weitere Person?)
- **Do you give discounts to senior citizens or AAA members?** (duh juh giw *diss*-kauntss tu *ssien*-jer *ssi*-ti-sens or *tri*-pel äi *mem*-bers; Geben Sie Rabatte für Senioren oder AAA-Mitglieder?)

Wann waren Sie das letzte Mal im Hotel? Vor mehr als einem Jahr? Passen Sie auf, dass Sie »vor« nicht mit dem englischen **for** (for; für einen Zeitraum von) verwechseln:

- **for more than a year** (for mohr thän ä jier; für mehr als ein Jahr)
- **more than a year ago** (mohr thän ä jier ä-*gou*; vor mehr als einem Jahr)

Wenn Sie allerdings schon für mehr als ein Jahr im Hotel wohnen, dann sollten Sie überlegen, ob Sie Ihre eigene Wohnung nicht untervermieten wollen ...

Bei der Reservierung eines Zimmers sollten Sie, wenn möglich, eine **credit card** (*kre*-dit kahrd; Kreditkarte) verwenden. Das garantiert Ihnen, dass das reservierte Zimmer auch wirklich für Sie freigehalten wird. Mehr zur Verwendung von **credit cards** finden Sie in Kapitel 11. Darüber hinaus ist es hilfreich, wenn Sie folgende Ausdrücke schon einmal gehört oder gelesen haben:

- **reservation number** (re-sör-*wäi*-sschen *nam*-ber; Reservierungsnummer)
- **cancellation number** (kähn-sse-*läi*-sschen *nam*-ber; Stornierungsnummer)

Damit steht Ihrer Zimmerreservierung nichts mehr im Wege.

Egal, in welches Bett Sie steigen, irgendwie müssen Sie sich zudecken. In diesem Punkt unterscheiden sich anglo-amerikanische **beds** von denen, die Sie gewohnt sind. Vielleicht helfen Ihnen dabei diese Begriffe:

- ✔ **sheet** (sschiet; Laken)
- ✔ **blanket** (*blän*-ket; Wolldecke)
- ✔ **comforter** (AE) (*kom*-fert-er; Daunendecke)
- ✔ **duvet** (BE) (*duh*-wäi; Daunendecke)
- ✔ **quilt** (kuwilt; Steppdecke)

Mehr über **quiltmaking** (*kuwilt*-mäik-ing; Steppdecken machen) als eine Form der Freizeitgestaltung können Sie in Kapitel 8 erfahren.

Fun Facts: »beds«

Welches Bett ist das richtige für Sie? Vor der Reservierung eines Zimmers sollten Sie sich darüber im Klaren sein. Aber sehen Sie selbst, denn Sie haben die Wahl:

- ✔ **single bed** (*ssin*-gel bed; Einzelbett, 90 Zentimeter breit)
- ✔ **twin bed** (tuwin bed; schmales Doppelbett, 99 Zentimeter breit)
- ✔ **double bed** (*da*-bel bed; Doppelbett, 137 Zentimeter breit)
- ✔ **queen-size bed** (*kuwien*-ssais bed; Queen-Size-Bett, 150 Zentimeter breit)
- ✔ **king-size bed** (*king*-ssais bed; King-Size-Bett, 198 Zentimeter breit)
- ✔ **rollaway** (*roul*-ä-uwäi; zusammenklappbares Bett)
- ✔ **crib** (AE) (krib; Kinderbett)
- ✔ **cot** (BE) (kot; Kinderbett)
- ✔ **bunk bed** (bank bed; Etagenbett)
- ✔ **waterbed** (*uwooh*-ter-bed; Wasserbett)

Beim **waterbed** sollten Sie aufpassen, dass Sie keine spitzen Gegenstände mit ins Bett nehmen. Dann bekommt das Wort »nass geschwitzt« für Sie morgens eine ganz neue Bedeutung.

Track 24: Im Gespräch

Doug hat Sarah mit einer Hotelsuite in Las Vegas überrascht. Hier ruft er einige Tage vorher im Hotel an, um ein Zimmer zu reservieren.

Woman: **The Plaza Grand Hotel. How may I help you?**

thä *plah*-sah grähnd hou-*tel* hau mäi ai help juh

Das Plaza Grand Hotel. Wie kann ich Ihnen helfen?

Doug: **I'd like to book a room for next weekend.**

aid laik tu buk ä ruhm for neksst *uwiek*-end

Ich möchte ein Zimmer für nächstes Wochenende buchen.

Woman: **Will that be a double room or a suite, sir?**

uwil thät bie ä *da*-bel ruhm or ä ssuwiet ssör

Ein Doppelzimmer oder eine Suite?

Doug: **Do you have any nice suites available?**

duh juh häw *ä*-nie naiss ssuwietss ä-*wäil*-e-bel

Haben Sie irgendwelche schönen Suiten?

Woman: **Let me check. Yes, we have the Sunrise Suite. It's available starting Friday afternoon. Will that be all right?**

let mie tsschek jess uwie häw thä *ssan*-rais ssuwiet itss ä-*wäil*-e-bel *sstart*-ing *frai*-däi ähf-ter-*nuhn* uwil thät bie oohl rait

Lassen Sie mich nachschauen. Ja, wir haben die Sunrise Suite. Sie ist ab Freitagnachmittag verfügbar. Wäre das in Ordnung?

Doug: **It sounds fine. Does it have an oversize tub?**

it ssaunds fain das it häw än *ou*-wer-ssais tab

Das klingt gut. Hat sie eine extra große Badewanne?

Woman: **Yes, sir, it does. Plus, it has a king-size bed.**

jess ssör it das plass it häs ä *king*-ssais bed

Ja, das hat sie. Und zusätzlich ein King-Size-Bett.

Doug: **What's the rate per night?**

uwotss thä räit pör nait

Was kostet die Suite pro Nacht?

Woman: **It's ($) 375 per night.**

itss thhrie *han*-dred *sse*-wen-tie-faiw (*do*-lers) pör nait

375 (Dollar) pro Nacht.

Doug: **I'll take it for two nights, starting on Friday. My name is Douglas Casebeer.**

ai-el täik it for tuh naitss *sstart*-ing on *frai*-däi mai näim is *dag*-less *käiss*-bier

Ich nehme sie für zwei Nächte, ab Freitag. Mein Name ist Douglas Casebeer.

Woman: **Fine, Mr. Casebeer. Your reservation number is 482. Please give me your credit card details.**

fain *miss*-ter *käiss*-bier juhr re-sör-*wäi*-sschen *nam*-ber is fohr äit tuh plies giw mie juhr *kre*-dit kahrd *die*-täils

Schön, Herr Casebeer. Ihre Reservierungsnummer ist 482. Geben Sie mir bitte Ihre Kreditkartendaten.

Kleiner Wortschatz

Englisch	Aussprache	Deutsch
vacant	*wäi*-kent	frei
discount	*diss*-kaunt	Rabatt, Ermäßigung
weekend	*uwiek*-end	Wochenende
oversize	*ou*-wer-ssais	extra groß
tub	tab	Badewanne
rollaway	*roul*-ä-uwäi	zusammenklappbares Bett

Checking in: Sich im Hotel anmelden

Welche Art von temporärer Unterkunft Sie auch bevorzugen mögen: Es ist meistens persönlicher Kontakt an einer amerikanischen **front desk** (front dessk; Rezeption) oder einer britischen **reception** (ri-*ssep*-sschen; Rezeption) vonnöten. Die folgenden Ausdrücke sind nützlich, wenn Sie sich anmelden wollen:

- ✔ **to check in** (tu tsschek in; anmelden)
- ✔ **room key** (ruhm kie; Zimmerschlüssel)
- ✔ **key card** (kie kahrd; Schlüsselkarte)

- **wake-up call** (*uwäik*-ap koohl; Weckruf)
- **room service** (ruhm *ssör*-wiss; Zimmerservice)
- **maid service** (mäid *ssör*-wiss; Reinigungsservice)

Bei der Ankunft im Hotel sind diese Sätze für Sie an der **front desk** (front dessk; Rezeption) sicherlich nützlich:

- **We would like a room with a view, please. Can we see the room first?** (uwie uwud laik ä ruhm uwith ä wjuh plies kän uwie ssie thä ruhm försst; Wir hätten gern ein Zimmer mit Aussicht. Können wir das Zimmer vorab sehen?)
- **Do you have any other rooms available? This one is too small.** (duh juh häw *ä*-nie *a*-ther ruhms ä-*wäil*-e-bel thiss uwan is tuh ssmoohl; Haben Sie noch andere Zimmer verfügbar? Dieses ist zu klein.)
- **Do you have rooms for people with special needs?** (duh juh häw ruhms for *pie*-pel uwith *sspe*-sschel nieds; Haben Sie Zimmer für Menschen mit Behinderung?)
- **When is the check-out time?** (uwen is thä *tsschek*-aut taim; Wann muss man sich abmelden?)
- **Do you have any meal plans?** (duh juh häw *ä*-nie miel plähns; Bieten Sie Mahlzeiten an?)
- **Please send up a bottle of champagne.** (plies ssend ap ä *bo*-tel ow sschäm-*päin*; Bitte schicken Sie eine Flasche Champagner aufs Zimmer.)

Schampus für alle. Die meisten Amerikaner gehen mit dem Begriff **champagne** (sschäm-*päin*; Champagner) großzügig um. Was sie häufig meinen, ist aber Folgendes:

- **sparkling wine** (*sspark*-ling uwain; Sekt)

Track 25: Im Gespräch

Doug und Sarah sind im Hotel angekommen und Doug spricht mit dem **desk clerk** (dessk klörk; Empfangschef).

Clerk: **Good evening. How may I help you, sir?**

gud *iew*-ning hau mäi ai help juh ssör

Guten Abend. Wie kann ich Ihnen behilflich sein?

Doug: **My name is Casebeer. I have a reservation.**

mai näim is *käiss*-bier ai häw ä re-sör-*wäi*-sschen

Mein Name ist Casebeer. Ich habe ein Zimmer reserviert.

Clerk: **May I have your reservation number, please?**

mäi ai häw juhr re-sör-*wäi*-sschen *nam*-ber plies

Kann ich bitte Ihre Reservierungsnummer haben?

Doug: **Yes. It's 482. It's for a suite.**

jess itss fohr äit tuh itss for ä ssuwiet

Ja. Sie ist 482. Es ist eine Suite.

Clerk: **Ah. Yes. Mr. Casebeer. We have the Sunrise Suite for you. Sign here, please. Here are your key cards. Do you need the wake-up service?**

ah jess *miss*-ter *käiss*-bier uwie häw thä *ssan*-rais ssuwiet for juh ssain hier plies hier ar juhr kie kahrds duh juh nied thä *uwäik*-ap *ssör*-wiss

Ach ja. Herr Casebeer. Wir haben die Sunrise Suite für Sie. Bitte unterschreiben Sie hier. Dies sind Ihre Schlüsselkarten. Brauchen Sie einen Weckruf?

Doug: **No, thank you. Can you recommend a good place for breakfast around here?**

nou thhänk juh kän juh re-ke-*mend* ä gud pläiss for *brek*-fesst ä-*raund* hier

Nein, danke. Können Sie ein gutes Frühstücksrestaurant hier in der Nähe empfehlen?

Clerk: **We have an excellent breakfast buffet from 8 to 12 right here in the Road Runner Café.**

uwie häw än *ek*-ssel-ent *brek*-fesst be-*fäi* from äit tu tuwelw rait hier in thä roud *ran*-er ke-*fäi*

Wir haben ein hervorragendes Frühstücksbuffet von 8 bis 12 Uhr gleich hier im Road Runner Café.

Doug: **That sounds great. Could you send up a bottle of champagne to our suite?**

thät ssaunds gräit kud juh ssend ap ä *bo*-tel ow sschäm-*päin* tu *au*-er ssuwiet

Das hört sich gut an. Können Sie eine Flasche Champagner in unsere Suite schicken lassen?

Clerk: **I'll let room service know right away. Good night, sir.**

ai-el let ruhm *ssör*-wiss nou rait ä-*wäi* gud nait ssör

Ich lasse es den Zimmerservice sofort wissen. Einen schönen Abend noch.

Kleiner Wortschatz

Englisch	Aussprache	Deutsch
front desk (AE)	front dessk	Rezeption
reception (BE)	ri-*ssep*-sschen	Rezeption
view	wjuh	Aussicht
small	smoohl	klein
road runner	roud *ran*-er	Wegekuckuck

Enjoying the Stay: Während Ihres Aufenthalts

Sie sind im **hotel** angekommen und haben Ihr **room** bezogen. Jetzt dürfen Sie Ihren Aufenthalt genießen. Die folgenden Abschnitte helfen Ihnen dabei, sich im Hotel zurechtzufinden, den **room service** in Anspruch zu nehmen und bei Problemen oder Wünschen mit dem Personal zu kommunizieren.

Heartbreak Hotel: Sich im Hotel oder Motel zurechtfinden

Die meisten **hotels** oder **motels** sind mit einigen **amenities** (ä-*me*-ni-ties; Annehmlichkeiten) ausgestattet, die über das reine Übernachtungsangebot hinausgehen. Um sich in einem **hotel** zurechtzufinden, sind für Sie als Gast diese Begriffe interessant:

- ✔ **valet parking** (wä-*läi park*-ing; Parkservice)
- ✔ **lobby** (*lo*-bie; Empfangsbereich)
- ✔ **gift shop** (gift sschop; Geschenkartikelladen)
- ✔ **lounge** (laundsch; Lounge)
- ✔ **pool** (puhl; Schwimmbad)
- ✔ **sauna** (*ssooh*-na; Sauna)
- ✔ **jacuzzi** (dsche-*kuh*-sie; Sprudelbad, Whirlpool)

Wenn Sie während Ihres Hotelbesuchs viele Menschen mit kleinen **name tags** (näim tähgs; Namensschilder) herumlaufen sehen oder selbst so eins tragen, sind Sie mit großer Wahrscheinlichkeit auf einer **convention** (kon-*wen*-sschen; Tagung) gelandet. Diese finden in der Regel in großen **hotels** statt – bevorzugt in den wärmeren Regionen dieser Welt. Wer will schon im kalten Nome, Alaska sein, wenn es auch schöne **convention places** (kon-*wen*-sschen *pläiss*-es; Tagungsorte) wie Honolulu, Hawaii gibt. Aufpassen sollten Sie, wenn Sie auf Menschen mit spitzen Ohren oder futuristischen **gadgets** (*gä*-dschetss; technische Spielereien) stoßen. Dann wären Sie auf einer der berühmten **Star Trek conventions** (sstar trek kon-*wen*-sschens; Star-Trek-Tagungen), die jährlich in den USA stattfinden.

Wenn Sie die **restaurants** (*ress*-te-rahntss; Restaurants) im **hotel** oder die **hotel bar** (hou-*tel* bahr; Hotelbar) vermissen, können Sie sich über diese in Kapitel 5 und 7 informieren. Wenn Sie dies nicht tun möchten, weil Sie sich in einem **motel** aufhalten, schauen Sie sich Folgendes an:

- **ice machine** (aiss mä-*sschien*; Eiswürfelautomat)
- **vending machine** (*wend*-ing mä-*sschien*; Warenautomat)
- **laundry room** (*loohn*-drie ruhm; Waschküche)

In Sätze verpackt können Sie die oben angeführten Begriffe so verwenden:

- **My favorite amenity in a hotel is the jacuzzi. We don't have one at home.** (mai *fäi*-we-rit ä-*me*-ni-tie in ä hou-*tel* is thä dsche-*kuh*-sie uwie dount häw uwan ät houm; Meine Lieblingsannehmlichkeit in einem Hotel ist der Whirlpool. Wir haben keinen zu Hause.)
- **It's good that most motels have several ice machines on each floor. I can't drink my soda without ice.** (itss gud thät mousst mou-*tels* häw *sse*-we-rel aiss mä-*sschiens* on ietssch flohr ai kähnt drink mai *ssou*-da uwith-*aut* aiss; Es ist gut, dass die meisten Motels mehrere Eiswürfelautomaten auf jeder Etage haben. Ich kann meine Limonade nicht ohne Eis trinken.)
- **I'll meet you in the lobby after I've browsed through the gift shop.** (*ai*-el miet juh in thä *lo*-bie *ähf*-ter aiw brausd thhruh thä gift sschop; Ich treffe dich im Empfangsbereich, nachdem ich durch den Geschenkartikelladen gestöbert habe.)
- **We prefer motels that offer both an indoor and an outdoor pool. You never know what the weather will be like.** (uwie pri-*för* mou-*tels* thät *ooh*-fer bouthh än *in*-dohr änd än *aut*-dohr puhl juh *ne*-wer nou uwot thä *uwe*-ther uwil bie laik; Wir bevorzugen Motels, die sowohl ein Innen- als auch ein Außenschwimmbad anbieten. Man weiß nie, wie das Wetter wird.)

Wenn Sie auf den **highways and byways** (*hai*-uwäis änd *bai*-uwäis; Hauptstraßen und Nebenstraßen) der USA fahren, erwartet Sie am Straßenrand gewöhnlicherweise ein Schilderwald. Immer mal wieder kann man zwischen den zahllosen **advertisement billboards** (*äd*-wer-tais-ment *bil*-bohrds; Werbetafeln) auch **neon signs** (*nie*-on ssains; Neonlichtschilder) mit Glückwunschbotschaften wie dieser finden:

- **Congratulations Tony and Marylou! Reception tonite at the Coyote Lounge.** (kon-grä-dsche-*läi*-sschens *tou*-nie änd mä-rie-*luh* ri-*ssep*-sschen tu-*nait* ät thä ka-*jou*-tie laundsch; Herzlichen Glückwunsch, Tony und Marylou! Empfang heute Abend in der Coyote Lounge.)

Viele Amerikaner feiern **weddings** (*uwed*-ings; Hochzeiten), **anniversaries** (ä-ni-*wör*-sse-ries; Jahrestage), **birthdays** (*börthh*-däis; Geburtstage) und **bar mitzvahs** (bahr *mitss*-wahs; Bar Mitzwas) gern in **motels**. Daher sind diese oft mit entsprechenden Räumlichkeiten ausgestattet. Ob die ganze Welt von diesen Feierlichkeiten erfahren muss, ist eine andere Frage.

False Friends: »gift« und »Gift«

Haben Sie Angst vor Gift? Im Deutschen ist Ihre Angst durchaus berechtigt. Im Englischen ist dieses Gefühl aber fehl am Platz. Sehen Sie selbst:

- ✔ **gift** (gift; Geschenk)
- ✔ **poison** (*peu*-sen; Gift)

Fun Facts: »tonight« und »tonite«

Besonders in der Werbung, bei Produktbezeichnungen und auf Straßenschildern ist es auffällig, dass vereinfacht oder verkürzt buchstabiert wird, um Aufmerksamkeit zu erlangen oder Platz zu sparen:

- ✔ **tonite** statt **tonight** (tu-*nait*; heute Abend)
- ✔ **lite** statt **light** (lait; kalorienreduziert)
- ✔ **drive-thru** statt **drive-through** (*draiw*-thhruh; Durchfahrschalter)
- ✔ **u-haul** statt **you haul** (juh hoohl; Sie schleppen selbst, ein Transportunternehmen)
- ✔ **x-ing** statt **crossing** (*kroohss*-ing; Kreuzung)

Room Service: Lassen Sie sich verwöhnen

In Ihrem **hotel room** oder **motel room** finden Sie sich sicherlich schnell zurecht, wenn Sie diese Wörter schon einmal gelesen haben:

- ✔ **cable TV** (*käi*-bel tie-*wie*; Kabelfernsehen)
- ✔ **42″ high definition flat screen TV in the bathroom** (*fohr*-tie tuh intssch hai de-fi-*ni*-sschen flät sskrien tie-*wie* in thä *bähthh*-ruhm; 42″-High-Definition-Flachbildschirmfernseher im Bad)
- ✔ **direct dial phone** (*dai*-rekt *dai*-el foun; Telefon mit direkter Durchwahl)
- ✔ **wireless internet access** (*wai*-er-less *in*-ter-net *äk*-ssess; kabelloser Internetzugang)
- ✔ **brewed coffee in rooms** (bruhd *ko*-fie in ruhms; frischer Kaffee im Zimmer)
- ✔ **minibar** (*mi*-nie-bahr; Minibar)
- ✔ **in-room safety box** (*in*-ruhm *ssäif*-tie bokss; Zimmersafe)
- ✔ **air conditioning** (äir kon-*di*-sschen-ing; Klimaanlage)
- ✔ **soaking tub** (*ssouk*-ing tab; große, tiefe Badewanne)

✔ **»do not disturb« sign** (duh not diss-*törb* ssain; »Bitte nicht stören«-Schild)

Diese **amenities** können Sie auch in den folgenden Sätzen wiederfinden:

✔ **Nowadays, it's really useful to have wireless internet access in a hotel room. Many people travel with a notebook computer.** (nau-ä-*däis* itss *rie*-lie *juhs*-ful tu häw *wai*-er-less *in*-ter-net *äk*-ssess in ä hou-*tel* ruhm *mä*-nie *pie*-pel *trä*-wel uwith ä *nout*-buk kom-*pjuht*-er; Heutzutage ist es wirklich nützlich, einen kabellosen Internetzugang im Hotelzimmer zu haben. Viele Leute reisen mit einem Notebook.)

✔ **I keep my valuables in the in-room safety box whenever I leave the room.** (ai kiep mai *wäl*-je-bels in thie *in*-ruhm *ssäif*-tie bokss uwen-*e*-wer ai liew thä ruhm; Ich lasse meine Wertsachen immer im Zimmersafe, wenn ich das Zimmer verlasse.)

✔ **My wife and I plundered the minibar yesterday. It's going to cost a fortune.** (mai uwaif änd ai *plan*-derd thä *mi*-nie-bahr *jess*-ter-däi itss *gou*-ing tu kosst ä *for*-tsschen; Meine Frau und ich haben gestern die Minibar geplündert. Das wird ein Vermögen kosten.)

✔ **Room service, could you please send up the breakfast special for two to room 15?** (ruhm *ssör*-wiss kud juh plies ssend ap thä *brek*-fesst *sspe*-sschel for tuh tu ruhm fif-*tien*; Zimmerservice, würden Sie bitte das Frühstücksangebot für zwei Personen auf Zimmer 15 schicken?)

✔ **Does our room have a TV in the bathroom? I love to watch soap operas while I'm soaking in the tub.** (das *au*-er ruhm häw ä tie-*wie* in thä *bähthh*-ruhm ai law tu uwotssch ssoup *o*-pe-ras uwail aim *ssouk*-ing in thä tab; Hat unser Zimmer einen Fernseher im Bad? Ich schaue gern Seifenopern, während ich in der Badewanne liege.)

Fun Facts: »valuables« und »values«

In einem Hotel in Paris soll es ein Schild geben, auf dem steht:

✔ **Please leave your values at the front desk.** (plies liew juhr *wäl*-juhs ät thä front dessk; Bitte lassen Sie Ihre Werte an der Rezeption.)

Paris ist ein heißes Pflaster und vielleicht wäre das ja genau die richtige Vorbereitung auf einen schönen Abend. Mehr über das Ausgehen können Sie übrigens in Kapitel 7 erfahren. Richtig muss es allerdings heißen:

✔ **Please leave your valuables at the front desk.** (plies liew juhr *wäl*-je-bels ät thä front dessk; Bitte lassen Sie Ihre Wertsachen an der Rezeption.)

At the Front Desk: Wünsche und Probleme

Wenn Sie während Ihres Aufenthalts Wünsche haben, Fragen stellen möchten oder sich Probleme ergeben, können Sie diese folgendermaßen zum Ausdruck bringen:

- **I'd like extra towels, please.** (aid laik *ekss*-tra *tau*-els plies; Ich hätte gern zusätzliche Handtücher.)
- **Can I buy stamps here?** (kän ai bai sstähmpss hier; Kann ich hier Briefmarken kaufen?)
- **Do you have a shuttle service to the shopping center?** (duh juh häw ä *sscha*-tel *ssör*-wiss tu thä *sschop*-ing *ssen*-ter; Haben Sie einen Pendeldienst zum Einkaufszentrum?)
- **The ice machine on our floor is empty. Where is the nearest one?** (thie aiss mä-*sschien* on *au*-er flohr is *em*-tie uwäir is thä *nier*-esst uwan; Der Eiswürfelautomat auf unserer Etage ist leer. Wo ist der nächste?)
- **I'd like to make a complaint. The air conditioning doesn't work. Can you send someone up to fix it?** (aid laik tu mäik ä kom-*pläint* thie äir kon-*di*-sschen-ing *das*-ent uwörk kän juh ssend *ssam*-uwan ap tu fikss it; Ich möchte mich beschweren. Die Klimaanlage funktioniert nicht. Können Sie jemanden schicken, um sie zu reparieren?)
- **The toilet is clogged. Please send help fast.** (thä *teu*-let is klogd plies ssend help fähsst; Die Toilette ist verstopft. Bitte schicken Sie schnell Hilfe.)

Oh je. Das Letzte ist nun wirklich ein pressierliches Problem. Aber wen fragen Sie solche Dinge überhaupt? In einem Hotelbetrieb arbeiten in der Regel diese Menschen:

- **hotel manager** (hou-*tel* *mä*-nidsch-er; Hotelmanager)
- **desk clerk** (dessk klörk; Empfangschef/-in)
- **bellhop** (AE) (*bel*-hop; Page)
- **bellboy** (BE) (*bel*-beu; Page)
- **chamber maid** (*tschäim*-ber mäid; Zimmermädchen)

Während Sie den **hotel manager** bei Ihrem **tipping** (*tip*-ing; Trinkgeld geben) nicht berücksichtigen müssen, sollten gerade die letzten beiden, nämlich **bellhop** und **chamber maid**, ein **tip** (tip; Trinkgeld) bekommen. Mehr zu **tipping** erfahren Sie in Kapitel 5.

Checking out: Sich abmelden

Es ist an der Zeit, vom **hotel** Abschied zu nehmen. So traurig das ist – Ihre **bill** (bil; Rechnung) müssen Sie auf jeden Fall begleichen. Mehr über Bezahlvorgänge erfahren Sie in Kapitel 6. Diese Begriffe sind bei der Abreise nützlich:

- **to check out** (tu tsschek aut; abmelden)
- **to pay the bill** (tu päi thä bil; die Rechnung begleichen)

- **to return the key** (tu ri-*törn* thä kie; den Schlüssel zurückgeben)

Diese Sätze brauchen Sie bei der Abreise am **front desk**:

- **I'd like to check out please.** (aid laik tu tsschek aut plies; Ich würde mich gern abmelden.)
- **Can I have the bill, please?** (kän ai häw thä bil plies; Kann ich bitte die Rechnung bekommen?)
- **Could you explain this item on the bill?** (kud juh ikss-*pläin* thiss *ai*-tem on thä bil; Können Sie mir diese Position auf der Rechnung erklären?)
- **When does the shuttle bus to the airport leave?** (uwen das thä *sscha*-tel bass tu thie *äir*-port liew; Wann fährt der Pendelbus zum Flughafen ab?)
- **Would you please call us a taxi?** (uwud juh plies koohl ass ä *täk*-ssie; Würden Sie uns bitte ein Taxi rufen?)

Spiel und Spaß

Benutzen Sie die folgenden Wörter, um die Lücken in den Sätzen zu füllen:

ice machine, discounts, tub, recommend, vacant

- ✔ **We want to visit Las Vegas. Can you __________ a good hotel?**
- ✔ **My drink is too warm. I like it on the rocks. Where is the nearest __________?**
- ✔ **We need a place for the night. Do you have any __________ rooms?**
- ✔ **After a hard day of sightseeing, I like to soak in the __________.**
- ✔ **I am a senior citizen. Are there any __________ for me?**

Lösung:

Die einzusetzenden Wörter sind kursiv gedruckt:

- ✔ **We want to visit Las Vegas. Can you *recommend* a good hotel?**
- ✔ **My drink is too warm. I like it on the rocks. Where is the nearest *ice machine*?**
- ✔ **We need a place for the night. Do you have any *vacant* rooms?**
- ✔ **After a hard day of sightseeing, I like to soak in the *tub*.**
- ✔ **I am a senior citizen. Are there any *discounts* for me?**

Wenn einer eine Reise tut: Planen Sie Ihren Urlaub

15

In diesem Kapitel

- Ein Reisebüro aufsuchen
- Mit Kalendern und Daten umgehen
- Pässe, Visa und andere Formalitäten

Spielen Sie mit dem Gedanken, in ein englischsprachiges Land zu reisen? Müssen Sie für Ihren **boss** (boss; Vorgesetzter) die nächste Geschäftsreise planen? Ob **business** (*bis*-ness; Geschäft) oder **pleasure** (*ple*-scher; Vergnügen): Eine Reise muss gut vorbereitet sein, wenn sie erfolgreich sein soll. Dieses Kapitel stattet Sie mit den notwendigen Informationen aus, die Sie in einem **travel agency** (*trä*-wel *äi*-dschen-ssie; Reisebüro) in den USA oder Großbritannien brauchen können. Darüber hinaus können Sie nach dem Lesen dieses Kapitels mit dem **calendar** (*kä*-len-der; Kalender) und mit **dates** (däitss; Daten) umgehen. Wenn Sie sich auf Ihrer Reise nicht mehr mit Formalitäten herumärgern wollen, hilft Ihnen dieses Kapitel auch dabei. Sie erfahren mehr über **passports** (*pähss*-portss; Reisepässe), **visas** (*wie*-sas; Visa) und verwandte Angelegenheiten.

Fly Me to the Moon: Eine Reise buchen

Heutzutage können Sie eine Reise buchen, ohne überhaupt einen Fuß in ein **travel agency** setzen zu müssen. Das Internet macht es möglich. Mehr über das Internet als Kommunikationsform erfahren Sie in Kapitel 9. Mehr über andere Länder und Nationalitäten lesen Sie in Kapitel 4. Manchmal hilft es jedoch, wenn Sie sich die Planung Ihrer Reise von einem **travel agent** (*trä*-wel *äi*-dschent; Reiseberater) abnehmen lassen. Dafür sind folgende Begriffe nützlich:

- ✔ **non-stop** (non-*sstop*; ohne Aufenthalt)
- ✔ **lay-over** (*läi*-ou-wer; Aufenthalt)
- ✔ **multi-city flight** (*mal*-tie-ssi-tie flait; Gabelflug)
- ✔ **vacation package** (wäi-*käi*-sschen *päk*-idsch; Pauschalreise)
- ✔ **cruise** (kruhs; Kreuzfahrt)
- ✔ **last minute** (lähsst *mi*-nit; kurzfristig)
- ✔ **reservation** (re-ser-*wäi*-sschen; Reservierung)
- ✔ **booking fee** (*buk*-ing fie; Buchungsgebühr)

- **travel cancellation insurance** (*trä*-wel kähn-ssel-*äi*-sschen in-*sschur*-enss; Reiserücktrittsversicherung)

Bestimmt brauchen Sie auch die folgenden Verben:

- **to book** (tu buk; buchen)
- **to cancel** (tu *kähn*-ssel; stornieren)
- **to change** (tu tsschäindsch; ändern, umbuchen)
- **to reserve** (tu ri-*sörw*; reservieren)

In einem **travel agency** könnten Sie die oben genannten Ausdrücke dann wie folgt einsetzen, um Ihre Traumreise zu buchen:

- **Is there a non-stop flight between Hamburg and New York City?** (is thäir ä non-*sstop* flait bi-*tuwien häm*-börg änd nuh jork *ssi*-tie; Gibt es einen Flug ohne Zwischenstopp von Hamburg nach New York City?)
- **What kind of vacation packages can you offer us for the Caribbean?** (uwot kaind ow wäi-*käi*-sschen *päk*-idsch-es kän juh *ooh*-fer ass for thä kä-ri-*bie*-en; Was für Pauschalreisen in die Karibik können Sie uns anbieten?)
- **I'd like to book a cruise. Do you have any last minute special offers?** (aid laik tu buk ä kruhs duh juh häw *ä*-nie lähsst *mi*-nit *sspe*-sschel *ooh*-fers; Ich würde gern eine Kreuzfahrt buchen. Haben Sie irgendwelche kurzfristigen Sonderangebote?)
- **How much would travel cancellation insurance cost?** (hau matssch uwud *trä*-wel kähn-ssel-*äi*-sschen in-*sschur*-enss kosst; Wie viel würde eine Reiserücktrittsversicherung kosten?)
- **Is there an extra booking fee if I have to change my flight?** (is thäir än *ekss*-tra *buk*-ing fie if ai häw tu tsschäindsch mai flait; Gibt es eine zusätzliche Buchungsgebühr, wenn ich meinen Flug umbuchen muss?)

Spielen Sie gern »Koffer packen«? Was Sie in Ihren Koffer hineinlegen können, erfahren Sie in Kapitel 6. Dort geht es um Kleidungsstücke. Weitere Gegenstände aus Ihrem Hausstand finden Sie in Kapitel 10. Zu guter Letzt sollten Sie Ihre Reiseapotheke nicht vergessen. Mehr darüber in Kapitel 16.

Fun Facts: »the leg of the journey«

Auf einem Bein kann man nicht stehen. Dieses Sprichwort kennen Sie sicherlich. Aber was hat das Bein mit Ihrer Reise zu tun? Im Englischen können Sie eine Reise in mehrere **legs** (legs; Abschnitte) unterteilen:

- **The first leg of our journey took us to the Scottish Highlands.** (thä försst leg ow *au*-er *dschör*-nie tuk ass tu thä *ssko*-tissch *hai*-lends; Der erste Abschnitt unserer Reise führte uns in die schottischen Highlands.)

Danach können Sie auch Folgendes sagen:

✔ **This journey cost me an arm and a leg.** (thiss *dschör*-nie kosst mie än arm änd ä leg; Diese Reise hat mich ein Vermögen gekostet, *wörtlich:* Diese Reise hat mich einen Arm und ein Bein gekostet.)

Track 26: Im Gespräch

Nigel plant einen Flug nach England. Weil er sich gern beraten lassen möchte, ruft er in einem **travel agency** an.

Woman: **Best Deal travel agency. How may I help you?**

besst diel *trä*-wel *äi*-dschen-ssie hau mäi ai help juh

Best Deal Reisebüro. Was kann ich für Sie tun?

Nigel: **I'd like to book a flight from New York City to London. And I want to fly back from Glasgow, Scotland. Is that possible?**

aid laik tu buk ä flait from nuh jork *ssi*-tie tu *lan*-den änd ai uwont tu flai bäk from *glähs*-gou *sskot*-lend is thät *po*-ssi-bel

Ich möchte einen Flug von New York City nach London buchen. Und ich will von Glasgow, Schottland, zurückfliegen. Ist das möglich?

Woman: **What you need is called a multi-city flight. That's no problem. When do you intend to travel?**

uwot juh nied is koohld ä *mal*-tie-ssi-tie flait thätss nou *pro*-blem uwen duh juh in-*tend* tu *trä*-wel

Was Sie brauchen, nennt sich Gabelflug. Das ist kein Problem. Wann haben Sie vor zu reisen?

Nigel: **I want to fly on the first weekend of October and return the following weekend. Do you have any good offers then?**

ai uwont tu flai on thä försst *uwiek*-end ow ok-*tou*-ber änd ri-*törn* thä *fo*-lou-ing *uwiek*-end duh juh häw *ä*-nie gud *ooh*-fers then

Ich will am ersten Oktoberwochenende fliegen und am darauf folgenden Wochenende zurückkommen. Haben Sie dann einige gute Angebote?

Woman: **Let me check the computer. You're flying economy class, is that right?**

let mie tsschek thä kom-*pjuh*-ter juhr *flai*-ing e-*ko*-ne-mie klähss is thät rait

Lassen Sie mich im Computer nachsehen. Sie fliegen Touristenklasse, nicht wahr?

Nigel: **Yes. I don't have enough miles yet for an upgrade.**

jess ai dount häw i-*naf* mails jet for än *ap*-gräid

Ja. Ich habe noch nicht genug Meilen für eine Hochstufung.

Woman: **I have something here. On Friday, October 8th, you would leave JFK airport at 10 p.m. and arrive at London Heathrow on Saturday morning at 10 a.m. The return flight leaves Glasgow on Saturday, October 16th, at 9 a.m.**

ai häw *ssam*-thhing hier on *frai*-däi ok-*tou*-ber thie äitthh juh uwud liew *dschäi*-ef-käi *äir*-port ät ten pie-*em* änd ä-*raiw* ät *lan*-den *hiethh*-rou on *ssä*-ter-däi *mor*-ning ät ten äi-*em* thä ri-*törn* flait liews *glähs*-gou on *ssä*-ter-däi ok-*tou*-ber thä ssikss-*tienthh* ät nain äi-*em*

Hier habe ich etwas. Sie würden am Freitag, dem 8. Oktober um 22 Uhr vom Flughafen JFK abfliegen und am Samstagmorgen um 10 Uhr in London Heathrow ankommen. Der Rückflug verlässt Glasgow am Samstag, dem 16. Oktober, um 9 Uhr.

Nigel: **That sounds great. Please book it for me.**

thät ssaunds gräit plies buk it for mie

Das hört sich großartig an. Bitte buchen Sie das für mich.

Kleiner Wortschatz

Englisch	Aussprache	Deutsch
business	*bis*-ness	Geschäft
pleasure	*ple*-scher	Vergnügen
travel agency	*trä*-wel *äi*-dschen-ssie	Reisebüro
cruise	kruhs	Kreuzfahrt
fee	fie	Gebühr
to arrive	tu ä-*raiw*	ankommen

Thank God It's Friday: Mit Kalendern und Daten umgehen

Mit diesem alten Merkspruch können Sie den Grundstein für Ihre **time management** (taim *mä*-nidsch-ment; Zeitplanung) legen:

- ✔ **Thirty days has September, April, June, and November. All the rest have thirty-one excepting February alone.** (*thhör*-tie däis häs ssep-*tem*-ber *äi*-pril dschuhn änd nou-*wem*-ber oohl thä resst häw *thhör*-tie-uwan ik-*ssept*-ing *feb*-ju-e-rie ä-*loun*; Dreißig Tage haben September, April, Juni und November. Alle anderen haben einunddreißig mit Ausnahme des Februars allein.)

Eight Days a Week: Jahre, Monate, Wochen und Tage

Den Beatles sollten Sie bei der Zahl der Wochentage vielleicht lieber nicht vertrauen. Aber wenn Sie zu den Menschen gehören, die gern gut organisiert sind und alles in einen Kalender eintragen – mehr darüber können Sie übrigens in Kapitel 9 erfahren –, hilft es Ihnen sicherlich, die gängigen Zeiteinheiten auch in der englischen Sprache zu kennen. Fangen Sie mit den größten Einheiten, den **years** (jiers; Jahren), an:

- ✔ **1955** ist **nineteen (hundred and) fifty-five** (*nain*-tien *han*-dred änd *fif*-tie-faiw)
- ✔ **1976** ist **nineteen (hundred and) seventy-six** (*nain*-tien *han*-dred änd *sse*-wen-tie-ssikss)
- ✔ **2010** ist **two thousand (and) ten** (tuh *thhau*-send änd ten)

Nach diesem Muster können Sie alle Jahre, die Ihnen wichtig sind, ausdrücken. Dabei dürfen Sie die Wörter in Klammern getrost weglassen.

Weiter geht es mit den **months of the year** (manthhss ow thä jier; Monate des Jahres), zu denen es auch die angegebenen Abkürzungen gibt:

- ✔ **January**, abgekürzt **Jan.** (*dschän*-ju-e-rie; Januar)
- ✔ **February**, abgekürzt **Feb.** (*feb*-ju-e-rie; Februar)
- ✔ **March**, abgekürzt **Mar.** (martssch; März)
- ✔ **April**, abgekürzt **Apr.** (*äi*-pril; April)
- ✔ **May** (mäi; Mai)
- ✔ **June** (dschuhn; Juni)
- ✔ **July** (dsche-*lai*; Juli)
- ✔ **August**, abgekürzt **Aug.** (*ooh*-gesst; August)
- ✔ **September**, abgekürzt **Sept.** (ssep-*tem*-ber; September)
- ✔ **October**, abgekürzt **Oct.** (ok-*tou*-ber; Oktober)
- ✔ **November**, abgekürzt **Nov.** (nou-*wem*-ber; November)
- ✔ **December**, abgekürzt **Dec.** (di-*ssem*-ber; Dezember)

Zu diesen **months** gesellen sich die **days of the week** (däis ow thä uwiek; Wochentage), zu denen es auch Abkürzungen gibt:

- **Sunday**, abgekürzt **Sun.** (*ssan*-däi; Sonntag)
- **Monday**, abgekürzt **Mon.** (*man*-däi; Montag)
- **Tuesday**, abgekürzt **Tues.** (*tuhs*-däi; Dienstag)
- **Wednesday**, abgekürzt **Wed.** (*uwens*-däi; Mittwoch)
- **Thursday**, abgekürzt **Thurs.** (*thhörs*-däi; Donnerstag)
- **Friday**, abgekürzt **Fri.** (*frai*-däi; Freitag)
- **Saturday**, abgekürzt **Sat.** (*ssä*-ter-däi; Samstag)

Wundern Sie sich darüber, dass die obenstehende **week** mit einem **Sunday** beginnt? In den USA ist das so üblich. Die Tradition ist allerdings schon viel älter als dieses Land. Sie lässt sich auf das Alte Testament der Bibel zurückführen. Heutzutage wird im Rest der Welt normalerweise zuerst der Montag in **business calendars** (*bis*-ness *kä*-len-ders; Geschäftskalender) and **social calendars** (*ssou*-sschel *kä*-len-ders; private Kalender) genannt – so auch in Großbritannien, Kanada und Australien.

Zusammengefasst können Sie also folgendes Wissen wiedergeben:

- **There are twelve months in a year.** (thäir ar tuwelw manthhss in ä jier; Ein Jahr hat zwölf Monate.)
- **There are fifty-two weeks in a year.** (thäir ar fif-tie-*tuh* uwiekss in ä jier; Ein Jahr hat zweiundfünfzig Wochen.)
- **A week has seven days.** (ä uwiek häs *sse*-wen däis; Eine Woche hat sieben Tage.)
- **What a difference a day makes – just twenty-four little hours.** (uwot ä *dif*-renss ä däi mäikss dschasst tuwen-tie-*fohr li*-tel *au*-ers; Was für einen Unterschied ein Tag macht – nur vierundzwanzig kleine Stunden.)

Mehr über die Uhrzeit können Sie übrigens in Kapitel 5 nachlesen. Wie Sie bestimmte Zeitpunkte innerhalb eines Monats oder einer Woche ausdrücken, erfahren Sie gleich hier:

- **After the weekend, it's sometimes hard to start work at the beginning of the week.** (*ähf*-ter thä *uwiek*-end itss *ssam*-taims hard tu sstart uwörk ät thä bi-*gin*-ing ow thä uwiek; Nach dem Wochenende ist es manchmal schwierig, am Anfang der Woche mit der Arbeit zu beginnen.)
- **In the middle of the month I always check to see how much money I have left in the bank.** (in thä *mi*-del ow thä manthh ai *oohl*-uwäis tsschek tu ssie hau matssch *ma*-nie ai häw left in thä bänk; In der Mitte des Monats überprüfe ich immer, wie viel Geld ich noch auf der Bank habe.)

- **At the end of the week everybody looks forward to the weekend.** (ät thie end ow thä uwiek *ew*-rie-ba-die lukss *for*-uwörd tu thä *uwiek*-end; Am Ende der Woche freut sich jeder aufs Wochenende.)

Fun Facts: »Tuesday« und »Thursday«

Manchmal ist es nicht ganz einfach, die beiden Wochentage **Tuesday** und **Thursday** auseinanderzuhalten. Ganz schnell passiert es, dass ein unverständlicher Mischmasch daraus wird. Mit dieser **mnemonic device** (ne-*mo*-nik di-*waiss*; Eselsbrücke) vermeiden Sie das Problem:

- **Thursday** erinnert an **Thor** (thhohr; Thor), den **god of thunder** (god ow *thhan*-der; Donnergott). **Thunder** ist Donner. **Thor's day** (thhohrs däi; Thors Tag) ist daher Donnerstag.

It was the 3rd of September: Daten richtig ausdrücken

Ein Datum können Sie sich auf jeden Fall merken. Nein, nicht Ihren **wedding anniversary** (*uwed*-ing ä-ni-*wör*-sse-rie; Hochzeitstag), sondern Ihren **birthday** (*börthh*-däi; Geburtstag). Nach dem Lesen dieses Abschnitts können Sie diesen und Ihr **age** (äidsch; Alter) auch auf Englisch sagen. Was Sie dazu brauchen, sind zum einen die **months** und **years**, die Sie im vorangegangenen Abschnitt kennen lernen konnten. Zum anderen brauchen Sie die **cardinal numbers** (*kar*-di-nel *nam*-bers; Kardinalzahlen) und **ordinal numbers** (*or*-di-nel *nam*-bers; Ordinalzahlen). Mehr darüber können Sie in Kapitel 2 erfahren. Das Datum des 2. September 2005 drücken Sie geschrieben wie folgt aus:

- **September 2, 2005** (AE)
- **2 September 2005** (BE)
- **2nd September, 2005** (BE)

Ganz kurz können Sie es auch so schreiben:

- **2/9/2005** (BE)
- **2-9-2005** (BE)
- **2.9.2005** (BE)

Beachten Sie, dass im amerikanischen Englisch der Monat immer zuerst geschrieben wird:

- **9/2/2005** (AE)
- **9-2-2005** (AE)

Damit Sie bei diesem Zahlenwirrwarr nicht durcheinanderkommen, empfiehlt es sich, den Monatsnamen immer auszuschreiben.

Egal, wie es geschrieben wird, gesprochen sieht es dann so aus:

- **September (the) second, two thousand (and) five** (ssep-*tem*-ber thä *sse*-kend *tuh*-thhau-send änd faiw; 2. September 2005)
- **the second of September, two thousand (and) five** (thä *sse*-kend ow ssep-*tem*-ber *tuh*-thhau-send änd faiw; 2. September 2005)

In Sätzen können Sie Daten dann wie folgt verwenden:

- **Finley Ian was born on September 2, 2005.** (*fin*-läi *i*-en uwos born on ssep-*tem*-ber *sse*-kend *tuh*-thhau-send änd faiw; Finley Ian wurde am 2. September 2005 geboren.)
- **December 6, 1941 is a date that will live in infamy.** (di-*ssem*-ber ssiksssthh *nain*-tien *for*-tie-uwan is ä däit thät uwil liw in *in*-fe-mie; Der 6. Dezember 1941 ist ein Datum, das für immer mit Niedertracht verbunden sein wird.)
- **Many people plan to get married on October 10, 2010. It's a date to remember.** (*mä*-nie *pie*-pel plähn tu get *mä*-ried on ok-*tou*-ber tenthh *tuh*-thhau-send änd ten itss ä däit tu ri-*mem*-ber; Viele Menschen planen, am 10. Oktober 2010 zu heiraten. Es ist ein Tag, den man sich merken kann.)
- **My passport expires on August 27, 2010.** (mai *pähss*-port ikss-*pai*-ers on *ooh*-gesst twen-tie-*sse*-wenthh *tuh*-thhau-send änd ten; Mein Reisepass läuft am 27. August 2010 ab.)

Ihr Alter drücken Sie ganz einfach mit **cardinal numbers** aus:

- **How old are you?** (hau ould ar juh; Wie alt sind Sie?)
    - **I'm thirty-four years old.** (aim thhör-tie-*fohr* jiers ould; Ich bin 34 Jahre alt.)
    - **I'm thirty-four.** (aim thhör-tie-*fohr*; Ich bin 34.)
    - **That's none of your business.** (thätss nan ow juhr *bis*-ness; Das geht Sie nichts an.)

Fun Facts: »March 4th«

Wissen Sie, welches das einzige Datum ist, das gleichzeitig einen Befehl darstellt? Ganz einfach:

- **March 4th** ist **March fourth** (martssch fohrthh; 4. März)

Wenn Sie sich die Lautschrift einmal genauer anschauen, könnten Sie auch Folgendes daraus machen:

- **March forth!** (martssch fohrthh; Marschieren Sie los!)

Kommen Sie also in Bewegung.

Im Gespräch

Doug und Chuck unterhalten sich im **commuter train** (ko-*mjuht*-er träin; Pendlerzug) zur Arbeit. Chuck stellt fest, dass heute ein wichtiges Datum für ihn gewesen wäre.

Chuck: **Doug, what date is it today?**

dag uwot däit is it tu-*däi*

Doug, welches Datum haben wir heute?

Doug: **It's June 16th, Chuck. Why do you ask?**

itss dschuhn ssikss-*tienthh* tsschak uwai duh juh ähssk

Heute ist der 16. Juni, Chuck. Warum fragst du?

Chuck: **I thought so. I felt it in my bones this morning when I got up.**

ai thhooht ssou ai felt it in mai bouns thiss *mor*-ning uwen ai got ap

Das habe ich mir gedacht. Ich habe es heute Morgen in den Knochen gespürt, als ich aufgestanden bin.

Doug: **Felt what? Anything different from June 15th?**

felt uwot *ä*-nie-thhing *dif*-rent from dschuhn fif-*tienthh*

Was gefühlt? Ist irgendetwas anders als am 15. Juni?

Chuck: **My ex-wife and I got married on June 16th, 2006. Today would have been our fourth wedding anniversary.**

mai *ekss*-uwaif änd ai got *mä*-ried on dschuhn ssikss-*tienthh tuh*-thhau-send änd ssikss tu-*däi* uwud häw bin *au*-er fohrthh *uwed*-ing ä-ni-*wör*-sse-rie

Meine Ex-Frau und ich haben am 16. Juni 2006 geheiratet. Heute wäre unser vierter Hochzeitstag gewesen.

Doug: **Oh, I'm sorry.**

ou aim *sso*-rie

Oh, das tut mir leid.

Chuck: **No, buddy. I'm going to celebrate. Here, have a bagel. And let's go out for a beer after work.**

nou *ba*-die aim *gou*-ing tu *sse*-le-bräit hier häw ä *bäi*-gel änd letss gou aut for ä bier *ähf*-ter uwörk

Nein, Kumpel. Ich werde feiern. Hier, nimm einen Bagel. Und lass uns nach der Arbeit ein Bier trinken gehen.

Doug: **Sure thing. I'm all for it.**

sschuhr thhing aim oohl for it

Na klar. Ich bin dabei.

South of the Border: Pässe, Visa und andere Formalitäten

Machen Sie sich auch immer eine **checklist** (*tsschek*-lisst; Abhakliste) mit den Sachen, die Sie nicht vergessen dürfen, bevor Sie verreisen? Ganz oben auf Ihrer **checklist** sollte eine Form von **identification** (ai-den-ti-fi-*käi*-sschen; Identifikation) stehen. Dazu gehören:

- **passport** (*pähss*-port; Reisepass)
- **identification card / I.D.** (ai-den-ti-fi-*käi*-sschen kahrd / ai-*die*; Personalausweis)

Für Reisen innerhalb der **European Union** (juh-re-*pie*-en *juhn*-jen; Europäische Union) – also auch nach Großbritannien und Irland – reicht ein gültiger **I.D.** aus. Wenn Sie allerdings beabsichtigen, in die USA einzureisen, brauchen Sie einen **valid** (*wä*-lid; gültig) **passport**. Überprüfen Sie daher, wenn Sie Ihre Reise buchen, das **expiration date** (ekss-pi-*räi*-sschen däit; Ablaufdatum).

Wenn Sie deutscher, österreichischer oder Schweizer **citizen** (*ssi*-ti-sen; Staatsbürger) sind, leben Sie in einem der 35 **visa waiver countries** (*wie*-sa *uwäiw*-er *kan*-tries; Länder mit Visumsverzicht). Das heißt, dass Sie sich als Tourist 90 Tage in den USA aufhalten dürfen, ohne ein **visa** (*wie*-sa; Visum) beantragen zu müssen.

Ein Visum, zwei Visa. Aber nicht auf Englisch, denn dort ist **visa** die Einzahl. Lassen Sie sich von dieser sprachlichen Falle nicht irritieren. Sie brauchen, wenn Sie zum Arbeiten oder Studieren in die USA einreisen wollen, nur ein **visa**, nicht zwei **visas**. Hier noch einmal kurz zusammengefasst:

- **one visa** (uwan *wie*-sa; ein Visum)
- **two visas** (tuh *wie*-sas; zwei Visa)

Für alles andere gibt es die **credit card** (*kre*-dit kahrd; Kreditkarte).

Wenn Sie sich unsicher sind, ob Sie für Ihre Einreise in die USA ein **visa** brauchen, rufen Sie beim amerikanischen **consulate** (*kon*-sse-let; Konsulat) in Ihrer Nähe oder der amerikanischen **embassy** (*em*-be-ssie; Botschaft) an. Dort könnten Sie folgende Fragen stellen:

- **I'm planning to take my vacation in the U.S. this summer. Do I need a visa?** (aim *plähn*-ing tu täik mai wäi-*käi*-sschen in thä juh-*ess* thiss *ssa*-mer duh ai nied ä *wie*-sa; Ich habe vor, meinen Urlaub diesen Sommer in den USA zu verbringen. Brauche ich ein Visum?)
- **Do I require a visa if I want to study in the United States?** (duh ai ri-*kuwai*-er ä *wie*-sa if ai uwont tu *ssta*-die in thä juh-*nait*-ed sstäitss; Brauche ich ein Visum, wenn ich in den Vereinigten Staaten studieren möchte?)
- **My son is going to do an internship in the U.S.A. What kind of a visa does he need?** (mai ssan is *gou*-ing tu duh än *in*-törn-sschip in thä juh-ess-*äi* uwot kaind ow ä *wie*-sa das hie nied; Mein Sohn wird ein Praktikum in den USA machen. Was für ein Visum braucht er?)

Bei der Einreise in ein anderes Land könnten darüber hinaus noch folgende Begriffe für Sie von Bedeutung sein:

- ✔ **customs** (*kass*-tems; Zoll)
- ✔ **immigration** (i-mi-*gräi*-sschen; Einwanderung)
- ✔ **to declare** (tu di-*kläir*; verzollen)
- ✔ **to clear customs** (tu klier *kass*-tems; den Zoll passieren)

Vor der Einreise in die USA müssen Sie ein **I-94 form** (ai *nain*-tie-fohr form; I-94-Formular), den so genannten **arrival and departure record** (ä-*rai*-wel änd di-*par*-tsscher *re*-kord; Ankunfts- und Abreisenachweis) ausfüllen. Nehmen Sie diese Fragen zu Ihrer Person und Ihrem Aufenthaltsort in den USA ernst. **Customs agents** (*kass*-tems *äi*-dschentss; Zollbeamte) und **immigration agents** (i-mi-*gräi*-sschen *äi*-dschentss; Einwanderungsbeamte) verstehen nicht unbedingt Spaß. Bei der Einreise wird Ihnen dann zusätzlich noch diese Frage gestellt:

- ✔ **What is the purpose of your stay in the United States?** (uwot is thä *pör*-pess ow juhr sstäi in thä juh-*nait*-ed sstäitss; Was ist der Grund Ihres Aufenthalts in den Vereinigten Staaten?)

Auf diese Frage antworten Sie typischerweise mit **business** (*bis*-ness; Geschäft) oder **pleasure** (*ple*-scher; Vergnügen). Auf alle anderen Fragen gibt es nicht unbedingt allgemeine Antworten. Dazu gehören:

- ✔ **How long are you planning to stay in the U.S.?** (hau long ar juh *plän*-ing tu sstäi in thä juh-*ess*; Wie lange haben Sie vor, in den Vereinigten Staaten zu bleiben?)
- ✔ **Do you have anything to declare?** (duh juh häw *ä*-nie-thhing tu di-*kläir*; Haben Sie etwas zu verzollen?)

Erklären Sie dem **customs agent** auf die letzte Frage hin nicht Ihre politische Einstellung oder Ihre persönliche Meinung zum Tagesgeschehen, auch wenn **declare** ebenfalls als »bekannt geben« übersetzt werden kann. In diesem Fall geht es nur um den Inhalt Ihrer Koffer.

Track 27: Im Gespräch

Nigel reist nach seinem Besuch in Großbritannien wieder in die USA ein. Da er nicht US-Staatsbürger ist, muss er an den **immigration agents** vorbei.

Agent: **Your passport, please.**

juhr *pähss*-port plies

Ihren Pass, bitte.

Nigel: **Here you are.**

hier juh ar

Bitte sehr.

Agent: **What is the purpose of your stay?**

uwot is thä *pör*-pess ow juhr sstäi

Was ist der Zweck Ihres Aufenthaltes?

Nigel: **Business. I have an intern visa.**

bis-ness ai häw än *in*-törn *wie*-sa

Ich bin geschäftlich hier. Ich habe ein Praktikanten-Visum.

Agent: **Yes, I see the J-1 visa stamp in your passport. Please put your thumb on the machine and look into the camera.**

jess ai ssie thä dschäi uwan *wie*-sa sstähmp in juhr *pähss*-port plies put juhr thham on thä mä-*sschien* änd luk *in*-tu thä *kä*-me-ra

Ja, ich sehe den J-1-Visumsstempel in Ihrem Pass. Bitte legen Sie Ihren Daumen auf die Maschine und schauen Sie in die Kamera.

Nigel: **Yes, sir.**

jess ssör

Jawohl.

Agent: **Thank you. You may now proceed to customs.**

thhänk juh juh mäi nau pro-*ssied* tu *kass*-tems

Danke. Sie dürfen jetzt zum Zoll weitergehen.

Nigel holt sein Gepäck ab und geht weiter zum **customs agent**.

Agent: **I see you have filled out your customs declaration and have nothing to declare. Is that right?**

ai ssie juh häw fild aut juhr *kass*-tems de-kle-*räi*-sschen änd häw *na*-thhing tu di-*kläir* is thät rait

Ich sehe, dass Sie Ihre Zollerklärung ausgefüllt haben und nichts zu verzollen haben. Ist das richtig?

Nigel: **That's right.**

thätss rait

Das ist richtig.

Agent: **Please open your suitcase.**

plies *ou*-pen juhr *ssuht*-käiss

Bitte öffnen Sie Ihren Koffer.

Nigel: **Of course.**

ow korss

Selbstverständlich.

Agent: **Thank you. Everything looks fine. Enjoy your stay in the U.S.**

thhänk juh *ew*-rie-thhing lukss fain en-*dscheu* juhr sstäi in thä juh-*ess*

Danke. Es ist alles in Ordnung. Genießen Sie Ihren Aufenthalt in den USA.

Nigel: **Thank you. Good-bye.**

thhänk juh gud-*bai*

Danke. Auf Wiedersehen.

Kleiner Wortschatz

Englisch	Aussprache	Deutsch
identification card	ai-den-ti-fi-*käi*-sschen kahrd	Personalausweis
valid	*wä*-lid	gültig
expiration date	ekss-pi-*räi*-sschen däit	Ablaufdatum
internship	*in*-törn-sschip	Praktikum
purpose	*pör*-pess	Zweck
to fill out	tu fil aut	ausfüllen

Spiel und Spaß

Lösen Sie mit Hilfe der folgenden Tipps das Kreuzworträtsel:

Across (ä-*kross*; waagerecht)

- ✔ 1: Datum
- ✔ 6: öffnen
- ✔ 7: Koffer
- ✔ 11: Praktikum
- ✔ 12: Daumen

Down (daun; senkrecht)

- ✔ 2: Gültigkeit verlieren
- ✔ 3: Monat
- ✔ 4: Kreuzfahrt
- ✔ 5: gültig
- ✔ 8: feiern
- ✔ 9: Reisepass
- ✔ 10: zwischen

Lösung:

Across:

- ✔ **1: date**
- ✔ **6: open**
- ✔ **7: suitcase**
- ✔ **11: internship**
- ✔ **12: thumb**

Down:

- ✔ **2: expire**
- ✔ **3: month**
- ✔ **4: cruise**
- ✔ **5: valid**
- ✔ **8: celebrate**
- ✔ **9: passport**
- ✔ **10: between**

911: Im Notfall die Ruhe bewahren

16

In diesem Kapitel

- Ärzte und Apotheker aufsuchen
- Über Krankheiten und körperliche Beschwerden reden
- Mit Unfällen und anderen Notfällen umgehen
- Die Polizei rufen und mit Polizisten sprechen

Keiner denkt gern an **illness** (*il*-ness; Krankheit) oder **accidents** (*äk*-ssi-dentss; Unfälle) – schon gar nicht im Urlaub, wenn Sie sich eigentlich mit den angenehmen Seiten des Lebens beschäftigen wollen. Aber:

- ✔ **Things always seem to happen when you least expect them** (thhings *oohl*-uwäis ssiem tu *hä*-pen uwen juh liesst ikss-*pekt* them; Unverhofft kommt oft, *wörtlich:* Sachen scheinen immer zu passieren, wenn man sie am wenigsten erwartet.)

So sollten Sie auch im Englischen mit einem sprachlichen **first-aid kit** (försst äid kit; Notfallkoffer) ausgerüstet sein. Ob Sie bei **accidents** oder anderen **emergencies** (i-*mör*-dschen-ssies; Notfälle) anwesend sind, selbst **sick** (ssik; krank) werden oder mit der **police** (po-*liess*; Polizei) in Kontakt treten müssen: In diesem Kapitel erfahren Sie, wie Sie mit solchen Situationen umgehen können. Mit etwas Glück werden Sie diese Informationen jedoch niemals brauchen, denn Sie bleiben doch gesund, oder?

Love Potion Number Nine: In der Apotheke

Sie sind es im deutschsprachigen Raum gewohnt, für den Kauf von **medicine** (*me*-di-ssin; Medikamente) eine Apotheke aufzusuchen. Dort erhalten Sie sowohl **over-the-counter medicine** (*ou*-wer thä *kaunt*-er *me*-di-ssin; rezeptfreie Medikamente), manchmal auch **OTC** abgekürzt, als auch **prescription medicine** (pri-*sskrip*-sschen *me*-di-ssin; rezeptpflichtige Medikamente). Im englischsprachigen Ausland ist es genauso einfach, wenn Sie denn wissen, wo Sie suchen sollen. Hier einige Begriffe zur Hilfe:

- ✔ **pharmacy** (*far*-me-ssie; Apotheke)
- ✔ **drug store** (AE) (drag sstohr; Apotheke)
- ✔ **chemist's** (BE) (*ke*-misstss; Apotheke)
- ✔ **prescription drug counter** (pri-*sskrip*-sschen drag *kaunt*-er; Schalter für rezeptpflichtige Medikamente)

Dort können Sie mit den folgenden Personen sprechen:

- **pharmacist** (*far*-me-ssisst; Apotheker)
- **druggist** (AE) (*drag*-isst; Apotheker)
- **chemist** (BE) (*ke*-misst; Apotheker)

Wenn Sie keine Apotheke finden, probieren Sie es erst einmal im Supermarkt. Besonders in den USA erwartet Sie dort ein reichhaltiges Angebot an **non-prescription drugs** (*non*-pri-sskrip-sschen drags; rezeptfreie Medikamente). Falls Sie sich also nicht so krank fühlen, dass Sie zum Arzt gehen müssen, kommen Sie mit dem Medikamentenangebot des **supermarket** (*ssuh*-per-mar-ket; Supermarkt) vollkommen aus. Wenn Sie mehr über den Supermarkt und wie Sie dort einkaufen können, erfahren wollen, schlagen Sie Kapitel 5 auf. Da – nein, nicht in Kapitel 5, sondern im **supermarket** – und in der **pharmacy** können Sie dem Personal Fragen mit dem folgenden Fragebaustein stellen:

- **Do you have anything for ...** (duh juh häw *ä*-nie-thhing for; Haben Sie etwas gegen ...)

Wenn Sie danach fragen, ob es ein bestimmtes **medication** (me-di-*käi*-sschen; Arzneimittel) gegen eine Krankheit gibt, vermeiden Sie den Gebrauch der Präposition **against** (ä-*gensst*; gegen). Benutzen Sie stattdessen die Präposition **for** (for; für) – auch wenn das **medication** ja gegen und nicht für eine Krankheit sein soll.

Wenn Sie Schmerzen verschiedenster Art haben, können Sie den Fragebaustein von oben mit den folgenden Elementen verbinden:

- **... a stomach-ache** (ä *ssto*-mek-äik; Bauchschmerzen)
- **... a headache** (ä *hed*-äik; Kopfschmerzen)
- **... a migraine** (ä *mai*-gräin; Migräne)
- **... a toothache** (ä *tuhthh*-äik; Zahnschmerzen)
- **... an earache** (än *ier*-äik; Ohrenschmerzen)
- **... muscle aches and pains** (*ma*-ssel äikss änd päins; Muskelschmerzen)

Bei Beschwerden des **digestive system** (dai-*dschess*-tiw *ssiss*-tem; Verdauungstrakt) benutzen Sie die folgenden Wörter:

- **... indigestion** (in-dai-*dschess*-tsschen; Magenverstimmung)
- **... heartburn** (*hart*-börn; Sodbrennen)
- **... nausea** (*nooh*-scha; Übelkeit)
- **... constipation** (kon-ssti-*päi*-sschen; Verstopfung)
- **... diarrhea** (dai-e-*rie*-a; Durchfall)

Wenn Ihre englischsprachigen Bekannten oder Freunde von **Montezuma's revenge** (mon-te-*suh*-mas ri-*wendsch*; Montezumas Rache) sprechen, können Sie davon ausgehen, dass Sie sich keinesfalls eine historische Abhandlung über die Kriegspraktiken der Azteken und ihrer spanischen Eroberer anhören müssen. Vielmehr geht es dabei um etwas bedeutend Unangenehmeres – zumindest für den Moment. So wird nämlich gemeinhin die gefürchtete Reisedurchfallerkrankung genannt. Und da bleibt auch keine Zeit für lange Abhandlungen.

Besonders in der kalten und nassen Jahreszeit kann es vorkommen, dass Sie sich die verschiedensten Erkältungskrankheiten aufhalsen. Sie können sich wie folgt nach einer geeigneten **medicine** erkundigen:

- **a sore throat** (ä ssohr thhrout; Halsschmerzen)
- **a cough** (ä koohf; Husten)
- **a cold** (ä kould; eine Erkältung)
- **a sinus infection** (ä *ssai*-ness in-*fek*-sschen; eine Nebenhöhlenentzündung)

Aber auch in den wärmeren Jahreszeiten kann es vorkommen, dass Sie **medicine** benötigen:

✔ **I need something for ...** (ai nied *ssam*-thhing for; Ich brauche etwas gegen ...)

- **a sunburn** (ä *ssan*-börn; Sonnenbrand)
- **mosquito bites** (moss-*kie*-tou baitss; Mückenstiche)
- **a bee sting** (ä bie ssting; ein Bienenstich)
- **a rash** (ä räschh; Ausschlag)
- **hay fever** (häi *fie*-wer; Heuschnupfen)

Track 28: Im Gespräch

Sarah und Doug sind in der Apotheke in ihrem Urlaubsort Las Vegas, Nevada. Doug geht es nicht gut.

Pharmacist: **How can I help you, sir?**

hau kän ai help juh ssör

Wie kann ich Ihnen helfen?

Doug: **Well, I have these red spots on my body. They itch and burn.**

uwel ai häw thies red sspotss on mai *bo*-die thäi itssch änd börn

Na ja, ich habe diese rote Flecken an meinem Körper. Sie jucken und brennen.

Pharmacist: **Let me have a look, please. It looks like a sunburn. Have you been lying in the sun?**

let mie häw ä luk plies it lukss laik ä *ssan*-börn häw juh bin *lai*-ing in thä ssan

Lassen Sie mich bitte mal sehen. Es sieht wie ein Sonnenbrand aus. Haben Sie in der Sonne gelegen?

Doug: **That's right. I guess I forgot the suntan lotion.**

thätss rait ai gess ai for-*got* thä *ssan*-tän *lou*-sschen

Das ist richtig. Ich glaube, ich habe die Sonnenschutzcreme vergessen.

Pharmacist: **First of all, you need something to relieve the itching and burning. I have a very good gel here. Apply this three times a day. And then, how about using sunscreen next time? Here you go.**

försst ow oohl juh nied *ssam*-thhing tu ri-*liew* thie *itssch*-ing änd *börn*-ing ai häw ä *we*-rie gud dschel hier ä-*plai* thiss thhrie taims ä däi änd then hau ä-*baut juhs*-ing *ssan*-sskrien neksst taim hier juh gou

Erst einmal brauchen Sie etwas, um den Juckreiz und das Brennen zu lindern. Ich habe hier ein sehr gutes Gel. Tragen Sie es dreimal am Tag auf. Und dann: Wie wäre es, wenn Sie das nächste Mal Sonnenschutz benutzen? Bitte sehr!

Doug: **Thank you very much.**

thhänk juh *we*-rie matssch

Vielen Dank!

Kleiner Wortschatz

Englisch	Aussprache	Deutsch
illness	*il*-ness	Krankheit
accident	*äk*-ssi-dent	Unfall
medication	me-di-*käi*-sschen	Arzneimittel
to itch	tu itsssch	jucken
sunburn	*ssan*-börn	Sonnenbrand
to relieve	tu ri-*liew*	lindern

What's up, Doc? Beim Arzt

Nicht alle **illnesses** (*il*-ness-es; Krankheiten) können durch den Besuch einer **pharmacy** kuriert werden. Gerade wenn die Beschwerden länger anhalten oder Sie sich nicht sicher sind, welche **illness** Sie haben könnten, ist es auch im englischsprachigen Ausland sinnvoll, einen **doctor** (*dok*-ter; Arzt) aufzusuchen. Dies tun Sie üblicherweise – vielleicht kennen Sie es aus zahlreichen **television series** (*te*-le-wi-schen *ssie*-ries; Fernsehserien) – am schnellsten in einem **hospital** (*hoss*-pi-tel; Krankenhaus). Wie Sie den Weg zum **hospital** erfragen, erfahren Sie übrigens in Kapitel 12. Nachdem Sie dort angekommen sind, können Sie folgende Satzbausteine verwenden, um Ihre Beschwerden zu beschreiben:

- ✔ **I feel ...** (ai fiel; Ich fühle mich ...)
  - **dizzy** (*di*-sie; schwindelig)
  - **nauseous** (*nooh*-sschess; übel)
  - **very weak** (*we*-rie uwiek; sehr schwach)
- ✔ **I have ...** (ai häw; Ich habe ...)
  - **terrible pain** (*te*-ri-bel päin; furchtbare Schmerzen)
  - **blurry vision** (*blör*-ie *wi*-schen; Ich sehe verschwommen; *wörtlich:* Ich habe verschwommene Sicht)
  - **a bleeding wound** (ä *blied*-ing uwuhnd; eine blutende Wunde)
- ✔ **I think I ...** (ai thhink ai; Ich glaube, ich ...)
  - **broke a bone** (brouk ä boun; habe mir einen Knochen gebrochen)
  - **have an infection** (häw än in-*fek*-sschen; habe eine Infektion)
  - **sprained my ankle** (sspräind mai *än*-kel; habe mir meinen Knöchel verstaucht)

Der **doctor** wird Ihnen in einer solchen Situation weitere Fragen über Ihren Gesundheitszustand stellen. Unter anderem sind folgende Fragen möglich:

- ✔ **Do you have diabetes?** (duh juh häw dai-e-*bie*-ties; Haben Sie Diabetes?)
- ✔ **Do you have any chronic illnesses?** (duh juh häw *ä*-nie *kro*-nik *il*-ness-es; Haben Sie irgendwelche chronischen Erkrankungen?)
- ✔ **Are you taking any medication?** (ar juh *täik*-ing *ä*-nie me-di-*käi*-sschen? Nehmen Sie irgendwelche Medikamente?)
- ✔ **Are you allergic to anything?** (ar juh ä-*lör*-dschik tu *ä*-nie-thhing? Sind Sie gegen irgendetwas allergisch?)
- ✔ **Are you pregnant?** (ar juh *preg*-nent; Sind Sie schwanger?)

- **Do you have a pacemaker?** (duh juh häw ä *päiss*-mäik-er; Haben Sie einen Herzschrittmacher?)
- **Do you have a history of this kind of symptom?** (duh juh häw ä *hiss*-te-rie ow thiss kaind ow *ssimp*-tem; Haben Sie diese Beschwerden schon öfter gehabt?)

Je nach **diagnosis** (dai-äg-*nou*-ssiss; Diagnose) eines **emergency room doctor** (i-*mör*-dschenssie ruhm *dok*-ter; Notaufnahmearzt) wird dieser Sie an einen zuständigen Arzt überweisen, wie zum Beispiel:

- **eye doctor** (ai *dok*-ter; Augenarzt)
- **dentist** (*den*-tisst; Zahnarzt)
- **ear, nose, and throat specialist** (ier nous änd thhrout *sspe*-sschel-isst; Hals-Nasen-Ohren-Arzt)
- **gynecologist** (gai-ne-*ko*-li-dschisst; Frauenarzt)

Auch wenn Sie zum **ophthemologist** (of-thhe-*mo*-li-dschisst; Augenarzt) gewöhnlicherweise **eye doctor** (ai *dok*-ter; Augenarzt) sagen, dürfen Sie den **gynecologist** (gai-ne-*ko*-li-dschisst; Frauenarzt) nicht als **woman doctor** (*uwu*-men *dok*-ter; wörtlich: weiblicher Arzt) bezeichnen.

- **dermatologist** (dör-me-*to*-li-dschisst; Hautarzt)
- **urologist** (ju-*ro*-li-dschisst; Urologe)
- **proctologist** (prok-*to*-li-dschisst; Proktologe)
- **pediatrician** (pie-di-e-*tri*-sschen; Kinderarzt)
- **surgeon** (*ssör*-dschen; Chirurg)

Je nach Situation empfiehlt es sich, einen **appointment** (ä-*peunt*-ment; Termin) mit einem der folgenden Ärzte zu vereinbaren, anstatt ins **hospital** zu gehen. Wie Sie einen Termin machen, erfahren Sie in Kapitel 9:

- **general practitioner, GP** (*dsche*-ne-rel präk-*ti*-sschen-er, dschie pie; Allgemeinarzt)
- **primary care doctor** (*prai*-me-rie käir *dok*-ter; Allgemeinarzt)

Der **general practitioner** oder **primary care doctor** ist Ihr Hausarzt und wird Ihnen in den meisten Fällen weiterhelfen können. Wenn nicht, wird er Sie – genauso wie der **emergency room doctor** – an einen der oben genannten Spezialisten weiterverweisen. In Tabelle 16.1 finden Sie eine Liste von einigen **ailments** (äil-*mentss*; Beschwerden), bei denen Ihnen die einzelnen **physicians** (fi-*si*-sschens; Ärzte) weiterhelfen können.

Doctor	Ailment
general practitioner	**sore throat** (ssohr thhrout; Halsschmerzen) **cough** (koohf; Husten) **diarrhea** (dai-e-*rie*-a; Durchfall)
eye doctor	**myopia** (mai-*ou*-pie-a; Kurzsichtigkeit) **astigmatism** (ä-*sstig*-me-tism; Hornhautverkrümmung) **stye** (sstai; Gerstenkorn)
dentist	**toothache** (*tuhthh*-äik; Zahnschmerzen) **cavity** (*kä*-wi-tie; Karies) **lost filling** (losst *fil*-ing; herausgefallene Füllung)
ear, nose, and throat specialist	**earache** (*ier*-äik; Ohrenschmerzen) **vertigo** (*wör*-ti-gou; Schwindel) **tonsillitis** (ton-ssil-*ai*-tiss; Mandelentzündung)
gynecologist	**vaginal yeast infection** (*wä*-dschi-nel jiesst in-*fek*-sschen; Scheidenpilzinfektion) **painful period** (*pain*-ful *pie*-ri-ed; schmerzhafte Periode) **suspected pregnancy** (ssass-*pekt*-ed *preg*-nen-ssie; vermutete Schwangerschaft)
dermatologist	**rash** (rässch; Hautausschlag) **allergic reactions** (ä-*lör*-dschik rie-*äk*-sschens; allergische Reaktionen) **athlete's foot** (*äthh*-lietss fut; Fußpilz)
urologist	**incontinence** (in-*kon*-ti-nenss; Inkontinenz) **kidney stones** (*kid*-nie sstouns; Nierensteine) **bladder infection** (*blä*-der in-*fek*-sschen; Blasenentzündung)
proctologist	**gastric ulcer** (*gäss*-trik *al*-sser; Magengeschwür) **diverticulitis** (dai-wör-tik-ju-*lai*-tiss; Darmentzündung) **hemorrhoids** (*he*-me-reuds; Hämorrhoiden)
pediatrician	**earache** (*ier*-äik; Ohrenschmerzen) **high temperature** (hai *tem*-pri-tsscher; erhöhte Temperatur) **teething problems** (*tieth*-ing *pro*-blems; Probleme beim Zahnen)

Tabelle 16.1: Ärzte und mögliche Beschwerden

Sie gehen zum Arzt, zeigen Ihre Versichertenkarte vor, werden behandelt und gehen wieder. So einfach kann es sein – auch in Großbritannien. In den USA hätten Sie bei dieser Abfolge einen wichtigen Schritt ausgelassen:

✔ **to pay the doctor's bill** (tu päi thä *dok*-ters bil; die Arztrechnung bezahlen)

Dieser Schritt folgt gewöhnlicherweise direkt nach der Behandlung. In einem amerikanischen **hospital** dagegen müssen Sie bereits vor der Behandlung nachweisen, dass Sie zahlungsfähig sind.

Fun Facts: Über den menschlichen Körper sprechen

Wenn Sie beim Apotheker, Arzt oder sonst wo – zum Beispiel beim **tattoo parlor** (tä-*tuh par*-ler; Tätowierstudio) – über Ihren **body** (*bo*-die; Körper) sprechen müssen, hilft es ungemein, die **body parts** (*bo*-die partss; Körperteile) auch richtig benennen zu können. Die folgende Abbildung hilft Ihnen dabei.

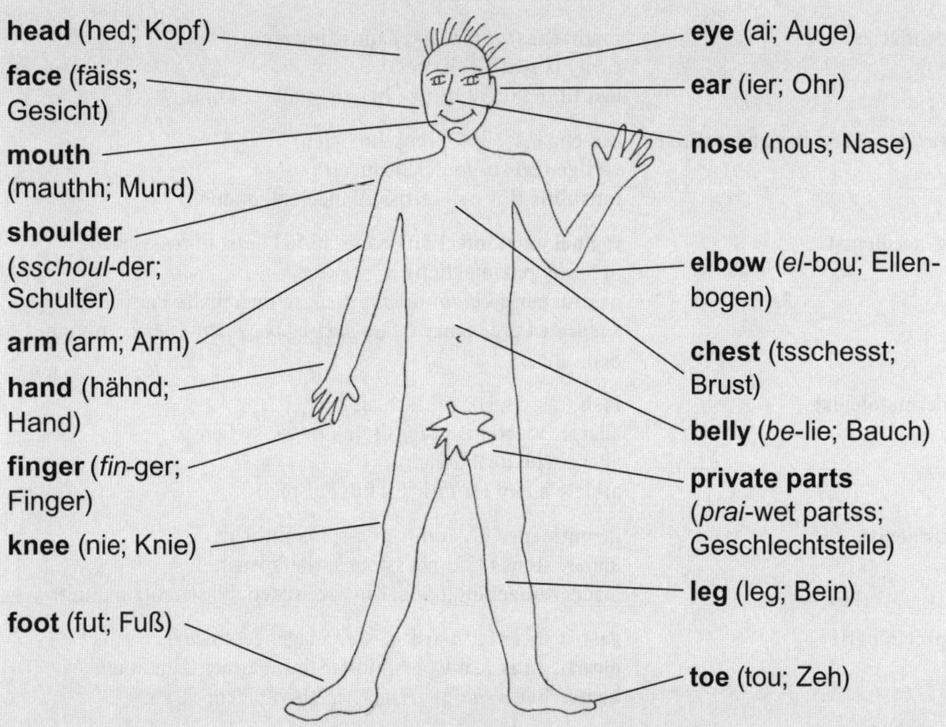

*Die **body parts** des Menschen*

Track 29: Im Gespräch

Chuck fühlt sich nicht wohl und spricht mit dem **emergency room doctor** im **hospital**.

Doctor: **You said you don't feel well. Can you be more precise?**

juh ssed juh dount fiel uwel kän juh bie mohr pri-*ssaiss*

Sie sagten, dass Sie sich nicht wohlfühlen. Können Sie präziser sein?

Chuck: **Well, my head hurts. I feel dizzy. And I have this ringing in my ears.**

uwel mai hed hörtss ai fiel *di*-sie änd ai häw thiss *ring*-ing in mai iers

Nun, mein Kopf tut weh. Mir ist schwindelig. Und ich habe dieses Klingeln in den Ohren.

Doctor: **Let me check your blood pressure. By the way, where did you get these bruises on your arm?**

let mie tsschek juhr blad *pre*-sscher bai thä uwäi uwäir did juh get thies *bruhs*-es on juhr arm

Lassen Sie mich Ihren Blutdruck messen. Übrigens, wo haben Sie eigentlich diese Blutergüsse auf Ihrem Arm her?

Chuck: **Didn't I mention that I fell down the stairs? My arm has hurt ever since.**

did-ent ai *men*-tsschen that ai fel daun thä sstäirs mai arm häs hört *e*-wer ssinss

Habe ich nicht erwähnt, dass ich die Treppe heruntergefallen bin? Seitdem tut mein Arm weh.

Doctor: **Okay. Let me see. I think it's broken. We'll have to x-ray it and then you might need a cast.**

ou-käi let mie ssie ai thhink itss *brouk*-en *uwie*-el häw tu *ekss*-räi it änd then juh mait nied ä kähsst

Okay. Lassen Sie mich (das mal) sehen. Ich denke, er ist gebrochen. Wir müssen ihn röntgen und dann brauchen Sie vielleicht einen Gips.

Kleiner Wortschatz

Englisch	Aussprache	Deutsch
pharmacy	*far*-me-ssie	Apotheke
doctor	*dok*-ter	Arzt
chronic	*kro*-nik	chronisch
allergic	ä-*lör*-dschik	allergisch
pregnant	*preg*-nent	schwanger
to hurt	tu hört	wehtun, schmerzen

Be Prepared: Unfälle und andere Notfälle

Schon wieder etwas, was Ihnen am besten nicht passieren sollte: **accidents** und andere **emergencies**. Solche Zwischenfälle können Sie jedoch nicht immer vermeiden. Da ist es ratsam zu wissen, wie man Hilfe bekommt oder sogar selbst helfen kann. Zum Beispiel sind Sie für eventuelle Unfälle und **injuries** (*in*-dscher-ies; Verletzungen) gewappnet, wenn Sie einen **first-aid kit** (försst äid kit; Erste-Hilfe-Koffer) dabeihaben. Was gehört dort hinein?

- ✔ **band-aids** (*bänd*-äids; Pflaster)
- ✔ **bandages** (*bän*-didsch-es; Verbandszeug)
- ✔ **scissors** (*ssi*-sörs; Schere)
- ✔ **tweezers** (*tuwie*-sörs; Pinzette)
- ✔ **disposable rubber gloves** (diss-*pou*-se-bel *ra*-ber glaws; Einweggummihandschuhe)
- ✔ **wound disinfectant** (uwuhnd diss-in-*fek*-tent; Desinfektionsmittel)
- ✔ **blanket** (*blän*-ket; Decke)

Mit einem solchen **first-aid kit** sind Sie bei kleineren Notfällen bestens gerüstet. Wenn Sie sich dazu noch an Ihren Erste-Hilfe-Kurs erinnern, den Sie vielleicht für Ihren **driver's license** (*draiw*-ers *lai*-ssenss; Führerschein) machen mussten, kann das auch nicht schaden. Hierzu gibt es zwei Begriffe, die nützlich sind:

- ✔ **mouth-to-mouth resuscitation** (*mauthh*-tu-mauthh ri-*ssa*-ssi-täi-sschen; Mund-zu-Mund-Beatmung)
- ✔ **cardiopulmonary resuscitation (CPR)** (*kar*-di-ou-pul-me-ne-rie ri-*ssa*-ssi-täi-sschen, ssie pie ar; Herz-Lungen-Wiederbelebung)

Wenn Sie bei Wiederbelebungsversuchen angekommen sind, sollten Sie sich um Hilfe bemühen. Dazu ist es wichtig, folgende Telefonnummern zu kennen. In den USA und Kanada wählen Sie, um einen **ambulance** (*äm*-bju-lenss; Krankenwagen) zu rufen:

- ✔ **911** (nain uwan uwan)

In Großbritannien und Irland wählen Sie:

- ✔ **999** (nain nain nain)

Wenn bei einem Notfall der **ambulance** am Unglücksort angekommen ist, werden Sie mit **paramedics** (pä-re-*med*-ikss; Sanitäter) oder **emergency doctors** (i-*mör*-dschen-ssie *dok*-ters; Notärzten) reden müssen, um ihnen Näheres über den Unfallhergang berichten zu können. Dazu im Folgenden ein paar nützliche Redewendungen:

- ✔ **He was involved in a car accident.** (hie uwos in-*wolwd* in ä kahr *äk*-ssi-dent; Er war an einem Autounfall beteiligt.)

- **There has been a swimming accident.** (thäir häs bin ä *ssuwim*-ing *äk*-ssi-dent; Es gab einen Badeunfall.)
- **My wife is allergic to bee stings.** (mai uwaif is ä-*lör*-dschik tu bie sstings; Meine Frau ist gegen Bienenstiche allergisch.)
- **I think my husband has had a heart attack.** (ai thhink mai *has*-bend häs häd ä hart ä-*täk*; Ich glaube, mein Mann hatte einen Herzinfarkt.)
- **My friend is choking on a piece of meat.** (mai frend is *tsschouk*-ing on ä piess ow miet; Mein Freund hat sich an einem Stück Fleisch verschluckt.)
- **I have been bitten by a snake. Maybe it was venomous.** (ai häw bin *bit*-en bai ä ssnäik *mäi*-bie it uwos *we*-nim-ess; Ich bin von einer Schlange gebissen worden. Vielleicht war sie giftig.)

False Friends: »snake« und »Schnecke«

Haben Sie Angst vor Schlangen? Dann gehören Sie zur Mehrheit der Menschheit. Verwechseln Sie dann aber die englische **snake** (ssnäik; Schlange) nicht mit der deutschen »Schnecke«. Die heißt nämlich im Englischen:

- **snail** (ssnäil; Schnecke)

Alle **snails** tragen ihr Häuschen mit sich herum. Ihre obdachlosen Pendants heißen im Englischen:

- **slug** (sslag; Nacktschnecke)

Beide sind zwar **slimy** (*sslai*-mie; schleimig), aber völlig harmlos.

Ihren Führerschein, bitte! Mit der Polizei sprechen

Nach den Ausführungen über den Umgang mit **ailments** (äil-*mentss*; Beschwerden) und **medical emergencies** (*me*-di-kel i-*mör*-dschen-ssies; medizinische Notfälle) geht es nun um Begegnungen der dritten Art: nämlich mit der **police** (po-*liess*; Polizei). Zunächst erfahren Sie, wie Sie die **police** rufen können. Dann geht es darum, wie Sie sich am besten verhalten, wenn Sie von der **police** angehalten werden.

Die Polizei rufen

Es gibt **emergencies** (i-*mör*-dschen-ssies; Notfälle), in denen Sie die Polizei rufen sollten. Dazu gehören:

- **traffic accident** (*trä*-fik *äk*-ssi-dent; Verkehrsunfall)
- **theft** (thheft; Diebstahl)

- **burglary** (*börg*-le-rie; Einbruch)
- **mugging** (*mag*-ing; Überfall)
- **rape** (räip; Vergewaltigung)
- **manslaughter** (*män*-sslooh-ter; Totschlag)
- **murder** (*mör*-der; Mord)

Die Liste der **emergencies** ist furchterregend. Sie werden diese Wörter hoffentlich niemals benutzen müssen. Wie bereits weiter vorn in diesem Kapitel erwähnt, rufen Sie im Falle eines Falles die Polizei in den USA und Kanada mit der folgenden **telephone number** (*te*-le-foun *nam*-ber; Telefonnummer) an:

- **911** (nain uwan uwan)

In Großbritannien und Irland wählen Sie diese Nummer:

- **999** (nain nain nain)

Die einheitliche **emergency number** (i-*mör*-dschen-ssie *nam*-ber; Notfallrufnummer) **911** gibt es in den USA seit 1968. Im Zuge der Vereinfachung bei **emergencies** kann man mit dieser Rufnummer die **police**, einen **ambulance** oder das **fire department** (*fai*-er di-*part*-ment; Feuerwehr) anrufen. Auch in Großbritannien und Irland ist die Rufnummer **999** für Notfälle aller Art anzurufen.

Die Person am anderen Ende der Leitung wird ungefähr Folgendes sagen:

- **What is the exact location of your emergency?** (uwot is thie ig-*säkt* lou-*käi*-sschen ow juhr i-*mör*-dschen-ssie; Wo genau ist der Notfall?)
- **What's the phone number you're calling from?** (uwotss thä foun *nam*-ber juhr *koohl*-ing from; Von welcher Telefonnummer rufen Sie an?)
- **Tell me exactly what happened.** (tel mie ig-*säkt*-lie uwot *hä*-pend; Sagen Sie mir, was genau passiert ist.)

Auf diese Fragen können Sie so antworten:

- **I'm westbound on Route 66, about three miles outside Gopher Gulch, Nevada.** (aim *uwesst*-baund on ruht *ssikss*-tie ssikss ä-*baut* thhrie mails aut-*ssaid gou*-fer galtssch ne-*wah*-da; Ich bin auf der Route 66 in westlicher Richtung, ungefähr drei Meilen von Gopher Gulch, Nevada, entfernt.)
- **I'm using my cell phone. The number is 555-4309.** (aim *juhs*-ing mai ssel foun thä *nam*-ber is faiw faiw faiw fohr thhrie ou nain; Ich rufe von meinem Handy an. Die Nummer ist 555-4309.)
- **There's been a road accident involving three cars. We need an ambulance.** (thäirs bin ä roud *äk*-ssi-dent in-*wolw*-ing thhrie kahrs uwie nied än *äm*-bju-lenss; Es hat einen Unfall mit drei Autos gegeben. Wir brauchen einen Krankenwagen.)

Sobald die Polizei an der Unglücksstelle eingetroffen ist, sollten Sie den **police officers** (po-*liess ooh*-fiss-ers; Polizeibeamte) – warum diese geschlechtsneutrale Bezeichnung inzwischen gängig ist, können Sie in Kapitel 4 nachlesen – angemessen begegnen. Nein, damit sind nicht ein korrekter Seitenscheitel und passende Bekleidung gemeint. Es geht vielmehr um die Anrede. So könnte sie in den USA aussehen:

✔ **Officer, there's been an accident.** (*ooh*-fiss-er thäirs bin än *äk*-ssi-dent; Herr Wachtmeister, es hat einen Unfall gegeben.)

In Großbritannien drücken Sie es am besten wie folgt aus:

✔ **Constable, there's been an accident.** (*kon*-sste-bel thäirs bin än *äk*-ssi-dent; Herr Wachtmeister, es hat einen Unfall gegeben.)

Sie haben sicherlich gemerkt, dass in den vorangegangenen Beispielsätzen sehr häufig die **present perfect tense** (*pre*-sent *pör*-fekt tenss; Perfekt) gebraucht worden ist. Das liegt daran, dass die Unfallereignisse zwar in der nahen Vergangenheit stattgefunden haben, aber immer noch einen Bezug zur Gegenwart haben. Sie sind sozusagen **news** (nuhs; Neuigkeiten), genauso wie die folgenden Beispielsätze:

✔ **I have been promoted.** (ai häw bin pro-*mout*-ed; Ich wurde befördert.)

✔ **We have painted the kitchen.** (uwie häw *päint*-ed thä *ki*-tsschen; Wir haben die Küche gestrichen.)

✔ **Chuck has eaten three tuna sandwiches since breakfast.** (tsschak häs *iet*-en thhrie *tuh*-na *ssänd*-uwitssch-es ssinss *brek*-fesst; Chuck hat seit dem Frühstück drei Thunfischsandwiches gegessen.)

Mehr zum Thema **tuna sandwiches** – nein, natürlich **present perfect tense** – erfahren Sie in Kapitel 2.

Von der Polizei angehalten werden

Fühlen Sie sich unwohl, wenn Sie von der Polizei angehalten werden? Müssen Sie aber nicht. Wenn Sie sich richtig verhalten, wird alles gut gehen. Irgendetwas könnte die Polizei veranlassen, Sie mit Ihrem Auto anzuhalten. Zu den Gründen gehören:

✔ **traffic check** (*trä*-fik tsschek; Verkehrskontrolle)

✔ **a broken tail light** (ä *brouk*-en täil lait; kaputtes Rücklicht)

✔ **speeding** (*sspied*-ing; überhöhte Geschwindigkeit)

✔ **jumping a light** (*dschamp*-ing ä lait; bei Rot über die Ampel fahren)

Für den Fall, dass Sie angehalten werden, sind besonders in den USA einige Verhaltensregeln empfehlenswert, die sich nicht wesentlich von den in Europa üblichen unterscheiden:

- **Slow down and stop at the side of the road.** (sslou daun änd sstop ät thä ssaid ow thä roud; Verringern Sie die Geschwindigkeit und halten Sie am Straßenrand an.)
- **Pull down your window.** (pul daun juhr *uwin*-dou; Öffnen Sie das Fenster.)
- **Turn off the engine.** (törn oohf thie *en*-dschin; Machen Sie den Motor aus.)
- **Keep both hands on the steering wheel.** (kiep bouthh hähnds on thä *sstier*-ing uwiel; Behalten Sie beide Hände am Lenkrad.)

Wenn Sie angehalten werden, könnte ein **police officer** Ihnen folgende Anweisungen geben:

- **Please let me see your license and registration.** (plies let mie ssie juhr *lai*-ssenss änd redschiss-*träi*-sschen; Bitte lassen Sie mich Ihren Führerschein und die Fahrzeugpapiere sehen.)
- **Do you have any alcoholic beverages in the car?** (duh juh häw *ä*-nie äl-ke-*hol*-ik *bew*-ridsch-es in thä kahr; Haben Sie irgendwelche alkoholischen Getränke im Auto?)
- **Please get out of the car.** (plies get aut ow thä kahr; Bitte steigen Sie aus dem Auto aus.)

Wenn Sie in den USA alkoholische Getränke im Auto transportieren, sollten Sie dies nur im Kofferraum tun. Es ist gesetzlich verboten, Alkohol im Innenraum eines Autos mitzunehmen. Mehr über die Bezeichnungen einzelner Teile eines Autos erfahren Sie in Kapitel 14.

Wenn Sie aus dem Auto ein- oder aussteigen, benutzen Sie im Englischen immer das Verb **to get** (tu get), niemals das Verb **to go** (tu gou). Sagen Sie also:

- **Get in the car. We want to leave.** (get in thä kahr uwie uwont tu liew; Steigen Sie ins Auto ein. Wir wollen losfahren.)
- **Don't get out of the car yet. It's still raining.** (dount get aut ow thä kahr jet itss sstil *räin*-ing; Steigen Sie noch nicht aus dem Auto aus. Es regnet immer noch.

Leider wird es manchmal nicht bei den obenstehenden Anweisungen bleiben. Ihr fehlerhaftes Fahrverhalten kann auch weitreichendere Folgen haben. Diese können so aussehen:

- **a caution** (ä *kooh*-sschen; eine Verwarnung)
- **a speeding ticket** (ä *sspied*-ing *ti*-ket; ein Strafzettel für zu schnelles Fahren)
- **a fine** (ä fain; eine Geldstrafe)

Wenn Sie eine **fine** erhalten, müssen Sie diese zumeist **on the spot** (on thä sspot; direkt vor Ort) bezahlen. Falls Sie Ihr Fahrverhalten von vornherein so einschätzen, dass Sie in Konflikt mit dem Gesetz geraten könnten, sollten Sie also immer eine gewisse Menge an **cash** (kässch; Bargeld) bei sich tragen. Mehr dazu, wie Sie bezahlen können, erfahren Sie in Kapitel 6. Auch wenn Sie gern mit **police officers** reden, sollten Sie sich dennoch an die **traffic rules** (*trä*-fik ruhls; Verkehrsregeln) halten. Mehr dazu in Kapitel 13.

Schauen Sie sich das Verb im folgenden Satz einmal genau an:

- ✔ **The police are looking for the culprit.** (thä po-*liess* ar *luk*-ing for thä *kal*-prit; Die Polizei sucht den Täter.)

Das Substantiv **police** benötigt im Englischen ein Verb im Plural. Im Deutschen brauchen Sie für »Polizei« jedoch ein Verb im Singular. Mehr über Substantive und Verben, und wie Sie mit ihnen umgehen, erfahren Sie in Kapitel 2.

Track 30: Im Gespräch

Sarah ist zu schnell die Hauptstraße hinuntergefahren und wurde von einem Polizisten angehalten. Die beiden unterhalten sich.

Officer: **You were driving pretty fast, lady. Let me see your license please.**

juh uwör *draiw*-ing *pri*-tie fähsst *läi*-die let mie ssie juhr *lai*-ssenss plies

Sie sind ziemlich schnell gefahren. Lassen Sie mich bitte Ihren Führerschein sehen.

Sarah: **Oh, officer, I'm so sorry. I'm in a terrible hurry. I didn't mean to exceed the speed limit.**

ou *ooh*-fiss-er aim ssou *ssooh*-rie aim in ä *te*-ri-bel *ha*-rie ai *did*-ent mien tu ik-*ssied* thä sspied *li*-mit

Oh, Herr Wachtmeister, es tut mir so leid. Ich habe es furchtbar eilig. Ich wollte die Geschwindigkeitsbegrenzung nicht überschreiten.

Officer: **Well, usually I would have to give you a speeding ticket. But I can let it go just this once. I'll have to issue a caution. Pay attention next time.**

uwel *juh*-schel-ie ai uwud häw tu giw juh ä *sspied*-ing *ti*-ket bat ai kän let it gou dschasst thiss uwanss *ai*-el häw tu *i*-sschuh ä *kooh*-sschen päi ä-*ten*-sschen nekksst taim

Na ja, normalerweise müsste ich Ihnen einen Strafzettel ausstellen. Aber ich kann es dieses eine Mal durchgehen lassen. Ich verwarne Sie hiermit. Passen Sie nächstes Mal besser auf.

Sarah: **Thank you, officer. I won't do it again. Have a good day!**

thhänk juh *ooh*-fiss-er ai uwount duh it ä-*gen* häw ä gud däi

Ich danke Ihnen, Herr Wachtmeister. Ich werde es nicht wieder tun. Einen schönen Tag noch!

Kleiner Wortschatz

Englisch	Aussprache	Deutsch
registration	re-dschiss-*träi*-sschen	Fahrzeugpapiere
alcoholic beverage	äl-ke-*hol*-ik *bew*-ridsch	alkoholisches Getränk
to rain	tu räin	regnen
to exceed	tu ik-*ssied*	überschreiten
to pay attention	tu päi ä-*ten*-sschen	aufpassen
culprit	*kal*-prit	Täter

Law and Order: Hilfe vom Anwalt

Wenn Sie in eine Situation geraten, aus der Sie allein nicht mehr herauskommen, brauchen Sie vielleicht **legal advice** (*lie*-gel äd-*waiss*; Rechtsbeistand). Hier sind einige Begriffe, die Ihnen aus der Patsche helfen könnten:

- ✔ **lawyer** (*leu*-jer; Rechtsanwalt)
- ✔ **attorney** (ä-*tör*-nie; Rechtsanwalt)
- ✔ **interpreter** (in-*tör*-pret-er; Dolmetscher)
- ✔ **jail** (dschäil; Gefängnis)
- ✔ **prison** (*pri*-sen; Gefängnis)

Diese Begriffe finden Sie auch in den folgenden Sätzen wieder:

- ✔ **I need legal advice. Where can I get a lawyer?** (ai nied *lie*-gel äd-*waiss* uwäir kän ai get ä *leu*-jer; Ich brauche Rechtsbeistand. Wo finde ich einen Rechtsanwalt?)
- ✔ **I want to call an attorney.** (ai uwont tu koohl än ä-*tör*-nie; Ich will einen Rechtsanwalt anrufen.)
- ✔ **I want to contact the nearest German/Austrian/Swiss consulate.** (ai uwont tu *kon*-täkt thä *nier*-esst *dschör*-men *oohs*-trie-en suwiss *kon*-sse-let; Ich will das nächste deutsche/österreichische/Schweizer Konsulat kontaktieren.)
- ✔ **I didn't do it.** (ai *did*-ent duh it; Ich habe es nicht getan.)
- ✔ **I don't want to go to jail.** (ai dount uwont tu gou tu dschail; Ich will nicht ins Gefängnis.)

Den jetzt folgenden Satz werden Sie nach dem Lesen von *Englisch für Dummies* sicherlich nicht brauchen. Der Vollständigkeit halber sei er hier jedoch trotzdem erwähnt:

- ✔ **I don't speak English. I need the help of an interpreter.** (ai dount sspiek *ing*-lissch ai nied thä help ow än in-*tör*-pret-er; Ich spreche kein Englisch. Ich brauche Hilfe von einem Dolmetscher.)

Mehr zu diesem Thema auch im Band *Aus dem Gefängnis ausbrechen für Dummies*.

Spiel und Spaß

Benutzen Sie die folgenden Wörter, um die Lücken in den Sätzen zu füllen:

pharmacy, sunburn, allergic, cast, emergency, snake

- ✔ **Doctor, I'm ________ to peanuts.**
- ✔ **If you don't want a __________, use a lot of suntan lotion.**
- ✔ **Go to a __________ if you want to buy medication.**
- ✔ **I believe this __________ is venomous. Be careful!**
- ✔ **When there is an __________, call 911.**
- ✔ **My arm is broken. The doctor put it in a ________.**

Lösung:

Die einzusetzenden Wörter sind kursiv gedruckt:

- ✔ **Doctor, I'm *allergic* to peanuts.**
- ✔ **If you don't want a *sunburn*, use a lot of suntan lotion.**
- ✔ **Go to a *pharmacy* if you want to buy medication.**
- ✔ **I believe this *snake* is venomous. Be careful!**
- ✔ **When there is an *emergency*, call 911.**
- ✔ **My arm is broken. The doctor put it in a *cast*.**

Teil IV:

Der Top-Ten-Teil

*

In diesem Teil ...

Sie kennen sicher das Sprichwort »Andere Länder, andere Sitten«. In der Tat ist es so, dass Sie jetzt vielleicht perfekt Englisch sprechen können, damit aber immer noch nicht zum Amerikaner oder Engländer geworden sind. In Teil IV geht es darum, diese Lücke zwischen der Sprache und der Kultur der Menschen zu schließen. Zum einen können Sie von den hier vorgestellten Tipps, wie Sie schnell Englisch lernen können, profitieren. Zum anderen erhalten Sie Einblicke in Dinge, die Sie tunlichst vermeiden sollten. Aber es geht auch um Redewendungen, mit denen Sie Ihr englischsprachiges Gegenüber beeindrucken werden. Wenn Sie sich dann noch über die Feiertage in den USA, Kanada, Großbritannien und Irland informiert haben, sollten Sie sich vielleicht einmal über einen Einbürgerungstest Gedanken machen. Und damit Sie sich unsere Tipps besonders gut merken können, sind sie in praktischen Top-Ten-Listen untergebracht. **Awesome** (*ohh*-ssam; fantastisch), oder?

* Wann Sie das Wort »erstaunlich« benutzen sollten:
»wenn Sie ein Soufflé aus dem Ofen nehmen« – »erstaunlich«
»wenn Sie ein Taube aus dem Zylinder zaubern« – »erstaunlich«

»Wann Sie das Wort »erstaunlich« nicht benutzen sollten:
»nachdem Ihnen von verdorbenen Krustentieren schlecht geworden ist« »erstaunlich«
»nachdem Sie Ihre Socken angezogen haben« – »erstaunlich«
»nachdem Ihr Hund sein Geschäft erledigt hat« – »erstaunlich«
»nach einem besonders langen Rülpser« – »erstaunlich«

Zehn Tipps, um schnell Englisch zu lernen

17

In diesem Kapitel

- Beschäftigungen, die Ihr Englisch aktivieren
- Englischsprachige Medien benutzen
- Englischsprachige Gesprächspartner finden

In der technisch fortgeschrittenen Welt des 21. Jahrhunderts ist es für Sie denkbar einfach geworden, mit der englischen Sprache in Kontakt zu treten. Wie das passiert, ist im Großen und Ganzen Ihnen überlassen. Die zehn Tipps in diesem Kapitel dienen Ihnen als Anhaltspunkte, wie Sie Ihre **language competence** (*läng*-uwidsch *kom*-pe-tenss; Sprachkompetenz) schnell und effizient erweitern können. In den meisten Fällen geschieht dies sogar ohne größeren finanziellen Aufwand. Alles, was Sie tun müssen, ist, Ihren inneren Schweinehund – zum Glück gibt es den in der englischen Sprache überhaupt nicht – zu überwinden und den ersten Schritt zu machen. Die nächsten zehn Schritte auf dem Weg zur **English language competence** sind im Folgenden für Sie vorgezeichnet.

»Englisch für Dummies« lesen

Congratulations! (kon-grä-dsche-*läi*-sschens; Glückwunsch!) Den ersten Schritt haben Sie gemacht, als Sie sich für dieses Buch entschieden haben. Wenn Sie bisher alle Kapitel aufmerksam gelesen haben, sind Sie bereits ein beachtliches Stück auf dem Weg zur **English language competence** vorangekommen. Das Vokabular, die Informationen und die Dialoge, die Sie in diesem Buch und der beiliegenden Audio-CD finden können, bieten Ihnen ein **language tool kit** (*läng*-uwidsch tuhl kit; sprachliches Handwerkszeug), mit dem Sie typische Alltagssituationen in einem englischsprachigen Umfeld meistern können. Und das ist sicherlich Ihr Ziel.

In englischsprachiges Fernsehen eintauchen

Wie die meisten Menschen in Europa haben wahrscheinlich auch Sie einen **television set** (*te*-le-wi-schen sset; Fernsehapparat). Unter den zahlreichen **channels** (*tsschä*-nels; Kanälen), die Ihnen beim Kabel- oder Satellitenfernsehen zur Verfügung stehen, sind unter Garantie auch einige englischsprachige zu empfangen. »Zappen« Sie doch einfach einmal durch. Sie werden zumindest folgende **news channels** (nuhs *tsschä*-nels; Nachrichtenkanäle) finden:

- ✔ **BBC** (`www.bbc.co.uk`) – britisches Fernsehen

- ✔ **CNN** (www.cnn.com) – amerikanisches Fernsehen

Diese Sender versorgen Sie rund um die Uhr mit Sprachmaterial aus dem englischsprachigen Alltag. Falls Ihr Kabelanbieter sie bereitstellt oder Ihre Satellitenschüssel entsprechend ausgerichtet ist, können Sie sogar noch weitere Kanäle empfangen, auf denen dann auch englischsprachige **movies** (*muh*-wies; Spielfilme), **series** (*ssie*-ries; Serien) und Unterhaltungssendungen ausgestrahlt werden.

Besonders einfach ist es für die Schleswig-Holsteiner unter Ihnen, denn Sie können auch das dänische Fernsehen schauen. Dort werden Fernsehserien und Spielfilme in der Regel nicht synchronisiert. Mit dänischen **subtitles** (*ssab*-taitels; Untertiteln) schlagen Sie sogar zwei Fliegen mit einer Klappe: Zum einen üben Sie Ihr englisches Hörverständnis, zum anderen können Sie Spaß mit den dänischen Untertiteln haben. In anderen Grenzgebieten haben Sie vielleicht ähnliche Möglichkeiten.

Spielfilme in englischer Sprache schauen

Wenn Sie nicht das große Glück haben, im wunderschönen Schleswig-Holstein zu leben, können Sie dennoch einfacher denn je in den Genuss von englischsprachigen Spielfilmen kommen. Früher war es sehr kompliziert, Filme im Originalton zu sehen, denn auf VHS-Kassetten konnte man die Tonspur nicht wechseln. Im Zeitalter von DVDs und Blu-ray-Discs ist dagegen die Möglichkeit, einen englischen oder amerikanischen Film in der **original language** (o-*ri*-dschin-el *läng*-uwitssch; Originalsprache) zu schauen, eine Selbstverständlichkeit. Gehen Sie doch bei der nächsten Gelegenheit in den **video store** (*wi*-di-ou sstohr; Videothek) oder die **library** (*lai*-bre-rie; Bibliothek) um die Ecke. Beim großen Angebot von Filmen ist auch für Sie der passende dabei. Versuchen Sie es doch einmal mit:

- ✔ ***Christmas Vacation* (1989)** (*kriss*-mess wäi-*käi*-sschen; *deutscher Titel:* Schöne Bescherung)
- ✔ ***How to Make an American Quilt* (1995)** (hau tu mäik än ä-*me*-ri-ken kuwilt; *deutscher Titel:* Ein amerikanischer Quilt)
- ✔ ***Keeping Mum* (2005)** (*kiep*-ing mam; *deutscher Titel:* Mord im Pfarrhaus)
- ✔ ***Love Actually* (2003)** (law *äk*-sschel-ie; *deutscher Titel:* Tatsächlich Liebe)

Das Schöne dabei ist, dass Sie sich an den Klang der englischen Sprache gewöhnen und gleichzeitig auch – wenn Sie wollen – englische **subtitles** einblenden können. Ach ja, die Handlung dürfen Sie natürlich auch genießen, denn sie gibt Ihnen einen Einblick in die Kultur der englischsprachigen Länder.

Englische Hörbücher im Original hören

Ob in der **kitchen** (*ki*-tsschen; Küche), im **car** (kahr; Auto) oder ganz einfach im **bed** (bed; Bett) – nein, nicht was Sie jetzt vielleicht denken –, an allen diesen Orten können Sie sich ganz einfach mit der gesprochenen englischen Sprache vertraut machen und dabei noch ganze **novels** (*no*-wels; Romane) kennen lernen. Legen Sie doch einmal ein **audio book** (*ooh*-die-ou buk; Hörbuch) in Ihren **CD player** (ssie-*die pläi*-er; CD-Spieler) oder **tape recorder** (täip ri-*kord*-er; Kassettenrekorder) und lassen Sie sich vom Klang der Sprache berieseln. Dabei muss es nicht immer ein **novel** sein. Natürlich gibt es auch **biographies** (bai-*o*-grä-fies; Biografien) und **non-fiction books** (non-*fik*-tsschen bukss; Sachbücher) im Angebot. Hier sind ein paar Anregungen:

- ✔ **Bill Bryson: *Notes from a Small Island*** (noutss from ä ssmoohl *ai*-lend; *deutscher Titel:* Reif für die Insel)
- ✔ **Bill Bryson: *The Life and Times of the Thunderbolt Kid*** (thä laif änd taims ow thä *thhan*-der-bolt kid; *deutscher Titel:* Mein Amerika – Erinnerungen an eine ganz normale Kindheit)
- ✔ **F. Scott Fitzgerald: *The Great Gatsby*** (thä gräit *gätss*-bie; *deutscher Titel:* Der große Gatsby)
- ✔ **Simon S. Montefiore: *Speeches That Changed the World*** (*sspietssch*-es thät tsschäindschd thä uwörld; wörtlich: Reden, die die Welt verändert haben)

In vielen Fällen – nämlich den **unabridged** (an-äb-*ridschd*; ungekürzt) Versionen – können Sie parallel dazu noch das Buch aufschlagen und sich in **multi-tasking** (*mal*-tie *tähssk*-ing; Multitasking) üben. So schulen Sie gleichzeitig mit dem Hörverständnis auch Ihr Leseverständnis und haben **two birds with one stone** (tuh börds uwith uwan sstoun; *sprichwörtlich:* zwei Fliegen mit einer Klappe) geschlagen.

Websites mit Texten auf Englisch

Das **internet** (*in*-ter-net; Internet) – unendliche Weiten. Fühlen Sie sich an Captain Kirk erinnert? Was selbst für Captain Kirk noch **dreams of the future** (driems ow thä *fjuh*-tsscher; Zukunftsmusik, *wörtlich:* Zukunftsträume) waren, ist in Ihrem Alltag sicherlich eine Selbstverständlichkeit. Nutzen Sie Ihren Computer doch einmal angemessen. Statt Moorhühner abzuschießen, könnten Sie auch **news reports** (nuhs ri-*portss*; Nachrichten) in englischer Sprache lesen. Obwohl man sagt

- ✔ **No news is good news.** (no nuhs is gud nuhs; Keine Nachrichten sind gute Nachrichten.)

bieten die gleichnamigen **websites** (*uweb*-ssaitss; Internetseiten) der kleinen und großen britischen und amerikanischen **newspapers** (*nuhs*-päi-pers; Zeitungen) und **magazines** (*mä*-gesiens; Zeitschriften) viele interessante und aktuelle **reports** (ri-*portss*; Berichte) zum Nachlesen an:

- ✔ **USA Today** (`www.usatoday.com`) – Onlineausgabe der amerikanischen Tageszeitung

- **Telegraph** (`www.telegraph.co.uk`) – Onlineausgabe der britischen Tageszeitung
- **Time** (`www.time.com`) – Onlineausgabe der amerikanischen Wochenzeitschrift
- **The Economist** (`www.economist.com`) – Onlineausgabe der britischen Wochenzeitschrift

Darüber hinaus erwartet Sie im Internet die gesamte **range** (räindsch; Bandbreite) der journalistischen Schaffenskraft: von der **tabloid press** (*tä*-bleud press; Boulevardpresse) bis zu den **feature sections** (*fie*-tsscher *ssek*-sschens; Feuilletons) der **quality broadsheets** (*kuwooh*-li-tie *broohd*-sschietss; angesehene Zeitungen). Dort ist für Sie sicherlich etwas dabei – auch wenn die **funnies** (*fan*-ies; Comicseiten) in der Regel nicht online publiziert werden.

Internetseiten mit Audio- und Videoinhalt

Wenn Sie schon mit dem **internet** verbunden sind, nutzen Sie doch auch die Vorzüge Ihres modernen **broadband** (*broohd*-bähnd; Hochgeschwindigkeit) DSL- oder Kabelanschlusses. So ausgestattet können Sie die Vielfalt des im **world wide web** (uwörld uwaid uweb; WWW) erhältlichen **audio and video content** (*ooh*-die-ou änd *wi*-die-ou *kon*-tent; Audio- und Videoinhalt) zu Ihrer Unterhaltung, aber auch zu Ihrem sprachlichen Vorteil nutzen. Die Vielfalt der Quellen ist auf den gängigen Internetportalen nahezu unermesslich: von den Größen der **film history** (film *hiss*-te-rie; Filmgeschichte) bis zu **home movies** (houm *muh*-wies; Heimvideos) können Sie hier alles hören und sehen:

- **For Dummies-Website** (`www.dummies.com`)
- **Youtube** (`www.youtube.com`)
- **Big Green Rabbit** (`www.biggreenrabbit.com`)

Auf der folgenden **website** erwartet Sie ein komplettes Wörterbuch. Hier können Sie sich die Aussprache aller englischen Wörter vorsprechen lassen:

- **Merriam-Webster Online** (`www.m-w.com`)

Insgesamt geben Ihnen diese **websites** nicht nur Einblicke in die englische Sprache, sondern gleichzeitig auch noch in die Kultur der englischsprachigen Länder. **Go for it!** (gou for it; Legen Sie los!)

Englischsprachige Zeitungen lesen

Sie mögen keine flimmernden **screens** (sskriens; Bildschirme)? Kein Problem, denn es gibt ja zum Glück immer noch **the good old print media** (thä gud ould print *mie*-di-a; die guten alten Printmedien). Schlendern Sie doch einmal zur nächsten Bahnhofsbuchhandlung. Dort erwartet Sie eine Auswahl von englischsprachigen **newspapers** und **magazines** – ganz klassisch in gedruckter Form:

- **The International Herald Tribune** (thie in-ter-*nä*-sschen-el *he*-reld *trib*-juhn) – Internationale Ausgabe der New York Times

- **The Guardian** (thä *gar*-di-en) – britische Zeitung
- **Newsweek** (*nuhs*-uwiek) – amerikanische Wochenzeitschrift
- **National Geographic** (*nä*-sschen-el dschie-e-*grä*-fik) – amerikanisches Magazin

Sobald Sie Ihren **favorite** (*fäi*-we-rit; Favorit) gefunden haben, können Sie diesen auch regelmäßig in einem **subscription** (ssab-*sskrip*-sschen; Abonnement) beziehen. Das spart Ihnen den Weg zum Bahnhof. Die eingesparte Zeit können Sie dann zum Lesen verwenden – zum Beispiel für die **funnies**, die es in der gedruckten Variante der Tageszeitungen glücklicherweise gibt.

Sprachkurse belegen

Ihre eigenen **four walls** (fohr uwoohls; vier Wände) werden Ihnen zu eng oder die **ceiling** (*ssie*-ling; Decke) fällt Ihnen auf den Kopf? Höchste Zeit, einmal rauszugehen und sich mit **like-minded** (*laik*-maind-ed; gleichgesinnt) Leuten zu treffen. Das Lernen in der Gruppe unter Anleitung eines **language teacher** (*läng*-uwidsch *tietssch*-er; Sprachenlehrer) fällt besonders leicht und macht garantiert auch Spaß. Erkundigen Sie sich nach den Angeboten Ihrer Volkshochschule oder der Sprachschulen in Ihrer **vicinity** (wi-*ssi*-ni-tie; Umgebung). Hier erhalten Sie ebenfalls mehr Informationen:

- Ihr örtliches Amerika-Haus (`www.amerika-gesellschaft.de`)
- British Council Germany (`www.britishcouncil.de`)

Wenn Sie sich aktiv am Kursgeschehen beteiligen, wird sich Ihre **language competence** unter Garantie schnell weiterentwickeln. Das hängt natürlich auch von der Gruppengröße und Gruppenzusammensetzung ab.

Fragen Sie den **language teacher** nach einem **placement test** (*pläiss*-ment tesst; Einstufungstest), damit Sie von vornherein in der richtigen Gruppe landen. Dann ist der **success** (*ssak*-ssess; Erfolg) besonders groß.

Einem Gesprächskreis beitreten

Wenn Sie zu der Gattung der richtig mutigen Menschen gehören, kommt hier noch eine besondere Möglichkeit, Ihre **language competence** angemessen zu erweitern. Vielleicht haben Sie an den Pinnwänden Ihrer **company** (*kam*-pe-nie; Firma), am Schwarzen Brett im **grocery store** (*grou*-sse-rie sstohr; Supermarkt) oder unter dem Infomaterial bei Ihrem **hairdresser** (*häir*-dress-er; Friseur) schon einmal gesehen, dass **English discussion groups** (*ing*-lissch diss-*ka*-sschen gruhpss; englischsprachige Gesprächskreise) Teilnehmer suchen. Nur Mut, denn wo sonst können Sie frei mit anderen begeisterten Sprachenlernenden auf Englisch kommunizieren und sich über vielfältige Themen austauschen? Was? Eine solche **discussion**

group gibt es bei Ihnen noch nicht? Dann sollten Sie unbedingt eine gründen – sie wird sicherlich regen Zulauf finden.

Englischsprachige Länder bereisen

Jetzt kommt das i-Tüpfelchen auf die bisher neun Tipps, wie Sie schnell Englisch lernen können. Zugegebenermaßen ist der zehnte Tipp eine relativ kostenintensive Methode. Unter einigen Voraussetzungen ist er jedoch die effektivste. Gemeint ist der Aufenthalt in einem englischsprachigen Land. Worauf warten Sie noch? Kratzen Sie das notwendige **spare change** (sspäir tsschäindsch; Kleingeld) zusammen und buchen Sie einen **flight** (flait; Flug). Dann packen Sie Ihren **suitcase** (*ssuht*-käiss; Koffer) und ab zum **airport** (*äir*-port; Flughafen). Einmal gelandet, können Sie völlig in die englischsprachige Welt eintauchen. Das nennt sich **total immersion** (*tou*-tel i-*mör*-schen; ganzheitlicher Erwerb). Nur ein **word of advice** (uwörd ow äd-*waiss*; Hinweis) noch: Vermeiden Sie es, im englischsprachigen Ausland Ihre Muttersprache zu verwenden, auch wenn es manchmal verlockend scheint. Sie wollen ja Englisch lernen.

Zehn Dinge, die Sie niemals sagen oder tun sollten

18

In diesem Kapitel

- Sich mit landesüblichen Gepflogenheiten vertraut machen
- Die richtigen Ausdrücke verwenden
- Peinliche Situationen vermeiden

Tun Sie Ihren Fuß nicht in den Mund. Fragen Sie sich gerade, wie das überhaupt gehen soll? Im Englischen müssen Sie dazu kein **acrobat** (*ä*-kre-bät; Akrobat) sein, denn

- ✔ **to put your foot in your mouth** (tu put juhr fut in juhr mauthh; *wörtlich:* Ihren Fuß in Ihren Mund stecken)

heißt nichts anderes, als ins Fettnäpfchen zu treten. Häufig ist es so, dass Sie beim Überschreiten von Landesgrenzen auch gesellschaftliches Neuland betreten. Dabei laufen Sie Gefahr, unangenehm aufzufallen. Daher sollten Sie sich vor Ihrem Aufenthalt im englischsprachigen Ausland mit den dort landesüblichen **customs** (*kass*-tems; Gepflogenheiten) vertraut machen. Das ist nicht unbedingt notwendig, aber es hilft Ihnen sicherlich, **embarrassing situations** (em-*bä*-ress-ing ssi-tsschu-*äi*-sschens; peinliche Situationen) und **hurt feelings** (hört *fiel*-ings; verletzte Gefühle) zu vermeiden. Nach dem Lesen dieses Kapitels haben Sie dann die Sicherheit, mit beiden Füßen auf dem Boden zu stehen.

Nach sanitären Einrichtungen fragen

Es geht mit etwas sehr Alltäglichem und Grundlegendem los: der Toilette. Direkt übersetzt heißt diese im Englischen **toilet** (*teu*-let; Toilette). Haben Sie das Bedürfnis, diese aufzusuchen, ergibt sich das erste Problem: Sie müssen im Zweifelsfall danach fragen. In Großbritannien können Sie beruhigt nach Schildern mit der Aufschrift **toilet** suchen oder auch dieses Wort benutzen, um danach zu fragen. In den USA aber wird dieses Wort vermieden. Sie werden garantiert **funny looks** (*fan*-ie lukss; komische Blicke) ernten, wenn Sie so nach einer Möglichkeit fragen, Ihre Notdurft zu verrichten. Stattdessen benutzen Sie besser einen der folgenden Ausdrücke:

- ✔ **ladies' room** (*läi*-dies ruhm; öffentliche Damentoilette)
- ✔ **men's room** (mens ruhm; öffentliche Herrentoilette)
- ✔ **restroom** (*resst*-ruhm; öffentliche Toilette)
- ✔ **bathroom** (*bähthh*-ruhm; nicht-öffentliche Toilette)

Besonders im privaten Bereich gibt es sowohl im britischen als auch im amerikanischen Englisch viele weitere Möglichkeiten, die gute alte Kloschüssel zu beschreiben:

- **loo** (BE) (luh; Toilette)
- **WC** (BE) (*da*-bel-juh ssie; Toilette)
- **potty** (AE) (*po*-tie; Toilette)
- **john** (AE) (dschon; Toilette)
- **commode** (AE) (ko-*moud*; Toilette)

Gerüstet mit dieser Vielzahl von Wörtern dürfen Sie jetzt müssen. Es kann eigentlich nichts mehr daneben gehen.

Richtig »ja« und »nein« sagen

So oder so ähnlich hieß es in einer amerikanischen Anti-Drogen-Kampagne:

- **Just say no!** (dschasst ssäi nou; Sag einfach nein!)

Es geht hier jedoch nicht um Drogen, sondern um das kleine Wörtchen **no** (nou; nein). Sie werden nicht vermeiden können, es zu benutzen. Auf sich allein gestellt kann dieses Wort aber eher kurz angebunden wirken. Was können Sie dagegen tun? Wenn Sie **no** zusammen mit kurzen Floskeln verwenden, empfindet Ihr englischsprachiges Gegenüber Ihr »nein« gleich weniger **curt** (kört; barsch). Hier sind einige Beispiele:

- **Is this seat taken? – No, it isn't.** (is thiss ssiet *täik*-en nou it *is*-ent; Ist dieser Platz besetzt? – Nein, ist er nicht.)
- **Would you like to join us? – No, we can't. We're meeting friends today.** (uwud juh laik tu dscheun ass nou uwie kähnt uwier *miet*-ing frends tu-*däi*; Möchten Sie sich dazugesellen? – Nein, das können wir nicht. Wir treffen uns heute mit Freunden.)
- **Have you been here before? – No, I haven't.** (häw juh bin hier *bi*-fohr nou ai *häw*-ent; Waren Sie schon einmal hier? – Nein, war ich noch nicht.)

Jetzt wissen Sie, wie man höflich »nein« sagen kann. Manchmal sind Ablehnungen einfach unvermeidbar. Ein blankes **no** kann da schon verletzend wirken. Mit etwas Glück brauchen Sie aber gar nicht so häufig **no** zu sagen. Versuchen Sie es einfach einmal mit **yes** (jess; ja). Aber Obacht, auch hier dürfen Anhängsel nicht fehlen:

- **Is this seat taken? – Yes, it is. Sorry.** (is thiss ssiet *täik*-en jess it is *sso*-rie; Ist dieser Platz besetzt? – Ja, ist er. Tut mir leid.)
- **Would you like to join us? – Yes, please.** (uwud juh laik tu dscheun ass jess plies; Möchten Sie sich dazugesellen? – Ja, bitte.)
- **Have you been here before? – Yes, I have.** (häw juh bin hier *bi*-fohr jess ai häw; Waren Sie schon einmal hier? – Ja, war ich.)

Wenn Sie auf Fragen nur mit **yes** antworten, könnte Ihr Gesprächspartner Folgendes verstehen:

✔ **Yes, but now go away.** (jess bat nau gou ä-*uwäi*; Ja. Und nun verschwinden Sie.)

»Become«, »Get« und »Stand up«

Ein alter Witz, der bei Englischlehrern sehr beliebt ist, lautet ungefähr so:

Ein Gast fragt den Kellner:

✔ **Waiter, when will I become a beefsteak?** (*uwäit*-er uwen uwil ai *bi*-kam ä *bief*-sstäik; Herr Ober, wann werde ich ein Steak?)

Der Kellner antwortet etwas bestürzt Folgendes:

✔ **I hope never, sir.** (ai houp *ne*-wer ssör; Ich hoffe niemals, mein Herr.)

Richtig müsste es nämlich heißen:

✔ **When will I get a beefsteak?** (uwen uwil äi get ä *bief*-sstäik; Wann bekomme ich ein Steak?)

Das englische Verb **to become** (tu bi-*kam*; werden) und das deutsche Verb »bekommen« sind **false friends** (foohlss frends; falsche Freunde). Daher werden **to become** und **to get** (tu get; bekommen) von Englisch sprechenden Deutschen häufig verwechselt. Mehr über das Konzept der **false friends** erfahren Sie in Kapitel 1. Hier sind zwei Beispiele für den richtigen Gebrauch dieser beiden Verben:

✔ **Julia wants to become a doctor when she grows up.** (*dschu*-lie-a uwontss tu bi-*kam* ä *dok*-ter uwen sschie grous ap; Julia will Ärztin werden, wenn sie groß ist.)

✔ **Claire gets her security blanket whenever she is sad.** (kläir getss hör sse-*kjuh*-ri-tie *blän*-ket uwen-*e*-wer sschie is ssähd; Claire bekommt ihre Kuscheldecke, wenn sie traurig ist.)

Zu **to become** und **to get** gesellen sich unter anderem auch noch die folgenden Verben hinzu:

✔ **to stand up** (tu sstähnd ap; aufstehen)

✔ **to get up** (tu get ap; aufstehen)

Das Problem beginnt schon morgens im Bett. Wenn Sie aus diesem aufstehen – was Sie vielleicht sowieso schon ungern tun –, dann muss es **to get up** heißen, also ungefähr so:

✔ **Sarah always gets up at 6 a.m.** (*ssä*-ra *oohl*-uwäis getss ap ät ssikss äi-*em*; Sarah steht immer um sechs Uhr morgens auf.)

Das Verb **to stand up** verwenden Sie in allen anderen Situationen, wie der folgenden:

- **Ladies and gentlemen, please stand up for the national anthem.** (*läi*-dies änd *dschen*-tel-men plies sstähnd ap for thä *nä*-sschen-el *än*-thhem; Meine Damen und Herren, bitte erheben Sie sich für die Nationalhymne.)

Heiß und kalt und zwischendrin

Mit **hot** (hot; heiß) können Sie in brenzlige Situationen geraten. Dieses Wort ist wie ein Überraschungsei. Es enthält dreierlei Bedeutungen, die Sie den folgenden Beispielen entnehmen können:

- **It's really hot in here. Can someone open a window, please?** (itss *riel*-ie hot in hier kän *ssam*-uwan *ou*-pen ä *uwin*-dou plies; Es ist wirklich heiß hier drinnen. Kann jemand bitte ein Fenster öffnen?)
- **I don't like Mexican food. It's too hot for my taste.** (ai dount laik *mek*-ssi-ken fuhd itss tuh hot for mai täisst; Ich mag kein mexikanisches Essen. Für meinen Geschmack ist es zu scharf.)

Haben Sie mitgezählt? Richtig, das waren erst zwei Bedeutungen von **hot**. Bei der dritten wird es so heiß, dass sie hier unerwähnt bleiben sollte. Danach brauchen Sie vielleicht erst einmal ein **cold drink** (kould drink; kaltes Getränk) oder eine **cold shower** (kould *sschau*-er; kalte Dusche). Bei **cold** gibt es nämlich keine Probleme. Die können Sie erst bekommen, wenn Sie **I'm hot** (aim hot) sagen ...

Schimpfwörter und verwandte Artgenossen

Sie kennen es noch aus Ihrer Kinderstube. Nein, nicht die Schimpfwörter, sondern die Tatsache, dass Sie genau diese Wörter nicht benutzen sollen. So ist es auch in den englischsprachigen Ländern. Es gibt einige **swearwords** (*ssuwäir*-uwörds; Schimpfwörter), die Sie in der Öffentlichkeit lieber nicht in den Mund nehmen sollten. Allen voran steht das berühmtberüchtigte **f-word** (*ef*-uwörd; f-Wort). Zugegebenermaßen werden Sie es gelegentlich hören, besonders in Kinofilmen. Schauen Sie sich diese Filme allerdings im öffentlichen amerikanischen Fernsehen an, sind die Schimpfwörter entweder durch Töne oder etwas abgeschwächte Varianten ersetzt.

Einige dieser Alternativen für Schimpfwörter können Sie jetzt kennen lernen:

- **the f-word** wird zu **fudge** (fadsch; *wörtlich:* Buttertoffee)
- **the s-word** wird zu **shoot** (sschuht; *wörtlich:* schießen)
- **damn** (dähm; verdammt) wird zu **dang** (däng) oder **darn** (darn)

Wenn Sie sich bei den zu ersetzenden Wörtern etwas unsicher sind, schauen Sie sich doch einmal einen amerikanischen Actionfilm im Kino an. Danach werden Sie garantiert im Bilde sein.

Der Name des Herrn

Ein großer Teil der Bevölkerung in den USA bezeichnet sich selbst als **religious** (ri-*li*-dschess; religiös). Daher ist es nicht verwunderlich, dass damit einige Gepflogenheiten bei der Wortwahl einhergehen. So wird darauf geachtet, dass der **name of the Lord** (näim ow thä lohrd; Name des Herrn) nicht leichtfertig benutzt wird. Auch hier gibt es Ersatzwörter, die mit gutem Gewissen gebraucht werden können. So verletzen Sie in Gesellschaft keine Gefühle:

- ✔ **Jesus** (*dschie*-ses; Jesus) wird zu **geez** oder **jeez** (dschies)
- ✔ **God** (god; Gott) wird zu **gosh** (gossch)

Von »Indians«, »Negroes« und anderen »No-noes«

Haben Sie als Kind auch so gern **Cowboys and Indians** (*kau*-beus änd *in*-die-ens; Cowboys und Indianer) gespielt? Heute müsste es eigentlich so heißen:

- ✔ **Cowboys and Native Americans** (*kau*-beus änd *näi*-tiw ä-*me*-ri-kens; Cowboys und amerikanische Ureinwohner)

Das ist nicht weniger spaßig, aber ein richtiger **mouthful** (*mauthh*-ful; mundvoll). Warum so kompliziert, wenn es früher auch anders ging? Nun, alles muss heutzutage **politically correct** (po-*li*-ti-kel-ie ko-*rekt*; politisch korrekt), kurzum **PC** (pie ssie), sein. Mehr dazu erfahren Sie auch in Kapitel 4. Einige Auswirkungen dieser Bestrebungen sehen Sie in Tabelle 18.1.

Alter Begriff	PC Begriff
Indians (*in*-di-ens; Indianer)	**Native Americans** (*näi*-tiw ä-*me*-ri-kens; amerikanische Ureinwohner)
negroes (*nie*-grous; Neger)	**Blacks** (bläkss; Schwarze), **African Americans** (*ä*-fri-ken ä-*me*-ri-kens; afrikanische Amerikaner), **people of color** (*pie*-pel ow *ka*-ler; Farbige)
Eskimos (*ess*-ki-mous; Eskimos)	**Inuit** (*i*-nuh-it; Inuit)
gypsies (*dschip*-ssies; Zigeuner)	**Romanies** (*rou*-me-nies; Roma)
the disabled (thä diss-*äi*-beld; Behinderte)	**people with special needs** (*pie*-pel uwith *sspe*-sschel nieds; Menschen mit besonderen Bedürfnissen)

Tabelle 18.1: Politisch korrekte Ausdrücke

Achten Sie darauf, dass ***nationalities*** (nä-ssche-*nä*-li-ties; Nationalitäten) immer mit einem Großbuchstaben geschrieben werden. Mehr dazu erfahren Sie auch in Kapitel 4. Bei den Bezeichnungen in Tabelle 18.1 kann dies nicht vereinheitlicht werden.

Das Benutzen von Gürteltaschen und Brustbeuteln

Wenn Sie auf Reisen sind – und das sind Sie in einem englischsprachigen Land zumeist –, verstauen Sie Ihre **valuables** (*wäl*-ju-ä-bels; Wertsachen) vielleicht in einem **fanny pack** (*fä*-nie päk; Gürteltasche). In den USA werden Sie mit dieser Bezeichnung auch durchkommen. Dort ist **fanny** nichts anderes als ein harmloses, altmodisches Wort für den **behind** (bi-*haind*; Popo). Wenn Sie diese Bezeichnung jedoch in Großbritannien benutzen, wird es um Sie herum plötzlich mit sehr großer Wahrscheinlichkeit sehr still und einsam werden. **Fanny** ist hier ein **taboo word** (tä-*buh* uwörd; Tabuwort) für die weiblichen Genitalien. Die Gürteltasche wird dort **bum bag** (bam bäg) genannt, wobei **bum** auch ein harmloses Wort für das menschliche Hinterteil ist.

Wenn Sie sich nicht sicher sind, hängen Sie sich doch einfach einen **neck pouch** (nek pautssch; Brustbeutel) um. Der heißt auf beiden Seiten des Ozeans so.

Can I borrow your rubber?

Wieder betretenes Schweigen. Zumindest, wenn Sie nicht gerade in einer britischen Schulklasse Ihrem Banknachbarn diese Frage stellen:

- ✔ **Can I borrow your rubber?** (kän ai *bo*-rou juhr *rab*-er; Kann ich dein Radiergummi leihen?)

Diese Frage funktioniert im britischen Englisch bestens. Im amerikanischen Englisch löst sie jedoch schweres Entsetzen aus:

- ✔ **rubber** (AE) (*rab*-er; Kondom)

Und das wollten Sie sicherlich nicht leihen. Fragen Sie in den USA lieber nach Folgendem:

- ✔ **eraser** (i-*räiss*-er; Radiergummi)

Mehr zu solchen sprachlichen Fallen erfahren Sie auch in Kapitel 1.

Wenn schimpfen, dann richtig (oder besser gar nicht)

Schon George Bernard Shaw sagte einmal, dass Briten und Amerikaner von einer gemeinsamen Sprache getrennt werden. Dieser Trend setzt sich beim Schimpfen fort. Sie sollen hier zwar nicht zum Schimpfen animiert werden. Aber wenn Sie es schon tun, sollten Sie zumindest wissen, was Sie sagen. Im britischen Englisch gibt es zum Beispiel das Wort **pissed** (pisst; besoffen):

- ✔ **Nigel went out with his mates and was pissed afterwards.** (*nai*-dschel uwent aut uwith his mäitss änd uwos pisst *ähf*-ter-uwörds; Nigel ist mit seinen Kumpels ausgegangen und war hinterher besoffen.)

Im amerikanischen Englisch bedeutete dasselbe Wort etwas ganz anderes:

- ✔ **Chuck was really pissed because the ATM had eaten his card again.** (tschak uwos *rie*-lie pisst bi-*koohs* thie äi-tie-*em* häd *ie*-ten his kahrd *ä*-gen; Chuck war total genervt, weil der Geldautomat seine Karte mal wieder geschluckt hatte.)

Wenn Sie das nächste Mal richtig ärgerlich sind, atmen Sie lieber tief durch und zählen Sie bis zehn. Wenn Sie in Kapitel 2 den Abschnitt über Zahlen gelesen haben, geraten Sie dabei auch nicht in Sprachprobleme.

Zehn Sätze, die Sie zum Amerikaner oder Engländer machen

19

In diesem Kapitel

- In englischsprachige Kulturkreise eintauchen
- Amerikaner und Briten besser verstehen

Die meisten Menschen, die mit ihrem Schulenglisch ausgestattet in ein englischsprachiges Land reisen, stellen fest, dass sich vieles anders anhört, als sie es gelernt haben. Wenn Sie bereits mehrere Kapitel aus diesem Buch gelesen haben, sind Sie schon sehr nahe an der Sprache der **locals** (*lou*-kels; Einheimische) dran. Die zehn Redewendungen und Sätze in diesem Kapitel lassen Sie noch landestypischer klingen. Probieren Sie es einfach einmal – Sie werden garantiert Erfolg haben.

Sure!

Sie lernen in der Schule, Fragen mit **yes** (jess; ja) und **no** (nou; nein) zu beantworten. Wollen Sie aber wirklich wie ein **native speaker** (*näi*-tiw *sspiek*-er; Muttersprachler) klingen, bejahen Sie doch stattdessen Fragen mit:

- ✔ **Sure!** (sschuhr; sicher)

Das könnte dann so aussehen:

- ✔ **A: Can I talk to you for a moment?** (kän ai toohk tu juh for a *mou*-ment; Kann ich einen Moment mit Ihnen sprechen?)
- ✔ **B: Sure!** (sschuhr; Sicher!)

No kidding!

Diese kleine Redewendung ist sehr vielseitig:

- ✔ **No kidding!** (nou *kid*-ing; Tatsächlich?)

Zum einen können Sie damit **surprise** (ssör-*prais*; Erstaunen) ausdrücken. Zum anderen können Sie auch die Unterhaltung vorantreiben. Das folgende Beispiel verdeutlicht das:

- ✔ **A: I bought myself a new sports car today.** (ai booht mai-*sself* ä nuh ssportss kahr tu-*däi*; Ich habe mir heute einen neuen Sportwagen gekauft.)

- **B: No kidding!** (nou *kid*-ing; Tatsächlich?)
- **A: Yes, and it's really great.** (jess, änd itss *riel*-ie gräit; Ja, und er ist wirklich großartig.)

Cheers!

Denken Sie bei **cheers** (tsschiers; Prost!) an alkoholische Getränke? Zum Teil liegen Sie damit richtig. Aber auch ohne Alkoholika können Sie Folgendes sagen:

- **Cheers!** (tsschiers; Danke! / Tschüß!)

Auf den Britischen Inseln hat **cheers** nämlich mehrere Bedeutungen. Sie können sich damit bedanken. Die Kombination mit **mate** (mäit; Kumpel) lässt Sie dann besonders britisch wirken:

- **A: Can I give you a lift?** (kän ai giw juh ä lift; Kann ich dich mitnehmen?)
- **B: Cheers, mate!** (tsschiers mäit; Danke, Kumpel!)

Eine Verabschiedung mit **cheers** ist auch möglich:

- **A: See you tomorrow, Nigel.** (ssie juh tu-*mo*-rou *nai*-dschel; Bis morgen, Nigel.)
- **B: Cheers, mate!** (tsschiers mäit; Tschüß, Kumpel!)

That's awesome!

Diesen Satz werden Sie besonders in den USA sehr häufig hören:

- **That's awesome!** (thätss *ooh*-ssem; Das ist fantastisch!)

Das Wort **awesome** bedeutete bis vor einigen Jahren primär noch etwas ganz anderes:

- **awesome** (*ooh*-ssem; ehrfürchtig)

Mittlerweile wird es zumeist mit **very good** (*we*-rie gud; sehr gut) oder **fantastic** (fän-*täss*-tik; fantastisch) gleichgesetzt:

- **A: I got an A in my chemistry exam.** (ai got än äi in mai *ke*-miss-trie ig-*sähm*; Ich habe eine 1 in meiner Chemiearbeit.)
- **B: No kidding! That's awesome!** (nou *kid*-ing thätss *ooh*-ssem; Tatsächlich? Das ist fantastisch!)

Passen Sie allerdings auf, dass Sie **awesome** nicht mit **awful** (*ooh*-ful; furchtbar) verwechseln. Das wäre furchtbar!

Excuse me

Ob Sie nach etwas fragen, etwas einfordern oder sich entschuldigen wollen, diese Redewendung ist eine Wunderwaffe:

- ✔ **Excuse me.** (ikss-*kjuhs* mie; Entschuldigung.)

Am besten lässt sich diese Allzweckfloskel mit Beispielen erklären:

- ✔ **Excuse me, is this the way to Amarillo?** (ikss-*kjuhs* mie is thiss thä uwäi tu ä-me-*ri*-lou; Entschuldigen Sie, ist dies der Weg nach Amarillo?)
- ✔ **Excuse me, could you turn down the volume?** (ikss-*kjuhs* mie kud juh törn daun thä *wol*-juhm; Entschuldigen Sie, können Sie die Lautstärke herunterdrehen?)
- ✔ **Excuse me, I didn't mean to bother you.** (ikss-*kjuhs* mie ai *did*-ent mien tu *bo*-ther juh; Entschuldigung, ich wollte Sie nicht stören.)

Lads and lasses

Lads (lähds; Jungs) und **lasses** (*lähss*-es; Mädels) kommen zwar ursprünglich aus Schottland, sind aber heutzutage überall auf den Britischen Inseln zu finden. Insbesondere **lads** wird gern verwendet, um männliche Freunde, mit denen man seine Freizeit verbringt, zu bezeichnen:

- ✔ **I'm meeting the lads tonight for a pint or two.** (aim *miet*-ing thä lähds tu-*nait* for a paint or tuh; Ich treffe mich heute mit den Jungs auf ein Bier oder zwei.)

In den USA werden Sie keine **lads** finden. Allerdings hören Sie sicherlich den folgenden Ausdruck:

- ✔ **guys** (gais; Jungs)

Heutzutage können Sie **guys** im täglichen Gebrauch auch für weibliche Zeitgenossen verwenden.

Let's have lunch sometime

Haben Sie Hunger? Dann gehen Sie ja normalerweise etwas essen – zur Mittagszeit eben **lunch** (lantssch; Mittagessen). Mehr über Mahlzeiten können Sie übrigens auch in Kapitel 5 erfahren. Vielleicht hören Sie allerdings den folgenden Satz:

- ✔ **Let's have lunch sometime.** (letss häw lantssch ssam-*taim*; Lassen Sie uns irgendwann zusammen Mittag essen.)

Das sollten Sie nicht unbedingt wörtlich nehmen. Verstehen Sie es eher als eine Abschiedsfloskel, wie bei uns: »Wir telefonieren«. Wenn Sie das nächste Mal jemanden loswerden wollen, laden Sie sie oder ihn einfach zum Mittagessen ein:

- **Gotta go. Let's have lunch sometime.** (*ga*-da gou letss häw lantssch ssam-*taim*; Ich muss los. Lassen Sie uns irgendwann zusammen Mittag essen.)

Whatever!

Whatever (uwot-*e*-wer; Was auch immer!) ist ein **buzzword** (*bas*-uwörd; Modewort) – nicht nur in den USA, sondern auch in Großbritannien. Wann auch immer Sie es benutzen, klingen Sie sehr landestypisch.

Das Wort **whatever** muss nicht unbedingt abweisend oder uninteressiert gemeint sein – auch wenn sich das zunächst vermuten lässt. Sie können es auch verwenden, wenn Sie nach Wörtern ringen und auf die Schnelle kein passendes finden.

- **A: What would you like to drink with your sandwich?** (uwot uwud juh laik tu drink uwithh juhr ssänd-uwitssch; Was möchtest du gern zu deinem Sandwich trinken?)
- **B: Water. Hmmm. Iced tea. Hmmm. Whatever.** (*uwooh*-ter hm aisst tie hm uwot-*e*-wer; Wasser. Hmmm. Eistee. Hmmm. Was auch immer.)

Take it easy!

Wenn Sie gehen, haben Sie eine Vielzahl von Möglichkeiten, sich zu verabschieden. Eine, die Sie mit Leichtigkeit nach einem **native speaker** klingen lässt, ist:

- **Take it easy!** (täik it *ie*-sie; Mach's gut, Bleib locker, *wörtlich:* Nimm's leicht!)

In ein Gespräch verpackt könnte das so aussehen:

- **A: See you tomorrow, Chuck!** (ssie juh tu-*mo*-rou tsschak; Bis morgen, Chuck!)
- **B: Take it easy, Doug!** (täik it *ie*-sie dag; Mach's gut, Doug!)

Have a nice day!

Zum Schluss – wie könnte es anders sein – noch eine weitere sehr gebräuchliche Verabschiedungsfloskel:

- **Have a nice day!** (häw a naiss däi; Haben Sie einen schönen Tag!)

Das werden Sie ganz besonders in den USA sehr häufig hören und selbst verwenden können.

Mehr zu Begrüßungen und Verabschiedungen erfahren Sie in Kapitel 3. Dort lernen Sie auch den Unterschied zwischen alltäglichen und förmlichen Begrüßungen kennen.

Es gilt als nett und höflich, diese Floskel an eine förmliche Verabschiedung anzuhängen. Das könnte so aussehen:

- ✔ **Good-bye now. Have a nice day, folks!** (gud-*bai* nau häw ä naiss däi foukss; Auf Wiedersehen. Schönen Tag allerseits, Leute!)

Zehn Feiertage, über die Sie Bescheid wissen sollten

20

In diesem Kapitel

- Traditionelle Feiertage kennen lernen
- Bräuche und Gepflogenheiten verstehen
- Feste feiern, wie sie fallen

Es gibt immer einen Grund zum Feiern. Und man soll die Feste ja bekanntlich feiern, wie sie fallen. Allerdings fallen für jedes **country** (*kan*-trie; Land) die Feste unterschiedlich. Daher können Sie sich in diesem Kapitel mit den **holidays** (*ho*-li-däis; Feiertage) in den USA, Kanada, Großbritannien und Irland vertraut machen. Einige Anlässe zum Feiern sind in diesen **countries** im Gesetz verankert, andere sind **a matter of tradition** (ä *mä*-ter ow trä-*di*-sschen; traditionsbedingt). Wenn Sie Kapitel 6 bereits gelesen haben, wissen Sie schon, dass an den **national holidays** (*nä*-sschen-el ho-li-däis; Nationalfeiertage) die **banks** (bänkss; Banken), **schools** (sskuhls; Schulen) und häufig auch die **stores** (sstohrs; Geschäfte) geschlossen haben. Es lohnt sich, zehn dieser Feiertage im Folgenden genauer anzuschauen. Beim nächsten Besuch in einem englischsprachigen Land können Sie dann kräftig mitfeiern.

Groundhog Day

Der **Groundhog Day** (*graund*-hog däi; Murmeltiertag) wird in den USA und Kanada traditionell am 2. Februar gefeiert. Verantwortlich dafür sind deutsche **immigrants** (*i*-mi-grentss; Einwanderer) in Pennsylvania. Der **legend** (*le*-dschend; Legende) nach steckt das **groundhog** (*graund*-hog; Murmeltier) genau an diesem Tag den Kopf aus seinem **burrow** (*bö*-rou; Erdloch), um zu überprüfen, ob der Winter vorbei ist. Zugegeben, das mag etwas konfus klingen, denn der Februar ist in Pennsylvania normalerweise eher kalt. Sieht der **groundhog** dabei seinen **shadow** (*sschä*-dou; Schatten) nicht, ist der Winter vorbei. In dem wahrscheinlicheren Fall, dass der **groundhog** seinen **shadow** doch sieht, dauert der Winter noch sechs lange Wochen an. In diesem Fall verschwindet er schnell wieder in seinem **burrow**. Was machen die Menschen an diesem Tag? Das Übliche halt: Essen, Trinken und Tanzen auf **town festivals** (taun *fess*-ti-wels; Stadtfeste). Ganz nebenbei wird selbstverständlich auch nach dem **groundhog** Ausschau gehalten. Dieser Tag ist inzwischen durch den gleichnamigen Film (*deutscher Titel:* Und täglich grüßt das Murmeltier) weltweit bekannt geworden.

Valentine's Day

Das Valentinsfieber mit allen seinen kommerziellen Auswüchsen hat inzwischen auch den deutschsprachigen Raum erreicht. Traditionell hat der **Valentine's Day** (*wä*-len-tains däi; Valentinstag), der am 14. Februar gefeiert wird, allerdings nicht nur mit **flowers** (*flau*-ers; Blumen) und **chocolates** (*tsschok*-letss; Pralinen) zu tun. In amerikanischen Schulen fertigen die Schüler selbst gebastelte **Valentine's Day cards** (*wä*-len-tains däi kahrds; Valentinstagskarten) an, die dann heimlich und anonym den Angebeteten zugesteckt werden. Was sich daraus entwickeln kann, ist Ihrer Fantasie überlassen. Aber wer ist überhaupt dieser Valentin und was bringt ihn mit **flowers**, **chocolates** und **love** (law; Liebe) in Verbindung? St. Valentin war ein **Christian martyr** (*kriss*-tsschen *mar*-ter; christlicher Märtyrer), der im Römischen Reich heimlich Eheschließungen vollzog. Die Idee der **romantic love** (ro-*män*-tik law; romantische Liebe) wurde erst im Mittelalter dazugedichtet. Auch heute findet man auf **Valentine's Day cards** häufig Liebesgedichte, allerdings von wechselnder Qualität.

Fun Facts: »holiday« und »holidays«

Das Wort **holiday** (*ho*-li-däi; Feiertag) kommt ursprünglich von **holy day** (*hou*-lie däi; heiliger Tag). Seit diesen Anfängen ist viel passiert. Als einen **holiday** bezeichnet man sowohl im amerikanischen als auch im britischen Englisch einen besonderen Feiertag – nicht nur christliche Feste wie **Christmas** (*kriss*-mess; Weihnachten) oder **Easter** (*iess*-ter; Ostern), sondern auch Nationalfeiertage wie den **Independence Day** (in-di-*pen*-denss däi; Unabhängigkeitstag). Aber da hören die Gemeinsamkeiten zwischen amerikanischem und britischem Englisch auch schon auf. Sehen Sie selbst:

- ✔ **holidays** (BE) (*ho*-li-däis; Ferien)
- ✔ **vacation** (AE) (wäi-*käi*-sschen; Ferien)
- ✔ **vacation** (BE) (wäi-*käi*-sschen; Semesterferien)
- ✔ **semester break** (AE) (sse-*mess*-ter bräik; Semesterferien)

St. Patrick's Day

Schon wieder ein Heiliger. Allerdings ist Sankt Patrick der Schutzpatron der Iren. Diese gibt es nicht nur in Irland, sondern auch in den USA in großer Anzahl. So feiern alle Iren – und mit ihnen eine Vielzahl von anderen Menschen – am 17. März den **St. Patrick's Day** (ssäint pä-trikss däi; Tag des heiligen Patrick), den **national holiday** (*nä*-sschen-el *ho*-li-däi; Nationalfeiertag) ihres Landes. Was Sie als Besucher erwartet? Vieles, was **green** (grien; grün) ist, denn das ist die Farbe der **Emerald Isle** (*e*-me-rald *ai*-el; Smaragdinsel).

Die Menschen laufen am **St. Patrick's Day** in grüner Kleidung herum, trinken grünes Bier und essen grüne Lebensmittel. Dazu finden in vielen Städten große **parades** (pe-*räids*; Paraden) statt. In Chicago wird sogar der **river** (*ri*-wer; Fluss) grün eingefärbt.

Sankt Patrick war im fünften Jahrhundert nach Christus für die Christianisierung der Iren verantwortlich. Heute sind die Iren überall auf der Welt vertreten. Halten Sie am 17. März einfach nach Grün Ausschau und rufen Sie:

- ✔ **Erin go bragh!** (*e*-rin gou bräi; Irland für immer!)

Begeisterungsstürme werden Ihnen sicher sein.

Independence Day

Der vierte Juli. Von **green** zu **red, white, and blue** (red uwait änd bluh; rot, weiß und blau). Das ist ausgehend vom **St. Patrick's Day** nicht nur farblich ein großer Sprung, sondern auch zeitlich. Denn der US-amerikanische **national holiday**, der **Independence Day** (in-di-*pen*-denss däi; Unabhängigkeitstag) liegt mitten im Sommer, und zwar am 4. Juli.

Der Sommer bietet ausreichend Gelegenheiten, den Feiertag im Freien zu feiern:

- ✔ **parades** (pe-räids; Paraden)
- ✔ **barbecues** (*bar*-be-kjuhs; Grillfeste)
- ✔ **picnics** (*pik*-nikss; Picknicks)
- ✔ **fireworks** (*fai*-er-uwörkss; Feuerwerk)

Die Amerikaner feiern am **Independence Day** die Grundsteinlegung ihrer Unabhängigkeit von der britischen Krone im Jahre 1776. Offensichtlich ist dies kein Grund zum Feiern in Großbritannien. In den USA jedoch markiert dieser Tag die Gründung einer neuen **nation** (*näi*-sschen; Nation), denn zu diesem Zeitpunkt, am 4. Juli 1776, wurde die **Declaration of Independence** (de-kle-*räi*-sschen ow in-di-*pen*-denss; Unabhängigkeitserklärung) unterzeichnet. Und damit kommen auch **red, white, and blue** wieder ins Spiel. Das sind die Farben der US-amerikanischen **flag** (flähg; Flagge), die am 4. Juli noch häufiger als sonst über allen **festivities** (fess-*ti*-wi-ties; Festivitäten) weht.

Für viele Deutsche gewöhnungsbedürftig, aber für Amerikaner alltäglich: der **patriotism** (*päi*-trie-e-ti-sem; Patriotismus). Überall und zu jeder Zeit wehen die **stars and stripes** (sstahrs änd sstraipss; Nationalflagge der USA, *wörtlich:* Sterne und Streifen) – nicht nur an öffentlichen Gebäuden, sondern auch in jedem Vorgarten und an Brücken, Eisenbahnen und Autos. Jeden Tag leisten die Schulkinder ihren **pledge of allegiance to the flag** (pledsch ow ä-*lie*-dschenss tu thä flähg; Eid auf die Nationalflagge). Und vor jedem **sports event** (ssportss i-*went*; Sportveranstaltung) wird der **Star-Spangled Banner** (*sstar*-sspän-geld *bä*-ner; Nationalhymne der USA, *wörtlich:* sternengesprenkeltes Banner) gespielt. So wird die Liebe zum Vaterland täglich zur Schau gestellt, und zwar mit voller Überzeugung.

Labor Day

Es gibt in vielen Teilen der Welt einen **labor day** (*läi*-ber däi; Tag der Arbeit). Meistens wird dieser Tag am 1. Mai gefeiert. So ist es auch in Irland.

In Großbritannien wird an diesem Tag nicht die Arbeit gefeiert. Hier wird am **May Day** (mäi däi; Maifeiertag) das Ende der Winterzeit zelebriert – eine Aufgabe, die in den USA schon viel früher, nämlich im Februar, das Murmeltier am **Groundhog Day** übernommen hat.

Zurück zur Arbeit – und somit zum **Labor Day**. Dieser Feiertag beschert den Amerikanern am ersten Montag im September zwar einen freien Tag, aber einen Grund zum Feiern gibt es wahrlich nicht. Hier fallen das Ende des Sommers und der Beginn des Schuljahrs zusammen. Einen Lichtblick mögen vielleicht noch die **Labor Day sales** (*läi*-ber däi ssäils; Sonderangebote zum Tag der Arbeit) darstellen – zumindest für die Einkaufsbegeisterten.

Das **Labor Day Weekend** (*läi*-ber däi *uwiek*-end; Wochenende des Tags der Arbeit) ist eines der verlängerten Wochenenden für die Arbeitnehmer in den USA, denen sonst eher wenige **vacation days** (wäi-*käi*-sschen däis; Urlaubstage) zur Verfügung stehen.

Columbus Day

Den folgenden Merkvers lernen amerikanische Kinder in der **elementary school** (e-le-*men*-te-rie sskuhl; Grundschule), damit sie wissen, warum sie am zweiten Montag im Oktober nicht zur Schule gehen müssen:

- ✔ **Columbus sailed the ocean blue in fourteen hundred ninety-two.** (ka-*lam*-bess ssäild thie *ou*-sschen bluh in *fohr*-tien *han*-dred *nain*-tie-tuh; Kolumbus segelte über den blauen Ozean im Jahr 1492.)

Christoph Kolumbus hat bekanntlich **the new world** (thä nuh uwörld; die Neue Welt) und somit auch das Land, auf dem die US-Amerikaner ihre Nation gegründet haben, entdeckt. Grund genug, den **Columbus Day** (ka-*lam*-bess däi; Tag des Kolumbus) mit **parades** und wieder mal mit **sales** zu feiern. Praktisch ist außerdem, dass dieser Feiertag ebenfalls auf einen Montag gelegt wurde. Wie oft haben Sie sich schon geärgert, wenn der lang ersehnte Feiertag bei Ihnen im deutschsprachigen Raum mal wieder auf ein Wochenende gefallen ist.

Halloween

In den letzten Jahren hat sich **Halloween** (hä-lou-*uwien*; Halloween) auch in Europa stark verbreitet – nicht zuletzt vielleicht auf Initiative der Süßigkeiten- und Dekorationsartikelhersteller. Der wahre Grund, wieso am 31. Oktober die Kinder in den USA gruselig verkleidet von

Tür zu Tür ziehen und **Trick or treat!** (trik or triet; Süßes oder Saures, *wörtlich*: Streich oder Belohnung!) rufen, ist folgender. Der Wortherkunft nach bedeutet **Halloween**:

✔ **All Hallows' Evening** (oohl *hä*-lous *iew*-ning; Abend vor Allerheiligen am 1. November)

An diesem Abend wurden traditionell die bösen Geister vertrieben, damit am folgenden Tag die Heiligen ungestört gefeiert werden konnten. Diese Bedeutung gerät heutzutage zunehmend in Vergessenheit.

Die Feierlichkeiten zu **Halloween** sind etwas ganz Besonderes. Im Vorwege werden Gesichter in ausgehöhlte **pumpkins** (*pam*-kins; Kürbisse) geschnitzt und Kerzen hineingestellt. Damit es so richtig gruselt, wenn die Kinder daherkommen, sollten diese **jack-o'-lanterns** (*dschäk*-o-län-terns; Kürbislaternen) zu **Halloween** vor jedem Haus stehen. Zusätzlich darf es an Süßigkeiten nicht fehlen, denn die Kinder haben Taschen bei sich, die prall gefüllt werden müssen. Tun die Erwachsenen das nicht, werden ihnen möglicherweise Streiche gespielt.

Guy Fawkes Night

Ein Merkvers, dieses Mal für die Kinder in Großbritannien, lautet:

✔ **Remember, remember the fifth of November.** (ri-*mem*-ber ri-*mem*-ber thä fifthh ow nou-*wem*-ber; Erinnert, erinnert den fünften November.)

Die Kinder sollen damit an Guy Fawkes erinnert werden, der am 5. November 1605 versuchte, mit seinen Mitstreitern in der so genannten **Gunpowder Plot** (*gan*-pau-der plot; Schießpulververschwörung) die **Houses of Parliament** (*hau*-ses ow *par*-li-ment; Parlamentsgebäude) in London in die Luft zu sprengen. Böse, böse. Glücklicherweise wurde diese **plot** jedoch vereitelt. Zum Gedenken daran wird die **Guy Fawkes Night** (gai foohkss nait; Nacht des Guy Fawkes) mit **bonfires** (*bon*-fai-ers; große Feuer im Freien) gefeiert. Es werden **effigies** (*e*-fidschies; Nachbildungen) von Guy Fawkes angefertigt, die dann ebenfalls lichterloh verbrannt werden. Das kann dann noch gruseliger sein als Halloween ...

Thanksgiving Day

Thanksgiving (thhänkss-*giw*-ing) heißt wörtlich »Dank sagen«. Das tut die amerikanische Nation am **Thanksgiving Day** (thhänkss-*giw*-ing däi; Erntedanktag), dem vierten Donnerstag im November. Dies ist der Tag, am dem für die Ernte und das Wohlergehen im Allgemeinen gedankt wird.

In den USA ist der **Thanksgiving Day** ein weltlicher Feiertag, der stark familienorientiert ist. Traditionell wird er mit einem Festmahl begangen, in dessen Mittelpunkt der **turkey** (*tör*-kie; Truthahn) steht. Also kein Feiertag für die Truthähne, aber sehr wohl für die, die sie essen. Dazu wird unter anderem Mais gereicht. Diese Tradition lässt sich darauf zurückführen, dass die ersten Siedler in den USA verhungert wären, hätten ihnen die **Native Americans** (*näi*-tiw ä-*me*-ri-kens; Ureinwohner Amerikas) nicht beigebracht, wie man Mais anbaut. Neben Mais gibt es aber auch noch unzählige andere Köstlichkeiten auf dem Tisch, wie **pumpkin pie** (*pam*-kin pai; Kürbiskuchen). Irgendetwas muss man mit den **jack-o'-lanterns** nach **Halloween** ja anfangen. Um ein solches Fest zu verdauen, nehmen sich die meisten Amerikaner den Freitag nach **Thanksgiving** auch frei – die Schulen sind sowieso geschlossen. So wird das **Thanksgiving weekend** zum einzigen **four-day weekend** (*fohr*-däi *uwiek*-end; Vier-Tage-Wochenende) im Jahr. Eine großartige Gelegenheit, um Familien zusammenzuführen oder einfach einmal auszuspannen – zum Beispiel als **couch potato** (kautssch pe-*täi*-tou; Faulenzer) bei einem **football game** (*fut*-boohl gäim; amerikanisches Fußballspiel) im Fernsehen.

Christmas

Den Grund, **Christmas** (*kriss*-mess; Weihnachten) zu feiern, kennen Sie höchstwahrscheinlich. Daher geht es hier vielmehr darum, wie man dieses Fest in den englischsprachigen Ländern begeht. Dabei gibt es zwischen den Gepflogenheiten in Großbritannien und den USA einige grundlegende Unterschiede.

Genauso wie in Deutschland ist das Weihnachtsfest in Großbritannien zweitägig. Neben dem **Christmas Day** (*kriss*-mess däi; erster Weihnachtsfeiertag) am 25. Dezember gibt es dort noch den **Boxing Day** (*bokss*-ing däi; zweiter Weihnachtsfeiertag) am 26. Dezember. Wenn Sie jetzt an Kampfsport denken, liegen Sie falsch. Es geht der Tradition nach darum, an diesem Tag den Ärmeren in der Bevölkerung **boxes of presents** (*bokss*-es ow *pre*-sentss; Geschenke in Kartons) zu geben. Alle anderen bekommen ihre Geschenke am Morgen des **Christmas Day** in den **stockings** (*sstok*-ings; Strümpfe), die am Bettende aufgehängt werden, damit sie von **Father Christmas** (*fah*-ther *kriss*-mess; Weihnachtsmann) gefüllt werden können.

In den USA läuft das Fest ein wenig anders ab. Hier dauert es nur einen Tag. Die **stockings** hängen am **chimney** (*tsschim*-nie; Kamin), durch den sich **Santa Claus** (*ssän*-tä kloohs; Weihnachtsmann) in der Nacht zum **Christmas Day** gezwängt hat. Seinen **sleigh** (sslài; Schlitten) mit den **reindeer** (*räin*-dier; Rentiere) – allen voran Rudolph mit der roten Nase – parkt er dazu üblicherweise auf den schneebedeckten Dächern. Alles andere ist wie überall auf der Welt: gutes Essen, Weihnachtslieder, Geschenke und wieder eine gute Gelegenheit, mit der Familie zusammenzukommen. Weihnachten eben.

Teil V

Anhänge

*"I know it's a popular American expression, but you just don't say 'Hasta la vista, baby'- to a nun." **

In diesem Teil ...

Nur weil Teil V »Anhänge« heißt, sollten Sie ihn nicht ungelesen lassen. Die Tabelle mit den Zeitformen der unregelmäßigen Verben und das Mini-Wörterbuch, das die wichtigsten in diesem Buch verwendeten englischen Wörter enthält, können sich schnell zu einem nützlichen Begleiter in allen Lebenslagen entwickeln. Teil V ist also **really useful** (*rie*-lie *juhss*-ful; wirklich nützlich) – ein Anhang eben.

* »Ich weiß, dass es ein verbreiteter amerikanischer Ausdruck ist, aber man sagt ›Hasta la vista, baby‹ einfach nicht zu einer Nonne.«

Unregelmäßige englische Verben

A

Die Zeitformen der meisten englischen Verben werden nach einem regelmäßigen Muster gebildet. Mehr darüber erfahren Sie in Kapitel 2. Es gibt jedoch einige Ausnahmen: die so genannten **irregular verbs** (i-*reg*-ju-ler wörbs; unregelmäßige Verben). Sie finden die gebräuchlichsten davon in der untenstehenden Tabelle.

Verb	Simple Past	Past Participle
to become (tu bi-*kam*; werden)	**became** (bi-*käim*; wurde)	**become** (bi-*kam*; geworden)
to begin (tu bi-*gin*; beginnen)	**began** (bi-*gän*; begann)	**begun** (bi-*gan*; begonnen)
to bet (tu bet; wetten)	**bet** (bet; wettete)	**bet** (bet; gewettet)
to bite (tu bait; beißen)	**bit** (bit; biss)	**bitten** (*bit*-en; gebissen)
to bleed (tu blied; bluten)	**bled** (bled; blutete)	**bled** (bled; geblutet)
to blow (tu blou; blasen, wehen)	**blew** (bluh; blies, wehte)	**blown** (bloun; geblasen, geweht)
to break (tu bräik; brechen)	**broke** (brouk; brach)	**broken** (*brouk*-en; gebrochen)
to bring (tu bring; bringen)	**brought** (brooht; brachte)	**brought** (brooht; gebracht)
to build (tu bild; bauen)	**built** (bilt; baute)	**built** (bilt; gebaut)
to burn (tu börn; brennen)	**burned** (AE), **burnt** (BE) (AE: börnd, BE: börnt; brannte)	**burned** (AE), **burnt** (BE) (AE: börnd, BE: börnt; verbrannt)
to buy (tu bai; kaufen)	**bought** (booht; kaufte)	**bought** (booht; gekauft)
to catch (tu kätssch; fangen)	**caught** (kooht; fing)	**caught** (kooht; gefangen)
to choose (tu tsschuhs; wählen)	**chose** (tsschous; wählte)	**chosen** (*tsschous*-en; gewählt)

Verb	Simple Past	Past Participle
to come (tu kam; kommen)	**came** (käim; kam)	**come** (kam; gekommen)
to cost (tu kosst; kosten)	**cost** (kosst; kostete)	**cost** (kosst; gekostet)
to cut (tu kat; schneiden)	**cut** (kat; schnitt)	**cut** (kat; geschnitten)
to do (tu duh; tun, machen)	**did** (did; tat, machte)	**done** (dan; getan, gemacht)
to draw (tu drooh; zeichnen, ziehen)	**drew** (druh; zeichnete, zog)	**drawn** (droohn; gezeichnet, gezogen)
to dream (tu driem; träumen)	**dreamed** (AE), **dreamt** (BE) (AE: driemd, BE: dremt; träumte)	**dreamed** (AE), **dreamt** (BE) (AE: driemd, BE: dremt; geträumt)
to drink (tu drink; trinken)	**drank** (dränk; trank)	**drunk** (drank; getrunken)
to drive (tu draiw; fahren)	**drove** (drouw; fuhr)	**driven** (*driw*-en; gefahren)
to eat (tu iet; essen)	**ate** (AE: äit, BE: et; aß)	**eaten** (*iet*-en; gegessen)
to fall (tu foohl; fallen)	**fell** (fel; fiel)	**fallen** (*foohl*-en; gefallen)
to feed (tu fied; füttern)	**fed** (fed; fütterte)	**fed** (fed; gefüttert)
to feel (tu fiel; fühlen)	**felt** (felt; fühlte)	**felt** (felt; gefühlt)
to fight (tu fait; kämpfen)	**fought** (fooht; kämpfte)	**fought** (fooht; gekämpft)
to find (tu faind; finden)	**found** (faund; fand)	**found** (faund; gefunden)
to fly (tu flai; fliegen)	**flew** (fluh; flog)	**flown** (floun; geflogen)
to forget (tu for-*get*; vergessen)	**forgot** (for-*got*; vergaß)	**forgotten** (for-*got*-en; vergessen)
to freeze (tu fries; frieren)	**froze** (frous; fror)	**frozen** (*frou*-sen; gefroren)
to get (tu get; bekommen)	**got** (got; bekam)	**gotten** (AE), **got** (BE) (AE: *got*-en, BE: got; bekommen)

Verb	Simple Past	Past Participle
to give (tu giw; geben)	**gave** (gäiw; gab)	**given** (*giw*-en; gegeben)
to go (tu gou; gehen)	**went** (uwent; ging)	**gone** (gon; gegangen)
to grow (tu grou; wachsen)	**grew** (gruh; wuchs)	**grown** (groun; gewachsen)
to hang (tu häng; jemanden hängen)	**hanged** (hängd; hängte)	**hanged** (hängd; gehängt)
to hang (tu häng; etwas hängen)	**hung** (hang; hing)	**hung** (hung; gehangen)
to have (tu häw; haben)	**had** (häd; hatte)	**had** (häd; gehabt)
to hear (tu hier; hören)	**heard** (hörd; hörte)	**heard** (hörd; gehört)
to hide (tu haid; verstecken)	**hid** (hid; versteckte)	**hidden** (*hid*-en; versteckt)
to hit (tu hit; schlagen)	**hit** (hit; schlug)	**hit** (hit; geschlagen)
to hold (tu hould; halten)	**held** (held; hielt)	**held** (held; gehalten)
to hurt (tu hört; schmerzen)	**hurt** (hört; schmerzte)	**hurt** (hört; geschmerzt)
to keep (tu kiep; behalten)	**kept** (kept; behielt)	**kept** (kept; behalten)
to know (tu nou; kennen, wissen)	**knew** (nuh; kannte, wusste)	**known** (noun; gekannt, gewusst)
to lay (tu läi; legen, stellen)	**laid** (läid; legte, stellte)	**laid** (läid; gelegt, gestellt)
to lead (tu lied; führen)	**led** (led; führte)	**led** (led; geführt)
to learn (tu lörn; lernen)	**learned** (AE), **learnt** (BE) (AE: lörnd, BE: lörnt; lernte)	**learned** (AE), **learnt** (BE) (AE: lörnd, BE: lörnt; gelernt)
to leave (tu liew; lassen, verlassen)	**left** (left; ließ, verließ)	**left** (left; gelassen, verlassen)
to lend (tu lend; leihen)	**lent** (lent; lieh)	**lent** (lent; geliehen)

Verb	Simple Past	Past Participle
to let (tu let; lassen)	**let** (let; ließ)	**let** (let; gelassen)
to lie (tu lai; liegen)	**lay** (läi; lag)	**lain** (läin; gelegen)
to light (tu lait; anzünden, erhellen)	**lit, lighted** (lit, *lait*-ed; zündete an, erhellte)	**lit, lighted** (lit, *lait*-ed; angezündet, erhellt)
to lose (tu luhs; verlieren)	**lost** (losst; verlor)	**lost** (losst; verloren)
to make (tu mäik; machen)	**made** (mäid; machte)	**made** (mäid; gemacht)
to mean (tu mien; bedeuten, meinen)	**meant** (ment; bedeutete, meinte)	**meant** (ment; bedeutet, gemeint)
to meet (tu miet; treffen)	**met** (met; traf)	**met** (met; getroffen)
to pay (tu päi; bezahlen)	**paid** (päid; bezahlte)	**paid** (päid; bezahlt)
to put (tu put; legen)	**put** (put; legte)	**put** (put; gelegt)
to read (tu ried; lesen)	**read** (red; las)	**read** (red; gelesen)
to ride (tu raid; reiten, fahren)	**rode** (roud; ritt, fuhr)	**ridden** (*rid*-en; geritten, gefahren)
to ring (tu ring; klingeln, läuten)	**rang** (räng; klingelte, läutete)	**rung** (rang; geklingelt, geläutet)
to rise (tu rais; erheben, aufgehen)	**rose** (rous; erhob, ging auf)	**risen** (*ris*-en; erhoben, aufgegangen)
to run (tu ran; rennen)	**ran** (rähn; rannte)	**run** (ran; gerannt)
to say (tu ssäi; sagen)	**said** (ssed; sagte)	**said** (ssed; gesagt)
to see (tu ssie; sehen)	**saw** (ssooh; sah)	**seen** (ssien; gesehen)
to sell (tu ssel; verkaufen)	**sold** (ssould; verkaufte)	**sold** (ssould; verkauft)
to send (tu ssend; schicken, senden)	**sent** (ssent; schickte, sendete)	**sent** (ssent; geschickt, gesendet)

Verb	Simple Past	Past Participle
to set (tu sset; setzen)	**set** (sset; setzte)	**set** (sset; gesetzt)
to show (tu sschou; zeigen)	**showed** (sschoud; zeigte)	**shown, showed** (sschoun, sschoud; gezeigt)
to shut (tu sschat; schließen)	**shut** (sschat; schloss)	**shut** (sschat; geschlossen)
to sing (tu ssing; singen)	**sang** (ssäng; sang)	**sung** (ssang; gesungen)
to sit (tu ssit; sitzen)	**sat** (ssät; saß)	**sat** (ssät; gesessen)
to sleep (tu ssliep; schlafen)	**slept** (sslept; schlief)	**slept** (sslept; geschlafen)
to speak (tu sspiek; sprechen)	**spoke** (sspouk; sprach)	**spoken** (*sspouk*-en; gesprochen)
to spend (tu sspend; ausgeben, verbringen)	**spent** (sspent; gab aus, verbrachte)	**spent** (sspent; ausgegeben, verbracht)
to stand (tu sstähnd; stehen)	**stood** (sstud; stand)	**stood** (sstud; gestanden)
to sting (tu ssting; stechen)	**stung** (sstang; stach)	**stung** (sstang; gestochen)
to swim (tu ssuwim; schwimmen)	**swam** (ssuwähm; schwamm)	**swum** (ssuwam; geschwommen)
to take (tu täik; nehmen)	**took** (tuk; nahm)	**taken** (*täik*-en; genommen)
to teach (tu tietssch; lehren)	**taught** (tooht; lehrte)	**taught** (tooht; gelehrt)
to tear (tu täir; reißen)	**tore** (tohr; riss)	**torn** (tohrn; gerissen)
to tell (tu tel; erzählen)	**told** (tould; erzählte)	**told** (tould; erzählt)
to think (tu thhink; denken)	**thought** (thhooht; dachte)	**thought** (thhooht; gedacht)
to throw (tu thhrou; werfen)	**threw** (thhruh; warf)	**thrown** (thhroun; geworfen)
to wake (tu uwäik; wecken)	**woke** (uwouk; weckte)	**woken** (*uwouk*-en; geweckt)

Verb	Simple Past	Past Participle
to wear (tu uwäir; tragen)	**wore** (uwohr; trug)	**worn** (uwohrn; getragen)
to win (tu uwin; gewinnen)	**won** (uwan; gewann)	**won** (uwan; gewonnen)
to write (tu rait; schreiben)	**wrote** (rout; schrieb)	**written** (*rit*-en; geschrieben)

Kleines Wörterbuch

Eine erweiterte Version des Wörterbuches finden Sie auf der Webseite zum Buch www.wiley-vch.de/publish/dt/books/ISBN978-3-527-70547-4.

Englisch – Deutsch

A

abbreviation (ä-brie-wie-*äi*-sschen; Abkürzung)
agenda (ä-*dschen*-da; Tagesordnung)
alien (*äi*-li-en; Ausländer)
alphabet (*äl*-fe-bet; Alphabet)
ambulance (*äm*-bju-lenss; Krankenwagen)
analyze (v.) (*ä*-ne-lais; analysieren)
angel (*äin*-dschel; Engel)
apartment (AE) (ä-*part*-ment; Wohnung)
ape (äip; Menschenaffe)
appetizer (*ä*-pe-tais-er; Vorspeise)
apply (v.) (ä-*plai*; auftragen, bewerben)
April (*äi*-pril; April)
art gallery (art *gä*-le-rie; Kunstausstellung)
attic (*ä*-tik; Dachboden)
auditorium (ooh-di-*to*-rie-em; Auditorium)

B

bacon (*bäi*-ken; Schinkenspeck)
bagel (*bäi*-gel; Bagel)
bake (v.) (bäik; backen)
balcony (*bäl*-ke-nie; Balkon)
band-aid (*bänd*-äid; Pflaster)
bark (v.) (bark; bellen)
basement (*bäiss*-ment; Keller)
bass (bäiss; Kontrabass)
bath (bähthh; Bad)
bathroom (*bähthh*-ruhm; Badezimmer)
bed (bed; Bett)
bedroom (*bed*-ruhm; Schlafzimmer)
bee (bie; Biene)
beer (bier; Bier)
belly (*be*-lie; Bauch)
bin (bin; Eimer)
bird (börd; Vogel)
birthday (*börthh*-däi; Geburtstag)
biscuit (BE) (*biss*-kit; Keks)
blind (blaind; blind)
block (blok; Häuserblock)
board game (bohrd gäim; Brettspiel)
bone (boun; Knochen)
bother (v.) (*bo*-ther; stören)
box (bokss; Schachtel)
boy (beu; Junge)
bruise (bruhs; blauer Fleck)
brush (v.) (brassch; bürsten)
bumper (*bamp*-er; Stoßstange)
burglary (*börg*-le-rie; Einbruch)
butter (*ba*-ter; Butter)

C

cab (kähb; Taxi)
cabin crew (*kä*-bin kruh; Flugbegleitpersonal)
cake (käik; Kuchen)
calendar (*kä*-len-der; Kalender)
candy (AE) (*kähn*-die; Süßigkeiten)
card game (kahrd gäim; Kartenspiel)
cardigan (*kar*-di-gen; Strickjacke)
carrot (*kä*-ret; Mohrrübe, Karotte)
cat (kät; Katze)
cemetary (*sse*-me-te-rie; Friedhof)
century (*ssen*-tssche-rie; Jahrhundert)
cereal (*ssi*-rie-el; Frühstücksflocken)
cheese (tsschies; Käse)
chess (tschess; Schach)
chest (tsschesst; Brust)
chewing gum (*tsschuh*-ing gam; Kaugummi)
chicken (*tsschi*-ken; Huhn)
chips (BE) (tsschipss; Pommes frites)
chocolate (*tsschok*-let; Schokolade)
chocolates (*tsschok*-letss; Pralinen)
choir (*kuwai*-er; Chor)
chuckle (v.) (*tsscha*-kel; kichern)
church (tsschörtssch; Kirche)
clear up (v.) (klier ap; aufklären)
clever (*kle*-wer; schlau)
clutch (klatssch; Kupplungspedal)
cocktail (*kok*-täil; Cocktail)
cod (kod; Kabeljau)
cold cuts (kould katss; Aufschnitt)
colleague (*ko*-lieg; Kollege)

communication (ko-mjuh-ni-*käi*-sschen; Kommunikation)
community service (ko-*mjuh*-ni-tie *ssör*-wiss; gemeinnützige Arbeit)
conductor (kon-*dakt*-er; Schaffner)
consulate (*kon*-sse-let; Konsulat)
conversation (kon-wör-*ssäi*-sschen; Unterhaltung)
cookie (AE) (*ku*-kie; Keks)
couch potato (kautssch pe-*täi*-tou; Faulenzer)
cough (koohf; Husten)
co-worker (*kou*-uwörk-er; Kollege)
crib (AE) (krib; Kinderbett)
cross (v.) (kross; überqueren)
cruise (n.) (kruhs; Kreuzfahrt)
cup (kap; Tasse)

D

dam (dähm; Damm)
darling (*dar*-ling; Liebling)
decent (*die*-ssent; anständig, ordentlich)
dentist (*den*-tisst; Zahnarzt)
diaper (AE) (*dai*-per; Windel)
dictionary (*dik*-ssche-nä-rie; Wörterbuch)
discount (*diss*-kaunt; Ermäßigung)
divorced (di-*worsst*; geschieden)
doctor (*dok*-ter; Arzt)
donkey (*don*-kie; Esel)
donut (*dou*-nat; Donut)
doubt (v.) (daut; bezweifeln, zweifeln)
dough (dou; Teig)
dressing room (*dress*-ing ruhm; Umkleidekabine)
drop (drop; Tropfen)

E

eager (*ie*-ger; bemüht)
earth (örthh; Erde)
elbow (*el*-bou; Ellenbogen)
elegant (*e*-le-gent; elegant)
entertain (v.) (en-ter-*täin*; unterhalten)
entrée (on-*träi*; Hauptgang)
eraser (AE) (i-*räiss*-er; Radiergummi)
exceed (v.) (ik-*ssied*; überschreiten)

F

fall (v.) (foohl; fallen)
family (*fä*-mi-lie; Familie)
fascinating (*fä*-ssi-näit-ing; faszinierend)
fashionable (*fä*-sschen-e-bel; modisch)
fine (fain; bestens, fein)
finger (*fin*-ger; Finger)
fish (fissch; Fisch)
flag (flähg; Flagge)
flame (fläim; Flamme)
flat (BE) (flät; Wohnung)
fork (fork; Gabel)
fox (fokss; Fuchs)
frame (fräim; Rahmen)
freckle (*fre*-kel; Sommersprosse)
freezer (*fries*-er; Gefrierschrank)
French fries (AE) (frentssch frais; Pommes frites)
frightening (*frait*-ning; angsteinflößend)
future (*fjuh*-tsscher; Zukunft)

G

gap (gäp; Lücke)
garage (ge-*rahsch*; Garage)
garden (*gar*-den; Garten)
ghost (gousst; Geist)
gift-wrap (v.) (*gift*-räp; als Geschenk verpacken)
glass (glähss; Glas)
global (*glou*-bel; global)
golf (golf; Golf)
gossip (v.) (*go*-ssip; tratschen)
grandfather (*gränd*-fah-ther; Großvater)
grandmother (*gränd*-ma-ther; Großmutter)
grave (gräiw; Grab)
greeting (*griet*-ing; Begrüßung)

H

hallway (*hoohl*-uwäi; Flur)
handbag (*hähnd*-bäg; Handtasche)
handkerchief (*hän*-ker-tsschif; Taschentuch)
headache (*hed*-äik; Kopfschmerzen)
heal (v.) (hiel; heilen)
highway (*hai*-uwäi; Schnellstraße)
honey (*ha*-nie; Honig)
hospital (*hoss*-pi-tel; Krankenhaus)

I

iced tea (aisst tie; Eistee)
impress (v.) (im-*press*; beeindrucken)
intern (*in*-törn; Praktikant)
internship (*in*-törn-sschip; Praktikum)

J

jail (dschäil; Gefängnis)
job (dschob; Arbeitsstelle)
jog (v.) (dschog; joggen)
judge (n.) (dschadsch; Richter)
jump (v.) (dschamp; hüpfen, springen)

K

kill (v.) (kil; töten)
kitchen (*ki*-tsschen; Küche)
kite (kait; Drachen)

L

laundry (*loohn*-drie; Wäsche)
lettuce (*le*-tess; Blattsalat)
library (*lai*-bre-rie; Bibliothek)
lip (lip; Lippe)
living room (*liw*-ing ruhm; Wohnzimmer)
love (n.) (law; Liebe)
lunch (lantssch; Mittagessen)

M

machine (mä-*sschien*; Maschine)
main course (mäin korss; Hauptgang)
majority (mä-*dscho*-ri-tie; Mehrheit)
material (mä-*tie*-ri-el; Stoff)
menu (*men*-juh; (Speise-)Karte)
message (*me*-ssidsch; Nachricht)
midnight (*mid*-nait; Mitternacht)
misunderstanding (miss-an-der-*sständ*-ing; Missverständnis)
moonlight (*muhn*-lait; Mondlicht)
mosquito (moss-*kie*-tou; Mücke)
motel (mou-*tel*; Motel)
mother-in-law (*ma*-ther in looh; Schwiegermutter)
mouse (mauss; Maus)
movie (*muh*-wie; Film)
museum (mjuh-*sie*-em; Museum)
musical instrument (*mjuh*-sik-el *in*-sstre-ment; Musikinstrument)

N

name (näim; Name)
nap (näp; Nickerchen)
napkin (AE) (*näp*-kin; Serviette)
nest (nesst; Nest)

O

onion (*an*-jen; Zwiebel)
orange (*ooh*-rindsch; Orange)
oven (*a*-wen; Backofen)
owl (aul; Eule)

P

pajamas (pi-*dschah*-mes; Schlafanzug)
pancake (*pän*-käik; Pfannkuchen)
pantyhose (AE) (*pän*-tie-hous; Strumpfhose)
paperclip (*päi*-per-klip; Büroklammer)
pastime (*pähss*-taim; Zeitvertreib)
pear (päir; Birne)
pencil (*pen*-ssil; Bleistift)
personal call (*pör*-ssen-el koohl; privates Telefongespräch)
pet name (pet näim; Kosename)
piano (pie-*ä*-nou; Klavier)
piece (piess; Stück, Teil)
pillow fight (*pi*-lou fait; Kissenschlacht)
pineapple (*pain*-äp-el; Ananas)
plant (plähnt; Pflanze)
porch (portssch; Veranda)
pork (pork; Schweinefleisch)
pregnant (*preg*-nent; schwanger)
print (v.) (print; drucken)
problem (*pro*-blem; Problem)
purple (*pör*-pel; lila)
purse (pörss; Damenportemonnaie)

R

rainbow (*räin*-bou; Regenbogen)
raw (rooh; roh)
recorder (ri-*kord*-er; Blockflöte)
red (red; rot)
refrigerator (ri-*fridsch*-e-räit-er; Kühlschrank)
rental car (*rent*-el kahr; Mietwagen)
restaurant (*ress*-te-rahnt; Restaurant)
rider (*raid*-er; Reiter)
rock (rok; Gestein, Stein)
rose (rous; Rose)
ruby (*ruh*-bie; Rubin)
ruler (*ruhl*-er; Lineal)

S

salad (*ssä*-led; Salat)
scared (sskäird; verängstigt)
school (sskuhl; Schule)
scissors (*ssi*-sörs; Schere)
sentimental (ssen-ti-*men*-tel; pathetisch)
serviette (BE) (ssör-wie-*et*; Serviette)
sew (v.) (ssou; nähen)
sheep (sschiep; Schaf)
ship (sschip; Schiff)
shoulder (*sschoul*-der; Schulter)
shuttle bus (*sscha*-tel bass; Pendelbus)
sister (*ssiss*-ter; Schwester)
skirt (sskört; Rock)
slice (sslaiss; Scheibe, Stück)
snowboarding (*ssnou*-bohrd-ing; Snowboardfahren)
snowman (*ssnou*-män; Schneemann)
sock (ssok; Socke)
soda (*ssou*-da; Limonade)
soup (ssuhp; Suppe)
spoon (sspuhn; Löffel)
stow (v.) (sstou; verstauen)

strawberry (*sstrooh*-be-rie; Erdbeere)

stuff (sstaf; Zeug)

summer (*sam*-er; Sommer)

sun (ssan; Sonne)

sweets (BE) (ssuwietss; Süßigkeiten)

swipe (v.) (ssuwaip; wischen, (Karte) durchziehen)

swollen (*ssuwoul*-en; geschwollen)

T

teamwork (*tiem*-uwörk; Gruppenarbeit)

tender (*ten*-der; zärtlich)

the outdoors (thie aut-*dohrs*; freie Natur)

theft (thheft; Diebstahl)

thorn (thhorn; Dorn)

thumbtack (*thham*-täk; Reißzwecke)

thunder and lightning (*thhan*-der änd *lait*-ning; Donner und Blitz)

tie (tai; Krawatte)

tight (tait; eng, stramm)

tights (BE) (taitss; Strumpfhose)

toe (tou; Zeh)

tongue (tang; Zunge)

tornado (tor-*näi*-dou; Wirbelsturm)

treat (n.) (triet; Belohnung)

trip (trip; Ausflug)

trip (v.) (trip; stolpern)

turnstile (*törn*-sstail; Drehkreuz)

tweezers (*tuwie*-sörs; Pinzette)

U

uncle (*an*-kel; Onkel)

underwear (*an*-der-uwäir; Unterwäsche)

V

venomous (*we*-nim-ess; giftig)

volunteer work (wa-len-*tier* uwörk; freiwillige Arbeit)

W

wallet (*uwooh*-let; Herrenportemonnaie)

wedding (*uwed*-ing; Hochzeit)

wheel (uwiel; Rad)

wilderness (*wil*-der-ness; Wildnis)

withdrawal (uwith-*drooh*-el; Abhebung)

woman (*uwu*-men; Frau)

worm (uwörm; Wurm)

wrestle (v.) (*re*-ssel; ringen)

X

x-ray (*ekss*-räi; Röntgen)

Z

zipper (*sip*-er; Reißverschluss)

Deutsch – Englisch

A

Abhebung, **withdrawal** (uwith-*drooh*-el)

analysieren, **analyze** (v.) (*ä*-ne-lais)

angsteinflößend, **frightening** (*frait*-ning)

anständig, **decent** (*die*-ssent)

Arbeitsstelle, **job** (dschob)

Arzt, **doctor** (*dok*-ter)

Aufschnitt, **cold cuts** (kould katss)

auftragen, **apply** (v.) (ä-*plai*)

Ausflug, **trip** (trip)

Ausländer, **alien** (*äi*-li-en)

B

backen, **bake** (v.) (bäik)

Backofen, **oven** (*a*-wen)

Badezimmer, **bathroom** (*bähthh*-ruhm)

Bauch, **belly** (*be*-lie)

Begrüßung, **greeting** (*griet*-ing)

belohnen, **treat** (v.) (triet)

Belohnung, **treat** (n.) (triet)

bemüht, **eager** (*ie*-ger)

Bett, **bed** (bed)

bewerben, **apply** (v.) (ä-*plai*)

bezweifeln, **doubt** (v.) (daut)

Biene, **bee** (bie)

Bier, **beer** (bier)

Birne, **pear** (päir)

Blattsalat, **lettuce** (*le*-tess)

Bleistift, **pencil** (*pen*-ssil)

Blockflöte, **recorder** (ri-*kord*-er)

Brust, **chest** (tsschesst)

Büroklammer, **paperclip** (*päi*-per-klip)

bürsten, **brush** (v.) (brassch)

C

Chor, **choir** (*kuwai*-er)

D

Dachboden, **attic** (*ä*-tik)

Damenportemonnaie, **purse** (pörss)

Diebstahl, **theft** (thheft)

Donner und Blitz, **thunder and lightning** (*thhan*-der änd *lait*-ning)

Drachen (Spielzeug-), **kite** (kait)

drucken, **print** (v.) (print)

Dudelsack, **bagpipe** (*bäg*-paip)

durchziehen, **swipe** (v.) (ssuwaip)

E

Eimer, **bin** (bin)

Einbruch, **burglary** (*börg*-le-rie)

Eistee, **iced tea** (aisst tie)

Ellenbogen, **elbow** (*el*-bou)

Engel, **angel** (*äin*-dschel)

Erdbeere, **strawberry** (*sstrooh*-be-rie)

Erde, **earth** (örthh)

Ermäßigung, **discount** (*diss*-kaunt)

Esel, **donkey** (*don*-kie)

Eule, **owl** (aul)

F

fallen, **fall** (v.) (foohl)

Familie, **family** (*fä*-mi-lie)

faszinierend, **fascinating** (*fä*-ssi-näit-ing)

Faulenzer, **couch potato** (kautssch pe-*täi*-tou)

Film, **movie** (*muh*-wie)

Flagge, **flag** (flähg)

Flugbegleitpersonal, **cabin crew** (*kä*-bin kruh)

Flur, **hallway** (*hoohl*-uwäi)

Frau, **woman** (*uwu*-men)

freie Natur, **the outdoors** (thie aut-*dohrs*)

Friedhof, **cemetary** (*sse*-me-te-rie)

Fuchs, **fox** (fokss)

G

Gabel, **fork** (fork)

Garderobe, **coat check** (kout tsschek)

Garten, **yard** (AE) (jahrd), **garden** (*gar*-den)

Geburtstag, **birthday** (*börthh*-däi)

Gefängnis, **jail** (dschäil)

Gefrierschrank, **freezer** (*fries*-er)

Geist, **ghost** (gousst)

geschieden, **divorced** (di-*worsst*)

geschwollen, **swollen** (*ssuwoul*-en)

Gestein, **rock** (rok)

giftig, **venomous** (*we*-nim-ess)

Glas, **glass** (glähss)

glibberige Würmer, **slimy worms** (*sslaim*-ie uwörms)

global, **global** (*glou*-bel)

Golf, **golf** (golf)

Gott, **god** (god)

Grab, **grave** (gräiw)

Großmutter, **grandmother** (*gränd*-ma-ther)

Großvater, **grandfather** (*gränd*-fah-ther)

H

Handtasche, **handbag** (*hähnd*-bäg)

Hauptgang, **entrée** (on-*träi*), **main course** (mäin korss)

Häuserblock, **block** (blok)

heilen, **heal** (v.) (hiel)

Herd, **stove** (sstouw)

Herrenportemonnaie, **wallet** (*uwooh*-let)

Hochzeit, **wedding** (*uwed*-ing)

Hochzeitstag, **wedding anniversary** (*uwed*-ing ä-ni-*wör*-sse-rie)

Huhn, **chicken** (*tsschi*-ken)

hüpfen, **jump** (v.) (dschamp)

Husten, **cough** (koohf)

J

Jahrhundert, **century** (*ssen*-tssche-rie)

Junge, **boy** (beu)

K

Karotte, **carrot** (*kä*-ret)

Kartenspiel, **card game** (kahrd gäim)

Käse, **cheese** (tsschies)

Katze, **cat** (kät)

Kaugummi, **chewing gum** (*tsschuh*-ing gam)

Keks, **cookie** (AE) (*ku*-kie), **biscuit** (BE) (*biss*-kit)

Keller, **basement** (*bäiss*-ment)

kichern, **chuckle** (v.) (*tsscha*-kel)

Kinderbett, **crib** (AE) (krib)

Kirche, **church** (tsschörtssch)

Kissenschlacht, **pillow fight** (*pi*-lou fait)

Klavier, **piano** (pie-*ä*-nou)

Knochen, **bone** (boun)

Kollege, **colleague** (*ko*-lieg), **co-worker** (*kou*-uwörk-er)

Konsulat, **consulate** (*kon*-sse-let)

Kopfschmerzen, **headache** (*hed*-äik)

Kosename, **pet name** (pet näim)

Krankenhaus, **hospital** (*hoss*-pi-tel)

Krankenwagen, **ambulance** (*äm*-bju-lenss)

Krawatte, **tie** (tai)

Kreuzfahrt, **cruise** (n.) (kruhs)

Küche, **kitchen** (*ki*-tsschen)

Kuchen, **cake** (käik)

Kühlschrank, **refrigerator** (ri-*fridsch*-e-räit-er)

Kunstausstellung, **art gallery** (art *gä*-le-rie)

Kupplungspedal, **clutch** (klatssch)

L

Liebe, **love** (n.) (law)

Liebling, **darling** (*dar*-ling)

lila, **purple** (*pör*-pel)

Limonade, **soda** (*ssou*-da)

Lineal, **ruler** (*ruhl*-er)

Lippe, **lip** (lip)

Löffel, **spoon** (sspuhn)

Lücke, **gap** (gäp)

M

Märchen, **fairy tale** (*fä*-rie täil)

Mehrheit, **majority** (mä-*dscho*-ri-tie)

Menschenaffe, **ape** (äip)

Mietwagen, **rental car** (*rent*-el kahr)

Missverständnis, **misunderstanding** (miss-an-der-*sständ*-ing)

Mittagessen, **lunch** (lantssch)

Mitternacht, **midnight** (*mid*-nait)

modisch, **fashionable** (*fä*-sschen-e-bel)

Mondlicht, **moonlight** (*muhn*-lait)

Motel, **motel** (mou-*tel*)

Mücke, **mosquito** (moss-*kie*-tou)

Museum, **museum** (mjuh-*sie*-em)

N

Nachricht, **message** (*me*-ssidsch)

Nachtclub, **nightclub** (*nait*-klab)

Nachthemd, **nightgown** (*nait*-gaun)

nähen, **sew** (v.) (ssou)

Name, **name** (näim)

Nest, **nest** (nesst)

Nickerchen, **nap** (näp)

O

Onkel, **uncle** (*an*-kel)

P

Pendelbus, **shuttle bus** (*sscha*-tel bass)

Pfannkuchen, **pancake** (*pän*-käik)

Pflanze, **plant** (plähnt)

Pflaster, **band-aid** (*bänd*-äid)

Pinzette, **tweezers** (*tuwie*-sörs)

Pommes frites, **French fries** (AE) (frentssch frais), **chips** (BE) (tsschipss)

Praktikant, **intern** (*in*-törn)

Praktikum, **internship** (*in*-törn-sschip)

Pralinen, **chocolates** (*tsschok*-letss)

privates Telefongespräch, **personal call** (*pör*-ssen-el koohl)

Problem, **problem** (*pro*-blem)

R

Rad, **wheel** (uwiel)

Radiergummi, **eraser** (AE) (i-*räiss*-er), **rubber** (BE) (*rab*-er)

Rahmen, **frame** (fräim)

Regenbogen, **rainbow** (*räin*-bou)
Reißverschluss, **zipper** (*sip*-er)
Reißzwecke, **thumbtack** (*thham*-täk)
Reiter, **rider** (*raid*-er)
Richter, **judge** (n.) (dschadsch)
ringen, **wrestle** (v.) (*re*-ssel)
Rock, **skirt** (sskört)
roh, **raw** (rooh)
rot, **red** (red)
Rubin, **ruby** (*ruh*-bie)

S

Salat, **salad** (*ssä*-led)
Schach, **chess** (tschess)
Schachtel, **box** (bokss)
Schaf, **sheep** (sschiep)
Schaffner, **conductor** (kon-*dakt*-er)
Scheibe, **slice** (sslaiss)
Schere, **scissors** (*ssi*-sörs)
Schiff, **ship** (sschip)
Schinkenspeck, **bacon** (*bäi*-ken)
Schlafanzug, **pajamas** (pi-*dschah*-mes)
schlau, **clever** (*kle*-wer)
Schneemann, **snowman** (*ssnou*-män)
Schnellstraße, **highway** (*hai*-uwäi)
Schokolade, **chocolate** (*tsschok*-let)
Schule, **school** (sskuhl)
Schulter, **shoulder** (*sschoul*-der)
schwanger, **pregnant** (*preg*-nent)
Schweinefleisch, **pork** (pork)
Schwester, **sister** (*ssiss*-ter)
Schwiegermutter, **mother-in-law** (*ma*-ther in looh)
Serviette, **napkin** (AE) (*näp*-kin), **serviette** (BE) (ssör-wie-*et*)
Socke, **sock** (ssok)
Sommer, **summer** (*sam*-er)
Sommersprosse, **freckle** (*fre*-kel)
Sonne, **sun** (ssan)
Stoff, **material** (mä-*tie*-ri-el)
stolpern, **trip** (v.) (trip)
stören, **bother** (v.) (*bo*-ther)
Stoßstange, **bumper** (*bamp*-er)
stramm, **tight** (tait)
Strickjacke, **cardigan** (*kar*-di-gen)
Strumpfhose, **pantyhose** (AE) (*pän*-tie-hous), **tights** (BE) (taitss)
Stück, **piece** (piess), **slice** (sslaiss)
Suppe, **soup** (ssuhp)
Süßigkeiten, **candy** (AE) (*kähn*-die), **sweets** (BE) (ssuwietss)

T

Tagesordnung, **agenda** (ä-*dschen*-da)
Taschentuch, **handkerchief** (*hän*-ker-tsschif)
Tasse, **cup** (kap)
tausend, **thousand** (*thhau*-send)
Taxi, **cab** (kähb), **taxi** (*täk*-ssie)
Teamgeist, **team spirit** (tiem *sspi*-rit)
Tee, **tea** (tie)
Teig, **dough** (dou)
töten, **kill** (v.) (kil)
tratschen, **gossip** (v.) (*go*-ssip)
Tropfen, **drop** (drop)

U

überqueren, **cross** (v.) (kross)
überschreiten, **exceed** (v.) (ik-*ssied*)
Umkleidekabine, **dressing room** (*dress*-ing ruhm)
Unterhaltung, **conversation** (kon-wör-*ssäi*-sschen)
Unterwäsche, **underwear** (*an*-der-uwäir)

V

Veranda, **porch** (portssch)
verängstigt, **scared** (sskäird)
verstauen, **stow** (v.) (sstou)
Vogel, **bird** (börd)
Vorspeise, **appetizer** (*ä*-pe-tais-er), **starter** (*sstart*-er)

W

Wäsche, **laundry** (*loohn*-drie)
Wildnis, **wilderness** (*wil*-der-ness)
Windel, **diaper** (AE) (*dai*-per), **nappy** (BE) (*nä*-pie)
Wohnung, **apartment** (AE) (ä-*part*-ment), **flat** (BE) (flät)
Wohnzimmer, **living room** (*liw*-ing ruhm)
Wörterbuch, **dictionary** (*dik*-ssche-nä-rie)
Wurm, **worm** (uwörm)

Z

Zahnarzt, **dentist** (*den*-tisst)
zärtlich, **tender** (*ten*-der)
Zeh, **toe** (tou)
Zeitvertreib, **pastime** (*pähss*-taim)
Zeug, **stuff** (sstaf)
Zukunft, **future** (*fjuh*-tsscher)
Zunge, **tongue** (tang)
Zwiebel, **onion** (*an*-jen)

Stichwortverzeichnis

A

B

C

D

E

F

Alles, was man wissen muss

ISBN 978-3-527-70824-6

Was sind die Lehren von Immanuel Kant? Was hat es mit dem Urknall auf sich? Warum ist der Himmel blau? Horst Herrmann und Winfried Göpfert geben Ihnen in diesem Buch Antworten auf diese und viele andere Fragen.

ISBN 978-3-527-70958-8

Auf der Couch sind bei »Wer wird Millionär?« schon viele reich geworden, aber wie gut ist Ihre Allgemeinbildung wirklich? Dieses Buch ist genau das richtige für Sie, wenn Sie testen wollen, wo Sie stehen, was Ihr Wissen zu Geschichte, Literatur, Musik und Co. angeht.

ISBN 978-3-527-70880-2

Spannend und ergreifend, blutig und leidenschaftlich – die deutsche Geschichte ist nicht nur bewegend, sie ist mitreißend. Christian von Ditfurth erklärt, wie wurde was ist, wie und warum was geschah. Mit dem gebotenen Ernst und einem gelegentlichen Augenzwinkern führt er durch die Geschichte unseres Volkes.

ISBN 978-3-527-70740-9

Haben Sie alle Rechtschreibregeln verstanden? Beherrschen Sie die neue Rechtschreibung? Dr. Matthias Wermke, der ehemalige Leiter der Dudenredaktion, verbindet die Kompetenz des Dudens mit dem lockeren Stil der Dummies und erklärt Ihnen schnell und verständlich die Regeln der deutschen Rechtschreibung.